十大参谋长

冯光宏◎编著

中央编译出版社
Central Compilation & Translation Press

图书在版编目（CIP）数据

十大参谋长 / 冯光宏编著.2 版.–北京：中央编译出版社，

2009.1

ISBN 978-7-80109-847-4

Ⅰ.十… Ⅱ.冯… Ⅲ.中国人民解放军–参谋长–生平

事迹 Ⅳ.K825.2

中国版本图书馆 CIP 数据核字（2008）第 102238 号

十大参谋长

出 版 人：和 龑

责任编辑：冯 章

版式设计：李艳春

出版发行：中央编译出版社

地　　址：北京市西城区车公庄大街乙 5 号鸿儒大厦 B 座（100044）

电　　话：(010)52612345(总编室)　(010)52612351(编辑部)

　　　　　(010)66161011(团购部)　(010)66130345(网络销售)

　　　　　(010)66130345(发行部)　(010)66509618(读者服务部)

网　　址：http://www.cctpbook.com

经　　销：全国新华书店

印　　刷：北京晨旭印刷厂

开　　本：710×1000 毫米　1/16

字　　数：460 千字

印　　张：27

版　　次：2012 年 1 月第 3 版

定　　价：48.00 元

本社常年法律顾问：北京大成律师事务所首席顾问律师　　鲁哈达

前　言

　　在我军历史中,有许多非凡的统帅,也涌现出一大批卓越杰出的参谋之才。十大参谋长就是这一群体的杰出代表。

　　叶剑英、徐向前、左权、罗瑞卿、粟裕、肖劲光、杨勇、周士第、郭化若、李达等曾是我军十位著名的参谋长。他们在金戈铁马的战争岁月,参与人民军队的缔造和中国人民的解放事业,驰骋大江南北,讨伐旧军阀,反"围剿",打日寇,推翻蒋家王朝,运筹帷幄,决胜千里,或亲自带兵纵横战场,或在幕后出谋划策,以壮丽的人生和杰出的智慧谱写了一曲曲英雄赞歌。在新中国成立后,他们征尘未洗,投身新国家和新军队建设,为祖国的繁荣富强呕心沥血,做出了巨大贡献。十位参谋长,在弥漫的硝烟中崛起,人生经历各不同,每个人的风格也不一样,然而,他们英名远扬,各种故事广为流传。本书选取他们人生经历、战斗生涯、情感婚姻以及个性特征中鲜为人知的故事,描述十位参谋长传奇的人生和他们独具特色的个人魅力,展示共和国军队参谋长群体的风采,具有较强的可读性。

　　这是了解和学习我党我军光辉历史的一本较好的参考书。

十大参谋长

[叶剑英：关键时刻显身手]

[才不外现的徐向前]

[英年有为的左权]

[天塌能撑着的罗长子：罗瑞卿]

［残臂大将：粟裕］

［肖劲光：毛泽东靠他吃饭］

[杨勇：每逢大战必受伤]

[走过弯路的周士第]

[毛泽东的军事高参：郭化若]

[李达：做参谋长42年]

叶剑英：关键时刻显身手

  叶剑英，原名叶宜伟，字沧白。广东省梅县人。17年入云南讲武堂。参与筹建黄埔军校，任教授部副主任。1926年任国民革命军新编第二师师长，后任四军参谋长。1927年加入中国共产党，参加领导广州起义。1928年赴莫斯科学习。回国后，任中央革命军事委员会委员兼总参谋部部长和红军学校校长、瑞金卫戍司令员、红一方面军参谋长、福建军区司令员、军委四局局长、红军前敌总指挥部参谋长、红一方面军和军委参谋长。参加了长征，抗日战争时期任八路军参谋长，后在南京、汉口、长沙、桂林、重庆等地做统一战线工作。1941年任中央军委参谋长。解放战争时期，任北平"军事调处执行部"中共代表，中国人民革命军事委员会副总参谋长，中共中央后方委员会书记，中国人民解放军参谋长，北平市市长。

  中华人民共和国成立后，任中南军政委员会副主席、华南分局第一书记、广东省人民政府主席兼广州市市长、广东军区司令员、中南行政委员会副主席、中南军区代司令员、人民革命军事委员会副主席、中国人民解放军武装力量监察部部长、训练总监部代部长、军事科学院院长、中共中央军委副主席兼秘书长、国防部部长。1955年被授予元帅军衔。是第一、二、三届国防委员会副主席，第五届全国人大常委会委员长，第四届全国政协副主席，中共第七届中央委员，第八届中央书记处书记、中央政治局委员，第九届中央政治局委员，第十、十一届中共中央副主席，第十二届中央政治局常委。

一、办展览被开除

1897 年 4 月 28 日，叶剑英出生于广东省梅县偏僻山村雁洋堡一个叶姓人家。

叶剑英的父亲叫叶钻祥，他虽然考中过武秀才，练得一身不错的武功，但一直没有用武之地，结果，武秀才只得做酿酒、磨豆腐的小本生意，每逢圩日去镇上摆摊叫卖。叶剑英的母亲陈秀云是贫农之女，没有读过书，嫁到叶家后，操持家务外，还常给人打短工，赚些收入贴补家用。叶剑英是他们的长子，起初名叫叶宜伟，父母称之为阿伟。

15 岁时，叶宜伟就读于东山中学，不久，东山中学成立了学生自治会，叶宜伟被选为会长。

1915 年东山中学第一届学生就要毕业时，省教育司通知梅县各中学举办学生成绩展览会。任学生自治会长的叶宜伟和许多教师、学生都主张大张旗鼓地办展览，但校长却不同意，他说："办展览用太多人力，会影响毕业考试。"

其实，他心里是怕在展览会上私办学校超过官办学校会惹来麻烦。

叶宜伟和丘宏铨等人没有理解校长的苦衷，他们代表学生自治会去拜见校长，说："我们东山中学在梅城一向受压，校长先生，这次为何不把成绩拿出来，叫他们看一看呢？"

校长："你们年轻不懂事，我们的成绩压倒别人，人家就会借口找岔子，说这个不符合章程，那个违反了制度，学校就办不下去了。"

年轻气盛的学生仍不示弱。叶宜伟说："校长如果觉得不便，就由我们学生自治会出面好了。"

这些话刺痛了校长的自尊心，他不高兴地说："这个学校是你们当家，还是我当家？"

叶宜伟立即说："现在民主共和了，办好学校，大家都有份！"

"放肆！"校长说，"赶快回去，规规矩矩上课，谁再闹事，就以开除论处，休想拿到毕业文凭！"

校长的用意，终于未被学生们接受，叶宜伟、丘宏铨等学生还是热热闹闹地搞起了展览。结果，校长大发雷霆，作出了开除叶宜伟的决定。

叶宜伟只好怏怏地回到了雁洋堡老家。

二、两问都督唐继尧

叶宜伟的祖父叶福智以挑担叫卖糊口，共有5个儿子，依次为铭祥、钦祥、鉴祥、锡祥、钻祥。他们先是挑担叫卖，后来前4人相继出走南洋谋生。叶钻祥虽然留在家乡经营小本生意，也时时往返雁洋和南洋之间，为华侨和眷属传信带物。

叶宜伟被学校开除后，决定到南洋去。既然父兄们能走南洋，我为什么不能？他决定去南洋闯一闯，找一条谋生的路。

然而，当叶宜伟来到马来西亚，找到几个伯父后，才知道他们自己都生活不下去。找工作无门，结果这位19岁的青年陷入了苦闷和彷徨之中。

正是这时，云南督军唐继尧派人到达南洋，招收华侨子弟入云南讲武堂学习，叶宜伟打听清楚后毅然报名，被录取了。

经过香港，绕道越南海防、河内，叶宜伟来到昆明，跨进了云南讲武堂的大门，在登记学生的花名册上，他把自己的名字由"宜伟"改为"剑英"，意为"剑胆英武"。

叶剑英进入了云南讲武堂第12期学习。

云南讲武堂是清朝末年设立的，光绪年间叫过武备学堂、新操学堂、陆军速成学堂、陆军小学堂等名字，宣统元年正式叫云南讲武堂。清廷创办讲武堂的初衷是出于编练新军，对付民族民主革命，培养维护反动统治的工具，但从这里走出的人，

叶剑英入云南陆军讲武学校前的留影

都成了推翻清廷的中坚力量。

叶剑英进入讲武堂时，校长蔡锷已经去世，独揽云南省军政大权的是唐继尧。

袁世凯称帝不久就一命呜呼，继任总统黎元洪与国务总理段祺瑞争夺权利，赶跑复辟的张勋，毁弃孙中山1912年颁布的《临时约法》，拒绝召开国会，想以武力建立独裁统治。于是孙中山又掀起护法运动，进行护法战争。唐继尧表面上响应护法运动，暗地里向段祺瑞政府妥协，支持桂系军阀陆荣廷剥夺孙中山的职权。

唐继尧的这一切，都依靠在云南讲武堂培植的亲信和骨干。为了更严密地控制讲武堂，他让亲弟弟唐继虞当校长，打击拥护孙中山的军官和师生，亲手制订校规不许学生阅读其他书籍和报刊，封锁外界消息，禁止谈论政治问题……对这些，叶剑英从心里不赞成，并慢慢产生了反感。

唐继尧自称是王阳明的信徒，常到讲武堂讲王阳明的学说，什么"万事之理不外乎心"，什么"心即理也"、"心外无理"、"心外无物"，陈词滥调，一套一套的，并要学生读习王阳明的著作。

叶剑英知道王阳明这个人，也读过王阳明的文章，但不熟悉王阳明的哲学思想。为此，他特意到图书馆借了一套王阳明的《王文成公全书》，在课余时间认真地进行了阅读。

一天，唐继尧又到讲武堂来讲王阳明的"知行合一"说，讲着讲着，突然问学生："阳明先生的学说深如瀚海，敝人略说一二，不知诸君领会没有？如有不明者，可以发问。"

学生们相互看着，谁也不吭声。

突然，叶剑英站起来说："报告，学生有不明之处，想请教都督。"

人们的目光一下子都集中到了叶剑英的身上。

唐继尧看了看，问："你叫什么名字？是哪一科的？"

叶剑英："报告都督，我叫叶剑英，是炮科的。"

唐继尧点点头："好，好，你说吧。"

叶剑英："知和行的关系，是哲学的一大问题，自古以来中国的学问家们争论不休。孔夫子说：'生而知之'、'学而知之'。孟夫子说：'人之所不学能者，其良能也；所不虑而知者，其良知也。'墨经上说：'知，材也，接也。知以目见，而目以火见，而火不见，惟以吾路知。'诸子百家对这个问题各持所见，不尽相同。请问，王阳明先生的'知行合一'的要者何在？是知先于行，还是行先于知？"

唐继尧抬头看看叶剑英，又低头翻了一会儿讲稿，但是，他大讲阳明学说，又自称为阳明信徒，这个问题却弄不清楚，心想知与行就如鸡生蛋还是蛋生鸡般，回答不好反而会出洋相，急出了一身汗，但是，众目睽睽之下他又不好不回答，突然他灵机一动，反问道："你认为呢？"

叶剑英："谨遵都督教诲，学生以为王阳明的'知行合一'学说，是以知为行，以知代行，知源于行。"

"何以见得？"唐继尧问。

叶剑英："因为王老夫子说过：'一念发动处，便是行了。可见，凡是思念之萌，情感之动，意志之决，在他看来都是行。"

唐继尧轻轻点点头，说："阳明学说后继有人了。你还有什么不明之处？"

叶剑英："还有一事请教都督大人。"

唐继尧："说吧。"

叶剑英："请都督大人示教，王阳明先生的'知行合一'与孙中山先生的'知难行易'有何异同？"

这时已背离了孙中山学说的唐继尧，对叶剑英提出的这个问题不感兴趣，但又不好明显地表示出来，就挥挥手说："孙中山不能和王阳明比，他们的主张也不尽相同，敝人所说的是阳明学说，诸君要细心领会。今天就到此为止吧。"

唐继尧的不高兴，学生们看出来了，都为叶剑英捏一把汗。

但是，因为第一个问题回答得好，唐继尧并没有像对待其他学生那样给叶剑英过不去，事后好像什么事情都没有发生，因而叶剑英得以继续在讲武堂学习。

三、与日本武士比武

云南陆军讲武堂位于昆明市翠湖西岸的承华圃，由于蔡锷、唐继尧以及该校大部分教官都是毕业于日本士官学校，因此，学校的教学方针、规章制度、课程设置、训练方式等，几乎全部采用日本士官学校的一套办法。校方为培养学生们的尚武精神，还仿效日本士官学校开设剑术课程。讲武堂的学生们无不把练就一手出色的劈刺术视为无上荣耀。叶剑英在中学时期就爱好剑术，非常喜欢这门课，课余时间，他常常独自一人寻个僻静之处，按照课堂上教官教的一招一式，挥剑苦练。

在学校重金聘请的众多日本教官之中，有一位长得矮矮墩墩的年轻中尉，出身武士世家，平素好勇斗狠，加上精擅劈刺术，经常与人比试功夫。但是，他与人比武并不是用竹剑劈刺，而要求用真刀比试。几位中国教官曾接连败在他的刀下，为此，他得意洋洋地自称"全校无敌"。

日本教官不可一世的神气，激怒了血气方刚的叶剑英，他下定决心，杀杀这位骄横武士的傲气！叶剑英把自己的想法悄悄地对同宿舍的一位名叫金至顺的朝鲜族同学讲了，金至顺早就盼着有机会能教训教训这位狂妄的日本人，没等叶剑英说完，便连声叫道："好！好！剑英，我听你的。你说怎么干，我就怎么干！"

从此，两个志同道合的年轻人每天天不亮就来到操场，摆开阵势，你来我往地对劈对刺起来，一练就是数百个回合。

半年之后，二人的剑术水平日臻精纯，叶剑英胸有成竹了。

于是，他找到那位日本教官，不卑不亢地提出了比武要求。

早已四处寻衅惯了的日本教官，压根儿没料到会有人主动上门挑战，他大为惊讶，使劲地睁大眼睛，盯着眼前这位器宇不凡、英气勃勃的年轻人，操着生硬的中国话问道："你的，哪里的干活？"

"炮科 12 期学生叶剑英。"

"噢！"日本教官重重地点了点头。

其实，他早就听教官们议论过，炮科有位文武兼备、苦练剑术的中国学生叶剑英。只是他一向盛气凌人，根本不屑于同中国学生们来往。所以，对叶剑英是只闻其名，不识其人。

"叶君，你的，要试试的，我的，厉害吗？"

叶剑英只是平静地说："教官，明天就比，怎么样？"

"明天？哟西！哟西！"

叶剑英正想告辞离开，那日本教官追在后面喊道："叶君，你是真的比试，还是假的比试？"

"当然是真的！"

"那好，你的，勇敢大大的！我们比试劈刀吧！"

劈刀！叶剑英思想上没有准备。这可是要真刀真枪地对劈啊！要说其后果，轻则骨断筋折，重则有性命之虞。

"君子一言，驷马难追！"叶剑英于是斩钉截铁地答道："好！劈刀就劈刀，一言为定。"

第二天清晨，日本教官践诺而至，叶剑英早已等候多时了。比武的消息传遍了全校，操场上密密匝匝地围满了前来观战的教官和学生。

双方穿戴好了规定的防护服。在一位教官的裁判下，比武开始了。

这位日本教官的功夫果然好，只见他一边"呀、呀"地大叫，一边双手舞刀，寒光闪闪，气势汹汹地猛扑过来，对准叶剑英的头、胸、腰三处要害猛劈，凶狠无比。叶剑英不敢怠慢，闪转腾挪，左格右挡，两人走马灯似的战在一起。围观的人鸦雀无声，场子里只听得俩人的钢刀丁当作响的撞击声。

20分钟过去，两人已经斗了数十回合。日本教官使出浑身解数，想速战速决，但是久战不决，心中不免焦躁起来，暗暗后悔不该小瞧了对手。他这一分神儿，脚步先乱了，攻势也弱了下来。叶剑英见状大喜，迅速地转守为攻，连劈带刺，一招猛似一招，直逼教官，结果把对方逼得连连后退，只有招架之功，却无回手之力。正待对方虚晃一刀，企图脱身之际，叶剑英一个箭步，疾跃上前，大喝一声，举刀凌空劈下，对方慌忙举刀抵挡。叶剑英顺势将对方的刀按在下面，狠劲向下压去，对方则拼命向上顶着。两人对峙了足足两分钟，这时，日本教官的脸早已涨成了猪肝色。接着，他双脚一软，"咕咚"一声，一屁股坐在地上，口中连声说道："轻一点，轻一点，我的，认输！"

"好哇！"人群中齐声喝彩。

这场酣斗，使日本教官对叶剑英的劈刀术心悦诚服。按照武士道的习惯，他从地上慢慢爬起来，立正，向前走几步，向叶剑英深深地鞠了一躬，然后将自己亮锃锃的战刀赠给了叶剑英，以示钦佩。

这把战刀，叶剑英一直珍藏在身边，从来没舍得丢掉。

四、战淡水

1920年，叶剑英从云南讲武堂毕业，他拒绝了云南督军署授予他的炮兵少尉军衔，投奔粤军参谋长邓铿，被邓铿留在司令部做了上士参谋。

1922 年，陈炯明炮击孙中山总统府，叶剑英作为大本营参谋，兼管海军陆战队，护卫转移到永丰舰的孙中山。10 月，许崇智指挥的北伐军打败军阀李厚基，攻克福州，孙中山将北伐军改为讨贼军，许崇智任东路讨贼军总司令，蒋介石为参谋长，下辖 3 个军 12 个旅。叶剑英离开香港投奔讨贼军，被委任为总部参谋，第 8 旅旅长张民达向许崇智要叶剑英去当他的参谋长。

1924 年，孙中山在广州召开改组国民党的第一次全国代表大会。会后，孙中山下令创办陆军军官学校，因地点在黄埔岛上，故称黄埔军校，蒋介石为黄埔军校校长兼粤军参谋长。时任第八旅参谋长的叶剑英被调到军校工作，担任教授部副主任。

1924 年 10 月 23 日，直系将领冯玉祥发动"首都革命"，软禁了北京大总统曹锟，由此造成了冯玉祥、段祺瑞、张作霖三巨头又联合又争夺的北方局面。应冯玉祥之邀，孙中山偕夫人宋庆龄于 11 月 13 日乘永丰舰经上海取道日本，12 月 31 日到达北京。盘踞在惠州的陈炯明认为这是个好机会，自任救粤军总司令，指挥叶举、洪兆麟、刘志陆、尹骥、李易标、熊略、杨坤如等部，号称 7 个军 10 余万人，于 1925 年 1 月 7 日下令反攻广州。

广州留守政府当即发布命令，举行讨伐陈炯明的东征，即第一次东征。

这次东征的部队由许崇智的粤军、杨希闵的滇军、刘震寰的桂军、谭延□的湘军以及黄埔军校的两个教导团组成。粤军总司令许崇智、黄埔军校校长蒋介石、政治部主任周恩来随军出征。黄埔军校开课不久，叶剑英又被任命为第二师参谋长。二师师长为叶剑英的好友张民达。叶剑英作为第二师参谋长也参加了这次东征。

东征军分为左、中、右 3 路。左路、中路为滇军和桂军，右路总指挥是张民达，叶剑英为参谋长，所指挥的部队，除他们的第二师以外，还有许济的第四师和黄埔军校的两个教导团，即何应钦任团长的教导第一团和王柏龄任团长的教导第二团。

在左、中路按兵不动的情况下，右路军的第二师在张民达、叶剑英的率领下走在最前面，首先扫清了石滩、石龙一带的敌人，乘胜攻克广九铁路线上的常平，在这里与蒋介石指挥的黄埔学生军会师，然后包围了敌人龟缩固守的淡水城。

淡水城泥土修筑的城墙又高又厚，有上中下 3 层射击阵地，高处并装有照明设备，城的四周为洼地，稍远有土山。整体看防御坚固，不论白天黑夜，都易守难攻。

叶剑英亲自勘察过地形，连夜与张民达一起拟定作战方案，并于第二天带着方案到龙岗去向蒋介石、周恩来和苏联军事顾问加伦将军报告，研究确定：黄埔军由平湖、龙岗突然袭击城南，粤军进攻城的东北和西北，形成黄埔军两个教导团和粤军从三面包围攻打之势，以图淡水城。

第二师在城西北方向。张民达、叶剑英率部从新围向淡水攻击前进。城内的敌人猛烈射击，嗖嗖的子弹如蝗虫般密集飞来。张民达、叶剑英冲在前面，勇猛攻打。入城后，叶剑英看到，在纷飞的弹雨中，周恩来正和学生军一起边战斗边鼓舞士气。

由于粤军与学生军协同作战，毙敌百余人，俘获熊略部旅长、团长等军官和士兵千余人，进占了淡水城。

可洪兆麟部又从沙坑方向潮水般反扑过来，王柏龄的教导二团顶不住向后退缩，教导一团三营长王俊指挥不力，蒋介石见势不好，下达了撤退命令。

这时，张民达、叶剑英仍率警卫部队经过激烈反击，坚守在城内。何应钦因没接到撤退命令，仍率部抵抗。这两支部队终于打退敌人，守住了淡水。

下午，敌人又反扑了过来。

叶剑英飞马跑到北门教导一团，对何应钦说："何团长，左翼敌人已退去20里，我师正以一部迎击右翼敌人，请贵团火速前去接应。"

何应钦对叶剑英很客气，但却不愿派兵接应："我团的守备任务已经完成，不便出击。"

叶剑英："右翼敌人进攻很猛，如果右翼不支，这里也恐难挡得住，请何团长三思！"

何应钦："即使出击，也得有蒋校长的命令。"

叶剑英："眼下情况危机，团长可以机断处置。"

这时，传令兵前来报告："团长，前边吃紧，请速派援兵！"

刚才还在犹豫不决的何应钦，此刻感到情况严重，便和叶剑英一起商定歼敌计划。随后两军协力作战，终于打退右翼之敌，其余敌人向平山一带溃去。东征军乘胜追击，占领了惠东的平山。

出师1个多月来，攻克淡水，夺取平山，受到重创的洪兆麟和叶举部溃退而去，但海丰、汕头、河源、惠州仍在敌人手里。敌人随时都会反扑过来，不彻底消灭他们，就不会得到安宁。可是先打哪里呢？东征军司令部在平山西十几里的小墟镇白茫花召开军事会议，许崇智、蒋介石、张民达、许济、叶剑英、何应钦、莫雄等人以及苏联顾问加伦、罗加觉夫参加了会议。

会上，以何应钦为代表的黄埔军校的军官们主张先打惠州。他们认为，惠州位于珠江三角洲的东北端，与淡水、平山成犄角之势，枕东江，凭西湖，三面环水，素称天险。惠州是东江的支撑点，只要打下惠州，东江就不攻自破了。从军事上看，这种观点不能说毫无道理。

第二师师长张民达、参谋长叶剑英、第四师师长许济以及旅长莫雄等人，则力主对惠州围而不打，先以主力东进攻取潮汕，再回军取惠州。

两种观点争论不下，谁也说服不了谁。黄埔军校校长兼粤军参谋长蒋介石，坐在许崇智的身边，先是一直静静地听着，什么态度也不表示。

快到中午时，蒋介石才说："攻克潮汕，这个意见好。不过要攻克潮汕，必须先攻克惠州。若先打潮汕，惠州之敌必倾巢而出，陷我于首尾应敌的处境。我军先打下惠州，就可以免去东征的后顾之忧。这是浅显的用兵之道，你们该是懂得的!"

在黄埔军校任职期间的叶剑英

"校长高论!"何应钦忙附和说。

叶剑英仍然反对，他说："惠州城有'铁链锁孤舟，飞鹅水上浮。任凭天下乱，此地永无忧'之说，从来易守难攻，现在又有杨坤如的三四千人凭险防守。我军力量单薄，再加上连续战斗，官兵疲惫，后方的联络、供应均有困难，一时难以攻下。洪兆麟、叶举部尚有两万余人，也离我们不远。我若先打惠州，他们就会来援，我军就会更被动。要争取主动就得先追歼洪、叶部，直捣潮汕，然后回师，惠州自破。"

一个黄埔军校的军官说：

"惠州固然难攻，但以攻克淡水的精神，可一鼓破之。如果孤军深入潮汕，则难免有后顾之忧。"

叶剑英针锋相对地说："潮汕是陈炯明军队的根据地，我们集中兵力打下那里，他就没有了立足之地，这不能算是孤军深入，也不会有后顾之忧！"

第三旅旅长莫雄说："叶参谋长说得有理，我军应当先打潮汕。"

蒋介石看了莫雄一眼，完全是不屑一顾的神色。

张民达、叶剑英等人已猜到了蒋介石的心思，他是想让第二师等部队打惠州，黄埔军校的学生军靠兵船运输方便，先打海陆丰，占领汕头，夺得功劳。

张民达看到蒋介石的神色和目光，顿时火了，拍着桌子对蒋介石说："你也知道惠州是天险，肯定久攻不下，不但要付出大的牺牲，还会坐失良机。请许总司令让友军围困惠州，我军东出海陆丰！"

会场气氛立刻紧张起来。

加伦将军提出了一个折中的方案："学生军攻惠州，粤军打潮汕，这是两全之策。"

最后的决心，是由许崇智下的：右翼军举兵东下，进攻当面之敌。张民达、叶剑英率二、四师先攻打三多祝的洪兆麟部，得手后向潮汕进军；蒋介石率黄埔军校两个教导团的学生军，绕过三多祝迂回海丰，袭击叶举部。

两路军迅速行动，二、四师一路在三多祝取胜，进到海丰城，又和学生军配合，收复惠来、揭阳、潮阳、潮安、汕头，占领兴宁、梅县。结果，困守在惠州的杨坤如部，见大势已去，便自动献城，不攻自破。

五、蒋介石开除叶剑英的党籍

1926年7月1日，广州国民政府发表《北伐宣言》，7月9日又在广州东校场举行10万军民参加的誓师大会。国民革命军总司令蒋介石发表就职宣言。随后，13万国民革命军分为西、中、东3路，浩浩荡荡地向湖南、湖北、江西、福建、浙江出发进行北伐。参加北伐的8个军，分别由何应钦、谭延闿、朱培德、李济深、李福林、程潜、李宗仁、唐生智担任军长。

叶剑英原在第一军的第二十师，王柏龄任总预备队指挥官后，又把叶剑英要到总预备队指挥部当了参谋长。他协助王柏龄指挥第一、第二两个师，经过郴州、衡阳、长沙，到达岳州驻守。

由于官兵们的英勇作战，由于共产党人的积极参战和广大工农群众的大力支援，北伐军激战贺胜桥、夺取汀泗桥，不到两个月的时间，就攻克汉阳、汉口，开始了对武昌的围攻。

这时，在南昌的孙传芳集中 5 个省的联军 10 万余人到江西，准备与北伐军作战。担负攻打南昌的，是程潜第六军第十九师，王柏龄、叶剑英奉命率总预备队的第一师，经浏阳、铜鼓，前往南昌增援。

第一次打南昌很顺利。工人、学生及省署警备队作为内应，北伐军经过激战进入城内。但孙传芳凭借优势兵力和军舰，并坐镇指挥，又很快将南昌夺了回去。北伐军在牛行车站附近与孙部争夺，伤亡惨重。

总司令蒋介石和苏联顾问加伦将军到达前线。加伦将军听取情况介绍，提议休整两周时间，调整部署后再战。叶剑英也同意加伦的意见，力劝王柏龄暂时休整再战。但王柏龄为了挽回坐失南昌的面子，也为了在蒋介石面前表现自己，急忙下令部队反攻，以至造成孤军突进，失利败回。后来蒋介石虽然直接指挥，也没有把南昌攻下来。

第三次打南昌是 10 月上旬开始的。第一师代师长王俊没听协助他指挥的叶剑英的建议，先打了一个消耗战。直到 10 月下旬，战局仍然进展不大。蒋介石制订了《肃清江西计划》，又调李宗仁第七军与李济深第四军、程潜第六军协同作战，并出动飞机大炮，才于 11 月上旬占领了南昌。

蒋介石的总司令部移住南昌后，先把王柏龄、王俊等人痛骂了一顿，接着召见叶剑英。

叶剑英连饭也没吃，并做好了挨骂的思想准备，一大早就赶到蒋介石总司令部官邸。

谁知叶剑英一去，蒋介石却很客气，不仅特别允许他佩剑晋见，脸上还露出少见的笑容，亲热地说："我们是老交情了。"

对蒋介石的反常举动，叶剑英一时摸不着头脑，因此没有说话。

蒋介石："两次东征，你在军事上很有见地，由于你的参谋，张民达师多有战绩。"

叶剑英："还是张师长指挥有方。"

蒋介石："张民达故去后，我调你去教导师，这次又到总预备队指挥部。这一路来茂如（王柏龄）不争气，你辛苦了！"

这话并不完全是虚伪，叶剑英劝说王柏龄和王俊的事，蒋介石已经知道了。他欣赏叶剑英的才干，因而这般器重他了。

叶剑英："我只尽了一点参谋之责，不足挂齿！"

蒋介石："你是个很有用的参谋人才。现在第一师没人指挥，你去当师长吧。"

一师是蒋介石的嫡系，那里的师长是只有亲信才能当的。蒋介石让叶去当师长，一是确实想利用叶的才干，二是王柏龄是他的亲信，早在黄埔军校筹建时，王就对蒋说叶是他的得意门生。王很重视叶，因而蒋也就把叶视作亲信了。

叶剑英自然看到了这些，但他仍然不愿去第一师当师长。他知道那里的部下不好管束，与王柏龄、王俊的关系不好处，因而婉言谢绝说："谢谢校长的栽培，可我的身体不大好，还愿继续当参谋长。"

可是没几天，蒋介石把俘虏孙传芳的万余士兵和数百名军官组成新编军，又下令叶剑英为新编二师的代理师长。这一次，叶剑英不好再拒绝了，走马上任了。

随后，叶剑英奉命率二师部队开赴吉安。

中山舰事件爆发后，国共两党的斗争已经日趋激烈。吉安是一个远离南昌的幽静古城。在这里，叶剑英密切关注着时局的发展，注视南昌和武汉的动向，做着自己的人生抉择。

1927 年 1 月，蒋介石在南昌召开军务善后会议，对抗国民党中央，决定中央党部和国民政府暂住南昌，准备另立中央，公开反共。

4 月 12 日，蒋介石在上海发动反革命政变，开始屠杀中国共产党人。

4 月 16 日，周恩来等人建议出师东征讨伐蒋介石。

4 月 17 日，武汉国民政府和国民党中央发表声明，开除蒋介石国民党党籍，免去其所任职务，委任冯玉祥为军队总司令。在南京的蒋介石也公开反对武汉政府。因此，出现了"宁汉分裂"的政治局面。

是归向南京还是归向武汉？两条路摆在叶剑英的面前。1927 年 4 月，叶剑英毅然做出了他的选择：倒向武汉方面。

选择后的第一个行动，就是通电反对蒋介石。

叶剑英召集全师军官会议，当众宣读了他的反蒋电文，慷慨激昂地说："兄弟们，以前我拥护蒋介石，他是我们的校长和总司令，主张联合民众，所以我们跟着他革命。可是现在他不革命了，背叛了中山先生的遗嘱，公开反对主张北伐的武汉国民政府，在上海、南京和其他地方屠杀工农民众。他叛变革命，我们就要反对他！我想了又想，几夜没有睡好觉，如今想好了，决定与老蒋分道扬镳！诸位如何打算，人各有志，我不勉强，愿意革命的，留下；拥护蒋介石的，也请自便！"

通电发出之后，叶剑英带着几个人，化了装秘密赶往武汉。

蒋介石刚刚才任命叶剑英做了师长，哪相信叶剑英会反对他？但是反蒋电文却是千真万确的。他得到证实叶剑英反他后，立即让国民党中央执行委员会永远开除了叶剑英的国民党党籍。

六、真真假假糊弄张发奎

由于蒋介石的叛变，轰轰烈烈的大革命陷入了低潮。但革命的火种并未熄灭，犹如星星之火，在中国的大地上燃烧。1927 年 7 月上旬，叶剑英在周恩来的介绍下，加入了中国共产党。为了反抗蒋介石之流的血腥屠杀，中共中央和周恩来等同志准备发动南昌起义。

7 月下旬，第二方面军总指挥张发奎突然下令第二方面军"东征讨蒋"。他手下的第四军参谋长叶剑英根据党的指示，不动声色，继续当好张发奎、黄琪翔的"参座"，随四军南下进驻九江。这时，九江城内外驻满了军队，除了第四军外，还有贺龙的二十军，叶挺的 24 师，以及朱培德等人的部队。第二方面军总指挥部和第四军军部就驻在甘棠湖的烟水亭一带。

一天，汪精卫偷偷上到了庐山。他到来之后，立即召集黄琪翔、朱培德等开会。然后，他们秘密策划，决定以第二方面军总指挥张发奎的名义，通知贺龙、叶挺上庐山开会，命令贺、叶部队到九江南昌之间的德安一带集结，阴谋以三个军的兵力围攻贺、叶部队，企图将革命队伍中已燃起的革命火焰一举扑灭。

但是，他们做梦也没有想到，这一阴谋被叶剑英识破了。这时，叶剑英与叶挺本来有密码联系，但他感到此事非同小可，便连夜下山找到叶挺，然后将汪精卫等人的密谋悄悄告诉他。两人当即商定立刻通知第二十军军长贺龙、第四军政治部主任廖乾吾以及高语罕，到甘棠湖烟水亭附近碰头。

经过短时间的磋商，他们决定了三件事情：

第一，贺、叶不上庐山。

第二，贺叶部队不按张发奎命令，而开往牛行车站前往南昌。

第三，叶挺的部队第二天即开拔，贺龙第三天行动，先将火车皮让给叶挺。

会议后，部队立即按计划行动，贺、叶从此与国民党反动派彻底决裂，汪精卫的反动阴谋顿成泡影。

但是，汪精卫并不就此罢休，又突然下令要第二方面军实行"清共"，四军参谋长叶剑英又事先得知这一阴谋，便秘密通知廖乾吾、高语罕等人迅速离开了九江。随后，"八一"起义的枪声，划破了黑暗的夜空。起义成功后，起义队伍很快就撤离了南昌。

南昌起义后，张发奎召集二方面军的高级军官开会，研究对策。会议气氛紧张，许多人都主张派兵尾追，捉拿贺、叶。会上，张发奎大发雷霆：

"贺龙、叶挺完全不顾私情，我非追着他们的屁股打不可！"

他正要下令，一旁沉默多时的叶剑英说话了："向华公，依我之见，我们还是开往广州不追贺、叶为好。"

众人的目光一下子都瞄准了他，想从参座的脸上找出答案。

叶剑英不慌不忙地从分析面临的战局说起，讲出一篇"力主不追"的道理来：

"总指挥早就想南下广东，重举总理义旗，目前正是时机。广东是李济深的天下，我们原想去，他是反对的。现在我们放贺、叶的部队到广东去，李济深招架不住，必然要请我们回广东相助，这时我们便可打起援师的旗号，直趋广州。这样比跟着贺、叶屁股打，两败俱伤，要胜一筹。如果现在尾追贺、叶，消耗兵力不说，别说不一定能追上，即使捉获他们，而我们在广东仍无立足之地，何谈北伐统一大事！"

张发奎一听，觉得有道理。他原来奉命"东征讨蒋"也不是出于本心，实则是想南下重返广东，扩充实力，以图大事。现在经叶剑英这么一说，他马上放弃了尾追贺叶的企图。但是，他怕人误解有通共之嫌，仍虚张声势派小股兵力摇旗呐喊，追了上去。

后来，张发奎看到二方面军基本瓦解，大势已去，就让黄琪翔代理总指挥，干脆率领剩下的部队朝着广东南雄前进，而自己则意态索然地乘船去了香港。

正是叶剑英的机智，方使贺龙、叶挺免遭暗害，从而保障了震惊中外的南昌起义得以顺利实现。而南昌起义后又是由于叶剑英的妙计打动了张发奎，才使起义军在没有追兵的情况下，打开了南进的道路，直下潮梅，与彭湃的农民军汇合。后来正是依靠这些革命火种，在全国形成了熊熊的燎原之势。

七、组建军委总司令部

南昌起义后，叶剑英随二方面军南下广东，不久，叶剑英又参加了张太雷等人领导的广州起义。1928年，他来到了苏联莫斯科学习。1931年4月回国，进入中央苏区。

回国后，叶剑英被周恩来安排到苏区中央局军委参谋部工作。

叶剑英到达军委总参谋部时，第一次反"围剿"已经结束3个多月了，军民们还在为胜利而欢欣鼓舞。叶剑英在参谋部担任编辑委员会的总编辑，负责收集红军斗争的历史材料、介绍苏联及其他国家的军事著述。

1933年，蒋介石又对中央苏区发动第二次"围剿"，面对压境而来的敌人，苏区中央局召集紧急会议。会上，中央局代理书记项英支持一些人"分兵退敌"、到根据地外面去打或者退出苏区摆脱敌人的主张，毛泽东、朱德等人坚决反对，主张仍然用诱敌深入的作战方针。因为两种意见不能统一，不得不又召开各军军长、政委的会议，经过讨论，肯定了毛泽东、朱德的战略方针。

但在如何打的问题上，又出现了分歧：有人建议先打弱的，有人提出先打强的，毛泽东却主张先打中的。他说："中等敌人一打，那些虾兵蟹将就会逃之夭夭。先在赣江西边打兵力虽多但战斗力弱的第五路军，打垮他们之后，我军就可以向东发展，在建宁、黎川、泰宁扩大和建立根据地。"

最后，毛泽东坚持的打法取得了胜利。红军以3万兵力，在15天内，由西向东横扫700里，连续打了15个胜仗，歼敌3万余人，又一次打败了国民党20万军队的"围剿"。

参与了这次战役指挥的叶剑英，欢欣鼓舞。

这一年，红军第三次打破国民党的军事"围剿"，11月15日至20日，在江西瑞金举行中华苏维埃第一次全国代表大会，宣告成立中华苏维埃共和国，毛泽东任主席。随后，成立了中华苏维埃共和国中央革命军事委员会，由朱德任主席，王稼祥、彭德怀任副主席，叶剑英任委员兼总参谋部长。

1933 年 5 月，以博古同志为首的临时中央决定：在瑞金组建中央军委总司令部，同设在前方的红一方面军指挥机关分开，朱德任红军总司令兼红一方面军司令员，周恩来任红军总政委兼红一方面军政委，在前方指挥作战。中央革命军事委员会主席仍由朱德担任，同时增加博古、项英为军委委员，任命叶剑英为军委总司令部参谋长。

任参谋长的叶剑英

这是江西苏区的全盛时期，连续打破国民党的 3 次军事"围剿"，军民士气更加高涨，虽然已经进入冬季，但根据地里仍是热火朝天，特别在红军部队和各机关里，更是沉浸在欢乐之中。

作为参谋部长的叶剑英，并没有被胜利陶醉。敌人还会来"围剿"的，他的任务是协助朱德等人指挥红军作战，在完成这一任务的过程中，司令部机关起着极为重要的作用，为此必须加强它的建设。为此，叶剑英开始筹建中央军委总司令部的工作。

这是人民军队的初创时期，各方面都处在摸索和发展之中，有不少东西是从旧军队中沿袭下来的，司令部的建设也不例外。

叶剑英虽然到达苏区的时间很短，但已从实践中看出了不少亟待解决的问题，比如，参谋工作制度不那么适应战争的需要，组织分工不够完善，和部队的联系不那么畅通。随着部队的不断成长发展，战争规模的不断扩大，这样的司令部机关在战争的指挥上会造成失误，甚至导致失败。作为参谋部长，他决定解决这些问题，使司令部机关更好地为毛泽东、朱德指挥作战服务。

怎样加强司令部机关的建设呢？国民党军队的那一套，苏联红军的那一套，都只能参考，不能照搬照用，必须从红军自己的实际出发。叶剑英开始深入调查部队情况，然后又反复认真地进行思考，不久大概的盘子有了。但是，他还是有一个问题没有把握，即应该建多大的机关，是精干一点还是庞大一点？这是全军的领导机关，要短小精干，办事效率高。在干部的选配上要任人惟贤，不分亲疏厚薄。于是，他向中革军委提出了一个"建设精干的统帅机关"的建议以及为实现这个目标的一些具体设想。

中革军委主席朱德很赞赏叶剑英的建议，给予了热情大力的支持。

根据朱德的建议，叶剑英在总司令部组建了4个职能局：即第一局（作战）、第二局（情报）、第三局（通信）、第四局（供给），并分别委任左权、钱壮飞、翁瑛、杨至诚为局长。左权是大革命时期的干部，到苏联深造过，曾任红五军团十五军政委，军事学识渊博；钱壮飞、翁瑛是从白区来的，有丰富的地下和情报工作经验；杨至诚参加过南昌起义，在井冈山时是红四军的副官，擅长军队的后勤供给工作。

局长确定之后，叶剑英就和他们一起总结3次反"围剿"中参谋工作的经验和教训，吸收大革命时期北伐战争和苏联军队有益的参谋业务。这样做，不但开创了司令部工作的新局面，而且有着红军自己的鲜明特点，更适合作战指挥的需要。比如，作战局除作战科以外，还增设了机要译电科、教育训练科、地面侦察科、生活管理科。这时行军主要靠向导，有人不识地图也就不注意利用它，缴获敌人的地图就随便扔掉。鉴于这种情况，叶剑英建议新成立了一个测绘地图科，专门收集地图，组织参谋人员学习利用地图指挥行军作战。

此时毛泽东是有什么样的条件打什么样的仗，叶剑英也是有什么样的需要就搞什么样的司令部建设。他组织电台侦听、破译敌人的无线电信号，从中获取敌军情报；他统一全军的军号号谱，主持召开司号员会议，使全军在统一的号音下行军、作息、战斗。他多次召集师以上参谋长开会，讲苏联红军的经验，讲《孙子兵法》，研究反"围剿"的战略战术；他还带领参谋们研究苏联红军的参谋工作条例等，结合实际编写红军自己的条令、条例，从而提高了参谋人员的业务水平。

叶剑英所做的这些在人民军队的司令部建设上是具有开创性的，它不但提高了司令部的工作效率，迅速沟通了与其他战区的指挥、联系关系，更好地为朱德等领导指挥作战服务，而且为中国共产党领导下人民军队的参谋事业建设打下了基础。后来人民解放军的总参谋部，基本上是在这个基础上充实和发展起来的。

军委总司令部在沙洲坝的乌石龙村筹建总部机关。

总司令部机关组成以后，迅速建立了各项参谋业务工作，与全国各主要战区的红军领导机关沟通了指挥、联络关系，卓有成效。

叶剑英的参谋工作，受到了毛主席、朱总司令、周总政委等的高度赞扬，所以，后来红军——解放军的高级干部都尊敬地称叶剑英为"叶参座"。

八、长征途中立奇功

1935 年 6 月，中央红军长征到达四川懋功地区与四方面军胜利会师，红军总兵力达到 10 万人。

主力红军会师后，党中央提出北上建立川陕甘根据地，以促进全国抗日形势的发展。这时四方面军领导人张国焘依仗人多枪多，开始闹独立，他过高估计敌人力量，要向川康方向发展。为统一思想，6 月 26 日中央在两河口召开政治局会议，否定了张国焘的错误主张，通过了《关于一、四方面军会合后战略方针的决定》，要"集中主力向北进攻"。张国焘会上并没反对，但会议一结束，回到住地后立即致电中央，要求南下，改组党中央和中央军委。中共中央一方面对他进行耐心说服和严肃斗争；另一方面，为了顾全大局和团结四方面军北上抗日，任命张国焘为红军总政委。在此情况下，张国焘方勉强同意四方面军向松潘西部的毛儿盖前进。

这时，四方面军总指挥徐向前看到一方面军兵力消耗大，老干部保存多，就建议从一方面军抽调一批干部到四方面军工作，同时从四方面军抽调几个团补充一方面军。7 月 21 日，中共中央在黑水附近的则格召开政治局会议，决定以原四方面军总指挥部为红军前敌指挥部，徐向前兼总指挥，陈昌浩兼政治委员，叶剑英为参谋长，李富春为政治部主任。叶剑英接到命令后，带领一些同志立即从黑水出发，于月底赶到了毛儿盖。

叶剑英一到毛儿盖，即着手加强前指司令部的组织建设和业务建设，同时，准备攻打松潘。

然而，由于张国焘的阻挠和其他原因，红军在这一地区耽误了一个多月，失去了占领松潘、东出四川的机会。在此同时，敌人完成了对红军围追堵截的部署。

在这种紧迫的形势下，8 月 14 日，中央在毛儿盖附近的沙窝召开政治局会议，决定混合编成左、右两路军，同时并进。左路军包括一方面军五、九军团和四方面军九、三十一、三十三军，于卓克基集中，在总司令朱德、总政委张国焘、总参谋长刘伯承的率领下，经草地到阿坝，然后向东出墨德，到班佑与右路军会师；总司令部随左路军行动。其中，右路军包括一方面军一、三军团和四方面军四军和三十军，在党中央、毛泽东直接率领下，由前敌指挥徐向前、政委陈昌浩、参谋长叶剑英指挥，在毛儿盖集中，经草地到班佑，与左路军会师。

8月18日，叶剑英带两个团出发，作为先遣部队，为左路军开路。程世才、李先念率部队跟进。右路军到达班佑之后，为了打开通往陕甘的门户，8月29日发动了著名的包座战斗，消灭了胡宗南守敌一个团和援敌一个师，给胡宗南以沉重打击。这时，已占领阿坝的左路军如能按计划北上，能顺利进行夏洮战役，迅速占领甘南。可是，张国焘却在阿坝按兵不动。他把自己凌驾于党中央之上，拒不执行中央要左路军全力向洮河以东发展的指示，借口"噶曲河水涨大，不能徒涉"，强令已向班佑进发的先头部队退回阿坝，要求已过草地的右路军即乘胜回击松潘之敌，迅速南下。这时，随右路军行动的陈昌浩是积极追随张国焘的，一切等待张国焘的电示。他暗中进行南下的准备。为了争取陈昌浩，毛主席和中央其他领导多次开会，说服他支持北上方针，但陈昌浩不为所动，对张国焘仍惟命是从。

9月8日，张国焘背着中央，命令右路军停止北上，准备南下。同日，毛泽东、周恩来、王稼祥和徐向前、陈昌浩等7人联名复电张国焘，指出目前红军正处最严重关头，左路军如果向南行动，则前途将极端不利。然而，张国焘此时的篡权野心已恶性发展，根本听不进中央的耐心说服。就在接到毛泽东等7人联名的电报后，他不但不听劝告，反而恼羞成怒，竟然向陈昌浩发出密电，命令右路军"南下，彻底开展党内斗争"，并阴谋用武力危害中央。

当张国焘的密电发到右路军驻地巴西时，适逢右路军前敌总指挥部正在开会，陈昌浩正讲话。译电员就把这份电报交给了参谋长叶剑英。叶剑英一看电报内容，大吃一惊，事关重大，觉得应该马上告诉毛泽东主席。于是，他装作若无其事的样子把电报装起来，然后佯装上厕所，出门后飞跑到中央驻地，将电报交给毛泽东。毛泽东一看，马上把电文抄了下来。这时，毛泽东镇定地对叶剑英说："你赶快先回去，不要让他们发现你到这来了。"

叶剑英说："此地有危险，不能留，请主席立即到三军团去。"

秦邦宪插话说："老叶，你呢？一起走吧。"

叶剑英说："我不能走，我一动，恐怕你们都走不了啦。"

叶剑英赶快跑回去，会还没有开完，陈昌浩还在讲话，叶剑英把电报交回给他，没有出漏子。

送走叶剑英后，毛泽东立即同张闻天、秦邦宪赶到三军团部驻地，同周恩来、王稼祥等开会研究，果断决定迅速离开巴西、脱离险境，率一、三军团单独北上。9月10日凌晨，中共中央和三军团部队离开巴西北上。

中央负责同志走后，叶剑英决定把军委直属队带走。但是，究竟怎样能把直属队带走呢？叶剑英急中生智，决定利用张国焘的南下电报，以"打粮"为名，设法带走部队。得到陈昌浩同意后，他立即召集直属队的领导干部开会，到会的有林伯渠、杨尚昆、李克农、萧向荣等。他通告了紧急情况，确定10日凌晨2时出发，以"打粮"为名撤回三军团。与此同时，叶剑英还到前敌总指挥部作战科，找到吕继熙要了一份十万分之一的甘肃地图。

9月10日凌晨两点，军委直属队出发"打粮"了。叶剑英与杨尚昆在前敌指挥部附近的水磨房会面，追赶已出发的部队。当他走到军委直属队行军休息的地方，同志们看到叶参谋长来了，高兴地说："参谋长，我们开小差跑出来了。"

叶剑英风趣地说："不！我们不是开小差，而是开大差，是执行中央北上方针。"

在一个交叉路口，叶剑英碰到了正在等待他的彭德怀、张闻天、秦邦宪等。他们着急地说：

"老叶！你要快走啊！"

"我现在不是和你们在一样走吗！"叶剑英诙谐地答道。

"老叶，你和我们不一样，你把密电送给毛主席，又把军委直属队带出来了，人家对你恨死了。"

"好！我就走。"

叶剑英和直属队从潘州到阿西，由于夜黑路不熟，20多里路足足摸索了6个小时，赶上三军团又是拂晓时分了。毛泽东、周恩来、王稼祥正在焦急地等他。

见了面，毛泽东高兴地说：

"哎呀！剑英同志你可出来了。好！好！"

10 日，党中央公布《中央为执行北上方针告同志书》，向全军提出，应继续北上，南下是没有出路的，并命令军委直属队和三军团立即向拉界、俄界开进。

9 月 11 日，叶剑英等继续行军，又走了 60 里路，到达俄界。彭德怀、秦邦宪等见到他，老远就大声喊：

"老叶，好在你走了，好危险啊！"

叶剑英忙问："怎么啦？"

秦邦宪说："你昨天前脚刚走，后脚就跟来'四支驳壳枪'到处找你。他们问，参谋长在哪里？我问他们找你干什么？他们杀气腾腾地说，先把他打死再说！"

叶剑英听后感激地说："谢谢你们昨天提醒我，不然今天都不知到哪国去了！"

第二日，中央在俄界召开政治局扩大会议，通过了《关于张国焘同志的错误的决定》，还决定将红一方面军主力和中革军委纵队改编为中国工农红军陕甘支队，彭德怀当司令员、毛泽东当政治委员，叶剑英当参谋长。然后，又继续北上。

叶剑英在反对张国焘的斗争中，冒着生命危险及时揭露了其妄图危害中央和分裂红军的阴谋，巧妙地率领军委直属队北上，使党中央和中央红军脱离险境，使红军日后有了北上胜利和抗日战争的发动。以后，毛泽东曾多次提到这件事，高度赞扬叶剑英，其中有句著名的话是："诸葛一生惟谨慎，吕端大事不糊涂。"

九、南岳趣事二则

1939 年春，叶剑英是第十八集团军参谋长，奉派到南岳，帮助国民党办游击干部训练班，任副教育长。

（一）

这个班由蒋介石兼主任，周恩来兼总教官，教育长是三十一集团军总司令汤恩伯。

叶剑英元帅身材高大，体魄魁梧，潇洒温雅，本是武将，却又有儒将之风。

在游干班，他主讲《游击原理》，不用讲义，在南岳游干班很受学生们的欢迎和尊敬。他上下山乘坐一辆南洋华侨胡文虎与胡文豹兄弟赠送给十八集团军的汽车，车上有"永安堂"药店的商标。当学生们在途中遇到这辆车时，一律立正向叶剑英致敬。

叶剑英在南岳时还注意做统战工作。在他的帮助和影响之下，汤恩伯的合作态度比较不错。他对全体学生讲话时，曾引用毛泽东《论新阶段》的一些话。有一次，在谈到军民关系时，汤恩伯指着身旁的叶剑英说："过去我们和他们打仗，他们屡屡获胜，其中一个主要原因就是他们与民众的关系是鱼水关系。"

话音刚落，全场气氛顿时活跃。

（一）

南岳镇里有一座佛教大庙叫祝圣寺，叶剑英下山时，常到寺里小憩，与众僧谈天。

一次，周恩来到南岳参观祝圣寺，寺内住持暮笳，请周恩来在纪念册上题字，周恩来挥毫写道："上马杀贼，下马念佛"。暮笳等僧人受到启发，着手筹备"南岳佛教救国协会"。不久，叶剑英到祝圣寺，从众僧口中得知此事，当场建议改为"南岳佛道救难协会"，这样和尚、尼姑、道士都可以参加抗日救亡活动。众僧连声称妙，接受了这个建议。

南岳佛道救难协会于1939年4月下旬成立，叶剑英应邀前往，即席发表了"普度众生，要向艰难的现实敲门"的讲话。叶剑英的讲话，唤醒了南岳宗教界人士。6月份，青年僧侣30多人组成"南岳佛教青年服务团"，开赴长沙、湘潭等地宣传抗日救亡。

以后，祝圣寺暮笳和尚等逢人便讲叶剑英改"佛教"为"佛道"，改"救国"为"救难"的故事，念念不忘叶帅对佛门事的关心。

十、舌战群儒

1940年初，蒋介石不甘心他发动的反共高潮失败，决定召开全国军以上参谋长会议，在会上攻击十八集团军，以发动反共高潮。作为十八集团军参谋长的叶剑英、新四军参谋长张云逸，也在应出席会议的人员名单中。这时，周恩来已去苏联治伤，董必武、博古负责重庆八路军办事处的工作，叶剑英摔伤了胳膊正在治疗，为了团结抗日，毅然决定赴会，并作发言准备。

参谋长会议一开，蒋介石一身整齐军装走到他的位置前，用威严的目光扫视一遍会场，坐下后就宣布开会，接着说："去年的冬季攻势打得不好，本次会议的目的，就是要检查作战经过，整顿军纪、军令。"

蒋介石的声音不大也不高，但声色俱厉，充满腾腾杀气。会场上顿时严肃紧张起来，一双双眼睛朝向蒋介石。叶剑英的目光也聚焦在蒋介石的身上，心里捉摸着：他又会搞什么名堂呢？

"本委员长接到很多报告，"蒋介石说着加重了语气，"这次冬季攻势之所以失败，完全是因为第 18 集团军游而不击、袭击友军、包庇叛军、破坏抗战、制造磨擦等等行为所造成的。为严肃军纪，要彻查此事！现在就请诸位发言，每人不得超过 30 分钟。"

蒋介石的这些话，不啻是一个动员会。各有关战区的参谋长们立即发言，一个个都是用具体材料为蒋介石的话提供证据。

其中，第十战区副参谋长周学海说："共产党的军队不打敌人打我们。"然后，他巧嘴簧舌历数捏造的十八集团军的种种"罪状"。最后还加上一句："忍耐是有限的。"

紧接着，其余发言的人纷纷攻击十八集团军，更加放肆地诬蔑，甚至说延安解放区乱印钞票乱发钞票……会场气氛十分紧张。

这时，19 集团军参谋长曾粤海，曾与叶剑英为云南讲武堂同学，坐在叶剑英旁边，也忍不住对叶剑英说："我看你怎么得了啊，都攻击得你体无完肤了。"

叶剑英镇静自若地回答："谎言掩盖不了事实。"

当其他人都搜肠刮肚地攻击过了，才轮到叶剑英发言。他不慌不忙地走上讲台，有条不紊地介绍了八路军、新四军去年冬季作战实况，言之凿凿，有事实有数据，然后，他才得出结论说："有人说我们十八集团军不打敌人打国军，这真是海外奇谈，完全不是那么回事。"

接着，他针对一些人给十八集团军编造的种种"罪名"，一一列举真实情况进行驳斥。到会众人，大多听得频频点头，觉得叶剑英讲得有据有理。

"至于解放区乱发钞票么，那是没有根据的。"叶剑英从裤袋里摸出一张角票，举起来接着说，"你们看，这张角票，这角票已经烂成这个样子，两面都贴上了纸，票面不清，已经不能再使用了。我们不发一点就地使用的，怎么办？大家都知道，角票是辅币，这怎么叫破坏币制呢！"

会场中有人冲口而出："角票是辅币，大后方有的县也在自印角票。"

会场上发出赞叹声。蒋介石听了叶剑英有凭有据的辩驳，气也不是，笑也不是，只好默然。

在这次会议上，叶剑英作长篇发言，澄清了事实，揭露了蒋介石及其顽固派反共的丑恶嘴脸，赢得了与会许多人士的同情、支持。

后来，董必武高兴地说："这叫'叶公（黄山）舌战群儒'。"

十一、叶剑英"放跑"蒋介石

1949 年 8 月 24 日，蒋介石飞抵重庆，在山城活动了 28 天，部署"以四川为核心"的西南保卫战。11 月 14 日，又自台北飞抵重庆。29 日，蒋介石在住所附近听见枪声，他匆忙于第二天逃到成都。12 月 10 日，成都市内也时有枪声，蒋介石的住所中央军官学校附近出现"可疑人物"，于是他在恐慌中登机升空。

这时，解放军 15 兵团已经解放广州，并且接管了广州飞机场，但飞机场仍留有国民党人员。蒋介石从成都凤凰山机场起飞前，成都机场人员与广州机场联系，了解广州方向的天气情况，由于他们过去在一个系统，都非常熟悉，广州的机场问："是谁的飞机呀？"

成都方面说："是蒋总裁的，下午 2 时从成都起飞，大约 3 时左右到广州上空，直接飞往台北。"

白云机场问："坐什么飞机？"

成都方面说："3 架运输机，总裁在第 2 架上。"

白云机场得到这个情况，立即就报告到 15 兵团副司令员兼参谋长洪学智。广州白云机场解放军接管负责人意见，一是用战斗机把蒋介石座机迫降下来，二是干脆打下来。洪学智把他们找来，问他们把握性如何。

他们说："机场现有战斗机，而且有好飞行员。飞行员中有一个原来是国民党空军中的'四大金刚'之一，飞行技术很好。已征求过他的意见，他说不成问题，积极要求执行这次特殊任务，争取立功。如果拦截不成，我们就用高射机关炮将它打下来。"

洪学智问："你们觉得把握大吗?"

他们说："没问题。"

"军中无戏言,你们把准备工作做扎实,我去请示叶参座。"于是,洪学智到了时任 15 兵团司令员兼政委叶剑英住的小楼。

叶剑英正在找人谈话,洪学智把他叫出来,报告了情况。

叶剑英沉吟了一会儿,他问："我们有这个能力吗?"

洪学智说："有一个解放过来的飞行员,原来是国民党空军的'四大金刚'之一,飞行技术不错,他愿意执行这个任务。"

叶剑英说："这是大事。"

洪学智说："有点像西安事变。"

叶剑英说："倒是应该让他下来看看。"

洪学智说："那就这样办吧。"

叶剑英说："得请示中央。这样,你把此事报告中央。我们意见用战斗机迫降,或者打下来。"

洪学智说了一声"好",立刻用电报报告北京。

可是中央的指示左等也不来,右等也不来,眼看飞机要飞过来了,机场不断打电话催问。洪学智也很着急,就去同叶剑英商量。

叶剑英先问洪学智："北京有回音了吗?"

洪学智说："没有呀。"

"没有,就不能干。"

"干脆先斩后奏,先打下来再说。"

"那样也不能干。"

"让头号战犯跑掉,太可惜。"

"可惜也好,不可惜也好,反正中央没有回音就不能干。"

"我们只是拦截下来,不伤害他。"

叶剑英还是摇头说："这也不能干。"

没有得到中央批准,叶剑英司令员不同意打蒋介石的座机,于是,洪学智只好放弃了打蒋座机的方案。蒋介石终于逃了一命。

十二、解放后鲜为人知的中葡之战

新中国成立后，葡萄牙政府尚未与我们建交。从内地去澳门，经过拱北海关，迎面是一座牌坊式的建筑，这就是有名的关闸。

关闸始建于明朝万历二年，即 1574 年。关闸高和宽均有一丈余，像内地许多古迹城楼一样，楼前悬一匾额，上书"孚感镇德"四个字样。城楼正中处开一大门，上有"关闸门"碑石一方。关闸两边，分别建有兵营，立有围杆。古关闸是当时的中国政府修建的，目的是为了限制澳葡再向北扩张，关闸每月只开放 6 次，为的仅是从内地向澳门输出粮食，而平日却用 6 张封条封闭着。1849 年 3 月 13 日，葡萄牙人头目亚马勒逐走了管理海关的中国官员，并砍倒围杆，毁了关闸。这次事件是中国在近代史上的一次屈辱。100 年后，新中国成立了，由于历史的缘故，澳门仍然归属葡萄牙殖民者管理，在关闸中澳双方都设有哨兵；这边是澳门，那边是华界，各有四五个哨兵。

1952 年 7 月 15 日，一宗鸡毛蒜皮的小事几乎酿成中葡大战。

这就是有名的关闸事件。

这时，进驻拱北的解放军属于华南军区司令员叶剑英的部下，出事前刚刚换防不久，站岗的哨兵不少是北方人，从来没见过外国人。

驻守关闸的葡兵之中，有些是非洲兵团的黑人，他们与解放军哨兵的岗位只有几十米。

一天，一名黑人葡兵突然内急，在炮楼外拉开裤子就随地撒起尿来，两位解放军哨兵没见过黑人小便，忍不住哈哈大笑起来。

谁知黑人大兵一见解放军战士大笑，以为他们有意取笑他，不由分说便端枪发起怒来。

黑人士兵怒骂连连，解放军战士也黑起脸，双方语言不通，却都能从对方的脸上读出愤怒和不友好。结果，黑人哨兵恼羞成怒，拿起步枪"啪"的一枪就打过去。两名解放军士兵急忙还击。并且，还投了个手榴弹，以示警告。

随后，双方各自向上司报称受到突然袭击，要求增援。最后，双方竟然动用了野战炮和重机枪开战，葡军哪是身经百战的解放军的对手，几个回合下来就死伤累累。

冲突爆发之后，解放军部队封锁了边界，澳门每天依赖内地供应的粮油副食很快就出现了短缺情形，陆路交通也马上中断。一闭了关，澳门即刻变成死城，粮食、水和菜等民需物资都成了大问题。

一时间，澳门居民惊恐万分，谣言满天飞。有的说中共已调来一个师的兵力，在关闸北面架起了大炮；有的说中共要将澳门封锁起来，以后连水也没得喝了。澳督史伯泰感觉到事情的严重了，赶忙叫经济局长罗保马上给与中共有着联系的南光公司打电话。谁知对方回复说，公司的负责人都上广州开会去了，无法与之联系。

澳督想了一下对罗保说："你即刻跟商会的人联系一下，让他们给中共传个口信，说澳门政府无意将事态扩大，希望中共方面也加以克制。"

深夜，罗保找到了马万祺，将澳督的意思告诉他，希望他与中共方面联系，寻求解决方法。

马万祺便于当夜打电话到广州，向中共华南分局统战部长饶彰风报告了澳门方面的消息。

就在澳门方面紧张地找关系与中方接头时，在广州梅花村 30 号中共华南分局的会议室里，叶剑英为书记的华南分局也在紧张地开会商讨对策。

会上，大家情绪都很激动，有人主张干脆调一个师的部队去，造成大兵压境的形势，向澳门政府示威；也有的主张索性封锁边境，不运粮食、副食品过去，对他们进行经济制裁。

叶剑英一直没有发表意见，只是认真地倾听大家的发言。与会者议论了好一会儿，才忽然发觉书记始终不表态，于是便不约而同停了下来，把目光都集中在叶剑英身上。

这时，叶剑英从容不迫地说道："新中国成立了，西方帝国主义对我们怀恨在心，搞重重封锁，想卡我们，压我们。大家憋了一肚子气，有情绪是可以理解的。况且，这一次是澳葡方面先开枪挑衅，大家提出要惩治它们，很有道理啊！"

但是，叶剑英顿了顿，突然话头一转，说："可是我们也应该看到，葡萄牙与那些至今仍到处称王称霸的帝国主义毕竟有区别。毛主席说过，在处理与这些国家的关系时，要区别对待，大国从严，小国从宽，最大限度地团结一切可以团结的人，以集中力量对付主要敌人。澳门的居民多是我们的同胞，闭关、制裁，受害的还是我们的同胞！对关闸事件我们要慎重处理。"

"如何处理呢?"有人问。

叶剑英端起茶呷了一口,继续说道:"我看,这事件只是个地方事件罢了,用不着大动干戈。"

正在这时,统战部长饶彰风匆匆走进会议室,附在叶剑英耳边轻声嘀咕了一阵,叶剑英点点头,马上对着与会者说:"刚才澳门商会马万祺先生来电话,说澳门当局希望双方接触,商量解决这次事件的办法,我看可以派人去和他们谈。目前我国与葡萄牙没有建立外交关系,不宜与澳门当局直接接触,可以叫他们委托两位民间代表来与我们谈。"

最后会议决定,派港澳工委副书记黄施民和省外事处处长曹若茗赶赴拱北,与澳门方面谈判。

在这次会上,大家商议,提出了三条谈判的条件:一是澳门当局必须保证不再发生此类事件;二是就关闸事件作出正式的书面道歉;三是赔偿损失。

会后,统战部长饶彰风即刻将这些决定通知黄施民、曹若茗。

黄曹二人于当天晚上就搭乘花尾渡到了中山石岐。第二天一早,他们自石岐坐吉普车奔赴拱北关闸,然后住在海关大楼上。

南光公司总经理柯正平,却比他们早一天已赶回澳门。此时知道黄施民和曹若茗已到,便再次驱车来到拱北。三人经协商后,由柯正平通知澳督府罗保派人来谈判。

罗保得讯后,想到的最合适的人选,除了马万祺,就是澳门中华总商会理事长被称作"澳门王"的何贤。

何贤接到罗保的电话时,正准备上床入睡。关闸发生的事件,昨天他已知道全部经过,也听马万祺说过被罗保请去咨询的事。于是,他在电话里说:"现在政府一方到底持什么态度呢?"

罗保在电话中谈了澳督的意见,说:"谈判只求不要将事态扩大,但要避开事件的责任,谁对谁错的问题免谈。"

何贤一听,忍不住叫起来:"喂,大佬,这没得谈。你碰撞了人家,好话都不说一句,你叫我们怎么谈?"

罗保也知此事难以这样搪塞过去,只好对何贤说:"我也不能做主,您就当帮我解围吧!老实讲,哪一次有麻烦都得劳你贤哥出马,你反正说丑说好都一样解决了,不是吗?"

何贤耳根子软,禁不住罗保一再劝说,不好意思再计较,便只好答应去试试。但是，他临了又加上一句："我何贤面子再大，也要看帮得是否有理。没有道理，就没了面子，丑人我做不了啊！"

第二天一早，何贤会同马万祺一道，到了拱北关闸。双方在海关一见面便开始谈判，由于何贤带来的澳方口信与中方要求相去甚远，会谈还没有深入进行，何贤二人便被顶回来了。

当天下午，何贤和马万祺只得又赶回澳门。

何贤回到家中已是晚上8点多钟，他顾不上吃饭，马上给罗保挂电话转述了中方的态度和要求。最后，何贤直率地告知罗保："共产党和国民党不同，连美国人都不买账，何况你们葡国人？"

罗保说："麻烦你多跑跑呀！"

"我多跑几次腿没问题，政府仍是这种态度，跑一百次腿也没用的。"何贤回答说。

罗保马上把何贤的话转告澳督史伯泰，但是，史伯泰只是答应了保证不再发生类似事件这一条，其余两条都不答应。

罗保又把港督的意思转告何贤，他知道何贤有些为难，再求助的好话还未讲出口，何贤就说："我是看在澳门几十万居民的份上，才答应再去的。你也不用多提我们，倒是应当多向澳督进言，请他早点改变态度才好解决。"

何贤又说他和马万祺要求亲自见澳督。

罗保联系后回电话说，澳督同意接见他们。

在澳督府，何贤转述了中方的意见，然后，劝史伯泰说："其实，中方已作了相当的让步。他们想要困住澳门，只不过是举手之劳，轻而易举的事。然后真搞僵走到这一步田地，人家再提出什么要求，你们都只得乖乖答应，那时更无面子！一人让一步，双方有个坦诚态度，您的态度缓和了，我看，这才是解决目前困难的办法。"

澳督史伯泰听了何贤的话，久久不表态。最后，他才说："让我再考虑一下，明天早上答复你们。"

第二天早上，罗保打来电话，说澳督同意了中方提出的全部条件。

何贤、马万祺又起程前往拱北关闸。事后多年何贤回忆这一段历史说：

"我那次上内地做传达，不多不少去过20几次，一日两三次的情形都有……那时两国无邦交，我们夹在中间没法明着向谁，自己是中国人，却代表着葡人政府，怎么办？惟有两头讲好啦！"

这一天，谈判终于成功了。

澳门当局正式向中方递交道歉书。

拖了一个月的关闸事件，终于和平地得到解决。关闸事件的解决，对何贤的一生来说也是具有决定性意义的。在此之前，何贤在澳门民间有着崇高的威望，关闸事件之后，他在官方也有了很重要的一席地位。以后，他与澳门政府打交道的机会多了起来。1956年，澳门缺水，澳门当局便派何贤到中山协商，在中山县前山镇引竹园水库的水供应居民，这一举又成功了。1958年澳门与中山县合建银坑水库，也由何贤出面促成此事。从此，澳门的用水问题得到彻底解决。

何贤与中共接上关系，与叶剑英的正确处理中葡关闸事件关系很大。

十三、解救胡耀邦

1964年11月，胡耀邦被党中央派往陕西，担任中共中央西北局第二书记兼陕西省委第一书记。

这正值毛泽东发动的城乡社会主义教育运动如火如荼之时。胡耀邦到陕西后，敏锐地发现运动过火，打击面宽，抓人多。广大干部群众心情紧张，而生产形势十分严峻。他与省委研究后果断决定"三暂停"：捕人暂停，开除党籍及开除公职暂停，面上夺权暂停。后来，他又提出简单粗暴、混淆是非的文艺批判和学术批判暂停，打击投机倒把的群众性运动暂停，对9500多名"投机倒把分子"要进行复查。同时，他以极大的热情领导和推动各级干部狠抓当前工农业生产，主张放宽政策，搞活经济。为此，在春节期间，他大年初二从西安出发，调查考察了十几个县。

2月14日，他在发出的《电话通讯》上，提出了解放干部的"四个一律"：社教以来处分过重的干部，一律实事求是地减轻处分；停职和撤销工作尚未处理的干部，一律先放到工作岗位上去，待问题完全查清或经过一段考验后再作结论；过去犯有某些错误已经交代过的干部，不再"洗手洗澡"，只要搞好工作搞好生产，一律既往不咎；从今以后继续干坏事的，不管职务多高，一律从严处理。

胡耀邦的这些重要意见，受到全省广大干部和群众的极大欢迎，搞好工作和生产的劲头很大。

　　但是在左倾错误泛滥的当时，胡耀邦受到了西北局和陕西省委某些领导同志的严厉批判。从2月下旬起，西北局就大会小会连续批判胡耀邦。结果，批得胡耀邦突发大脑蛛网膜炎，医生说有生命危险，才被抢救住进了医院。但一俟病情稍有缓和，他们继续批判不止。6月上旬，批判胡耀邦的省委会议还在进行。

　　一天，突然，在北京的叶剑英元帅偕同张宗逊、张爱萍上将乘坐军用专机来到西安视察军事工作。

　　原来，叶剑英元帅从贺龙元帅那里听说胡耀邦因为大力纠正"左"倾错误，解放干部，狠抓生产而遭到残酷批判陷于困境，大为震惊。于是，借视察工作之名前来搭救。

　　叶剑英元帅与张宗逊、张爱萍到达西安后，在当晚西北局和陕西省委、省政府的欢迎宴会上，即展开了交锋。

　　张爱萍高声说："我们一进潼关，就看到陕西的麦子长势喜人，看来是一个大丰收。耀邦瘦了，陕西肥了，耀邦对陕西是有功的啊!"

　　他这一说，西北局和省委的那些人都哑口无言。

　　宴会结束后，主人们向叶剑英元帅告辞，叶说："耀邦，你留一下。"

　　胡耀邦单独留下后，叶剑英问："我听贺老总说，这个地方在整人哪。"

　　胡耀邦说："您不问我还不敢说呢! 我已经做过6次检讨还过不了关。"

　　叶剑英问什么问题，胡耀邦介绍了情况。叶剑英说："老弟啊，你在旧社会少吃几年饭，你斗不过他们哪! 在西安说不清楚，回北京去谈嘛。"

　　胡耀邦说："我走不脱呀。"

　　叶剑英说："我带你走嘛。"

　　胡耀邦于6月11日在省委常委会议上发表了8条申辩的发言后，于6月18日向西北局请假回北京治病。

　　西北局知道是叶剑英元帅要带他走，无法阻挠。

　　6月20日，胡耀邦搭乘叶剑英元帅的军用专机回京。

十四、叶剑英"流放"湖南的日子

　　1969年10月18日，奉林彪之命，总参谋长黄永胜向全军下达了"林副主席第一号令"，号令宣布，全军进入紧急战备状态。

随后，在京的一些党和国家的领导人和大批党政机关干部家属被"战备疏散"到外地。

同日清晨，叶剑英接到周恩来电话，通知他"战备疏散"到长沙，20日启程。

这时，叶剑英元帅已是72岁高龄，他的子女多数被抓进监狱，有的被下放劳动改造或远在边疆服役。叶剑英元帅到了湖南，只跟来两名随行人员，连警卫员也没有带，由组织上派来一位部队的排长胡家虎来当警卫员。

湖南已是深秋，突然从干燥的北京来到阴冷潮湿的南方，叶剑英很不适应，时常患感冒，并反复引起肺部感染。叶剑英住在长沙省委招待所，省军区医院对他很冷淡，不仅不派医生护士，药品也不给。叶剑英在长沙痛苦地打发着日子。

一次，警卫员胡家虎拿着几套叶剑英元帅的衣服到省委接待处缝纫组去熨，并顺便把一条裤子的裤腰改宽改肥。走在路上，碰见一个负责保卫工作的领导，当他知道胡家虎是为叶剑英元帅缝改衣服时，很生气地说："你做好自己的工作就行了，管那么多事干什么？你不知道他是'二月逆流'的干将，是'老右'吧？他是下放来改造的，以后不要对他照顾得那么好！"

第二天，胡家虎把那位领导对他说的话向省委接待处赵福和处长作了汇报。

赵听完汇报，说："你在叶剑英元帅那里工作是组织派你去的，要尽量把工作做好，不要有什么顾虑。"

赵处长的一番话，顿时解除了这位年轻警卫心头上的沉重压力。

1970年初春，湖南省委某领导决定让叶剑英从长沙搬到湘潭去住。他并未讲什么理由，只让工作人员通知叶剑英，立即就搬。

就在临走前，叶剑英突然得知一个不幸的消息：被下放到天津某农场改造的二儿子在劳动中，不慎一只手臂被机器卷了进去，尚未脱离危险；因当地医疗条件差，准备转往上海第六人民医院作手术治疗。叶剑英听到这个消息，十分难过。他要求晚走一天，在长沙进一步了解儿子救治情况。但有关方面没有批准。他虽然心里不痛快，还是服从组织决定，搬出长沙省委招待所，转移到湘潭。

事后，他才得知，当时湖南省的个别领导把他紧急从长沙赶往湘潭，是因为毛泽东要来长沙，要住省委招待所。

过去在延安时，他随时可以到毛泽东那里去，即使"文革"中，在北京也时常见面，而且临来之前，周总理告诉他，让他来湖南是主席的意思，主席也向他打过招呼。叶剑英听到这个情况很伤心，说："让我离开长沙。主席一定不知道，主席要是知道一定不会让我走。"

到了湘潭，叶剑英住进了军队的一个招待所，那儿连部电话也没有。经过要求，才从湘潭军分区给他住的房间临时接通了一条电话线，装上一部老掉牙的手摇电话机。

叶剑英用这部手摇电话机了解远在上海的儿子的伤情。等了很长时间，好不容易电话才打通了，却又因话机线路质量不好，杂音干扰很大，根本听不清。叶剑英在电话里请求湘潭军分区总机一位男接线员能否帮忙想想办法，减轻些干扰，却遭到那个接线员的粗暴呵斥。

在这冷若冰霜的政治气氛下，长沙和湘潭当地一些领导人成天摆出一副冷面孔来对待这位"二月逆流"的干将。湖南省军区的一个副司令交代"四撤"，即撤医生、撤专车、撤警卫、撤伙食补助，只留下胡家虎一个人在那里照顾。胡家虎向叶剑英元帅发牢骚，叶剑英开导说："不是说宰相肚里能撑船吗？要学会忍耐、宽容。"

由于没有生活补助，伙食质量降低。没有办法，胡家虎上街买回一个电炉、一些炊具以及小米、面条、藕粉、鸡蛋等食品，早、晚给他做点稀饭、面条、蛋羹、藕粉等食物充饥。叶剑英后来开玩笑说："在湘潭自己采购、自负盈亏。"

这时，叶剑英是一个靠边站的中央政治局委员，其政治待遇只限于阅读中央文件和"大参考"。叶剑英从北京带去的一台半导体收音机，是他了解国内外大事的一个重要渠道。因为在那远离首都的偏僻地方，不能及时看到中央文件，也没人来看他，甚至电话都很难打出去，消息很闭塞。他每天早、中、晚总是按时收听国内外的新闻广播。为了收听得及时，他选好几个电台的新闻广播时间，都用笔在纸上记下来；每个电台的波段频率位置，他一个一个找出来，分别用红、蓝、黑等不同颜色在收音机相应波段刻度上画上记号。

1970年5月20日下午5点左右，省委招待所的一位工作人员说上级通知，晚上8点中央人民广播电台有重要新闻广播，要求到时候收听。他想了想，对胡家虎说："我猜测，今晚的重要新闻，很可能是关于国际方面的。"到晚间，一听广播，果然是毛泽东主席关于国际形势的"五·二〇"声明。

就在叶剑英"流放"湖南期间，北京和全国的政治局势急剧变化。

1970年3月8日，在武汉的毛泽东提出召开全国四届人大和修改宪法的意见，同时提出改变国家体制、不设国家主席的建议。但林彪出于个人谋权篡国的考虑，仍然坚持要在宪法里写上"国家主席"一章。当年 7 月 16 日，赵福和奉命来到湘潭，告诉叶剑英元帅，简单带上行装，回北京开会。

从此，叶剑英结束了长达 300 天的湖南"流放"生活，回到北京。随后，他飞抵庐山，参加了中共九届二中全会。

十五、毛泽东临终前想对叶剑英说什么

1976 年 7 月以后，毛泽东的病情恶化。9 月 5 日，毛泽东开始进入病危期，华国锋、王洪文、张春桥、汪东兴等 4 个政治局委员担任常务看护，轮流守在毛泽东的住处。

9 月 8 日，毛泽东垂危，政治局委员都聚集到毛泽东的卧室。

军委副主席叶剑英迈着沉重的脚步走到毛泽东面前，看着往日高大魁伟的身躯变得那么瘦弱，往日表情生动的脸庞变得蜡黄发灰，那双深邃睿智的眼睛也已黯然失神，心里十分难过。

此时的毛泽东还是清醒的，当他看到叶剑英时眼睛一亮，睁得大大的，想抬起手臂，可是没有抬起来，他已经力不从心了。

叶剑英泪水模糊，没有看到毛泽东的这一异常举动，站一会儿就走出病房，来到外面休息室。

这时，毛泽东仍然以手示意，招呼叶剑英。一位工作人员马上跑到休息室，对叶剑英说："首长，主席在招呼您呢！"

叶剑英急忙转身回到病房，见毛泽东睁着眼睛，嘴唇抽搐着，想要说什么，可什么也没有说出来。叶剑英仔细辨别着从毛泽东口中吐出的每一个音节，但是还听不出他要说什么。叶剑英双手握住毛泽东那只逐渐变凉的手，泪水夺眶而出，哽咽着说："主席……主席……"

离开病房后，叶剑英的眼前还晃动着毛泽东微微张开的嘴唇：他为什么特意招呼我呢？他到底要说什么呢？他还有什么要嘱托吗？……然而，由于毛泽东已说不出话，这一切成了为谁也解不开的谜团，给历史留下了一个悬念。

9 月 9 日零时 10 分，一颗伟大的心脏停止了跳动，毛泽东溘然去世了。

十六、逮捕四人帮

自从毛泽东逝世后，中共中央政治局的会议几乎每次都成了争吵的会议。

一天傍晚，陈云来到叶剑英住处。陈云问叶剑英："现在这个局势怎么办啦?"

叶剑英向陈云概略地介绍了一些情况，然后拿出一份两年前毛泽东在中央政治局会上批评"四人帮"的谈话记录给陈云看。

陈云看得很仔细。

最后，叶剑英说："时间紧迫，不能再拖了。毛主席生前就要解决，没有解决，现在到了该解决的时候了。"

陈云知道叶剑英在询问自己的意见，他说："我赞成尽快解决。看来这场斗争是不可避免的。但要采取什么办法，还要再仔细琢磨琢磨。"

叶剑英清楚陈云是指用"合法"的方式解决，他点了点头。

接着，叶剑英又和华国锋商讨了处理"四人帮"的决策。

华国锋提议召开中央政治局会议来解决。叶剑英认为对付这个反革命集团靠党内斗争不行，因为"四人帮"已经形成了一定的势力，他们想篡夺最高领导权，这已经是一场你死我活的斗争了。那么，采取武力呢?

叶剑英认为也不妥。毛泽东刚刚去世，中国的高层就动用武力将他的夫人关押起来，似乎让人觉得太不讲情面。另一方面，尽管"四人帮"没有控制军队，但仍然有一些"效忠"人物，尤其是上海的"第二武装"，更是不能轻视，如果真动用武力，必将出现一个极残酷的局面。他不想看到这个局面的出现。

忽然，叶剑英想起林彪叛逃后处置黄永胜等人的办法。那时叶剑英奉毛泽东、周恩来之命出席有黄永胜等人参加的会议，宣布中央等待 10 天。10 天后，他们还不认错，就在会议上突然宣布其罪名，断然给予处置。

叶剑英提出以召开会议的方式，"请"他们到会，宣布对他们实行"隔离审查"。

这个办法得到了华国锋的赞同。

随后，叶剑英又将和华国锋商定的计策告诉了汪东兴。

汪东兴说："我坚决拥护华总理和叶副主席，你们怎么领导，我就怎么干。"

10月4日，江青等人在《光明日报》头版头条位置发表署名"梁效"的文章《永远按毛主席的既定方针办》。

毛泽东逝世后，"按既定方针办"就作为毛泽东的"临终嘱咐"广为宣传。但是，10月2日，华国锋在外交部长乔冠华送审的《中国代表团团长在联合国大会第31届会议上的发言》上批示："引用毛主席的嘱咐我查对了一下，与毛主席亲笔写的错了3个字。毛主席写给我的和我在政治局传达的都是'照过去方针办'，为了避免再错传下去，我把它删去了。"

对此，"四人帮"不愿意，张春桥不让传达华国锋的批示，江青让人找根据，如今又发表了这篇文章，说："篡改毛主席的既定方针，就是背叛马克思主义，背叛社会主义，背叛无产阶级专政下继续革命的伟大学说。""任何修正主义头子胆敢篡改毛主席的既定方针，是绝对没有好下场的。"

叶剑英也仔细地读了那篇文章，觉得一阵寒气袭过来。看来战斗已经打响了，不能再拖延了。若再耽误下去，不是我们解决他们，而成了他们解决我们了。叶剑英找来军事科学院领导人粟裕、宋时轮，要他们注意掌握动向，提高战备观念；然后又打电话告诉杨成武和北京军区、北京卫戍区及海军、空军、各大军区，要切实加强战备；吩咐办公室主任王守江到空军医院，对住院的空军司令员张廷发说："病要治，部队也要管。"

做完这一切，叶剑英站起身来叫警卫参谋："今天晚上提前吃饭，准备车子!"

黄昏后，红旗轿车急速地行驶在黄昏中，最后停在了东郊民巷15号院门前。华国锋正在被江青的那篇文章困扰着，见叶剑英突然到来，精神立刻振奋了许多。落座后，叶剑英把近几天从各个渠道了解到的情况，尤其是"四人帮"派人到北京郊区部队活动的情况告诉华国锋。同时，华国锋也将了解到的情况告诉了叶剑英。

叶剑英："国锋同志，看来事态的发展已经到了刻不容缓的地步，他们就要下手了，我们不能再等待了，必须当机立断!"

华国锋："是啊，原来还想再过几天，恐怕来不及了。"

叶剑英："军事家最忌讳的是贻误战机。现在要根据情况改变原来的部署，要提前采取行动，我们要'先发制人，以快打慢'! 否则会坐失良机，陷于被动。要以快打慢!"

华国锋完全听明白了叶剑英的意思，又询问了一些关于各大军区的情况，说："叶帅，你看哪一天动手好?"

叶剑英："根据准备的情况，我提议6日或7日下决心，一破一立除四害，你看怎样？请你最后下决心！"

华国锋："那就这样吧。"

叶剑英："我这就去东兴那里。"然后，他和汪东兴决定10月6日动手，华国锋等人同意了。

10月6日，日历上极普通的一天。叶剑英像往常一样，起床、用餐、散步、看报、读书。上午，秘书们依次汇报，送批文件，叶剑英非常关注军事动态，认真听取，细心批阅。中午，陈郊良汇报国际动态，叶剑英一边吃饭一边听。下午3时30分，电话铃突然响了起来，警卫参谋接过电话后，报告叶剑英："晚上8时政治局开常委会，两个议题，第一审议《毛泽东选集》第五卷的清样，第二研究毛主席纪念堂的方案和中南海毛主席故居的安置。请您提前1小时到怀仁堂。"

叶剑英："好，做好准备！"

6点15分，叶剑英穿上灰色的军便服，坐上黑色的红旗轿车直奔中南海。傍晚7时整，叶剑英乘坐的红旗轿车准时停在怀仁堂门前。

叶剑英下车后，向正厅走去。

宽敞明亮的正厅，今天完全变了样。原先所有的桌椅都被撤掉，中间一扇屏风将大厅一分为二，对着正门的这一半前厅里，厚厚的红色地毯上只留下两张罩着白色套子的高背沙发，这是叶剑英和华国锋的位子。

华国锋和叶剑英几乎是同一时间到达的。

汪东兴带着警卫躲在屏风后面，以防任何突然的变故。

7时55分，王洪文来了。他走下高级轿车，披着一件军大衣跨进大门。行动组的李广银、霍际隆等带着几个卫士走过来。

王洪文一看有些不妙，立刻说："我是来开会的！你们要干什么？"

李广银、霍际隆等人很快将他制服，带到正厅。王洪文看到华国锋、叶剑英端坐在那里，便想扑过去，当即被警卫人员按倒在地。华国锋站起来，宣布王洪文的罪状和对他"隔离审查"的决定。

张春桥一到就发现不对头，刚到东侧门便被行动组的纪和富、蒋廷贵等人架进了正厅。

华国锋严肃地说："张春桥你听着，你伙同江青、王洪文等反党、反社会主义，犯下不可饶恕的罪行，现在对你实行隔离审查！"时针指向晚上8时15分，姚文元夹着皮包匆匆赶到怀仁堂。

当他发现行动组的滕和松向他围过来时，就大叫："我是来讨论毛选的，你们胆敢……"

对姚文元"隔离审查"的决定，是中央警卫局的一位副局长宣读的。

在这同时，另一个行动小组来到中南海万字廊201号。

身着睡衣的江青正在看进口录像片，见到行动组人员出现在大厅时，她大声喝问："你们来干什么？"

行动组负责人、中央办公厅副主任张耀祠向她宣读了"隔离审查"的决定。

接着，又一个消息传来，毛远新也解决了。

晚9时，叶剑英和华国锋召见耿飚，让他带一个营的兵力去接管被"四人帮"控制的中央广播电台、新华社等新闻机关。

晚10时至第二天凌晨4时，中共中央在叶剑英住的9号楼召开了政治局会议。"四人帮"被粉碎了。

十七、电唁张发奎

1980年3月9日，一个消息从香港传来，寓居在香港的张发奎去世了，叶剑英心里顿时掠过失去故人的疼痛。

张发奎是叶剑英的老上级。1927年4月，叶剑英因不满意蒋介石，离开住在江西吉安的第二师到达武汉时，张发奎赏识叶剑英，让其在他任军长的第四军当参谋长。但当叶剑英参与领导广州起义后，张发奎以第二方面军总指挥和第四军军长的名义，电调西江薛岳、缪培南、李汉魂、黄镇球、许志锐等部回到广州镇压，使起义军不得不撤出广州。

张发奎又是一个对共产党成见很深的人。抗日战争结束后，美国人出面促使国共达成《关于停止国内军事冲突的协议》，在北平设立军事调处执行部。当执行部向广州派出3人执行小组到广州，要求把中共在广东的东江纵队和海南岛的冯白驹纵队调往北方时，张发奎拒绝调处，说广东方面根本没有中共的部队。马歇尔认为他破坏了调处，便告到了蒋介石那里。但张发奎仍然反对调处，拒绝与美国总统特使马歇尔会面，拒绝见年轻时的同期同学叶挺，拒绝见一贯称他"张伯伯"的廖承志……

1983 年 6 月 15 日，陈丕显（左）代表出席六届人大第一次会议的全体代表向叶剑英转送五届人大常委会关于叶剑英请求辞去人大常委会委员长职务的复信

　　这就是时代造成的人与人之间的特殊关系，曾经的同乡、同学、同僚，甚至上下级等友谊，一旦在政治上分野之后，都全部化为了乌有。但是，叶剑英始终记着张发奎。全国解放后，他曾多次派人做张的工作，希望张回大陆定居，为国家建设做些事情，或者回来看一看，见面叙谈，但都没有如愿。这时，叶剑英患了帕金森氏病，对张发奎去世仍很沉痛，很快发出了唁电：

　　香港
　　张向华将军家属礼鉴：
　　惊悉向华将军逝世，不胜哀悼。乡情旧谊，时所萦怀。
　　特电致唁，尚希节哀。

　　帕金森氏病所引起的并发症，特别是常常发生的肺部感染，不时地折磨着叶剑英。1982 年后，叶剑英的肺部感染的次数越来越频繁，感染的程度也一次比一次严重。

　　1983 年初，第六届全国人大即将召开，叶剑英辞去了全国人大常委会委员长之职。

　　1985 年 9 月，在中共十二届四中全会召开前夕，叶剑英又辞去了他在中共中央和中央军委的所有领导职务。

　　进入 1986 年 10 月，叶剑英的病情开始恶化。10 月 22 日 1 时 16 分，叶剑英在北京去世，享年 89 岁。

才不外现的徐向前

　　徐向前（1901—1991）原名徐象谦，字子敬。山西省五台县人。黄埔军校第一期毕业。曾在国民军第二军第六混成旅任教导营教官、参谋、团副。1927年在武汉中央军事政治学校任队长，同年加入中国共产党。广州起义中任工人赤卫队第十六联队长。土地革命战争时期，任工农革命军第四师第十团党代表、师参谋长、师长，中国工农红军第三十一师副师长，红一军副军长兼第一师师长，红四军参谋长、军长，红四方面军总指挥，红军右路军总指挥、西路军军政委员会副主席。参加了长征。抗日战争时期，任八路军一二九师副师长，八路军第一纵队司令员，陕甘宁晋绥联防军副司令员兼参谋长，中国人民抗日军政大学代校长。解放战争时期，任晋冀鲁豫军区副司令员，华北军区副司令员兼第一兵团（后改为第十八兵团）司令员兼政治委员。中华人民共和国成立后，任中国人民解放军总参谋长，人民革命军事委员会副主席，中共中央军委副主席，中华人民共和国国务院副总理兼国防部部长。1955年被授予元帅军衔。是第一、二、三届国防委员会副主席，中共第七届中央委员，第八届中央政治局委员，第九、十届中央委员，第十一、十二届中央政治局委员。

一、兄妹七人

"世界上没有神童，我也不是神童。生于一个穷秀才家。从小笨，读书也不是高才生。革命初期，我是个无名小卒。"这是徐向前对家世和青少年时期的自我说明。

1901年11月8日，徐向前出生在山西五台县紧靠黄河北岸的永安村。

徐向前的母亲一辈子生下七个子女。头一胎是女孩子，奶奶虽不喜欢，给取名先月，意思是先得月亮；第二个是男孩子，奶奶乐得喘不出气来，取名为"银仓"，意思是他会为徐家带来银钱满仓；第三胎又是女孩，奶奶对她的到来，不冷不热，因为正是春暖花开季节，奶奶说就叫"春月"吧；第四胎刚生下不久，就夭亡了；第二年冬天，徐家第五个孩子又出世了，是个男孩，奶奶爸赠名为"银福"，意思是银钱福贵全占了。徐向前出生时是徐家第6个孩子，奶奶当然开心，取名为"银存"，意思明白：他的前程不光发财，而且银钱会多多积存起来。

徐向前的父亲徐懋淮，是村上学问最大的秀才。他从小在外祖母家就读私塾，13岁时父亲去世，家境贫穷，全靠外祖母供上学；20岁成为秀才。本来他可以继续攻读参加乡试，中个"举人"，但是因家境不好，再加上清朝末年的科举制度已渐消声，徐懋淮成了终身的生员。在永安徐家有一名举人，三名秀才，他是最后的一名生员——即秀才。因为家境贫寒，人们都称他"穷秀才"。但是，穷秀才却认为作为读书人，名字很重要。

第六个孩子出生后，他给他起了学名、字和号。于是，小"银存"有了上家谱的正名大号——徐象谦，字子敬。徐秀才这时没有想到，"象谦"这两个字的谐音，与"向前"那么近似。儿子参加革命后，根据这谐音，改成了"向前"。这一改，意思就更深奥了。

乡下人盼富贵，总先从名儿上图吉利，希望仓里有余粮，手头有银钱，几十亩地几头牛。可是，徐门家的"银仓"、"银福"和"银存"这些"男子汉"，赤条条来，每天要吃穿，结果，徐家由于子女多越来越贫穷。

徐象谦出生的第三个年头，母亲赵金銮又生了一女。

徐家正愁家里人多口多，一大窝孩子，最大的不过12岁，像一窝翅膀不全的小燕子，只知张嘴等吃，不会飞出去采食。再加上这是女娃，奶奶和家里人都不欢迎最后的来者。多余的人儿，总也得有个名呀，奶奶说叫她"占月"吧。意思是她又"占"了个吃饭的位置。

然而，在银存6岁时，全家人正准备过年，12岁的银仓却不知患了什么急性病，一天夜里就死了。家里老人为了不让小孩儿们看到死人的事，一大早打发银福抱上弟弟，春月抱上妹妹，躲出门去。从此，徐家少了一个儿子，在众人的记忆中只留下银仓这名字。

赵金銮怀占月时已过35岁。结果小占月从生下来就没奶水喝，靠米汤养着。两岁时她出了天花，满头满脸满身上都是水泡泡。家里人本不喜欢这"多余"，见她出花，都觉得没治了，结果，徐占月躺在一个大筐里，和西屋的猫狗放在一起。正是炎热的夏季，苍蝇围着病孩子飞，不断嘬着她脸上的水泡、浓血。虽然几个孩子们轮换看护着气息奄奄的占月。但是，占月长大后还是满脸麻坑，成了村里最丑的女孩。

这一下引起了父亲徐懋淮的担心。他怕占月以后嫁不出去，于是在家教她读书认字，外出教书也带上她。占月自知满脸是麻子，眼睛又不好，读书特别用功。后来，硬是考到太原女子师范学校。毕业后，在太原第二女子高小谋得个教师职位。她教书认真，对同学们耐心、细心，孩子们渐渐对这位看不惯的"麻脸老师"亲切起来。

抗日战争爆发后，太原失守前，同学们纷纷逃难，徐占月听说哥哥徐向前在八路军一二九师当副师长，跑到太原八路军办事处打听，说是要找哥哥去当八路军。太原八路军办事处负责人彭雪枫，动员她去延安。于是，徐占月搭乘一辆去延安的汽车，从此开始了她的革命生涯。她先在陕北公学学习，在那里加入了共产党，而后又进妇女党训班；再后出任延安女子大学干部科副科长。

二、徐向前与阎锡山的不解之缘

在山西的滹沱河岸边上，有两个村庄，隔河相望，一个叫河边村，一个叫永安村。就是在这两个村子里，先后出了两个名人：阎锡山和徐向前。

阎锡山生于1883年，比徐向前大18岁。阎家开始是小地主，尔后在五台经营"吉庆昌"钱铺。阎锡山幼读私塾，16岁弃学经商，八国联军攻占北京那年，清兵在五台山一带设防，阎锡山因钱庄倒闭，为躲避债务，跑去投军，在清军中当了一名伙计，不久，又从军队中逃出，进入了山西武备学堂读书。1904 年夏天，清政府指派山西武备学堂选派 20 名出国留学生，阎锡山当选了。他在日本专修军事的振武学校，结识了正在日本流亡的孙中山。在孙中山革命思想的影响下，阎锡山和留学日本"宏文"师范学校的同乡赵戴文等人，参加了孙中山发起的中国同盟会和"铁血丈夫团"。1909 年 3 月，阎锡山从日本士官学校毕业归国后，先在太原陆军小学任教官，后参加北京朝考，得了个"武官举人"头衔。随即升任为监督官和山西陆军第二标教练官、第 86 标统（相当于团长）。1911 年 10 月 10 日武昌起义爆发，阎锡山以在山西太原的中国同盟会会员、铁血丈夫团成员的资格，召集秘密会，响应武昌起义，并领兵占领了太原抚署。太原起义成功，阎锡山被推为山西都督。

在 20 世纪血雨腥风的年代里，徐向前和阎锡山这两个"五台老乡"为了追求各自的理想和信仰，不时地碰撞到一块，演绎出一幕幕的历史活剧。

（一）小学徒投"师"阎百川

徐向前元帅算是阎锡山的学生。

1911 年 10 月 29 日，在日本留过学的阎锡山（字百川）响应武昌起义，率领所部杀死太原巡抚，掌握了山西的军政大权，并于 1919 年创办了山西省立国民师范学校。

1919 年春，徐向前经过考试，成为这个学校招收的第一批学生。学习期间，正值"五四"运动，徐向前参加了国民师范的学生游行。阎锡山对学生的革命害怕得要命，以残酷的手段镇压学生运动。徐向前不禁对阎锡山的做法产生了疑问。

为了自己的理想和追求，1924 年 5 月，徐向前离开了山西老家，考入黄埔军校，并在共产党的影响下，逐步走上一条与阎锡山完全相反的道路。

（二）总指挥威震山西王

黄埔军校毕业后，徐向前辗转到了武汉，并在这加入了共产党，走上了革命道路，不久就成为鄂豫皖根据地红四方面军的总指挥。在他的指挥下，蒋介石派来"围剿"红军的王牌主力军，一个个被打得落花流水。徐向前声威大震。

而此时的阎锡山却在与蒋介石的军阀混战中连连败北，不得不悄然下野，前往大连，过起寓公生活。在此期间，他从各种渠道得知了永安村徐懋淮的儿子徐向前，在鄂豫皖当了红军第四方面军的总指挥，把蒋介石的王牌部队打得落花流水。

阎锡山开始对这个同乡后生产生了一丝敬佩之意。一天，他禁不住对同乡将领们说道：

"我倒想什么时候，亲眼见见这位徐向前，和他攀谈攀谈。"

（三）两同乡共树抗日旗

1937 年，徐向前和阎锡山真的见面了，而且就在山西。

这时国民党五届三中全会确定联共抗日，红军正式改编为国民革命军第八路军，徐向前被任命为八路军第一二九师副师长（师长刘伯承），而阎锡山也乘蒋介石无力西顾之时在山西重整旗鼓，恢复了其"山西王"的地位。由于徐向前与阎锡山同是山西五台山老乡，徐向前又在阎锡山创办的山西省立国民师范读过书，凭着这种乡亲和师生的"特殊"关系，他跟随周恩来，参加了中国共产党同阎锡山的谈判活动。

1937 年 7 月，当他们到达太原时，阎锡山正在部署大同会战，周、徐与阎锡山的真正首次会面是在山西岭口。

在阎公馆里，周恩来首先对阎锡山积极抗战大大赞扬了一番，阎锡山则半开玩笑地对周恩来说："周公来山西也真会选人才呀，把我们五台同乡、又是我的学生徐向前带来与我会见谈判了？……你这次来山西，除了商谈合作，共同抗日，再没别的用意吧，可不要带徐向前来挖我的墙角啊。"

说罢，他又向徐向前笑了笑。

周恩来说："百川先生把话说到哪里去了。我这次和向前一块来，是因为他是山西人，要他给我带路的。同时，向前又是百川先生二战区八路军一二九师副师长，以后是你的部属了，特来拜会你的。还要请先生多多关照哩！"

阎锡山说："我阎某人，可不是个不通情理的人！"又面向徐向前道，"徐向前，你我老家是乡邻，回去问问父老，我有没有对不住他们的地方？我可不是蒋介石，他除了派人来你家问长问短，还特别提醒我注意你徐向前的行踪哩！"

周恩来又说了一些共同抗日的话，最后说："我们也了解百川先生的为人，承蒙先生对向前家人的关照。"

这次会面后，徐向前和阎锡山开始在山西合作抗日。

（四）徐阎决战山西境

解放战争时期，阎锡山的反动面目暴露无遗。许多革命同志死在了他的屠刀之下。解放军决定铲除这个在山西为害多年的土皇帝。率领队伍攻打阎锡山的，正是阎的同乡徐向前。

1947 年 10 月和 12 月，徐向前带领部队两度攻打运城，取得了首战胜利。

1948 年 6 月，徐向前刚成立不到一年的八纵与阎锡山的王牌"亲训师"和"亲训炮兵团"在汾河滩上遭遇了。阎锡山的这支王牌部队只用两个小时就被全部歼灭，只逃掉带伤的少将师长陈震东。阎锡山听到这个消息，差点晕倒在地，连连长声哀叹："我阎百川白活了 65，让个邻村的乡亲后辈徐向前整得好苦。"

1948 年 10 月 5 日，我华野第一兵团在徐向前的指挥下发动太原战役，解放了太原，阎锡山狼狈地逃到了南京，后来又飞逃台湾。过着所谓"十年隐居，十年著作"的生活，与人民为敌的大军阀，被同乡后生赶出山西后，落了个尸骨无归的下场！

三、蒋介石发现了许多人才，却没识破一位帅才

1924 年 5 月初，徐向前通过考试，成为了陆军军官学校即黄埔军校第一期第一队的一名学生兵。

开学典礼的第二天，第一次上课，每位学生发给一张表格，要求填写，结果徐向前就和同学们一起集体加入了国民党。

黄埔军校的校长是蒋介石，他还兼任长洲要塞司令官。他住在要塞司令部里，又在黄埔军校设了办公室，每天都到军校来。他身披一件拿破仑式的黑斗篷，进军校来前边有副官开道，身后跟着四个护兵，威风凛凛，比大元帅孙中山不差几分。学生和军校教官路上遇到他，如果不立定敬礼，轻则会受到训斥，重则要追究甚至给予处分。

蒋介石不吸烟，也不准学生吸烟；他不喝酒，除了宴席，不准军校官兵饮酒，他还亲自旁听教官上课。早晨起床号刚响，他就从距军校一里多的长洲要塞司令部走来，闯进教官或学生宿舍巡视，如碰上睡懒觉的人，必严加责问。他若在军校吃饭，定亲自去餐厅与教官同桌。

蒋介石每月都找些学生谈话，从学生中发现了不少人才。

一次，徐向前和几位同学排队在校长办公室门外，等候与蒋介石个别谈话。轮到徐向前了，蒋介石问他："叫什么名？"

徐向前答："徐象谦。"

又问："什么地方人？"

答："山西五台县。"

再问："在家做什么？"

答："当过教员。"

一问一答，机械没趣。

蒋介石睁大眼睛瞅瞅面前这个瘦弱的学生；学生规规矩矩立正站着。他们好像从不认识似的。受过日本士官学校训练的蒋介石，俨然像个法官。平时少言寡语，见到大人物更腼腆的徐向前，不会多吐半句话。

谈话草草结束，徐向前没给蒋介石留下个好印象。

青年时代的徐向前

蒋介石在黄埔军校发现和培养了许多军事人才，然而他就是没发现徐向前这个帅才。蒋介石怎么也没想到，就是这个沉默寡言的学生，5 年后成了共产党三大主力红军之一的总指挥；最后让他更想不到的是徐向前后来又成为了新中国的元帅！

四、四次婚姻

在 20 岁时，由父母包办，徐向前与五台县东冶镇朱门家女子朱香婵结了婚。

朱香婵是一位勤快、文雅、懂情理的女人，次年生一女孩，取名松枝。第二年朱香婵得了一种不能吃、不能喝的病去世。此时，徐向前已经离家远去，在广东的黄埔军校读书。

朱香婵死后 4 年多，徐向前一直奔走在硝烟弥漫的战场，没有心思再娶。

1930 年，徐向前到鄂豫皖苏区第二年，经人介绍，认识了黄安县七里坪的女共产党员程训宣。他们在第二次反"围剿"胜利后结婚。然而，不到一年，程训宣就在大"肃反"中被杀害。

徐向前非常怀念妻子程训宣。从程训宣牺牲到 1939 年的 8 年中，徐向前转战了许多地方，都没想到再结婚。尽管他手下红军中有不少女将和女兵，在川陕苏区还建立了一个"妇女独立团"，爱徐向前的女子不少，徐向前却把心思用到作战上。

1940年春，他临离开山东去延安前，经同志劝说与一位姓王的女干部结了婚。婚后3年，两人因感情不合分手了。

离婚后，徐向前没心思再娶。

谁知他从到延安后，不是落马负伤，就是患病，许多战友，特别是一些"老大姐"，左说右劝，四处说合，结果，他和延安保育院院长黄杰结婚了。

黄杰，也是一位婚姻不美满、个人经历坎坷的女人。她出生在湖北省江陵县郝穴镇，原名黄书莲。两岁时父亲病故，她和一个智力不全的哥哥，随同母亲靠出租土地和卖油生活。伯父黄仲甫是郝穴镇上有名的地主豪绅、民团团总。他不仅不照顾这一家寡母弱女，反而多方欺凌他们，逼迫黄杰的母亲改嫁，又硬要把黄杰嫁给镇上姓刘的商会会长流氓成性的儿子。

黄杰从小性格倔强，1924年她不满15岁，就逃出黄家去武昌第一女子中学附小读书。第三年又考入湖北省女子师范。在北伐军攻下武昌后，黄杰考进武汉中央军事政治干部学校女生队。这个女生队共招收了183名学员，后来不少人成了女中豪杰。1927年大革命失败后，黄杰潜回家乡，在白色恐怖中加入共青团，1928年初参加共产党。随后被派往松滋县任中共特别支部书记，领导了九岭冈暴动。九岭冈暴动失败，黄杰则成了松滋县反动政府通缉的"女犯"。

1929年4月，黄杰被地下党组织送往上海。1930年7月，奉中央军委的命令，她随中共南京市委书记曾中生在南京领导秘密工作。同年秋，黄杰随曾中

徐向前与黄杰1946年在延安结婚时的留影

生调回上海党中央机关工作，不久，两人结了婚。

婚后，曾中生被派往鄂豫皖苏区红军中工作。黄杰一直留在上海，在周恩来领导下，先是跑"交通"，而后被派往闸北区任女工部长。不久，闸北区委书记被捕，黄杰被调到沪东区继续做女工部长。1933年"五一"组织沪东区工人游行集会，被巡捕抓住推上了黑车，最后被法院定为"违犯民国紧急治罪法"，判刑5年"减半执行"。黄杰在租界女监，度过了两年半的铁窗生涯，1935年底被释放。她辗转到香港，经过种种曲折，终于找到党组织。抗日战争爆发后，从大后方来到延安。

徐向前和黄杰说起来有缘分。他们在武汉军校时，曾共同学习、战斗过。当时徐向前是军校的队长；黄杰只是刚刚参加革命的女小兵。黄杰真正知道徐向前的大名，是在上海党中央机关工作时。这时，徐向前率领红四方面军，把"围剿"鄂豫皖苏区的国民党军打得落花流水。国民党的报纸上，经常出现徐向前的名字。也正是在这个时期，曾中生和徐向前一起在红四方面军中工作，两个人朝夕相处。徐向前从曾中生口中知道他的妻子黄杰在上海党中央机关跑"交通"。1935年8月，曾中生在川北卓克基被张国焘密谋杀害，年仅35岁。

1946年5月4日，徐向前和黄杰结婚。这时徐向前45岁，黄杰36岁。

五、活捉老上司

1931年2月初，鄂豫皖苏区的红军编为红四军。徐向前由红一军副军长兼十师师长，改任为红四军参谋长。

打下新集之后，过罢春节，徐向前又率军西出平汉线。

天降大雪，平汉路上的铁轨，被掩埋在深雪里。红军一路夜袭李家集火车站；一路截获兵车一列，全歼车上敌军新编十二师一个旅，毙敌旅长侯镇华，缴获大批军火和军用物资；另一路袭击柳林火车站，歼敌一个营，击溃敌两个团。西出平汉线，共歼敌两千多人。被俘的敌人一个团长连声称赞："贵军神兵天降，神兵天降！"

徐向前和红四军的"神兵"，并没就此结束行程，接着逼近信阳。此时，敌军云集，开始了对红军的大规模"围剿"。郑州绥靖公署主任刘峙，指挥第六师集结信阳，令该师三十八旅、骑一师和三十一师之九十一旅、第二十路军、六十三旅等部，由信阳、罗山向南推进；武汉绥靖公署主任何成浚指挥新编第二旅守广水，令三十一师主力由广水向信阳，令岳维峻率第三十四师由孝感经花园沿平汉路东侧向北推进。

碰巧的是，这个岳维峻原是徐向前在国民二军时期的"老上司"。

岳维峻虽是师长，却是个资深将领，做过河南省督办，1925年任国民二军军长。但是，蒋介石却不重用他，急得他总想找个机会立下个战功让蒋介石发现他这个"人才"。这一次，"围剿"机会来了，他亲自率领部队出征。他行军速度之快，求战之急，是少有的。3月8日孤军冒进到双桥镇。

双桥镇，四面环山，东傍水漤，岳维峻率三十四师进入双桥镇为中心的地带，正举棋不定时，徐向前的红军突然发起进攻，夜晚冒着雨开进，将敌人分割包围起来并占领双桥镇东南方向的小葵山和西南的尖鸡岗。岳维峻先是顽抗，打得不行后，要求上边派飞机助战，然而飞机来了投弹轰炸，还是无济于事；岳维峻只好又亲自指挥两个团向红军反扑，争夺制高点。

战斗十分激烈。

阵地被夺回，又夺去，双方反复冲杀，肉搏格斗，扭成一团。

这个硬仗，鏖战几个小时，难分难解。中午，岳军筋疲力尽，徐向前突然下令预备队出击，对岳军进行猛烈分割穿插，直扑双桥镇内，一下子打瘫了岳维峻的指挥系统。这一锤子下去，岳军受不住了，很快被红军分割全歼，结束战斗。这次岳徐较量长达7个多小时，最后红军毙敌千人，俘敌5000多人，缴枪6000支，山炮4门、迫击炮10多门。红军第一次取得全歼敌三师的重大胜利。岳维峻的马弁骑上他的马逃掉了，岳被红军活捉。

大别山红军，头一次打这么大的歼灭战，捉到敌师长，从上到下，兴奋极了。战场上欢声笑语，用枪声代替鞭炮，庆祝胜利；四乡百姓，成千上万纷纷涌向双桥镇凑热闹，赤卫队员们原来是手持大刀、长矛参战的，这时也"鸟枪换炮"，换了新武器。徐向前听说敌师长岳维峻被活捉，从双桥镇出来，匆匆走到附近一个小山村，去会见他的"老上司"。

已是黄昏时分，一间小茅草屋里，点起了油灯。两名红军战士正看管着岳维峻。这位师长当了俘虏，却放不下长官的架子，他虽然在逃跑时化装为士兵，但肥胖的身体和那脸相，使徐向前一眼就认出了他。一点不错，他正是徐向前5年前的顶头上司。

"我要见最高指挥官!"岳维峻蹲在地上,喃喃地说。"我要见最高指挥官!"

"什么高呀低呀!"徐向前在一条长木凳上坐下来,问:"岳师长,你认识我吗?"

岳维峻抬起头看看。坐在他面前的这位红军,瘦高个头,身披灰大衣,佩一支小手枪在皮带上。红军服装一律,长官和士兵不分,小手枪却是指挥员的一个标志。官越高,手枪越精小。岳维峻却认不出问话的人是他的老部下。

"请坐吧,坐吧!"徐向前指着对面木凳说,"你真不认识我了?"

岳维峻坐在木凳上,一只手遮着灯光,向徐向前上下打量着,似乎见过,却又认不出是谁,更不知姓名。

"不认识我,我可认识你呀!"徐向前说。

岳维峻呆呆地望着。他知道红军中有不少著名将领,有黄埔军校毕业的,有在北伐军中干过的,有在国民二军任过职的。曾中生、许继慎、徐向前等,一些名将都是在军事情报中常看见的大名,但是他却不认识面前这位红军将领是何人!

"5年前,你在国民二军当军长,属下有个第六混成旅,是吧!"

"是的。"

"我在第六混成旅当过参谋呢。"徐向前不隐讳地说。

"啊,老同事,老同事……"岳维峻惊喜地说,"对不起,我确实认不得了。请多多关照,多多关照……"

徐向前暗暗发笑,什么老同事,应该说是"老下级"呢。打了大胜仗,使徐向前开心,捉住了他的老军长,让他感到自豪。他想从敌军指挥官口中,检验一下红军作战指挥和战术动作问题,便向岳维峻"请教"说:

"你对我们红军作战,有些什么见解?"

岳维峻忙说:"惭愧,惭愧!战败之人,还说什么哟!"

此时此刻,岳维峻记起5年前在河南安阳,一个广东黄埔军校来的小军官,分在他军中的第六混成旅任参谋。但是,那时他是威严的军长,一呼百应,一个命令全军动作,他没有机会和必要,同旅里的一位小参谋人员交谈。没想到5年后的今天,他败在了这位小参谋的手下呀!他连说"惭愧",倒是心里的实话。

这位"老上司",军事上没说出什么,只关心他个人的生命安全。他一再要求徐向前不要杀他,如能释放,愿意答应红军提出的一切条件。徐向前头脑中闪出利用岳维峻的念头,但不是马上要谈判的问题。他站起身,向岳维峻说:"你放心,红军是保证俘虏人身安全的。你要看清楚形势,蒋介石要消灭共产党和红军，那是白日做梦。红军是剿不尽的！"

岳维峻连连点头，说："是，是的，请……"

他还想多和徐向前谈谈，叙叙旧情，徐向前一无心思，二无时间，匆匆离去。

双桥镇大捷，宣告了国民党军对大别山红军第一次"围剿"彻底破产。敌军纷纷后撤，红军乘机扩大根据地。根据地人口达 200 万，红军扩大到 15000 多人。

从此，在大别山区和红军中，流传一个故事——徐向前活捉了"老上司"。

关于岳维峻最终的下场，徐向前的《历史的回顾》中留下一笔：

我和曾中生、旷继勋商量，决定留他将来做西北军的统战工作。后来，岳维峻的家属托人与我党中央联系，愿拿出几万块钱赎他。我们也同意，提出要20 万套军装。张国焘来鄂豫皖后，人家给我们送来 10 万套军装和不少银元，可张国焘变了卦，钱也要，命也要，借口岳组织反革命团体，把他给枪毙了。杀俘虏，是张国焘来鄂豫皖后才有的，破坏了红军的传统。

六、徐向前没法救妻子一命

1931 年夏季，徐向前正率领红军南下作战。

一天，政治保卫局在后方医院中破获了一个"AB 团"反革命组织，"AB 团"准备在 9 月 1 日"暴动"；接着，又在皖西破获了一个"改组派"县委和区委。9 月下旬，张国焘认定"必然有一个反革命极大组织"，于是他在白雀园下令，开始了大"肃整"。红军总部驻地许多人被抓。几名"嫌疑犯"被关起来，先是不给饭吃，不给水喝，接下去上"老虎凳"，皮鞭抽打，灌凉水，张国焘这种从国民党特务机关那里学来的审讯方法、逼供的手段，迫使有的人难以忍受，只好承认了"反革命行为"。结果，你供我，我供他，越抓"反革命"越多。

许多人被逮捕和杀害，使红区内人心惶惶。徐向前也越来越困惑。

一天，他叫警卫员把破了洞的衣服、袜子给他妻子程训萱送去，让她帮助缝补一下。往常，衣服、袜子破了，他都是自己动手缝补，自从 1929 年下半年和程训萱结婚后，缝缝补补的事，妻子都包做了。她还说："你是指挥打仗的，哪能自己做妇女的活呀！"但是，这一次徐向前没想到，警卫员跑去不多久，抱着破衣服和袜子返回来了。警卫员神情十分紧张，结结巴巴说不成话。

徐向前问他："出了什么事?"

警卫员说："她被保卫局抓走了!"

徐向前忙问："为什么事?"

警卫员说："说她是反革命……"

平时很少发火的徐向前，几乎要跳起来。"肃反"，怎么会肃到这样一位20岁妇女干部头上呢?!

程训萱出生在黄安七里坪程伍德村一个贫农家里，1928年就参加了革命活动，很快参加了共产党，她姐弟5个，除了姐姐病死以外，都是共产党员和红军。大哥程启光参加过黄麻起义，1928年就参加了共产党，在红三十一师当特务队长；二哥程启宗，1925年加入共产党，参加黄麻起义失败后，上过木兰山参加游击战，不幸被敌人抓去杀害；弟弟程启波，在徐向前的司令部当勤务兵，不到入党的年龄，先加入了共青团，后入了共产党。这样一个革命家庭的人，优秀的女共产党员程训萱，怎么会反革命呢! 徐向前忍住气想：是不是她说话"嘴边没个站岗"的，又乱说话，被人诬告了呢?

徐向前对革命事业忠心，对个人的事不计较，平时多余的话不讲，只是一心用在领兵作战上。他喜欢程训萱火爆的性格，认为她是"新女性"，敢说敢做，比男子汉还男子汉；只是不大喜欢她话那么多。常说她"嘴边没个站岗的"，"疯话"多。徐向前和她的婚事，不是自由结合，也没经过恋爱，是曹学楷、倪志亮两位老兄从中硬说合而成的。虽是"媒"说的妻子，结婚后徐向前倒认为她挺可爱。只是两个人来去匆匆，分开的时间比在一块儿多得多。如今程训萱突然被审查，使徐向前内心划上一个大问号：是不是冲我来的呀? 很快，他又自我解脱：不会，不会。很可能是妻子的"疯话"惹了麻烦，或者是被人诬告。

徐向前心里又平静了。他那一切相信党和坚决服从上级的军人本能，使他暂时把妻子被关的事放下了。倒是小警卫员放心不下，晚上悄声向徐向前说：

"她会不会有事，还是找保卫局说说去。"

"不必了。"徐向前说。

"还是该去问问。"

"不必了。"徐向前重复说，"你做你的事，管那么多做什么呀!"

小警卫员低头走开了。

"肃反"继续扩大。"肃反"使许多忠诚的革命者白白地牺牲了性命。徐向前虽然身为红四方面军总指挥，但是，他除了指挥作战，不得插手"肃反"的案件。尽管他多次暗暗打听妻子程训宣的下落，但是没有一个准确的消息。于是，他克制地等待着，相信有一天程训宣会又说又笑突然出现在他面前。结果，不久却传来了程训宣被处死的消息。

徐向前和程训宣从相识、结婚到永别，只两年零三个多月。这短短岁月中，他和她朝夕相处的日子，加起来不过一个月。但是，程训宣年轻单纯，对党一片赤诚，对徐向前深深地眷恋着。"肃反"时程训宣在被捕关押、审讯中，始终据理力争，反抗对她的种种诬陷和迫害，她不让人告诉徐向前她关押的地方，怕连累丈夫，影响他指挥作战。审讯人要她揭发"同伙"的"反革命行为"，她大声回答："我的同伙都是好共产党员！"

她临死也没乱供什么"材料"。临死前夜，难友还听见在她被关押的茅屋中，传出阵阵笑语和山歌。她被害时，年仅 21 岁！

"肃反"和国民党大军的围攻，使红军陷入内外交困。大仗一个连一个，败仗接连不断，战死的人越来越多。红军于 1932 年秋天，突破敌人重重包围，走向外线，越走越远，进入四川。

此后，在川陕苏区、在万里征途中，在雪山草地里，徐向前仍是怀念着程训宣。直到延安，张国焘反党、分裂红军的罪行被彻底揭露和清算，红军在新的党中央和毛泽东的旗帜下，人们才敢于对"肃反"的事件提出公开的议论。一天，在徐向前住的窑洞口前，阳光下，红四方面军的几位老友聚谈，大家说起大别山、大巴山，又提到那令人心酸的"肃反"。

"到底为什么，把我老婆抓去杀了？"徐向前问在场的一位老友周纯全。这人曾是原鄂豫皖苏区保卫局负责人，对"肃反"的内幕知情最多。

"她究竟有什么罪？"徐向前见周纯全沉默，又问了一句。

"她没有什么罪。"周纯全说，"当时抓她，就是为了搞你的材料。"

一语道破历史的真相。徐向前苦笑一下。

徐向前生性少言、少笑，不近女色，更不善于谈情说爱。他却终生都在怀念着程训宣。

程训宣的母亲名叫汪秀芝，一生养了四男一女。而唯一的女儿程训宣嫁给了战功卓著的徐向前。

1949 年，新中国成立后，汪秀芝老人思女心切，来到北京，住进了大儿子程启光的家里。徐向前得知后，立即赶去看望她老人家。

岳母见到徐向前忍不住问："向前，训宣到哪里去了？"

徐向前不知怎么回答好，只好撒了谎："训萱到陕西学习去了，怕一时回不来呢。"

老人眼含泪花笑了："给我打张车票，我要到训萱那里去！"

这下徐向前慌了神，忙说："噢，妈，您这么性急，训萱功课紧，又要准备考试，您老说去就去，她也没个准备……"

"我等了她这么多年，真巴不得一下子见到她。"岳母悲伤地说，用央求的目光望着女婿："那你说怎么办？"

徐向前见气氛有些缓解，即"反守为攻"："您老要是等不得，我就打电报让训萱退学回来。"

"向前，别打，千万别打……"

岳母知道女儿"下落"后，心里踏实了，她回到了老家红安。

为了摆脱老人的"追踪"，徐向前不得不一次又一次地给程训萱"调动工作"：从陕西"调"到青海，从青海"调"到新疆，最后实在没有办法"摆脱"，只有"调"到苏联。

老人1972年逝世，终年96岁，临终前，她说："向前，你是个好心人，训萱跟着你，我死也放心了。"老人含笑离开了人世，她临死也不知道女儿早在40年前就已离她而去。

七、炸开李自成攻不破的"卧牛城"

临汾相传是4000多年前尧帝建都之地，城外低内高，坚固宽厚的城墙依自然地形砌成，站在高处眺望该城，就像一条硕大的黄牛伏在汾河东岸，因此有"卧牛城"之称。明末农民起义领袖李自成于1643年兵临城下，屡攻不克，气得"挂甲"于屯庄的树上，拍马而去。历史的长河流逝了300多年，"挂甲屯"这个历史的遗迹，仍坐落在临汾城郊外。然而，临汾城在日军和阎锡山的十多年盘踞经营下，壕沟交错，碉堡林立，成了一座易守难攻的坚固要塞。

1948年春节一过，徐向前就率军区前方指挥所从河北冶陶镇来到山西翼城，准备3月10日实施攻坚临汾的计划，3月6日这天，徐向前坐在院子里草垛旁的躺椅上，边晒太阳边批阅文电。中午时分，参谋送来情报：蒋介石突然发来急电，要把嫡系胡宗南20旅空运西安。清晨，敌人派来一队大型运输机，在临汾城南的庙宫机场降落，已将旅长尹赢舟及约一营人运走，明日还要继续空运。徐向前看完情报，脸上的疲容荡然无存，脱口而出："不好，敌人要跑！"

于是，徐向前立即签发了部队提前出动的命令：八纵全部立即出动，以急行军于明晨天亮前赶到临汾城南抢占机场；其他部队全部出动，以急行军到达临汾城下。

下午3点多钟，徐向前要通信参谋接通八纵王新亭司令员，但因王已上路，联络不上。他心急如焚，立即写一手令："不能让敌人跑掉！我们的两条腿，一定要跑到敌人飞机前边，不能叫敌人逃走，最好是在敌机降落以后发起攻击，缴获它几架飞机。"两名参谋带着徐向前的手令坐上他的美式中吉普去追部队，随后，徐向前坐进一辆十轮卡车的驾驶室，向临汾进发。

王新亭接到徐向前手令后，在行军途中拟定了作战方案，7日凌晨，二十四旅首先向南郊机场发起攻击。战士们攻占机场，胡宗南的空运计划彻底落空。

攻打临汾的战斗打响后，敌守城总司令梁培璜凭借坚固的工事和强大的火力坚守待援。但是，经过一周的激战，徐向前夺取了城外的大部主要阵地，指挥所也前移20华里，进驻到了东堡头村。

随后，部队从东、南、北三个方向向城垣附近实施猛烈突击，但是，这场攻坚战要比原来预想的更复杂、更艰难。

临汾城池呈"吕"字形，上部的小"口"朝东，没有设关，但是这里有密集的居民建筑，而且有坚厚的高大城墙护卫；下部的大"口"座西，背靠汾河，其西、南、北三面设有城垣、城门，设有城关。城西紧靠汾河，大部队无法展开；城南为开阔地带，敌人设防严密，形成体系，进攻部队很难接近城垣；城北地势较高，有登城阵地，敌守备薄弱，但开阔地深广，部队无法隐蔽接敌；只有东关是攻城部队实施突破的有利地段。但是，梁培璜早就看到了这个问题，将战斗力比较强的第六十六师放在这里扼守。

经再三研究，徐向前最后决定改变从东、南、北三面攻城的作战方案，把城东与城北作为重点攻击方向。命令以十三纵向东关突击，力争消灭守敌第六十六师主力，并策应城北部队攻城；以八纵第二十三、二十四两旅位于城北北门及以西地段，主攻兴隆殿等要点，以太岳部队4个团位于北门以东地段，主攻日本坟等要点；以八纵第二十二旅及太岳部队两个团，位于城南助攻，牵制和迷惑敌人。

3月22日子夜，攻城部队炮兵开始实施火力准备，为数不多的大炮小炮一

徐向前总参谋长在阅读报纸

齐向城墙部位轰击。一道道闪光、一阵阵轰鸣，伴随着喊杀声，震颤着临汾城池。

第十三纵队三十八旅从东南方向攻击东关城垣，三十九旅从东北方向攻击东关要点电灯公司。电灯公司紧靠城垣北侧外壕边沿，筑有一道道的围墙，挖掘了不少暗道和外壕，明碉暗堡加多种类型的铁丝网，构成了独立的"小城堡"。三十九旅一举突破敌前沿阵地、撕破了阎锡山"铜墙铁壁"的老脸。敌人像输红眼的赌徒，开始了疯狂的反扑。六十六师师长徐其昌一手拿着马鞭，一手提着短枪，亲赴现场督战。攻坚部队每占领一座房屋，每爆破一个碉堡，都遭到敌人拼死的抗击。经过三天三夜的血战，三十九旅终于摧垮了电灯公司这座"小城堡"。

在东南方向，三十八旅采取坑道掘进爆破和四门火炮齐射战法从护城垣上打开了缺口，突击队借助硝烟，一鼓作气登上城垣，但因缺口太窄太陡，后续分队难以跟进，被敌人压了回来。一一二团七连战士李海水因负伤，没能撤回阵地。他立即把十几名伤员组织起来，继续同敌人战斗，先后打退敌人步兵连的7次反扑。第二天上午，敌人又组织了更多兵力准备反扑，疯狂地叫喊："你们已无退路，快投降吧！"

面对敌人的嚣张气焰，李海水沉着应战，组织伤员撤退。

当敌人一窝蜂似的向他冲过来时，他将一个5公斤的炸药包投向敌群，打退了敌人第9次反扑，掩护16名伤员安全撤回我军阵地。

徐向前得知李海水的英雄事迹后，立即打电话给十三纵队首长，要求全部队官兵都要向李海水学习，接着又发布了嘉奖令，命名七连为"李海水英雄连"。

攻城，古今中外的兵书上都称之为恶仗。尽管攻城部队前赴后继，英勇顽强，但由于敌人有坚固的工事和强大的火力，第二次攻打东关仍未成功。4月9日，攻击部队共挖掘接近护城垣的坑道4条，将1.6万多斤的炸药装入坑道顶端的爆破室，给敌人的脚下安上了四座即将爆发的火山，完成了再次发起作战的准备。10日下午，徐向前的表针指向4时整。他把手一挥"进攻开始！"瞬时间，解放军92门各种口径的火炮同时开火，对敌人阵地实施摧毁性射击。一小时后，营连的各种火器同时开火。

火力准备持续两小时，打得敌东关阵地火光冲天，硝烟弥漫。

紧接着，重头戏开场了，惊天动地的坑道大爆破，如火山爆发，几百吨的砖石、土灰和敌人一起被抛上天空，城垣炸开了两处缺口。突击部队的勇士们冒着浓烟烈火，迅猛登城，潮水般向敌纵深发展，经一夜激战，敌六十六师大部被歼，当东方的太阳冉冉升起之时，解放军攻下了临汾东关。

这时，南京正在举行"行宪国民大会"，上演选举伪总统副总统的历史闹剧。消息传来，像一声惊雷在南京爆炸，出席大会的山西议员们惊恐万状，如丧考妣，遗老遗少们相互搀扶着一日两次向蒋介石请愿，请求他立即派飞机助战，以解临汾之危。蒋介石为了给阎锡山、梁培璜打气，多拉选票，在大会上大言不惭地宣称："请山西父老放心，请在座的各位代表放心，我们决心保卫临汾。"然后派空军出动飞机助战，一面对围临解放军阵地实施狂轰滥炸；一面给守城的部队空投面粉、大米和罐头，安抚军心。

临汾危在旦夕，阎锡山龟缩在太原，无力派兵增援临汾，三次电令梁培璜"人尽物尽，城存成功，城亡成仁"。

最后，他还是放心不下，又亲自派六十一军副军长娄福生，乘小飞机降于临汾城内，传递手令，告诉梁培璜"不要希望援兵"。梁培璜看着电文，有气无力地对副官说："给蒋总统、阎总司令回电，我梁培璜决心与临汾共存亡。"可惜，历史的车轮已压住了他的双脚。

攻临部队占领东关后，徐向前和前指机关立即指示部队巩固阵地，调整兵力，准备攻坚临汾城池。梁培璜已经知道夺回东关已不可能，便对东关的房屋、工事进行地毯式轰炸。

4月15日，夺取护城壕外沿据点的战斗打响了。十三纵位于城南门以东地段；八纵位于城东南角至大东门地段；太岳部队位于城东北角至大东门地段，开始扫清城外守敌与挖掘坑道。

攻城部队在城东和城南与守敌反复争夺1号碉、老鸦嘴、火车头、20号碉、21号碉等阵地。敌人用杂牌军守碉，把他们推到决一死战的境地，一旦阵地失守，解放军又尚未站稳脚跟之时，胡宗南的精锐部队第三十旅就从后面进行反扑。攻城部队每夺取一块阵地，都要遭到敌人拼死抵抗和疯狂反扑。

4月21日，太岳部队四十四团向1号碉发起攻击，经1小时的战斗，夺下了敌人守备坚固的1号碉。26日，胡敌三十旅九十团二营在强大炮火的掩护下向1号碉阵地实施反扑，整个阵地顿时笼罩在战火与硝烟之中，坚守阵地的四十四团四连指战员高喊："人在阵地在！为人民立功的时刻到了！"打退敌人一次又一次的反扑，最后只剩5人，仍不后退半步，配合增援部队将敌人击退。

敌人在地面反扑的同时，又从天上用飞机向解放军阵地轰炸扫射，其中，一个团指挥所被炸弹击中，团长、政委等全部被埋在土里壮烈牺牲。为夺回失去的阵地，梁培璜竟使用毒气和燃烧弹，护城壕外沿成了一片火海。解放军将士们顽强坚守阵地，激战10多天，牢牢控制着护城壕外围阵地。

与此同时，双方又在地下展开了一场殊死的搏斗。解放军用坑道爆破攻城，向城垣挖，敌人则从城垣向外挖，以"坑道对坑道"，破坏徐向前的战术。指战员为了争分夺秒抢挖坑道，在缺少工具的情况下，有的战士就用刺刀、瓦茬、手指挖，手磨出血泡，手指甲裂开了，战士们忍着剧痛继续拼搏。坑道越向前伸延，空气就越稀薄，有的昏倒了被拖出来，一阵轻风吹醒后，又钻进去挖掘。从旅长到战士，都争着下坑道，涌现出一批掘进能手和英雄。到5月上旬，攻城部队已挖掘破城坑道15条，掩护坑道40多条。除被敌发现破坏以外，攻城前有三条主坑道完好无损，巨大的药室直抵城墙墙基。

就在准备攻城之时，中央给徐向前来电，说明傅作义、阎锡山企图联合进攻石家庄，保卫石家庄是晋冀鲁豫战场当务之急。要求攻临部队抽出3个旅，昼夜兼程至太谷附近，攻击和牵制阎军。徐向前当即决定将太岳一个旅及吕梁部队两个旅，由彭绍辉、罗贵波率领，北上晋中，牵制阎军。攻临作战仍按时开始。

5月17日17时，由八纵、十三纵及太岳部队两个团组成的攻临部队开始发起总攻。榴弹炮、野炮、山炮及82毫米口径以上的迫击炮一齐开火，破坏敌城垣上下的各种火力点。两小时后，在炮火延伸，向城内实施压制射击的同时，攻城坑道的炸药室于19时点火。巨大的爆炸产生了有感地震，使站在地上的人左摆右晃，临汾城垣被炸开了两个大口子，一个宽37米，一个宽39米，由二十三旅组成的第一梯队突击队潮水般地涌入突破口，迅速向纵深及两翼发展；太岳军区部队作为第二梯队适时投入战斗，攻入城内展开夜间巷战；二十四旅、三十七旅迅速攻占了八府囹圄、鼓楼、铁佛寺、南门楼等要点。指战员们在敌人雷区多、工事坚、火力强的情况下，不怕流血牺牲，前仆后继，战斗至24时，城内之敌全部被歼灭。

敌守城总指挥梁培璜等高级将领裹挟部分群众从西门逃跑，徐向前得知此情况后，立即命令晋绥部队和二十二旅活捉梁培璜。结果，梁培璜在逃跑的途中被活捉。5月18日晨，临汾战役胜利结束，至此，晋南全部解放。

这一仗打了72天，共歼敌2.4万余人，解放军伤亡1.5万人。

战后，徐向前来到城垣上转了一圈，他第一次看到如此坚厚的城垣，第一次看到如此强固的防御工事，也第一次看到坑道爆破产生的强大破坏力，深感战役的胜利来之不易！他对身边参谋说："给党中央、毛主席发报要写上'伤亡大、胜利大、锻炼大'9个字。"不久，毛主席在临汾战役的经验报告上批示：

> 徐向前同志指挥之临汾作战，我以9个旅（其中只有两个旅有攻城经验），攻敌两个正规旅及其他杂部共约两万人，费去72天时间，付出15000人的伤亡，终于攻克。我军9个旅（7万人）都取得攻坚经验，是一个很有意义的大胜利。

八、两个五台老乡的大较量

1948年5月临汾大捷，震惊了阎锡山。

这位自认为多谋善断的"山西王"，思来想去，推测徐向前的下一步行动时间，最后，他对部下说："共军在临汾伤亡两万多，大大损了元气，不可能很快恢复，更不可能一步跨入我晋中腹地以卵击石！我军在晋中的主要军务就是趁麦收屯粮于手，巩固晋中，保住太原。"为此，这位阎老先生转而要学徐向前，说要打"运动战"，并且，他还归纳出16字诀："万事俱备，只欠东风，一跑万有，一跑万胜。"

谁知6月9日，徐向前、周士第却发布了《晋中战役作战命令》，他们要用6万大军北上晋中，和阎锡山10余万人较量。战役发起时间预定为6月20日。

为迷惑敌人，让阎锡山睡几天好觉，徐向前带指挥所的人暂去长治市，派周士第去河北省平山县西柏坡向党中央和华北局汇报晋中战役计划和部署。

毛泽东听完汇报后，熄灭了正在吸的半截香烟，神采飞扬地作了如下指示，说："战役的重心要放在消灭敌人方面。只有消灭敌人，才能保存自己，保存人民，保卫麦收。敌人要抢粮，就得出动。他说什么"一跑万有，一跑万胜"，其实呀！他跑出太原就好，只要一跑出来，你们就在运动中消灭之。阎锡山还有14座县城，只要打掉它一两个，他就慌喽！下面的文章就好做！"

阎锡山为防范徐向前率军北上，倒也费了一番苦心，"特意"成立了"闪击兵团"。何谓"闪击兵团"？阎锡山在决定成立该兵团的一次训话中说："共军多年来之所以能够节节取胜，其战术就是能打则打，不能打则跑。一跑万有，一跑万胜。因此，我决定成立'闪击兵团'，闪电雷击，要比共军跑得更快！"

阎锡山听说林彪在东北有"三只虎"，也在"闪击兵团"中配备了"三只虎"——三十四军、四十三军、六十一军；另外，他还有两个"小家伙"，即他的亲训师和亲训炮兵团。新提的"闪击兵团"司令高倬之是阎锡山的五台老乡，把守晋中南大门。

北上晋中必经"南大门"，阎锡山"三只虎"守在那里，徐向前硬拼必定吃亏，于是，他决定用"调虎离山"之计，出奇不意，直下晋中。

6月11日，吕梁部队一部分提前出现在汾阳、孝义间高阳镇地区；太岳部队沿同蒲路北进，13日攻占灵石。阎锡山得知徐向前率大军北进的消息，先是一愣，接着又平静下来。他判断：共军不敢从正面北上，只能以一侧进击，这正是他"闪击兵团"威力镇住了那个五台小老乡徐向前。于是，他认为这正是他的"闪击兵团"大显身手的时候。随即，他急令高倬之率13个团分路从平遥、介休、汾阳、孝义出动。

高司令年轻气盛，高傲地说："给阎总司令发报，我高某正以'藏伏优势'和'三个老虎爪子'的战术，直扑高阳镇，聚歼徐向前主力。"

"闪击兵团"名不虚传，机械化一开动，风驰电掣，就出现在吕梁部队面前了。6月14日，吕梁部队在彭绍辉、罗贵波的指挥下，与敌展开激战。然而，高倬之的第三十四军军部第一战就受到重创。高倬之见势不妙，又派出"亲训"第七十二师和"亲训"炮兵团前来增援，双方打得难分难解。

西边战斗打响后，徐向前立即率领兵团指挥所离开长治。这时他的身体因为患病还很虚弱，既不能乘车，也不能骑马，只得坐在担架上，沿白晋公路依山而行，向子洪口一带急进。子洪口是从东山进入晋中平原的门户，距祁县县城仅30华里，十三纵准备从这里突破，直下晋中。

为减轻吕梁部队的压力，调动敌"闪击兵团"回援，在它回窜途中聚而歼之，徐向前决定第八、第十三两纵队及太岳军区部队，以突然动作，拦腰侧击介休至祁县间东南山口的敌人要点，并前出同蒲路东南平川作战。

6月19日凌晨4时30分，解放军向敌阵地发起攻击，下午4时，八纵与太岳军区部队分别攻占了平遥，介休东南山的东西泉、段村、洪山等多处要点。吕梁八分区部队在汾阳东北神堂头地区与敌第七十师展开激战，将其少将师长侯福俊击毙。

阎锡山的晋中大门被彻底打开，主力部队如猛虎下山，突然出现在平遥、祁县地区，像潮水般作宽正面展开。此时，负责向忻（县）、太（原）、榆（次）、太（谷）间破击的部队，也按计划攻下敌据点，斩断了阎锡山的铁路交通线。

徐向前的这着棋果然灵得很，又一次拨动了阎锡山的算盘珠。他万万没有料到徐向前如同天兵天将，直向腹心杀来。为保太原的绝对安全，他急令高倬之回师东"跑"，要越快越好，并令榆次、太谷守军南下祁县与之靠拢，以防结合部"空当"，被分割掉。

为捕获这只"晋中虎"，徐向前开始张网了。

6月20日凌晨，徐向前和八纵及太岳军区部队进至平、介东侧堵截。十三纵进至祁县以南、洪善以东地区阻击南来之敌。吕梁部队一部对敌实施追击，赶"虎"入网。可高倬之鬼得很，回窜的敌第三十四军竟从汾阳以东渡河，直"跑"平遥县城，同敌第十九军军部，暂编第四十师会合。阎锡山的亲训师及亲训炮团则返回介休。解放军冒着滂沱大雨，在野外伏击一夜，敌人却没有入网。

徐向前判断，敌人企图北窜。于是，他决定火速将兵力北移，再次张网拦截。

6月21日，阎锡山的亲训师、亲训炮团由介休向平遥靠拢，行至张兰镇地区，进入八纵及太岳部队的网底，激战3小时，亲训师、亲训炮团7000余人全部被歼，24门山炮和12门重迫击炮全部落入徐向前的手里，阎锡山的一只"老虎爪子"被完全斩断。亲训师、团是阎锡山请日本军官当教官和顾问，按照"武士道"精神，苦心培养和经营起来的"铁军"，全是机械化装备，是阎锡山的"精神支柱"。这两个"小家伙"的覆灭，使阎锡山如丧爱子，老泪横流。

6月23日，敌第十九军军部及暂编第四十师由平遥北上，行至洪善地区，又一次钻入网中，落入预伏在那里的十三纵包围，经激战一夜，大部被歼。残敌被赶入北营村的一个角落里负隅顽抗，经两小时的猛烈炮击后，十三纵发起总攻，解决了战斗，阎锡山的又一个军部、一个师部和两个建制团完蛋了，第十九军少将副参谋长李又唐被生俘。

1948 年 6 月，晋中战役前夕的徐向前

这时，阎锡山的太原绥署野战总司令赵承绶在平遥、祁县地区与八纵与太岳军区部队形成"顶牛"之势；而在榆、太、徐、祁地区则守备薄弱，这里便于大部队展开，麦收正在进行，是野外围歼敌人的好战场。于是，徐向前决定以太岳部队并北岳军分区肖文玖集团攻歼太谷守敌，破袭榆太铁路；吕梁部队袭取徐沟；八纵主力控制祁太铁路以南地区，以一部破袭祁太铁路；晋绥军区孙超群、张达志 7 个团，切断黄寨至太原的铁路，威胁太原并占领有利地形，牵制阎军第六十八、四十九师南援。如赵承绶集团由平、祁向太谷增援或回窜太原，则在祁太铁路南北地区消灭之。这一大胃口的作战方案报告军委后，立即得到毛泽东的批准。

晋中的盛夏，天旱少雨，烈日当空，战地流火。部队按既定部署行动。由于身体有病尚未痊愈，他坐在担架上随八纵行动。八纵从司令员到战士都为之感动。

徐向前率军向北运动，立即拨动了赵承绶中枢神经，这条大鱼被引上了钩。

6 月 30 日，赵承绶即令所部停止在洪善地区的攻势，准备回师北窜。7 月 2 日，第三十三军主力进至太谷地区，第三十四军及十总队也向祁县集结。

徐向前同五台老乡阎锡山较量的一场大仗，又在晋中大地展开了。

北线的太岳部队和肖文玖集团，以迅雷不及掩耳之势破坏了榆次至太谷间的铁路和桥梁，控制了北起东阳镇、南至董村地段，死死封住了敌人逃往太原的退路。孙、张集团的 7 个团在太原以北张开大网，将从忻州逃向太原的敌人一部全歼。这时，八纵已开始围攻祁县县城。赵承绶发现退往太原的通路已被堵死，惊魂落魄，先后动用第九总队、第三十三军主力、第七十一师全部、第四十六师一个团及第十总队，计 9 个团的兵力，在飞机大炮的轮番轰击下，指挥步兵营、团向解放军阵地发起一次又一次的猛攻。赵承绶和第三十三军军长沈瑞戴上钢盔，提着手枪，亲自上阵督战，然而，他们还是被一条钢铁般铸成的阻击防线死死拦住。

董村阻击战的成败是关系晋中战役获胜的关键。

这个村庄位于太谷以北15华里，坐落在铁路东南，离铁路仅二三百米。敌人要想回太原，就非得拿下董村不可。太岳军区第四十一团在两天只吃一顿饭，两夜没睡觉的情况下，在这里坚守阻击阵地。第三天，敌人出动4架飞机，6辆装甲汽车助威，整营整团地向董村发起进攻。四十一团董村前沿部队的一个营，炮弹、枪弹全部打光，与敌人展开了白刃格斗，在全营最后剩下几个人的情况下，仍坚守阵地。徐向前从电话里听完这一壮烈事迹，亲自打电话对坚守董村的指挥员说："你们是好样的，一定要坚持守住，坚持到最后就是胜利，不能放敌人跑掉！"最后又下一道死命令："剩下一个人，也要把阵地守住！"

敌人连续几天突不破董村防线，沿铁路北逃的梦想彻底破灭了，于7月6日被迫改由榆次和徐沟间夺路北逃太原。

徐向前预设战场，迫敌就范终获成功。

十三纵及八纵一部，追击敌第三十四军，并抢先一步插入徐沟以东、子牙河以南、城镇以东地区，切断了敌人归路；以太岳部队及肖集团向西接通十三纵，两个大部队联手；以吕梁主力跨河东东进榆次西南永康地区，堵溃打援；令主力7日攻占祁县，歼敌第三十七师师部及两个团，8日北上徐沟东南地区，合围敌人。战役打到这一步，阎锡山、赵承绶如恶梦初醒，但已晚了！3万大军已经钻入了徐向前的口袋。

在总攻前夕，徐向前和周士第将指挥所开设在徐沟以南的张家庄。徐向前因身体不好，被用担架抬到前线指挥所的。这时由于天气酷热，连续行军打仗，徐向前的部队疲惫至极，减员聚增。八纵一个主力团，每连不足70人，最少的连队仅有27人。十三纵三十七旅人数最多，但每营只能编两个连，每连编两个排，每排编两个班。论武器装备更不如对方。如果此时赵承绶头脑清醒，突围是可能的。但被打得晕头转向的赵承绶，此时又犯了两个致命的错误。一是兵力分散。当徐向前对他已成合围之势时，仍兵分三路作战，形不成气候，只能坐以待毙；二是昏聩无能，当断不断。在危急之时，没有主见，全听中将副司令原泉福的摆布。原泉福是日本人，他看不起赵承绶，更看不起"土八路"，他认定不须突围，现在应该"同共军决一死战"。结果，赵承绶必败无疑了。

7月10日，天刚蒙蒙亮，总攻的号声打破了黎明前的寂静。一颗颗信号弹从四面八方腾空而起，在灰白色的天空闪闪发光。八纵、十三纵以闪电般的速度，分别从西南、西北两个主攻方向，插向敌人的阵地。担任助攻的太岳部队及肖集团，也以主攻的姿态从东南和东北两个方向发起攻击，疲惫不堪的敌人从睡梦中惊醒，乱成一锅粥。晋中平原的村落，周围均有坚固的围墙，一来用于防水，二来用于防贼，青砖青瓦的房舍紧密相联。敌人利用这些地形，把村落当阵地，固守顽抗，垂死挣扎。敌机频频出动，向解放军出击阵地轮番轰炸扫射，然而先后被击落两架，空中攻击也被打退了。解放军进攻部队的各种火炮猛烈射击，摧垮了敌人利用村落围堰改造修建的火力点、工事和障碍，打开了突破口，掩护步兵突击队，对敌实施穿插分割。

经两天一夜的激战，十三纵队攻下了敌三十四军守地大常镇，中将军长高倬之被击伤后，丢下阵地，化装逃回太原。八纵血战南庄，摧垮了由原泉福坐镇指挥的、以日寇战犯为骨干的第十总队。此时，赵承绶率1万多人，被困在西范、小常、南席、新戴4个村庄里，呼叫阎锡山派兵增援。

这时在太原城内阎锡山官邸里，山雨欲来风满楼。阎锡山惊恐万状，一面急令第四十五、四十九师及四十师残部组成"南援兵团"，从太原向榆次西南开进，企图援应赵承绶残部突围北上；一面慌忙收拢晋中各县杂牌兵力速向太原集中，以补守城兵力之不足。一夜之间，汾河两岸的10多座县城的守军纷纷弃城北窜。

这正是野战歼敌的良机。

徐向前当机立断，调整部署，除十三纵及太岳部队主力继续围歼赵承绶残部外，其余部队均投入追堵北窜之敌，聚而歼之。"汾西集团"的独立第三旅、独立第七旅、独立第十旅、第八分区部队和第二十四旅，将敌拦截在交城、太原之间的旷野村镇之中，共歼敌1万余人。有三位战地记者也参加了战斗。他们发现一大群敌人惊慌不安、游蛇般跑来，就举起手中的照相机闪光灯，开了一个不大不小的玩笑，大喊："站住！这是苏联进口的'死光灯'，谁不放下武器，我一闪光就死。"敌人被"死光灯"吓破了胆，一个个眯缝着小眼，谁也不敢正视这"新式武器"，乖乖投降，结果这一下就俘敌排长以下37人，缴获大炮2门，轻机枪2挺，步枪10多支。太谷守敌第九总队也在弃城逃走的路上被全部歼灭。

15日，十三纵三十七旅、三一九旅和二十二旅攻占西范村，原泉福此时才猛然醒悟，他坚持的"同共军决一死战"，得到的是自己死到临头了。他对野战军参谋处少将处长杨诚哀叹："没想到徐向前这么厉害！"话音刚落，一颗子弹射来将他击毙。同日，太岳部队攻占南席村、新戴村。赵承绶残部全部被赶入小常村，继续防守挣扎。

7月16日，朝霞映照着硝烟弥漫的战场。经过一个月的战斗，晋中战役最后的胜利就在眼前了。然而，敌人仍作垂死挣扎。天亮后，赵承绶选定小常村西北地段为突破口，准备攻击三十九旅阵地。

敌人在飞机、大炮、装甲车的轰击掩护下，轮番向这一阵地冲击，准备突围，以便拉住阎锡山派出的"南援兵团"这根救命稻草。然而，一切都是徒劳。

下午3时30分，总攻开始。三十九旅——七团三营营长曹烽琴和九连连长周谨莫带领突击队冲入小常村，从敌特务营两个俘虏口中得知，赵承绶还躲在村中一个大院内的掩蔽部里。曹营长立即派一个小分队去攻击这个据点，几枚手榴弹投过去，战士们大喊："缴枪不杀！"硝烟中，一件白衬衣系在枪杆上左摇右摆，一个佩戴中尉军衔的敌人爬出洞口，颤抖着说他是赵总司令的副官。请求与解放军长官讲话！一个战士大喊一声："什么时候啦，还摆官架子！"说着便冲了过去，刺刀对准了地堡口。赵承绶和少将参谋处长杨诚、三十三军中将军长沈瑞、三十三军少将参谋长曹近谦，一个跟一个地钻出洞口，简直就像从地窟里爬出的魔鬼。

晚霞还没有被黑暗吞没的时候，战场上演出了一场别开生面的历史剧。几名身着将军服的战俘，被解到兵团指挥所的院子里。

徐向前坐在一把老式的椅子上，问站在面前的赵承绶："还认识吗？"

赵回答："认识。"声音很低，很颤。

10年前，徐向前作为中共代表团成员来到太原，同阎锡山商谈联合抗战的事。徐向前多次同阎军的高级将领见面。在一次集会上，赵承绶把徐向前介绍给他的部属说："请俺们五台徐向前将军训话！"此般情景，赵承绶怎能忘记。

徐向前问："你们在作战中为什么使用毒气！"

赵承绶被这一问吓坏了，他只是说："有罪，有罪。"

为了缓和一下气氛，徐向前问："你看我们作战指挥上有什么缺陷？"

赵承绶不敢正视徐向前，喃喃地说："战败的人，哪能看出缺陷！要能看出来，哪能走到这一步！"

这时，警卫员搬来凳子。徐向前让几位败将坐下，对他们说："你们为阎锡山打了这么多年，是多么不合算！你们应当认清形势，太原已经成了一座孤城，要选择自己的道路，站到人民一边，为解放太原做些事情。"

他们连连点头，徐向前便问道："太原还有多少粮食？能维持多久？"

一提到粮食，赵承绶"唉"了一声，回答说："阎锡山历来是不准管粮的问枪，管枪的问粮。据估计也只能维持几个月的样子。"

徐向前道："那你们是不是回城里去劝劝阎锡山，叫他和平解决吧。我们可以保证他的人身、财产安全。"

赵承绶听说要他回太原，吓了一跳，苦笑着说："我损失了他这么多军队，我回去，他非杀我的头不行！"

徐向前说："你可以写信去劝说，这件事过些日子再谈，今天先休息吧。都很辛苦了嘛！"

晋中战役历时一个月，共歼敌正规军7万人，非正规军3万余人，俘敌赵承绶以下将官16人，毙敌师以上军官9人，阎军主力第七集团军总部及5个军部、9个整师、2个总队全部就歼，击落敌机3架，缴获各种火炮3704门，长短枪3万余支及其他大量军用物资。晋中的14座县城全部解放。中共中央、华北局、各个野战军，还有华北各行政区的党、政、人民团体的贺电，雪片似的飞来。

九、运筹帷幄太原城下

1948年7月21日，晋中战役胜利结束。解放军将士遵照党中央和毛泽东的命令，在徐向前的指挥下，像潮水般地从晋中平原向北涌来，逼近阎锡山的老巢——太原城。

30年前，徐向前在阎锡山办的太原师范读书，现在，他统帅9万大军兵临太原城下，将最后和他的"老师"决战。

太原，素为兵家必争之地！

日军占领太原时期，修了数不胜数的防御工事。日军投降后，阎锡山为了反共反人民的需要，以留用日本技术人员为名，收编日军3000多人，专门设立"碉堡建设局"。用日本军人帮助他训练军队和指导修筑防御工事。在山头上修筑"守山堡"，在山坡上修筑"护山堡"，在山脚下修筑"伏地堡"。北起周家山，南达武宿；西自石千峰，东至罕山；在围城的"百里防线"上，依山就势，修筑了种类繁多的各种钢筋水泥碉堡5000多座。这些碉堡用坑道、交通沟和战壕相联，越接近城垣，碉堡的密度就越大。在南北机场等数十处重要据点，均以大碉堡为核心，以地堡群为卫星，环以外壕、劈坡及一、二、三列桩铁丝网、蛇复式铁丝网和雷区，组成防御体系，号称"小要塞"。而太原东部的重点防御方向上，在牛驼塞、小窑头、淖马、山头构筑了更加坚固的防御阵地，号称"四大要塞"。太原是一座名副其实的碉堡城。

阎锡山为死守太原，在不惜血本修筑防御工事的同时，还对部队进行了扩编和重建。他把从西安来的第三十师，扩编为第三十军，把从榆林来的第八十三旅，改为第八十三师，两部的将校坐地晋升加薪，以笼络"客军"。他还派人四处招兵买马，收贤纳士，大抓兵丁，重新恢复了第六十一军军部，重建第十九、三十三、三十四、四十三等4个曾被彻底打垮的军部和8个师、两个总队。其中所谓的"亲训师"又从坟墓里爬了出来，出现在太原。为加强诸军兵种协同防御作战的需要，又新编了工兵师、重迫击炮师和机枪总队。还把被解放军俘虏后释放回来的残兵败将，编入"雪耻奋斗团"，总兵力约10万人。

兵临城下，阎锡山为了振作士气，炫耀实力，破坏人民解放军攻城准备和抢夺粮食，10月1日出动7个师的兵力，分3路南犯。经军委批准，徐向前部首先围歼南犯之敌。5日发起进攻，提前打响了太原战役。

10月6日，正在石家庄治病的徐向前不顾重病未愈，提前出院，昼夜兼程回前线。夜1时到阳泉以西的坡头，因患感冒，咳嗽加重，左肋区闷胀，头也痛得厉害，不得不停止前行。10日晚赶到太原前线总指挥部，连夜召开前委扩大会议。

根据新的部署，对5日拂晓开始的太原外围作战，略作调整，经11昼夜的连续战斗，于16日告一段落，全歼敌第四十四、四十五两师，重创敌"亲训师"、七十三师、六十八师，歼敌万余人，占领了华北最大的宿武飞机场，攻克了太原东南的石嘴子和东北的凤阁梁两处重要阵地，打开了东山防线之门。本想出击"捞一把"的阎军，反倒丢了不少血本，使阎锡山大为震惊。17日夜，解放军按徐向前预定的作战方案，正面攻击与背后抄小路偷袭相配合，一举攻克了牛驼寨大部阵地。

牛驼寨位于城东北10华里处，坐落在东山山麓的顶端，可屯兵5000人。由3大集团阵地构成环形防御，10个主碉为阵地支撑点，地势险要，多劈坡绝壁，易守难攻。阎锡山得知东山防线上的主要阵地牛驼寨10个碉堡丢了9个，大部阵地失守，暴跳如雷，誓死要夺回阵地。一场更大的恶仗开始了。

阎锡山集中1500余人的兵力，在几面炮火的轰击和掩护下，于18、19日发起一次又一次反扑。枪声、炮声、喊杀声交混在一起。解放军十九团的指战员们誓与阵地共存亡，打退了敌人的 10 次反扑。21 日，敌以其精锐第三十师和以留用日军为骨干的 10 总队共 3 个团，在飞机大炮和毒气的支援下，发动了向牛驼寨更疯狂的反扑，仅一天的工夫，解放军阵地上就落下 1 万多发炮弹，平均每人近 10 发炮弹，工事全被摧毁，交通壕全被填平，七纵七旅十九团官兵伤亡过半。徐向前得此战报，下令弃守牛驼寨，转进以东阵地，准备再与敌人较量。

阎锡山明白，丢掉东山屏障，将意味着太原城垣暴露给我军。于是，尽其所能抽调兵力，增援"四大要塞"。

此时，徐向前不顾病痛，躺在担架上到前沿巡视。经视察，徐向前改变了前一段进攻面较宽的战法，决定集中兵力、火炮，坚决攻克"四大要塞"，趁势向城垣发展。10 月 23 日，他指着放大的挂图，向各纵队司令下达战斗命令。给各部队三天准备，听总攻命令投入战斗。

10 月 26 日夜，东山像一个巨大的幽灵，在夜幕下把守着太原的东大门。没有灯光，没有声音，如神话传说中的魔鬼地域。突然，一颗颗信号弹腾空而起，照亮了夜空，紧接着，强大的炮火射向"四大要塞"。幽灵的身躯晃动起来，一场空前的恶战开始了。

攻打牛驼寨的七纵由三旅担任主攻任务，十二旅为二梯队。总攻一开始，就遭敌拼死顽抗，猛烈反扑，每占领一块阵地，都要经过一次、两次、三次以上的突击。二十团二营为炸掉敌人 4 号碉，在团长钟声善的指挥下，绕到碉堡后面，但先后组织 6 次爆破，由一次爆破用 100 斤炸药，增加到 400 斤炸药，敌碉堡安然无恙，第 7 次爆破用了 500 斤炸药，碉堡只炸了四五尺宽、三四尺深的一个大洞，仍然没将碉堡炸穿。

爆破组长张玉山骂道："我看阎锡山的王八盖到底有多厚？跟我来，继续炸！"他带领爆破组在炮火掩护下，每人身背六七十斤的炸药，在地上匍匐前进。地面上散落了一层带刺的各种弹皮，划破了战士们的膝盖、双肘和肚皮，鲜血直流。他们忍着剧痛，将 750 斤炸药运到敌 4 号碉堡底部，在炸药里埋放了一批雷管，然后，将几根导火索点燃，终将敌最坚固的"碉堡王"炸上了天。战至 11 月 13 日，七纵用血的代价，将守敌全歼，彻底占领牛驼寨。

攻打淖马的十五纵，经激战，比较快地打垮了守敌，占领了主阵地。

徐向前在指挥所得此报告后，立即拿起电话，接通了十五纵前指，对刘忠说："你们已经插到敌人的心脏里去了，根据牛驼寨、山头的经验，敌人一定会不惜任何代价进行疯狂的反扑。你们要立即布置，做好准备。派谁去守？"

刘忠答："我们派一二七团去。"

徐向前听了很高兴："好啊！告诉一二七团要发扬董村阻击战的顽强精神，把敌人消灭在主阵地之前。但也要估计到，这次战斗会更困难、更残酷。"

果然不出徐向前所料。敌"执法队"首先出现在淖马残存的阵地上，个个如凶神恶煞，将放弃阵地的敌八总队一团二营营长姜啸林以下二十余人统统枪毙。执法杀人的枪声刚落，敌借助这股杀气，集中第四十师全部、八总队残部共2000余人，在猛烈炮火掩护下分左中右三路向一二七团阵地反扑。经一天激战，敌人多次进攻被打退，阵地前丢下五六百具尸体。阎锡山给八总队和四十师下了一道死命令："再拿不下淖马主阵地，就不要回来见我！"并把三十师一部也调来加入反扑淖马的作战。

经近半个月的激战，敌人始终没能夺回阵地。11月9日晚，阎锡山打电话给坚守残存阵地的八总队司令赵瑞，勒令他收拢残兵再次实施反扑，如完不成任务提人头来见。赵瑞在阎锡山的威逼下，不甘再为他卖命到底，率领500余人举行战场起义，至此，淖马要塞全部被徐向前攻占。

小窑头要塞在牛驼寨和淖马之间，大小15个山头，以13号阵地和14号阵地最为险要。八纵司令员王新亭把主攻任务交给了二十四旅。

在总攻发起前，徐向前亲自打电话给旅长邓仕俊，询问作战准备情况，徐向前说："有了准备，就能恰当地应付各种复杂的局面。你们要多想一想，把准备工作做得好一些。"

邓仕俊说："都准备好了。就是炮弹少了点，敌人的碉堡很多啊！"

徐向前话停了停，好像在计算什么，然后说："好！设法多给你们一些炮弹吧。这次战役，我们的炮弹比以往哪一次都要多。不过，要和敌人比，还少得很。所以，用炮弹还要适当掌握。小窑头很重要，敌人非反扑不可，你们的任务也就艰巨了，不过你们一定得把它打下来！"

26日夜发起总攻后，经两天战斗，攻下了1至15号阵地，敌人丢掉13、14号阵地后，就丢掉了制高点，整个阵地已处垂危之中。为了挽回败势，阎锡山又调来三十师一部向这两个阵地发动猛扑。敌人使用了燃烧弹、毒气弹，打得异常惨烈。为了争夺这两个主要阵地，双方夺来夺去几个回合，二十四旅几个团轮番攻守，一直打到敌人再也无力反扑为止。11月1日，八纵的战旗牢固地插上小窑头最高点，迎风飘扬。

山头要塞位于城东南10华里，是维护城垣的重要屏障之一。整个阵地由山头村东北一块方圆 500 米的高地和附近的大脑山组成。两个高地之间，沟壑纵横，峭崖险峻，地雷密布。由以留用日军为骨干的九总队守备。

十三纵将主攻任务交给三十八旅。战斗打响后，3 个团相继投入了战斗，突击队多次发起冲锋，均未攻克，伤亡较大。后将三十七旅、三十九旅拿上来加入战斗，从三个方向发起总攻，至 11 月 10 日占领山头主阵地，12 月上午又乘胜攻占了山头村以西的野战阵地，整个要塞完全被十三纵控制。攻打"山头要塞"的战斗先后用了 17 天，前后经过 5 次强攻，两次智取，在与敌反复争夺中，消灭了阎军 7 个团的大量有生力量。

至此，整个东山四大要塞的争夺战胜利结束。战斗之惨烈，在徐向前指挥作战的历史上是少有的。阎锡山除以 5 个师守备西山、城南和城北外，其余 8 个师、3 个总队及保安团均全部投入战斗。徐向前先后投入近 28 个整团，共歼敌 1 万余人，平均每消灭一个敌人消耗重炮弹 1 发，82 口径以下迫击炮弹 4 发、手榴弹 8 枚、子弹 110 发、炸药 2 斤。我方伤亡 8500 人。敌人动用的弹药不计其数。

东山战斗胜利结束后，徐向前决定改变乘胜攻克太原城的计划，一是部队伤亡较大，疲劳已极。除 4 个建制团未投入战斗，完好无损，其余均程度不同受到损伤，个别营连所剩无几，亟待补充休整。二是太原城内敌整编第八十三军军长黄樵松准备起义夭折，我地下工作者王震宇和我军派去联络的参谋处长晋夫被捕，后被解往南京就义，里应外合攻城的方案已无法实现。三是东山战斗期间，敌人在汾河以西秘密修建了五个野战机场，将敌八十三旅偷偷空运来援，如攻城太急，敌空运兵力会陆续增加，给我作战造成更大困难。四是从全国战局看，攻克太原也不宜过早。于是，经前委研究决定停止攻城，暂时转入休整补充阶段，并上报军委。

11 月 16 日军委电示徐向前、周士第同意他们的意见。

东山战斗结束后，徐向前指挥东线、南线和北线继续扫清外围据点。同时，派十三纵一部西渡汾河，配合晋中部队作战，将敌人新修的万柏林、三角村、王村、红沟子等野战机场全部控制起来。阎锡山的空中运输线基本被切断，就像垂危病人被拔掉输血器一样，发动了数十次疯狂反扑，但已无济于事。战至 12 月底，毙伤敌 2500 余人，击毁坦克 2 辆，将太原城紧紧围困起来，使敌军的心态更为恐慌不安。

经半年之久的政治攻势、瓦解敌军的工作，使阎军战场起义、投诚和逃亡的人数增至近 3 万，为最后攻取太原发挥了巨大作用。

　　1949 年春，部队按照中央军委 1948 年 11 月 1 日和 1949 年 1 月 15 日的决定，按正规化的要求进行整编。华北军区第一兵团更改为中国人民解放军第十八兵团。华北军区副司令员徐向前仍兼兵团司令员兼政治委员，周士第、王新亭为副司令员兼副政治委员，陈漫远为副司令员兼参谋长，政治部主任胡耀邦。八纵改为第六十军，十三纵改为第六十一军，十五纵改为第六十二军，每军均 9 个团。

　　3 月中旬，杨得志、杨成武率十九、二十兵团西进参加太原会战，使进入山西的部队达 40 余万人。阎锡山见大势已去，于 3 月 29 日借口所谓商讨"和谈"大事，孤身乘飞机逃往南京。他为了安抚人心，作出还要回来的姿态，将心爱之人"五姑娘"留下，同梁化之、孙楚、王靖国等反动头目一起"誓死保卫太原"。

　　40 万大军云集山西、兵临太原城下。

　　3 月 17 日，经党中央、毛泽东指示，以第十八兵团领导机关为基础，组成太原前线司令部、政治部。司令员兼政治委员徐向前，副司令员周士第，副政治委员罗瑞卿，参谋长陈漫远，政治部主任胡耀邦。同时，成立中共太原前线总前委，统一领导各部队。成员为徐向前、周士第、杨得志、杨成武、罗瑞卿、陈漫远、胡耀邦、李天焕。由徐向前、罗瑞卿、周士第、陈漫远、胡耀邦为常委。徐向前任书记，罗瑞卿、周士第任副书记。阎锡山在太原的防御重点为城垣外围阵地，在东 7 里、南 10 里、西 20 里，北 30 里的范围内，分为 5 个战区，投入兵力 13 个师；另以 2 个师及绥署直属队防守城市；以十三军及八十三师为机动部队；以亲训炮兵团、榴炮团及 4 个独立炮兵营共 900 门火炮、分 18 个小炮群，置城外 5 个防区后沿。总兵力为 6 个军、17 个师，约 7.2 万人。

　　徐向前用于攻打太原的兵力为第十八、十九、二十兵团，晋中部队，一野第七军，四野炮一师，共 25 万人，火炮为 1300 余门。此役不论在数量上，素质上，人民解放军已占绝对优势。

　　根据敌我情势，总前委决心以插入分割战法，彻底扫清外围后立即总攻破城。

　　此时，人民解放军副总司令彭德怀于 3 月 28 日到达太原前线，接替病中的徐向前指挥作战。4 月 20 日凌晨 2 时，到达各攻击地域的第十八、十九、二十兵团从四面八方向太原突击。22 日晚，扫清了城垣外的全部守敌，城垣暴露在进攻战士的面前。

　　24 日清晨 5 时 30 分，天还没放亮，彭德怀一声令下，1300 门大炮按预定的 26 个突破口，同时开炮轰击。一发发炮弹倾泻到城垣上，炸得浓烟滚滚，砖石横飞，人仰马翻。一个多小时的炮火准备后，城垣被打开了 12 个大缺口，为步兵攻城开辟了通路。锐不可当的我军将士破城而入，横扫歼敌。六十二军一八五师五五三团奉命攻打太原绥靖公署，活捉战犯孙楚、王靖国及师以上军官43人。梁化之和阎锡山的"五姑娘"在绥靖公署东北花园的地下室里，效仿希特勒和艾娃，服毒后点火自焚。

阎锡山统治山西太原38年，最终被赶出了山西。

十、"打跑阎锡山，来了徐向前，五台人又沾光喽！"

太原解放当天，太原市军事管制委员会正式成立，徐向前为主任，罗瑞卿、赖若愚、胡耀邦任副主任，周士第、罗贵波、肖文玖、裴丽生、解学恭、康永和任委员；以裴丽生为市长的太原市人民政府入城办公。

徐向前是太原前委书记，又是太原市军管会主任，是太原党政军的主要领导。

过去，阎锡山以太原为老巢，在山西经营了38年。"土皇帝"阎锡山非常看重老乡关系，多年来，他把一批又一批的山西人，特别是山西五台人笼络到自己麾下，加官晋升，委以重任，当地有句顺口溜曰："会说五台话，就把洋刀拴！"

徐向前入城后，五台山又流传"阎锡山跑了，徐向前来了，五台人还是沾光！"

一天，两个打着"徐司令老乡"名义的五台商人，点头哈腰地找上门来，要借汽车拉货做生意，说："赚了大钱，发了大财，还不是为五台人争光添彩！"结果吃了徐向前的闭门羹。

徐家在五台是个大家族，一些亲戚朋友听说徐向前"打"回来了，一个个兴高采烈地前往太原，找到徐向前说："大小当个头，不用站岗楼，给个官当就比老百姓舒服。"要官当。

徐向前对这些来访者，耐心地予以说服拒绝。

一些人理解了，逢人就讲："还是共产党的官好，不贪不占不徇私情，咱们国家大有希望！"也有的一时不理解，没能沾上光，说徐向前当了大司令员"六亲不认"。

有一天，徐向前的两个姐姐徐先月和徐春月结伴从五台县的乡下风尘仆仆地来到太原，找到了徐向前。

这时，徐向前的父亲已经去世了。原来，当地反动派得知徐向前当了共产党的大官，要对徐家剿根灭门，永安村姓徐的几乎全部株连。有的为找条活路，改名更姓，远走他乡。徐懋淮在家里躲不住了，跑到南山的一座庙里，一位好心肠的老人偷偷地给他送点吃的东西，后来害了大病，三天两头断粮，惨死在破庙里。几十年来，永安村的父母、姐姐和众乡亲，受他的连累，吃了许多苦。

抗战开始那年，徐向前回了趟家，把两个姐姐的两个儿子带去参加了八路军。然而，徐向前把两个外甥带去后，没给他们一丝一毫的特殊照顾，把他们放到了打仗最多、最激烈的部队。结果，不幸的事发生了，大姐的儿子郭福安和二姐的儿子赵希圣都在与日军的作战中中弹身亡，为国捐躯。

两个姐姐见到久别的弟弟，高兴得直流眼泪。徐向前从小就受姐姐疼爱，现在革命胜利了，山西解放了，姐弟也团圆了，他也由衷地高兴，但是看到两个姐姐，徐向前想起两个牺牲的外甥，心里内疚不已。

"这些都过去了。人死不能复生，都是命里注定。"两个姐姐一边宽慰着弟弟，一边想，现在弟弟当了大官，她们可以沾些光，享点福了。这时，太原城里收缴和没收敌人的东西堆积如山，两个姐姐怎么也想要点带回老家去。

老姐向弟弟提出了这个不大的要求，以为徐向前一定会念亲情，看在牺牲的两个外甥的情份上，满口答应。谁知徐向前却什么也不肯给，最后，他对姐姐说："我这个司令和老百姓一样，是个穷司令。"

"不会吧，那里堆这么多的桌子椅子，还有柜子……"徐先月不相信地说，"阎锡山当官，家里人是什么福都享尽了，我们不要当你什么官，只要点堆在街头的家具。"

"共产党和国民党不一样。国民党、阎锡山是一人当官，鸡犬升天。我们共产党干部再大，都是人民的勤务员，是为老百姓办事的，不能为自己。那些东西都是公家的啊。"

徐先月和徐春月还是不相信，以为徐向前真的是官当大了，六亲不认了，很生气。

"你们来了，就多住几天，我吃什么你们也跟着吃什么，在这儿吃几天，就知道共产党的官是怎么回事了。"徐向前笑着说。

结果，老姐俩住了几天，发现弟弟还是过去的弟弟，真的是人民的官，什么东西也没要，空着手回乡了。

结果，太原解放了，别说五台人没有沾上徐向前的光，连他的姐姐也是空手回家，什么光也没沾。

十一、新中国的第一任总参谋长

（一）总参谋长之职被人代行

1949 年 10 月 1 日，新中国诞生了。

这一天，徐向前没有出现在开国大典的天安门城楼上。此时，他正在青岛海滨休养治病，他和夫人黄杰坐在一台老式收音机旁，收听开国大典的实况转播，听到毛泽东宣读中华人民共和国中央人民政府公告的宏亮声音，徐向前和黄杰心潮起伏，思绪万千。

徐向前作为开国元勋之一被载入中国史册。

在 1949 年 9 月 21 日至 30 日的中国人民政治协商会议第一次全体会议上，他被选为第一届全国政治协商会议全国委员会委员、中央人民政府委员。10 月 19 日，又被任命为人民革命军事委员会总参谋长。

但是，徐向前由于身体不好，这副重担只好让副总参谋长（后为代总长）聂荣臻一个人来挑。

（二）带着木箱子到北京开会

徐向前任总参谋长后，文件越来越多，可他一直坚持使用跟随他南征北战的那个连油漆都没刷过的木板箱子。

1950 年 5 月，他从青岛到北京参加七届三中全会，又要带着这个箱子前行。秘书建议说："现在全国解放了，条件好了，买个好一点的皮包吧！"

徐向前说："我看这就行啦，不必买了。帝国主义包围着我们，国家财政又很困难，我们能节省一点就节省一点，把钱用到军队建设上。"

徐向前的身体刚一好转，就告诉炊事员不要为他单独做饭，和大家一起就餐。以后，他仍保持战争年代艰苦朴素的本色，一件衬衣，一双袜子都是穿了补，补了再穿。对此，他说："新三年，旧三年，缝缝补补又三年，这是中华民族的美德嘛！"

（三）美国侵朝，徐总长加菜

徐向前身为总参谋长，身在青岛，心系世界风云。

1950 年 6 月 25 日凌晨，朝鲜爆发了战争。6 月 27 日，美国总统杜鲁门发表

建国后，徐向前任我军第一任总参谋长

声明，并命令美军对南朝鲜军队提供"掩护"和"支持"，派兵入侵朝鲜。与此同时，又派美国海军第七舰队开进台湾海峡，侵占了中国台湾。

面对即将席卷新中国的战争风云，毛泽东于6月28日发表词严义正的讲话，宣告中国人民既不受帝国主义的利诱，也不怕帝国主义的威胁。

政务院总理兼外交部长周恩来，也在这一天发表声明，对美帝国主义的侵略行径提出强烈抗议。

徐向前反复细读毛泽东、周恩来的讲话和声明，越来越感到形势严峻，中国被卷入这场战争已不可避免。他对夫人黄杰说："新中国成立了，我们是一心一意想搞建设，可帝国主义不允许你搞，怎么办？打！只有打完了，打胜了，我们才能继续搞建设。"

黄杰知道丈夫的心思，晚上让炊事员加了两个菜。开饭时，徐向前觉得餐桌上"超规"了，问黄杰："是怎么回事呢？"

黄杰取笑说："要打仗了，总参谋长没有好身体怎么行啊！"

说得徐向前乖乖地动筷吃饭。从此，他对活动也参加得多了，经常出去散步，打太极拳，晒太阳。

（四）在苏联谈判

为了朝鲜战场的胜利，为了人民军队的正规化建设，毛泽东点将徐向前，率"中华人民共和国中央人民政府兵工代表团"出访莫斯科。

1951年5月25日，徐向前率代表团由北京乘火车出发，陪同代表团出访的有苏联驻华使馆武官、军事总顾问柯道夫中将及夫人。列车横贯亚欧，走行9昼夜，于6月4日抵莫斯科。结果，这次谈判竟用了4个月的时间。

这时，苏联也正忙于医治第二次世界大战的创伤，一个牺牲了2000万人的民族，恢复元气很不容易。莫斯科的房舍、街道，仍是战前的，新建筑很少。男人牺牲很多，男女比例为1:8。旅馆里的招待人员，多为伤残人。斯大林格勒到处是断垣残壁，工厂开工的没几家。人民生活品匮乏，买黑面包都要排长队。而我国当时的宣传只讲苏联如何强大，对人家的困难讲得极少，徐向前来到莫斯科，才有了一个比较全面的了解。他向毛泽东发电报，反映了苏联的情况。毛泽东复电：不管怎样，耐心等待，要把技术学到手。

10月的一天，布尔加宁在莫斯科同时接见金日成、高岗和徐向前。他对三位客人说：苏联卫国战争结束后，只有5年多，一直忙于恢复经济建设。对于中朝两国人民的抗美斗争，我们愿意提供援助。可以援助的，应当援助的，一定会援助。徐向前听得出，他讲话的意思是有困难，不能满足中朝方面的要求，希望谅解。不久，苏方通知徐向前的代表团，原定今年提供16个师的装备订货，减为10个师。其余50个师的装备，从1952年1月算起，每月发运1个半师，到1954年上半年，全部发运中国。徐向前和高岗商议，请高岗出面去找布尔加宁，要求仍维持原计划不变，但没能如愿。

1951年10月间，什捷缅科正式答复徐向前：同意转让几种兵工生产的技术资料，帮助中国建设一些军工工厂。至此，双方达成了谈判协议，互相签字交换蓝本。

10月下旬，徐向前一行离开初冬的莫斯科，乘火车启程回国。因劳累过度，路途中受了风寒，列车刚刚进入祖国边境满洲里，他开始发高烧，又病倒了。

十二、五救周希汉

（一）

在1931年春，张国焘等人来到鄂豫皖，成立了中共鄂豫皖中央分局，开始了党内"大清洗"。周希汉被请进了保卫局办公室。有人揭发，他是个混进红军队伍的富农。大约一个月后，周希汉被迫缴出了包括军服在内的所有物品，得到了一身便衣，还有一张路条，上书："周希汉系富农出身，开除回乡生产，沿途放行。"

为了讨回自身清白，更重要的是周希汉不愿离开红军，他决定回老家湖北麻城开具证明。周希汉费尽周折，用了几个月的时间，终于拿到了麻城苏维埃开出的证明，上书："周希汉家有田若干，佃田若干，靠佃田为生，是贫农，不是富农，他要求回红军。特此证明。"

可当他怀揣这件法宝找到部队时，竟无处安身，他只好到伙房帮厨。洗菜淘米，担水劈柴，晚上还帮着给养员记伙食账。第三天开过饭时，他正在埋头清扫厨房，有个人走了进来。问："还有锅巴没有？"

他听这声音好熟，一抬头，老天，是老上级徐向前！

看见穿着便服、样子有些狼狈的周希汉，徐向前先是一愣，然后关切地问：

"怎么搞成这个样子？"

这一问，问得周希汉眼圈都红了。他忙从怀中掏出那份证明把自己的遭遇说了出来。

听完后，徐向前立即找到张国焘，有些生气地说："周希汉还是一个小孩，不懂什么事，跟着我工作时很积极，怎么会是改组派和富农分子呢？"

随后，徐向前把周希汉留在了机关，给自己当书记员。

（二）

1932年，蒋介石亲统大军对鄂豫皖红军发动了第四次"围剿"。张国焘正沉浸在黄安、苏家埠等战役胜利的欣喜之中，认为反动军队不堪一击，不仅不让连战疲劳的红军主力适时休整，做好反"围剿"的准备，反而强令部队去打麻城。结果麻城没打下来，西线"围剿"的敌军攻势凌厉，根据地腹地告急。张国焘这才下令撤麻城之围，又命已经更加疲劳的红军主力去迎头将西线之敌击退。对此，红军指战员们意见很大。

"瞎指挥！"周希汉发了几句牢骚，"我们应当转移到机动位置，趁着敌人举师清剿之机，引诱他一路深入到对我们有利的地点干掉，然后各个击破嘛。这样把部队拉上去要吃亏的。不该打的去打，不该保的去保，搞的什么名堂？"

有人马上告密，并且反映周希汉在苏家埠战役后丢失过一批战利品——手枪子弹。保卫局马上报告了张国焘。张国焘又惊又怒："好大的胆子，敢在背后这样讲我？会不会是有人指使的？"

他下令把周希汉抓起来严加拷问。

周希汉被抓起来了，张国焘下令对他灌辣椒水。

周希汉被绑在条凳上，拼命地挣扎，拼命地大喊大叫：

"我不是改组派呀！"

"我不是反革命！"

没容他叫出第三声，混浊的辣椒水便灌进了他的口中。

刚灌下去，徐向前便闻讯赶来了。他把张国焘请到一边的房子里，解释"丢失子弹"事件。

原来所谓"丢失子弹"事件只不过是警卫排长从周希汉保管的子弹里拿走了点没打招呼。他以党性原则担保周希汉并不晓得领导层有关决策的意见分歧，然后说："他最多是个自由主义的问题嘛，他是我的书记员，我以后严加管教就是。"

大敌当前，张国焘只好给了徐向前个面子。周希汉这才被架走了。

（三）

1932年夏，在张国焘的"蛮打"战术之下，鄂豫皖根据地西线的敌人没有被击退，红军主力却受到大量消耗。苏维埃中心七里坪也丢了。大军一路东撤，始终没有摆脱被动的局面。9月27日燕子河会议后，打下应山并以该地为依托的战略意图也没能实现。狂妄轻敌的张国焘被敌人的凶狠吓得惊慌失措。他明知被动局面是由他造成的，却无论如何不愿意承认，也惧怕和恼恨别人说穿了这一点。一天，他看见背地说他"瞎指挥"的周希汉，心中陡然生出了杀机，立即派人把周希汉抓起来，兴师问罪。

周希汉硬邦邦地甩出一句："我没有要谋害你。"

张国焘呵斥周希汉，说："你在总部为我安排的房子孤零零的，不是存心让敌机轰炸来谋害我吗？"

"你想怎样就怎样吧。"周希汉见张国焘要置自己于死地也硬了起来。

张国焘扬了扬下巴，手随便朝一个方向指了指："处决，马上！"

周希汉便被反剪双臂押出了院子。

周希汉被押到荒凉冷寂的河滩上，他意识到，最后的时刻到了。他应该喊口号了。于是，他扯开嗓门，用尽了平生的力气喊起来："共产党万——岁！"

正在这时，河滩上游方向传来一声喝问："你们在干什么？"随后便有两人赶了过来。

来人正是徐向前总指挥和政委陈昌浩。

原来，徐向前和陈昌浩正在河滩上散步，听见有人喊"共产党万岁"就赶过来。走到近前，看见被绑着的是周希汉，两人都有些吃惊。这时，行刑的人向徐向前报告说，奉张主席之命"处决改组派"。徐向前没有理睬那人，却问周希汉："怎么回事？"

周希汉的脖子还在梗着，气哼哼地说："张主席说我安排的房子要遭到敌人飞机轰炸，是有意谋害他。"

徐向前同陈昌浩对视了一眼，喝道："放了他。"

没人动手。

"我说放了他！张主席那里我去！"徐向前不满地提高了声音。

周希汉身上的绑绳被解开了。

（四）

1933年8月，周希汉到第九军当作战科长，军长是何畏。

部队正准备过草地的物资。一天，周希汉到后勤部长董贤英那里，多领了一点烟。这时候何畏已经调走了，有人把周希汉看成是何畏的"红人"，借多领烟叶为名，开始批判他，并撤销了周希汉作战科长的职务，令他到政治部当油印科长。

不久，徐向前来九军检查工作，无意间问起了周希汉的情况。

军部主要领导如实作了汇报，徐向前听了汇报，连连摇头说："哎，哎，这么点小事情，就撤了他的职，真是小题大做。"

他当面下达命令："周希汉我了解他，这个人能打仗，把他调到三十一军当作战科长。"

1966年的秋末冬初，北京西郊海军大院里，一场批斗会即将在第二礼堂开始。被批斗的两个人是海军副司令员周希汉和刘道生。

第二礼堂向东偏南二三百米有个土坡。这里是整个海军大院的制高点，错落矗立着两座两层小楼。牌号407的那座，住着李作鹏。与407楼一墙之隔的408楼，住着周希汉。一班人马包围了408楼，高喊着一阵高过一阵的口号，只差破门而入了。面对此情此景，周希汉在夫人催促下犹豫半天，还是拨通了周总理的电话。可惜，周总理不在。再拨徐向前元帅的电话，徐帅接到电话很关切地问："周希汉，怎么不讲话？遇到困难了吧？"

"是，他们要开我的斗争会，人都拥到我的院子里了。我……"徐向前没等周希汉"我"出下文，便说："不要理睬他们，就在你的房里不要动。我找李作鹏。搞什么名堂？"

随即，徐向前把电话打到了李作鹏那："你们为什么要批斗周希汉？"

李作鹏见顶头上司打电话来责问，马上推说："马上了解一下。"

徐向前斩钉截铁地说："我不要你了解。立刻把人给我撤走，周希汉家里的一根草也不许动！"

随后，徐向前又马上和叶剑英通电话说了此事。叶剑英立刻向李作鹏下达了措辞更为严厉的命令。很快，408楼的院子里恢复了平静。

徐帅第五次把周希汉从危难中解救出来了。

英年有为的左权

　　左权，1905年3月14日出生于湖南省醴陵县平桥乡黄猫村的一个贫苦农民家庭。原名左纪传，字孳麟，号叔仁。1923年12月，离开醴陵经上海赴广州，在大本营军政部教导团军士连当学兵，改名左权后并入黄埔军校一期。1925年2月，加入中国共产党。后被选派赴苏联留学。1930年8月，秘密回国，任中国工农红军军官学校第一分校校长。12月，任闽西新十二军军长。1931年5月，任红一方面军总前委参谋处处长，以中央军委代表的名义，与王稼祥、刘伯坚等赴宁都固厚村联络和接应宁都暴动。1932年1月，任红五军团第十五军政委，后兼任红十五军军长。1933年1月，任中央革命军事委员会作战局作战参谋。12月，出任红一军团参谋长，参加长征。1936年2至4月，任中国人民抗日先锋军第一纵队参谋长，5月，任红一军团代军团长，1937年，先后任中国人民抗日红军前敌总指挥参谋长、八路军副参谋长。1938年12月，任八路军前方指挥部参谋长。1940年2月，奉中央军委命令兼任八路军第二纵队司令员。1942年5月25日，在辽县十字岭东山坡指挥总部直属队突围之时，不幸头部中弹，壮烈殉国。

一、舞狮子，"自筹"学费

1905年2月10日，湖南醴陵北乡左家屋场左奉球的长子左兆新一家又添了丁口。他就是左权，在兄弟中，他排行最小。

在左权两岁的时候，父亲兆新穷愁潦倒，突然一病不起。左权的母亲左张氏又杀猪，又宰羊，请巫师到家中歌舞鸡卜，"拜斋斗"，想将兆新的魂从青泥湾收回来。但是，31岁的左兆新正值盛年，却没有被张氏挽留住，没几天就作了古人。不久，左权的祖父奉球公63岁时寿终正寝，祖母也去世，二老合葬于黄猫岭蛇形山之阳。

从此，左家屋场由一位寡居的中年女人支撑着。

左权7岁时，看到许多同龄人都去上学，也向母亲提出："我也要读书。"

"读书是要钱的，"母亲又惭愧又为难，"我们家的财神菩萨还没睁开钱眼。"

左权是一个言路窄、心路宽的孩子，这时快过春节了，他想了个变钱的主意：正月里要讨米狮子。他把这个主意告诉哥哥应麟和村里的好朋友左阳生、左继璋、左纪重，以及财主匡印澄的四儿子匡泉美。大家觉得耍讨米狮子又好玩、又热闹，便分头准备开了。

匡泉美躲开父亲的眼线，从家里偷出一条金黄色的被面，缝成了狮子被；左纪重托叔叔用篾和纸扎成了一个五光七彩的狮子脑壳，鼓眼睛，红鼻子，凸额头，下巴上还吊了个丁当响的铜铃；左权、左阳生放开喉咙练唱狮子歌；应麟手舞足蹈地学会了狮子舞。

正月初一，家家放过爆竹，开了"财门"，左权的讨米狮子就"出行"了。左权敲鼓，匡泉美打锣，左纪重掀钹，左继谷演唱，左阳生背米袋子，后面还拖着一群看热闹的小尾巴。

进到一个屋场，狮子先蹦进堂屋里，在贴有"天地国亲师位"的神主牌子前行两跪六拜大礼，左权、左阳生、左继璋、左继谷、左纪重、匡泉美就以稚嫩的童音唱道：

狮子进门六个揖、六个揖，口中含斡羊毛笔，
上写天官赐福，下写禄寿康宁。

若屋场主人鸣放鞭炮，应麟便将狮子脑壳耍得左顾右盼，前俯后仰，铜铃丁丁当当地向主人响过去，左权他们几个根据事先背好的歌词，应景便唱：

狮子头上一点绿、一点绿，多谢主家鸣炮竹。
炮竹落地就开花，一发人来二发家。

欢乐的气氛，掩饰不了空米袋子的要求。女主人看到这些孩子可怜又可爱，忙从屋里量出一升糙米，倒进左阳生背的米袋里，孩子们得到了酬谢，一时鼓乐喧阗，歌声又起：

狮子头上一点金、一点金，我把伯娘赞一轮：
你穿得蓝是蓝来青是青，不盖湖南盖北京。

要是在另一个屋场，碰到量米的是个小孩子，歌词便是：

狮子头上一点青、一点青，我把后生赞分明：
你一岁两岁怀中抱，三岁四岁进学堂门，
十一二岁做文章，十五六岁金榜得头名。

按当时醴陵的习惯，狮子进屋，主家放鞭炮迎接，只要舞一会，就可告退。若大族聚居的屋场以酒食款待，则要操演军器、戈矛刀枪、拳术，一一演练，还要玩"撞刀"、"窜火圈"之类惊险把戏。左权这一行玩的不过是叫花子名堂，以卖欢乐、卖好话，博得主人的欢喜，米一到手，就舞着狮子作揖、叩头告别。唱歌的就放开喉咙高唱"少陪歌"：

狮子头上一点红、一点红，吵闹华堂一回又一回，
大家请莫怪，一齐都少陪。

讨米狮子一直耍到元宵散灯这一晚，它给黄猫岭周围山乡制造了欢乐，也使左权有了学费。

1912年春，左权在东冲铺磐中私塾发蒙读书了。

对于这次舞狮子还留下了一段后话。西安事变后，左权在西安红军联络处还意外地遇见了童年时代耍讨米狮子的伙伴匡泉美（号玉辉），他任国民党整一师一六七旅少将旅长。童年时代的友谊，促使他们在小范围内开始了第二次"国共"合作。这次不寻常的会见，使得匡泉美在解放战争中不愿再打内战，于1946年解甲归田。在匡泉美的亲属中，至今仍保留着他和左权在西安的合影。

二、并校入黄埔

1923年冬，广州大元帅府的军政部长程潜派柳漱风来醴陵招收大本营陆军讲武学校的学生。

程潜，号颂云，也是醴陵县人，为前清秀才。他以儒生习兵事，号召三湘子弟推翻异族，肇造民国，先后出任湘军都督府参谋长、非常大总统府陆军总长、广东大本营军政部部长。作为湖南人，他知道湘人重气节，尚诚朴，但求仁义，不计功利，每当国族危难，湘人负戈荷戟，前僵后仆。在长期的军旅生涯中，程潜感到运筹帷幄的策士谋臣和胸怀韬略的千军统帅实在太少，于是，大本营陆军讲武学校便决定从强悍勇猛的湖南人中招收学生，以培养整军经武的人才。一条陌生的路出其不意地延伸到了左权的脚下。

这时，国家正值多事之秋，弃文就武也许是一条救国救民之道，左权与蔡升熙、李人干、邓文仪、苏文钦、李隆光、张际春、李才霞、左纪棠、何元准等人报名，测试后被录取。

1923年12月，左权告别家乡父老，在醴陵县城伍家巷维新旅社，会合同去讲武学校的同学，由阳三石上火车，转道长沙、汉口、上海，经香港，抵达广州，开始了一生中职业军人的生涯。

左权来到大本营陆军讲武学校时，正好19岁。学校位于广州小北登峰路北较场广东陆军医院旧地，学校比较简陋，原有房屋除作校本部办公室外，其余课堂、食堂、寝室、浴室都是临时用棕叶、竹篾搭盖的。450名学兵就生活在这个简陋的学校里，军政部长程潜兼任校长，日本士官学校毕业的李明灏任教育长。

第一期450名新生，入校后编为4个队，文化程度较高的中学生，大多数被编入军官一、二队；从湘军、滇军中招来的下级军官和军士，编为军士三、四队。左权被编入军官第一队第一区队，区队长是广东梅县人、保定军官学校工科毕业的林柏森。学校以培养连排职军官为目标，主要开设军事课：一、二队学术科并重，以战术、筑城、兵器、地形、交通5大教程为主；三、四队注重术科，以典范令为主，学期为6个月。在学习和操练中，左权掌握了步兵操典、射击教范、野外勤务以及战术、兵器、筑城、地形、军制、交通、实地测图等军事学科知识。每当学兵们全副武装跑步去黄花岗或瘦狗岭演习营、连、排、班长动作时，左权常被指令作示范演习，他受到第一队队长廖士翘和教育副官张克侠的称赞。

讲武学校的军事教官，多是保定军官学校步科或特科毕业的。

这些军事教官的知识都是旧的一套，对学兵管教十分严格，队长和区队长都佩有指挥刀在身，发现学员在操场或野外有违犯纪律的事，或不守纪律，便不由分说地用刀背砍人，或是拳脚交加。他们根据自己的好恶，无故处罚学兵，罚跪、罚站、罚跑步、打手板，训练学兵野蛮得像驯兽一样。这种德国、日本式的棍棒教育，激起了学兵们的痛恨。左权为了了解阵中勤务及技术原则，培养自己指挥小部队的智能，有时约了同学在北校场进行连的战斗教练，这种越轨行动也受到处罚，他常常被责令全副武装围着北校场跑步，跑得上气不接下气，直到舌干唇焦，不能动弹为止。跑完后，左权气得抹下头上的无边军帽，很恼火地说："真是朽得帽子没有边！"

不久，讲武学校的陈赓考入黄埔军校。张际春、邓文仪、李汉藩、桂永清也退出大本营陆军讲武学校，投奔黄埔军校去了。

尽管讲武学校管教严格，但是，左权认为学校也还有可爱的地方。学校里没有那班饮酒骂座，打牌掷骰、寻花问柳的兵油子，也没有吸食鸦片的双枪兵，于是，仍留在学校。随后，他与张克侠、蔡升熙、陈启科、陈明仁、左继棠等20余人，结成"莲社"，相互约束。"莲社"成立时，每个成员照了一张戎装单人照片，写了简历，刊登在"莲社"志上。

1924年10月10日，广州发生了以陈廉伯、陈恭受为首的商团武装叛乱。孙中山以大元帅名义，命令滇军剿灭商团武装。

盘踞广州西关繁华商业区一带的商团武装，大约有12000人。西关是广州的金库。滇军师长廖品卓早已被大商贾的金钱所拉拢，他不但不遵令进剿，反而暗中掩护商团屯积粮弹。孙中山不得已，只好另派李福林的福军和湘军攻占西关。福军多是土匪出身，他们乐得到西关去"打起发"。10月15日，广州市公安局长吴铁城的警卫军、黄埔军校的学生会同湘军、福军，对西关用铁栅、木栅闸子构成的街坊堡垒实行火攻，火势蔓延，1000多家商店和住宅葬入火海。西关既破，商团残兵退入租界。福军乘先抢入，银元、货物，兵士们抢的抢，夺的夺。他们把士官服脱下来，作了包袱，捆载而去。湘军、滇军和街市上的游杂分子也趁火打劫，把西关和小市街一带的金银、珠宝、手饰店掳掠一空。

左权所在的陆军讲武学校奉命担任观音山地区的警戒任务，以防商团突围窜扰。西关火起，发了洋财的士兵、官佐满街都是，有些同学也想去"打起发"，擅自离了岗。

左权和"莲社"的同学们则自动上街，和黄埔军校的学生一起，整肃军人风纪，制止抢掠。滇军一些发了财的官兵们向左权他们掷银洋，故意弹着自己的宽边红帽子，嘲讽地说："有财不会发，真是朽得帽子没有边！"

左权不理睬他们，依然和学员们巡游街面。

1924年9月13日，孙中山率大本营由广州进驻韶关，指挥北伐。程潜随营出征，担任攻鄂军总司令。自程潜走后，大本营陆军讲武学校经费非常困窘，加上落后的棍棒教育方式，学员们纷纷要求和黄埔军校合并。经过与监督周贯虹交涉，11月19日，左权、袁策夷、陈启科、李光韶、陈明仁、李默庵、丁德隆、萧赞育、李铁军、刘戡等146人带上枪支弹药，转入黄埔。因为这批学生的学术科成绩都很好，黄埔军校将他们编入第一期第六队。

在黄埔军校，左权认识了蒋先云、周逸群、许继慎，与原大本营陆军讲武学校的同学陈赓、苏文钦有了更深的交往。

陈赓和苏文钦曾两次陪同左权与周恩来见面，并作私下详谈。1925年2月，左权由中共黄埔支部的陈赓、周逸群介绍，加入中国共产党，时年20岁。从此，他以生气勃勃的创造性的热情，去实现自己的信念。

1925年1月，盘踞在惠州、潮州、汕头一带的陈炯明所部，趁孙中山北上商定国事的机会，向广州进攻。

黄埔军校学生和教导一、二团组织成黄埔校军，奉命东征。左权被分派在教导一团二营六连当排长，他的团长是战术总教官何应钦，营长为战术教官刘峙。

只有 3000 多人的校军，由校长蒋介石统率，加入右翼军作战。

3 月东征军取得棉湖大捷之后，左权由排长提升为副连长，东征军连克兴宁、五华，敌酋林虎、王德庆、刘志陆几乎被擒，仓皇逃出广东省境。陈炯明逃往香港，不到两个月，东征军平定了东江，荡平了潮梅。

3 月 12 日，孙中山先生在北京逝世，左路滇军杨希闵、中路桂军刘震寰得知这个消息，以为发难机会已到，准备西联云南唐继尧，北联军阀段祺瑞，图谋割据广东。他们调兵遣将，麇集广东省垣，阻挠右路军回师广州。为了平定刘、杨叛乱，5 月 21 日，左权冒着盛暑，随军兼程回师。杨、刘所部都是些烟兵赌将，将不知兵，械不可用，尤其是桂军，将军比军官多，军官比士兵多，步枪比子弹多，不堪一击，革命军在 6 月 15 日便克复广州。

削平杨、刘之后，左权被攻鄂军总司令程潜点名调入司令部卫队营任连长，随后参加第二次东征，出广州，向博罗、惠州前进。10 月 23 日，东征军攻克河源，28 日占领五华，31 日克复兴宁，11 月上旬，肃清了梅县、大埔的敌人。11 月 6 日东征军总指挥部抵汕头，东征告成。

三、与同乡邓文仪格格不入

1925 年 11 月，莫斯科中山大学在中国招收留学生，程潜喜欢左权的沉毅勇敢，选拔他赴俄深造。11 月中旬，左权告别羊城，踏上了去莫斯科的路。

左权被分配在莫斯科中山大学第一期第七班。这个班的大多数学生既有长期党龄，又有革命经历，是国共两党人才最集中的一个班。国民党方面有谷正纲、谷正鼎、邓文仪、杜柏生、吴淡人等；共产党方面有左权、邓小平、傅钟、李卓然、潘子力、朱瑞等。中山大学第一期任何一个班，都没有第七班这么多的著名人物，大家都羡慕地称这个班为不同凡响的"理论班"。其中左权和邓文仪在一个班。

左权和邓文仪既是醴陵同乡，又是渌江中学和黄埔军校时的同学。

邓文仪家住醴陵枧头洲，父亲以打豆腐为业，家境贫寒。他小时候好吃爱玩，很会想些鬼点子。他父亲有个装钱的小筒罐，上了锁，平时卖豆腐所得到的铜钱就存在这个罐子里，邓文仪口馋了，就跑到树德堂药铺。这里有膏药布施，不要钱。他要了膏药，反贴在棍子上，插进投钱的孔里，顿一下，沾一块铜板，再顿一下，再沾一块……

在渌江中学，邓文仪也是全校有名的调皮大王。

考上大本营陆军讲武学校后，家穷没有旅费，他就做了有钱学生的挑伕，一路上由他们供给他车资马价。在大本营陆军讲武学校时，他发现黄埔军校是个进身的阶梯，毫不犹豫地离开了讲武学校而考进了黄埔。不久陆军讲武学校的几乎全部学生都跟着他进了黄埔军校，大家不得不承认他有胆识、有远见。

然而，他和左权这一对老乡和同学却总是处于对立状态中。左权参加了共产党，他就钻入国民党；左权成为青年军人联合会负责人，他就做了孙文主义学会的骨干。两个人就像是两只格格不入的齿轮，在不同的轴心上转动着。

邓文仪得到了蒋介石的青睐，被推荐到苏联中山大学就读。

在中山大学，他试图建立一个以国民党员为主体而又能束缚其他势力的中心，但是，他做了个赔本赚吆喝的买卖。1927 年 4 月 12 日，蒋介石发动反革命政变。晚上，左权和中山大学的同学们愤怒地聚集在大礼堂，声讨革命叛徒蒋介石。蒋介石的儿子蒋经国穿着列宁式高领皮夹克、戴着苏联式的工作帽，走上讲坛，发表了慷慨激昂的演说。他的演说，像一根火捻子，点燃了中山大学这个密封的火药罐，赢得了震耳欲聋的掌声。

几天后，蒋经国的一份俄文书面声明落到了左权的手上，许多同学接到了同样的声明，在要老子还是要革命这个戏剧性的选择中，蒋经国毫不犹豫地选择了"革命"，他的声明说：

"蒋介石的叛变，并非意外。当他口头颂扬革命的时候，他已渐渐地开始出卖革命，一心想和张作霖、孙传芳同流合污。他的革命事业已经结束了。就革命而言，定了死刑，背叛了革命，从此他是中国工人阶级的敌人。过去他是我的父亲，革命的好朋友，去了敌人的阵营，现在他是我的敌人。"

但是，27 日，邓文仪却在《黄埔日刊》发表了他的《清党运动的必要及其意义》一文，和中山大学的反蒋浪潮唱反调。

左权和同学们把邓文仪的文章剪贴在党支部局的机关墙上，并且标上题目：《请看中大同学败类邓文仪的反动嘴脸》，以正视听。

邓文仪、萧赞育、郑介民、康泽等人，依仗国民党员占 500 名学生的一半以上这个多数，抱着"束矢难折"的信念，自成体系，在国共两党同学中形成两个对立的营垒，互不往来。最后，他们为了保持自己的"气节"，以"伯夷叔齐义不食周粟"作为古训，决定离俄回国。结果，邓文仪没有毕业，就离开了莫斯科。

左权在中山大学毕业后，进入了伏龙芝军事学院就读。

四、两次受到党内处分

在伏龙芝军事学院里，左权分配在东方系，他与刘伯承、陈启科、刘云、屈武、黄第洪等另编在一个中国班，由刘云当班长。

这时，王明在中山大学同学中大搞宗派活动，不断地给中山大学校长米夫打小报告，打击不同派别的同学，这就更加激起了同学们反米夫的情绪。中山大学反米夫的著名学生有董亦湘、俞秀松、蒋经国、朱务善、周达文、孙冶方等人。他们的背后集合着一大批同盟者。

为了把俞秀松等人弄散，王明一伙捏造了一个所谓以俞秀松、董亦湘、周达文、孙冶方为首的"江浙同乡会"的假案。

俞秀松是浙江诸暨县人，董亦湘是江苏常州人。这时在中国共产党的早期干部中，大抵以江浙人、湖南人、广东人、安徽人居多。在中大读书的上述地域的人，他们当中有的人兼任讲师或翻译，每月有近百卢布的工资，时常聚集到莫斯科的中国城去吃中国饭菜。左权与孙冶方时有往来，有时也从"伏龙芝"的沃兹德维热尼克的宿舍旧楼到中国城去吃饭。孙冶方原名薛萼果，江苏无锡人，他比左权小两岁，这时已经是莫斯科东方大学政治经济课程的翻译，是著名的经济学家列昂节夫的助手。左权正在伏龙芝军事学院读书，他喜欢研究政治经济问题。孙冶方对事不看风，对人不看势，我行我素，守正不屈。他治学态度严谨，除研读未曾翻译的经典原著外，总是面对现实社会的经济生活，与王明那种夸夸其谈，照搬欧洲经验的教条主义学风绝不同途。左权与孙冶方过从甚密，孙冶方也时常邀左权到中国城去杯酒论心，剪烛谈笑。

有一天，孙冶方约了左权、陈启科、董亦湘、俞秀松、周天樱、胡世杰共同会餐。他们多数是江浙人，席间谈笑风生。正巧，学生公社的主席王长熙路过孙冶方的住处，他在门外听到室内的谈笑声，便向支部局打"小报告"，说孙冶方室内有许多人在谈话，好像是在开江浙同乡会。支部局的负责人本来就不满俞秀松、董亦湘、左权这些人，便向米夫汇报说，"中大"有一个江浙同乡会，这是一个反动组织。孙冶方被诬为"江浙同乡会"的骨干成员，左权便被王明等人说成是"江浙同乡会"的"卫士"。

于是，中共莫斯科支部局和苏共克格勃联合对所谓"江浙同乡会"进行了调查，结果只取得了一些微不足道的"证据"，并不能说明子虚乌有的江浙同乡会存在。但王明仍咬定这种组织有存在的可能。

1928年4月，向忠发率领中国工农代表团到莫斯科，出席赤色职工国际第四次代表大会。王明向米夫建议，把向忠发拉到中大来以中共中央代表的身份讲一次话，把"江浙同乡会"扬弃出去。船夫出身的向忠发只听了米夫和陈绍禹的片面反映，不作任何调查就宣布"江浙同乡会"是反党小组织，并且威胁说，已经掌握了可以对"江浙同乡会"进行惩处的证据，同乡会的领袖甚至可以拉出来枪毙。在中共第六次全国代表大会上，向忠发和王明依旧坚持说，在苏联的中共党员中存在着"江浙同乡会"的宗派组织，问题大得很。陈绍禹还专门向一些代表作了所谓反对"江浙同乡会"的报告。

左权、俞秀松、周达文、孙冶方和被指控参加江浙同乡会的学生，为洗刷被王明一伙泼在身上的污水，他们不断向共产国际和中共中央提出申诉，要求出面调查。

结果，中共驻共产国际代表团团长瞿秋白经过调查，否定了所谓"江浙同乡会"的存在。张闻天、沈泽民等江苏、浙江籍的同学也否认有"江浙同乡会"这个小组织。更奇怪的是，传说是"江浙同乡会"会长的周达文，却是贵州人。为此，中共驻共产国际代表团于1928年8月15日写信给苏共中央政治局，对他们对"江浙同乡会"作出的错误结论，提出了不同的看法。1928年秋，共产国际监委、联共中央监委和中共驻共产国际代表团联合组成审查委员会进行审查，作出了否定"江浙同乡会"存在的结论。

1929年底，苏联开始大规模的清党运动。中山大学、莫斯科和列宁格勒的军事学院的中国学生，都要接受审查。每个学校由共产国际指定一个清党委员会主持清党运动。被审查的人，要在许多人的监督之下，接受严格的盘问，甚至要彻底审查祖宗几代的家史。要是发现是托派或是其他反党分子，或者交代含混、被指控有托派和反党分子嫌疑，当场就被逮捕。结果，清党委员会给了孙冶方一个最后严重警告的处分，左权也被指责为"行动不检"，给予党内警告处分。

这是左权第二次受到党内处分。

1930 年 9 月，左权回国后回到了中央苏区。1932 年 3 月，在攻下漳州第二天，在王明"左"倾的路线下，红十五军军长黄中岳以"阴谋叛变"罪被中央执委会人委执行部逮捕。左权被任命为红十五军军长兼政委。

原来，1931 年 1 月 7 日的中共六届四中全会上，31 岁的米夫把 25 岁的王明抱上了台。王明一上台就在党内开始了"残酷斗争、无情打击"，教条主义猖獗，什么托洛茨基主义、布朗基主义、右倾机会主义、调和主义、游击主义、富农路线、罗明路线……之类的"主义"和"路线"如枪似棒，谁要不同意他们的所谓"国际路线"，就会被无情打击，左权深知王明一伙的为人，他曾经忧虑地对彭德怀说："王明在中央，我就翻不了身。"

这时，王明一伙在中央根据地开始了大规模的肃反运动。在肃反中，闽西的新十二军第一团团政委刘梦魂向中央局报告了左权曾经收藏过托陈取消派文件。

刘梦魂说，1930 年 12 月，左权率新十二军在汀州作战时，他的大衣口袋里插着一本托陈取消派文件，他没有将这一情况报告中央备案。不久，左权参加托派组织的政治谣言便不胫而走。

1932 年 6 月，左权被撤销红十五军军长职务，从漳州的枪林弹雨中来到瑞金乌石垅。

随后，中央局委员兼组织部长任弼时、中央执行委员会国家政治保卫局局长邓发、中央局秘书长欧阳钦先后找左权谈话。左权承认有刘梦魂所说的那件事。

原来，托陈取消派文件是上海托派组织从邮局寄给施简的，由施简保存在箱中，左权得知后为不致传散，从施简的箱中拿出，交由贺声洋封存。1931 年 2 月左权调离闽西新十二军，随项英到中央军委任职，托派文件落到何处就不知道了。

对于这次调查，组织上没有做出结论。

1933 年元月，中共中央总书记秦邦宪从上海迁入瑞金，随即就发起了一场反对右倾机会主义的运动。他们在瑞金出版的《斗争》杂志上发表了诸如《为了党的布尔什维克路线》、《罗明路线在江西》、《向右倾机会主义开火》等一系列文章，火力所向是针对毛泽东和他的一些战友的。随即遭到攻击和受到各种形式的纪律处分的就有邓小平、毛泽覃、谢维俊、古柏、萧劲光、谭震林、邓子恢、何叔衡、陆定一等，有的还受到特别法庭的正式审判。左权也因托陈取消派问题被列入专案，由项英在乌石垅主持专案会议，进行了整整 3 天的审查。左权一再向党声明事实真相，无法为中央所相信。但是，因为他自上海进入中央苏区以来，工作一向表现很好，作战勇敢，几乎每战必捷，因此，国家保卫局才没有把他作反革命论处，在党内只作了留党察看8个月的处分。

王明为了证明左权参加过托派组织，纯属子虚乌有的所谓"江浙同乡会"的问题，又被重新提了出来。在1938年党的六届六中全会上，身为中共驻共产国际代表、共产国际执行委员会委员主席团成员的王明一见到八路军副总司令彭德怀，就质问道："左权这个人有问题，是个托派，你们为什么还让他当副参谋长？"

结果，俞秀松、董亦湘、周达文等人，又被王明戴上了"托派"的帽子。王明和康生从苏联途经新疆回延安时，将担任新疆反帝总会秘书长的俞秀松诬陷为"托派"，指使新疆军阀盛世才逮捕；1938年6月又把他押上苏联飞机，后来俞秀松在苏联的"肃反"运动中被杀害，时年39岁。与俞秀松同时被王明诬陷为托派的董亦湘，也被杀害于苏联。

左权被诬为托派后，并不屈服于王明的政治压力，1941年12月29日，他在太行山前线给中共中央写了一封信：

> 我在1932年时曾受过党的留党察看的处罚一次，是因为当时在肃反当中被反革命托派的陷害及调阅工作时遗落托陈取消派文件一件，那文件是希林铎在外面带来后，（他从施简箱中拿出）为不使反革命文件传播故而收藏。但不久我就和项英同志去江西了，该文件究不知落到哪里去了。直到现在虽不断回忆，总没有证明出来。这是个错误，也是个疏忽，愿受应有的处分。惟被托派陷害一事，痛感为我党的生活中最大的耻辱，实不甘心。但当时中央书记处他们未发觉，虽是曾一再向党声明，亦无法为党相信，故不能不忍受党对我的处罚决定，在工作中斗争中去表白自己。迄今已将10年了，不白之冤仍未洗去，我实无时不处于极端的痛苦过程之中。回溯我1925年2月在广州入党，那年冬即赴莫斯科。1930年6月回国，同年9月入苏区，直到现在已将近17年了，在这过程中，我未离党一步，一贯受党的教育与培养，在党内生活，做党内工作。……
>
> 我再以坦白的布尔什维克的真诚坦白向党声明：我没有参加过小组织活动，我与反革命托派无论在政治上、组织上均无任何相同之点与任何组织关系。我并且可以以我的全部政治生活向党担保，我是一

个好的中国共产党党员，希中央讨论答复。

彭德怀于 12 月 29 日用电报将左权的信转给了中共中央书记处，并以个人名义致电中央说：

> （丑）几年来，对于左权同志的处分，虽在事实上早已撤销了，但在党的党规上从未作出明确结论，致左权对此事时存苦闷不释。……（寅）根据我对左权同志的了解，不论在中央苏区及长征时期，对党的路线是忠实的，对于工作是积极的，负责任的。年来在政治上已有较高的进步，过去的问题应该清理一下，建议中央撤销他的处分，使其安心。

但是，直至左权牺牲，此事还没有结论。

历史是公正的。1959 年，由于董亦湘妻子的申诉，苏联远东军区军事法院给董亦湘平了反。1962 年，党和人民政府给俞秀松家属颁发了"烈士光荣纪念证"。1979 年 8 月 30 日，左权的夫人刘志兰给中共中央组织部写信，要求给左权被王明路线打成托派一案平反昭雪。1979 年 12 月 2 日，中共中央军委总政治部干部部复信如下：

> 刘志兰同志：
>
> 你 1979 年 8 月 30 日给中央组织部的信，中央组织部 9 月 27 日转给总政治部，对为左权同志在中央苏区被王明路线打成托派平反昭雪问题，经我们与中央组织部研究认为：左权同志在历史上曾受王明路线的打击迫害，但以后纠正了路线错误，当时虽然没有做出书面结论，而并未影响党对他的信任和使用，左权同志牺牲后，中央对他有很高的评价，这就实际上为他平反昭雪了。

左权的"托派"问题，由此有了结论。

五、回国后转向参谋工作

1930 年 5 月，左权、刘伯承、刘云、陈启科、屈武、黄第洪于伏龙芝军事学院毕业后，奉命启程回国。

左权与刘伯承、刘云一路同行。他们顺利地偷越了严密防堵的中苏边境，乘上了由绥芬河西去的列车。在哈尔滨停留 6 天之后，再转乘中东铁路和南满铁路去大连。一路上，左权发现各处车站游动着日本的护路警察，一些穿着便衣的日本暗探把头、身子紧紧地裹在衣服和帽子里，只露出两只像狼一样凶狠的眼睛。一次，刘伯承被一个日本暗探盯上了，他惟恐连累左权，故意视左权如路人，不与交谈。左权为了刘伯承的安全，在危险时偏能镇静，他不离刘伯承的左右，并趁机暗示警号，将这条跟踪的"大和狼"甩掉了。

8 月，左权一行人到达上海，他们搭乘的客轮泊岸之后，左权与刘伯承、陈启科、刘云、黄第洪各自分散，按照各人的联络暗号去找"钟英"。"钟英"为代号，即中共中央。

与左权接头的是中共中央的联络员曹蕴玉，她以一爿小烟酒铺作掩护，做着秘密工作，左权被安顿在新民旅馆里。

第一个来见他的是傅钟。他与傅钟是莫斯科中山大学第一期第七班同学，傅钟于 1929 年回到上海，担任中央军委委员，参与处理军委机关的日常工作，具体负责军事干部的安排。同学相见，分外高兴。从傅钟那里左权得知上海的敌情很复杂。

一天，左权得到消息，黄埔军校第一期第三队的吴乃宪正在搜捕他。吴乃宪是蒋介石安放在上海的耳目，专门猎取在中共党内工作的黄埔同学。左权考虑到上海地方大，租界内又不登记户口，人员复杂，好隐蔽，即使有险也能脱险，并不把吴乃宪放在眼里。

一天，陈赓突然神秘地出现在左权面前。这位湘军讲武堂和黄埔军校时期的同学，戴着礼帽，穿着中山装，鼻梁上架着墨镜，乍一看像一个国民党的党棍。

陈赓告诉左权，黄第洪已经叛党投敌。左权对此非常吃惊。黄第洪是湖南平江人，与陈赓、左权同为湘军讲武堂和黄埔军校同期同学，在伏龙芝军事学院，左权与他同编在中国班，这次毕业回国又一路同行。到上海后，他还直接与军委书记周恩来联系过，他怎么一下子就叛变了呢？原来，在莫斯科时黄第洪高谈革命，表面上也和大家亲如兄弟，及至回到上海，他看了国民党报纸上吹嘘全国各地"剿匪"胜利的报道，看到上海繁华富丽的大都市生活，对革命悲观失望。为此，左权、刘伯承、刘云、陈启科等拍椅打桌地和他辩论过。但是，不久他却投书蒋介石，卖身之外，不惜飞暗矢以伤其友。

左权一听说黄第洪一到上海就卖身求荣很气愤。

蒋介石很重视黄第洪的那张"卖身契"，交给国民党中央组织部调查科主任徐恩曾办理。徐恩曾指示调查科驻上海的杨登瀛执行，这将危害周恩来和从伏龙芝回国的同学。

陈赓叮嘱左权说："马上搬家，无事时要提防，有事时须镇定。"

说完，便悄然离去。

随后，中共中央常委、秘书长兼宣传部长李立三秘密接待了左权。李立三和左权是醴陵同乡，乡音不改，显得十分投机。

8月，中共中央和中央军委作出决定，刘伯承留上海，担任军委委员，和聂荣臻、傅钟、曾钟圣等参与军委机关的日常工作。调陈启科去重庆。刘云去武汉。左权去闽西苏区担任中国红军军官学校第一分校校长。

这时，叛徒黄第洪企图逮捕周恩来、刘伯承、左权等人，曾写信约周恩来在先施公司旁边的邮局里会面，到时他却躲在别处，并不露面。特委的红队派人密跟，穷其所往，终于找到了他的住址，将他秘密处决了。

左权离开上海后，来到了厦门，在胡同港口，他找到了福建省委交通站，然后和福建省委书记罗明接上了头。罗明指示木匠出身的省委委员雷时标、裁缝出身的省委委员苏阿德以他们的职业作掩护，护送左权从厦门过滴虫州，进入闽西工农民主政府的所在地———龙岩县城。左权到职不足1个月，便被调到中央工作，于9月进入中央苏区。

不久，闽西总行委将红二十一军和红二十军进行整编，共编为3个团，一、二团共1100支枪，2600人，三团驻长汀应付团匪，不能集中，编制为500多人枪。全军共计3000余人，2000支枪，番号为新十二军。闽西红校的200多名学员提前毕业，派到新十二军充任连排干部。新十二军由左权任军长，施简任政委，宋铁英任参谋长，李力一任政治部主任。

12月底，左权侦知张贞的四十九师正以3个团的兵力，以龙岩为主要攻击目标，企图配合蒋介石的第一次"围剿"，在吉安，泰和、赣东以东，永丰、乐安、南丰以南，形成夹击之势。左权指挥新十二军和闽西的赤卫队，以长汀为支点，在龙岩以北的永定、武平、连城、长汀地区，用游击运动战的手段，盘式打圈子战术，牵制袭扰敌人，阻止张贞的进攻，配合中央苏区的红一军团、红三军团反"围剿"作战。

10万蒋军的第一次"围剿"失败之后，蒋介石又于1931年2月动用20万兵力发动了第二次"围剿"。根据中央苏区紧张的军事形势，左权被调往红一方面军"总前委"担任参谋处处长。从此，左权开始了一生中极有建树的参谋工作。

六、宁都暴动

宁都，位于江西智东南部，贡水梅江的西岸。这座披山带水的古城，在1931年已是中央苏区上的一个小白点，除宜黄、广昌这条交通线时通时断之外，出城二三十里，就是苏区的红色土地。它处在一个面积为5万平方公里、人口有250万的红色包围圈里。然而，这时宁都县城已变成了国民党第二十六路军的愁城。前进，有被红军歼灭的危险；后退，宁都以北的广昌一带有蒋介石嫡系朱绍良部断其后路，他们只好困守孤城。

12月初，第二十六路军七十九旅的袁汉澄（即袁血卒）乘着夜色，向固厚圩进发，天大亮时，山冲里突然传来一声喝令："站住！"随即冲出4个年轻小伙子截住去路。其中两个拿着梭标、两个端着上了猪尾巴刺刀的步枪，从四面抄过来，口里骂着："哪来的反动派？"

不由分说，4个人将袁汉澄反剪了双手，来了个五花大绑，袁汉澄被绑送到一间普通的茅草房里，这就是彭湃县委办公室。

县委书记霍步青得知袁汉澄是"朱瑞"派来的暗语后，立即拨给一匹马，把他送到了瑞金叶坪红军总司令部。

紧接着，中革军委在叶坪召开会议。朱德、左权、王稼祥、叶剑英、李富春、刘伯坚等人，围坐在两张对起的方桌周围，听取袁汉澄关于二十六路军在宁都准备暴动情况的报告。

在热烈的讨论中，大家分析了暴动成功的主客观条件，也着重研究了万一失败后的措施。最后，中革军委会决定，由左权、王稼祥、刘伯坚等代表中革军委，携带电台到彭湃县固厚圩联络指挥。

第二天早饭后，左权、王稼祥、刘伯坚把袁汉澄领到主席毛泽东的办公处。毛泽东个子高大，背有点驼，面容瘦削，颧骨突出，头戴八角帽，身穿一套退了色的灰布军服，像一个普通的红军战士。仔细观察，才会发现他的衣袋比别人的大，大约是为了让它们发挥书包或文件袋的作用。他举止随便，有着某些农民的习惯。毛泽东亲切地和袁汉澄握手，他望着左权、王稼祥、刘伯坚说："军委会昨天讨论了宁都暴动的方针，很好。"

毛泽东问袁汉澄："袁同志，你考虑有把握吗？有多大的把握？"

袁汉澄一时紧张得答不出话来，停了一会才说："有把握。"

"有好大的把握哩？"

"假使七十四旅不干，七十三旅和总指挥部是有把握的。"

毛泽东点了点头，对大家说："能争取全部暴动的条件是存在的。这全靠我们党过细的组织工作。万一不能全部暴动，局部暴动也是好的，在反革命的心脏上捅上一刀也是好的。"

在袁汉澄返回宁都时，左权、王稼祥、刘伯坚立即率领工作人员携带电台，赶往固厚圩。他们将红四军部署在宁都附近的胡嘴岭、东山坝和会同、安福一线，牵制广昌方向的朱绍良部，并令红十一师三十三团将石城以南几个白色据点加以围困，同时在固厚地区下了戒严令，以确保起义成功。与此同时，左权还派出一些红军干部协同彭湃县苏维埃政府发动群众，做好迎接起义部队的各项准备工作。左权亲自到固厚圩周围区、乡苏维埃政府检查落实，看参加欢迎起义军的群众，每人是否都做了一面红纸三角旗，旗上面写没写"欢迎二十六路军光荣起义"的口号。村里是不是准备了鸡、鸭、猪、鱼、蔬菜、大豆、花生等食品，柴火备好了没有，慰劳队是否已经组织起来，妇女洗衣队、做鞋队落实到人没有，他走一处问一处，看一处，细致得简直像个管家婆。但是，他更为关注的是宁都方面的动静。

袁汉澄回宁都后，向二十六军中共特别支部报告了去瑞金的联系情况和中央革命军事委员会所作的决定。大家认为，中央革命军事委员会的决定是正确的，可以马上投入起义的直接部署。为了达到"用最大的努力，争取全部暴动"的目的，赵博生加紧了对七十四旅旅长季振同、七十三旅旅长董振堂的争取工作。赵博生、董振堂、季振同、七十四旅主力团团长黄中岳秘密会商后，互推季振同为起义领袖。

季振同赞成起义，但他提出：二十六路军的两万套冬衣和 11 月份饷款已经到了广昌，如果按原定计划起义，这些冬衣和饷款就无法到手，建议将起义推迟 1 天。其次，他提出番号问题，是不是可以再考虑。赵博生和特支商量后，觉得应马上报告在固厚圩联络指挥的军委代表。于是，特支以袁汉澄为代表，七十四旅以营长卢寿椿为代表，七十三旅以地下党员郭如岳为代表，赶往固厚圩，详细地向左权、王稼祥、刘伯坚报告了起义的准备工作和季振同提出的两项要求。

左权仔细地了解了季振同的个人情况，认为必须慎重考虑他提出的问题，以争取暴动成功。左权从卢寿椿那里了解到，季振同是河北沧州人，生于一个有着 2000 多亩土地的大地主家庭。他出身行伍，因胆识、魄力、机敏过人，有名豪大侠的气概，在西北军攻占陕州、洛阳、郑州、开封中屡立战功，由排长而升到手枪旅旅长，深得冯玉祥的器重。左权考虑到季振同的七十四旅担负着宁都的城防任务，争取季振同起义，不但可以扩大起义部队的力量，而且便于控制局势。但是，到 14 日暴动，还有 9 天时间，为时太久恐被泄漏。为此，左权令驻胡嘴岭、东山坝、会同、安福的红十二师师长陈光派出便衣侦探，密切注视广昌和宁都一带的动静，同时和王稼祥、刘伯坚请示军委同意后，作出了如下决定：

一、同意将起义时间推迟到 12 月 14 日黄昏。

二、暴动胜利后，二十六路军改番号为中国工农红军第五军团，下辖十三、十四，十五 3 个军。由季振同任红五军团总指挥；赵博生任红五军团参谋长兼十四军军长；董振堂任红五军团副总指挥兼十三军军长；黄中岳任红十五军军长。

12 月 14 日黄昏，宁都城内全部戒严，由七十四旅二团换岗换哨，总指挥部电台、二十五师师部电台和专与蒋介石联络的特务电台奉命立即关机，人员一律离开机器，由学兵连、执法队分别控制。还不到 6 点钟，总指挥部所在地的基督教堂已经灯火辉煌。赵博生以执行南昌行营"进剿"为名，宴请二十六路军团以上军官。席间，将不同意起义的七十五旅旅长张方昭，八十一旅旅长王恩布以及王天顺等三四名团长当场押了起来。

这时，城内通往城外的电话全部切断，地下党员，执法队队员孙步霞根据预先规定的全军行动信号，立即鸣枪 3 响。宁都沸腾了，呼叫声、奔跑声、枪声响成一片。

左权、王稼祥、刘伯坚从电台上收到的电讯得悉，起义成功了！整个二十六路军全军一个总部、两个师部、6个旅部、11个整团，4个独立营，1个总部直属队，共17000多人，携带2万多件武器全部暴动了！

起义一胜利，左权立即将策应宁都起义驻防会同地区的红四军撤至石城，以3个师分驻洋池、屏山、珠坑、秋溪等地，防止二十六路军在整编中发生意外事变。另令陈光率红十二师立即进军宁都，待二十六路军离开后，驻防宁都县城。

12月15日，董振堂率七十三旅为前锋，出东门，过梅江，浩浩荡荡地向固厚圩进发。二十六路军这条曾经"摇摆"的航船，现在也解缆脱钩，开始了新的征程。部队抵固厚圩时，军委派出以左权为团长的代表迎接起义军。各乡、村苏维埃主席率领少先队、儿童团、赤卫队夹立道路两旁，挥动手中的三角彩旗，热烈欢呼；鞭炮和三眼铳放得响个不停。左权看着浩荡南来的队伍，兴奋地对董振堂说："宁都城修了4道防御工事，但工事挡不住革命。这回你们可触了蒋介石的龙鳞了！"

赵博生在欢迎的人群中发现了刘伯坚，疾步走去，和刘伯坚紧紧地握手。刘伯坚风趣地说："让你严缉共产党，你却把队伍带到共产党这边来了，蒋介石可要通缉你这个总参谋长哟！"

赵博生激动地说："让蒋介石通缉吧，我这把骨头是属于苏维埃的了。"

16日清晨，起义的主要领导人赵博生、董振堂、季振同在左权的陪同下，率全军向石城的龙岗、横江、秋溪前进，并在那里接受整编。

按照红军的建军原则，中央军委选派了一批共产党员担任红五军团各级政治领导工作。由于原二十六路军的军官大都是日本士官生、保定军校生、将校团生，被选派到红五军团军以上的政治委员，都是既懂军事又懂政治的留学生。其中有军团政委肖劲光（留苏）、军团政治部主任刘伯坚（留法、比利时、苏联）、十三军政委何长工（留法）、十四军政委黄火青（留苏）。左权也担任了红十五军政委。

七、战漳州

1932年3月21日，苏区中央局和中央军委根据林彪、聂荣臻的提议，同意按毛泽东的意见，中路军向闽西、闽南进军，一、五军团由原中路军改称东路军，由林彪任总指挥，毛泽东以中央执行委员会主席的名义随东路军行动。4月2日，东路军离开长汀地区经河田、涂坊、白砂，抵达龙岩西部约50里的大池，拉开了东路军攻克漳州的战幕。

此时的闽南，是敌陆军第四十九师师长、"福建省剿匪司令部"司令张贞经营的独立王国。

张贞，人称他为"闽南王"。他是福建省诏安东峤村人，曾入保定军官学校第二期炮科，中途辍学回漳州拉"民军"，当过福建自治军前敌司令。那时，他到处招兵买马，皮包里塞满了委任状，给许多民军头目，绿林盗寇以支队司令头衔。但多半是有官而无兵，或有兵却没有枪，漳州、泉州一带的老百姓送了他一个"皮包司令"的雅号。他打着"以匪制匪"的旗号，多方收编土匪和游杂武装，几年之中竟拥兵1万余众。军队虽为杂凑之兵，但装备精良，为日本六五步枪和三八式步枪，各团配有迫击炮连，各营配有机枪连，各连配有捷克式轻机枪，团部还设置通讯队、电台。所部分驻漳州、泉州、永春三属十几个县，主力驻扎南靖、平和、长泰一带，对闽西苏区施行警戒，并时常派兵骚扰龙岩的大池、小池、钢庄、赤坑、适中、马坑一带。永定的金丰、陈东坑、虎岗、上洋、窑背等苏区，两年之中，被窜扰20余次。凶锋所及，庐舍为墟，除劫夺粮食、牲畜之外，甚至搜捕妇女、儿童做"猪仔"贩卖。闽南和闽西百姓中流行着"时逢四十九（师），百姓无路走"的歌谣。

南下漳州，先得攻取龙岩。左权以红四十四师袁汉澄的一三一团为先锋团，主攻龙岩城。

赤卫队攻了两天，大池民团拖枪退至小池，与第二补充营叶杨榆部会合。赤卫队跟踪追击，又交战1天，守军败逃而去。张贞特别倚重的杨逢年一四五旅的官佐们认为民团和叶杨榆土匪是收编部队，战斗力差，他们还能抵挡两三天之久，于是，判定进攻龙岩的是"土共"，便未作戒备。

4月7日，左权令少数部队佯攻龙门二九一团驻石排之前哨连。10时左右，全线发动攻击，一时枪声大作，直到这时，敌人才发现考塘、龙门以及龙门通往龙岩之要隘龙门坑，已被红十五军的四十四师、四十五师分割包围，互相不能救援。

驻龙门的阮宝洪二九一团1000余人，是张贞装备最好、战斗力最强的部队，是屏藩龙岩的看门狗。左权集中最优势兵力，将该敌包围聚歼，经一上午的战斗，阮宝洪的防线崩溃，他率所部余光武、黄铁汉、苏冠英3个营的残部300来人突围。刚往龙岩方向逃窜，早已奉命等在那里的四十五师九十三团杨得志团长，率突击队一顿横风猛雨的扫射，阮宝洪不敢再回龙岩，调头转向永福、漳平方向逃命去了。

这一仗，红军打得敌人连个回去报丧的人都没有。

4月10日拂晓，左权率十五军为先头，乘敌不备向龙岩县城的西门、北门发起进攻。驻守龙岩的一四五旅指挥部不知把守龙门的阮宝洪已逃之夭夭，也不知红军主力从何而降，慌忙急调驻坎市的二八九团和驻白土的二九〇团迅速回援龙岩，并驰电漳州，向远在后方的旅长杨逢年告急。

杨逢年驱车进城不到两小时，左权指挥的红四十四师、四十五师分别由西门、北门突入城里。防守龙岩的独立团大部被歼，独立团团长兼龙岩县县长张性白被击伤，率残兵100余人跟着杨逢年和他的直属队从南门突围，沿适中方向撤退。在离县城7里地的三岔路口，遇上了回援龙岩的黄克绳二九〇团。杨逢年顾不得丢城撂地的羞耻，生怕红军衔尾追来，急令二九〇团少校团副林梦飞率第三营两个连阻击红军，自己带着直属队和二九〇团及开往龙岩途中的二八九团、吴赐独立营向适中、南靖撤逃。

那些平日在龙岩城里倚仗杨逢年、张性白作威作福的民团头目、土豪劣绅，也像丧家之犬，随军逃亡。时值春雨绵绵，道路上像抹了油一样，又烂又滑。地主老婆、军官太太、名娃闺秀，有的跌得像个泥菩萨，哭得娘死爹亡一般；有的顾不得平日体面，像猪仔一样装在米篓里，让人抬着走。羊肠小道被败退部队和这些贵气的难民们所拥塞，后面的败兵生怕红军追来，急得骂天骂地。一路上，他们不断遭到赤卫队的袭击，如同惊弓之鸟，由金山而龙山，由龙山而保林圩，沿路弃险不守，节节败退。

打下龙岩，左权率红十五军离开苏区，向东南兼程疾进，两天赶路150多里。十五军打龙岩之后，以利兵之师，锋不可犯，锐不可当，连下和溪、芝田、水潮、龙山，直逼漳州西侧的天宝山下。

天宝山前临龙江溪，背倚漳州城，直扼漳龙公路咽喉，是个易守难攻的军事要地。左权估计张贞为固守漳州，必定在天宝、南靖、浦南一线构成无防御纵深的线式防御，与红军决战，便率部于4月16日驻防波岭圩，迫敌而居，占据攻击位置。

张贞获悉攻占龙岩的红军部队，已分头向适中、漳平寻带挺进，似有继续南下攻击漳州的意图，他判定红军的行动有两种趋向：一由漳平沿九龙江而下，直趋长泰、浦南，攻漳州；这一线山路崎岖，江流险急，交通不便，大部队行动困难。一由适中沿漳龙公路直趋南靖，而下漳州，这一线地势平坦，水陆交通便利，虽则危险性大，但适合大兵团作战。张贞根据上述判断，选定南靖、天宝山的榕子岭、风霜岭一带作主阵地，在浦南方面布置警戒。张贞手上的兵力，除一四五、一四六旅之外，还有地方靖卫团、保安队，共1万余人。他将王祖清的一四六旅两个团的兵力，部署在右翼风霜岭、十二岭阵地，指挥部驻天宝镇；将杨逢年一四五旅两个团部署在左翼榕子岭阵地，指挥部驻南靖县城。杨逢年凭借龙江这一天然障碍，以二九〇团第一、第三营分别防守榕子岭、笔架山阵地，第二营为团的预备队。第三营调一个连为前哨连，防守宝林桥前沿阵地，二八九团作为旅的总预备队驻榕子岭山后小高地。张贞自以为列卒周匝，坐在漳州城里，等待着前方的捷报。

东路军指挥部以红四军主攻敌人的王祖清一四六旅阵地，以十五军助攻宝林桥至南靖的一四五旅阵地；以三军为预备队。左权领受命令后，亲自前往宝林桥实行威力侦察。左权发现张贞把杨逢年的一四五旅摆在有龙江天险可凭的阵地上，而把王祖清的一四六旅摆在风霜岭危险的阵地上，看出了张贞对所部的亲疏关系。因为杨逢年是"闽南派"，王祖清则是"福州派"。军阀们每当情势紧迫，在生死攸关的时候，总是按照历来的传统，各保实力，互不协同，或见危不救，或苟安一时，或打滑头战，或撒腿就跑。左权考虑到，如果将王祖清的一四六旅先行围困就歼，鉴于杨逢年平时与王祖清的派系矛盾，私嫌很深，他是不会派兵出援的。倘若先打杨逢年的一四五旅，不但地形对红军进攻不利，而且杨逢年必定请张贞下令王祖清作为二线增援。为此，左权拟定了一个大胆而又冒险的作战方案。

4月16日，左权令四十四师一三〇团佯攻一四五旅二九〇团宝林桥前沿阵地，并摆出决战的架势，牵制一四五旅。令四十五师主力稳伏于离南靖两公里多路的山林地地区，卡断漳龙公路，使杨逢年的一四五旅援退无路。其余部队在南靖周围占据攻击位置。左权自己亲率四十四师两个团涉渡龙江，大胆地从一四五旅和一四六旅的榕子岭与大尖山结合部迅猛穿插，迂回到一四六旅侧翼，分割敌人兵力，配合红四军的正面进攻。

4月19日拂晓，红四军主力从正面的风霜岭、天宝山、十二岭向一四六旅阵地发动全线总攻击。王祖清以机关枪连挡第一线，以大炮队断后，固守不退。担任正面攻击的红四军第十一师三十一团绕到敌后去攻歼大尖山守敌，由三十三团正面主攻天宝山。左权集中四十四师主力从侧翼向大尖山、榕子岭结合部的敌二八九团发起攻击。在正、侧火力夹击之下，红三十二团团长刘忠率所部夺取了敌人的机关枪阵地，敌二九三团团长陈启芳被击毙，营长游其富负重伤。战斗至上午9时，二九三团大部被歼。王祖清折损一个团，有点招架不住，急忙向一四五旅杨逢年呼援。

结果，正如左权所预料的一样，杨逢年的宝林桥前哨虽被红四十四师一个团牵制，但主阵地尚未打响，他一兵一卒也不出援，坐视一四六旅覆没。

王祖清所部林清龙的二九四团本来是收编的土匪部队，还没上过正规战场，一见精锐二九三团被歼，吓得不战而逃，风霜岭一带被红四军攻占。激战中王祖清不见杨逢年出击应援，不免愤懑交加，溃败之时也不通报杨逢年作相应戒备，只顾自己只身脱逃。

一四六旅被歼之后，左权率红四十四师一部，以神速行动，直下南靖，与红四十五师合围杨逢年的一四五旅。

杨逢年做梦也没有想到，王祖清一个旅不到一上午就被红军歼灭了。他急令驻榕子岭的旅预备队二八九团增援南靖。团长黄克绳在撤离榕子岭、大尖山时，命第三营营长林超带4个连为后卫，掩护一、二营向南靖救援。但是，二八九团只赶到南靖外围，左权指挥的红十五军已攻占了南靖县城。黄克绳便决定与榕子岭、宝林桥退下来的二九〇团会合行动。行军中，又与佯攻宝林桥的红四十四师一个团遭遇。黄克绳的两个营的士兵因驰援南靖，喘息未定，现在仓促应战，一触即溃，败兵纷纷纵身投江，其余的往山城、小溪、漳浦方向逃去。黄克绳本人伏在马背上，泗水过去才逃得性命。跟在他后面的残兵吓得不时惊呼："共军追来了！"

林超率掩护一、二营的4个连从榕子岭、大尖山撤下来，在漳龙公路上集中，恰好与从南靖回窜漳州的二九〇团会合。行军至离南靖约两公里的地方，早已埋伏在这里的红四十五师从山上冲出，用火力封锁了公路，战士们在左权的指挥下，惊东击西，左右掩杀，使敌人顾此失彼，进退无路。公路左面靠山，右面临江，敌军无法展开，像被陷住了的野兽，躲无处躲，逃无处逃，除56人泗水逃得性命，其余不是伤亡；就是当了俘虏。

4月19日一天，张贞的天宝山、南靖防线全线溃败。一四五旅旅长杨逢年走投无路，只得潜入百姓家中，脱去军服，剃掉胡须，化装成农民，躲了两天之后，经由城、璃溪、云霄而到诏安东峤，找到了自己的败残部队，演了一出现代

"割须弃袍"的丑剧。

天宝，南靖失守，漳州完全处于红军的锋镝之下。

红军兵临城下，张贞害怕被擒，便用商办的漳龙汽车运输公司的几十辆只吃油不跑路的破烂汽车，运送僚属和私财。张贞从漳州溃退时，惊慌失措，官逃在先，兵乱于后，散兵游勇沿途杀人越货。张贞的汽车逃经漳浦时，被部卒开枪拦截，要求搭车一路逃命，张贞无可奈何地说："就是当土匪，也要尊重土匪头呀！"

4 月 20 日上午 8 时，红军举行庄严的入城式。军号齐吹，红旗飘扬，部队分 4 路纵队浩浩荡荡地开进漳州城。

八、组建侦察科

1933 年冬天，国民党 50 万大军的烟云弹雨，笼罩了中央苏区的版图。

红一军团于江西永丰县滕田整编后，由 3 个师、9 个团组成，每个师有 5000 多人。部队时而东走黎川，时而西顾永丰，或乐安，或宜黄，或南丰，"短促突击"于敌人的堡垒与重兵之间，疲惫和消耗了自己的兵力。

有难思良将。红一军团军团长林彪、政委聂荣臻深感在军务繁忙之中没有一个好的参谋长。原来的参谋长徐彦刚已调往湘鄂赣任司令员去了。于是，10 月中旬，军委任命左权为红一军团参谋长，12 月底他到职上任。

对于左权的到来，林彪和聂荣臻都是非常高兴。

在他们的印象中，左权除了具有指挥员所必须的战场经验和坚强意志外，还具有一些非凡的精神素质。他不像别的留洋回来的人，摆架子，动辄给那些在战火中成长起来的军事指挥员扣上"狭隘经验论者"的帽子，而标榜自己是有理论修养的百分之百的布尔什维克，他不图名利，是一个十分纯朴和本色的共产党员。

参谋长到任，林彪和聂荣臻趁过年准备了一顿年饭。

这时，由于国民党的军事进攻和经济封锁双管齐下，连困带打，根据地很困难，除了前线部队能吃饱饭，后方人员只能吃定量的"包包饭"：先把米用秤分好，再用小茜草袋子装着放在锅里煮，一天两顿，一顿就是一小袋。江西不出盐，吃盐就是吃金子，一块光洋只买几两甚至几钱盐。部队因营养差，夜盲症越来越多。战士们不得不在晚上点起火把，到水田里捉泥鳅、田螺来改善生活。

林彪和聂荣臻准备的年饭自然是淡薄的，但这顿淡薄的年饭也被国民党的飞机炸掉了，没有吃成。

军团参谋长，是军团长、政委的第一个助手和代理人。他要善于体察军政首长的战略意图、战术方针，并根据这些意图和方针组织作战、

左权

监察实施。其他诸如补充兵员、筹划粮草、制造弹械、布置通讯侦察、组织转送伤员，……事无巨细，无不亲自运筹。左权出任红一军团参谋长之时，蒋介石已将福建事变镇压下去，又回过头来全力进攻中央苏区，构成了对中央苏区的四面合围。

然而，这时洋顾问李德仍完全沉醉在"短促突击"的新原则之中，坐在瑞金实行绝对的集中指挥，他连迫击炮放在地图某一曲线上，都给部队作了规定，而这种十万分之一的地图，既不详细又错误百出，有的地方连方向都不对。结果，红军完全陷入了死板的军事教条主义的泥坑中去了，只有招架战术，全无还手方略，根据地一块块被敌人蚕食而去。红三军团军团长彭德怀痛斥李德是"崽卖爷田心不痛"。

但是，李德并不以为然，为了推行在欧洲战场上曾使用过的据说是"完全是马克思主义的新原则"，4月份李德又调集一、三、九军团共9个师的兵力，实行"广昌决战"。红一军团在广昌打了18天守备战，与敌人拼消耗，指挥员伤亡严重，最后广昌失守，连建宁也丢给敌人了。军团长林彪、政委聂荣臻、参谋长左权和战士们一样从敌人的子弹、炮弹、炸弹组成的火网里冲进杀出，险象环生。林彪在回忆和左权一道战斗的生活时写道："多少次险恶的战斗，只差一点

我们就要同归于尽。好多次我们的司令部投入了混战的旋涡，不但在我们的前方是敌人，在我们的左右后方也发现了敌人，我们曾各亲自拔出手枪向敌人连放，拦阻溃乱的队伍向敌人反扑。子弹、炮弹、炸弹，在我们前后左右纵横乱落，杀声震彻着山谷和原野，炮弹、炸弹的尘土时常在你我的身上，我们屡次从尘土中浓烟里滚了出来。"

为了保存红军主力，左权作为参谋长，认为有必要在战术上避开与敌人硬打硬拚，在态势上采取有利于红军的行动，迫使敌人暴露弱点，以便先让一步，后发制人。为此，左权向林彪和聂荣臻建议：组建军团侦察科，用以及时地获得准确的情报，研究敌情，捕捉和利用战机，使数量上处于劣势的红军，因利用战机而使战斗力的对比变成相对优势。左权的建议，得到了林彪和聂荣臻的支持，他立即着手组建军团侦察科。

5月，左权正式组建军团侦察科，经考察，决定调模范红五团团长刘忠担任侦察科长。

刘忠是福建省上杭县才溪乡人，曾3次参加才溪暴动，他参加过粉碎国民党4次"围剿"的多次重大战役，在红军中当过排长、连党代表、团政委、团长、组织科长，年龄28岁；又进过红四军学校，政治、军事素质都很好。左权在选择第一任侦察科长时看中了他。

侦察科成立后，左权让教育科长陈士榘找来一些有关侦察工作的书籍，交给刘忠。左权叫管理科长王礼给刘忠派一名警卫员，配一匹马，叫作战科长聂鹤亭将原属作战科的侦察参谋毛孝清、李廷赞、丁振秀和苏孝顺以及军团司令部的便衣侦察队移交侦察科。

然后，左权根据红军所处的战略防御的形势，给侦察科规定了如下任务：一、侦察敌情，整理综合敌情材料报告军团首长，通报全军；二、绘测作战要图；三、调查行军路线，找向导带路；四、捕捉俘虏，了解敌人的行动意图；五、集中军团侦察部队作战役侦察、佯动，迷惑与钳制敌人。左权还特别规定刘忠，除将侦察了解的敌情当面向军团首长汇报外，每半个月要印发一次敌情综合的文字通报，并根据战场的不同情况，应不定期地发出专题的军情通报。

这时，刘忠只会拿枪而不会拿笔，头一次起草敌情通报时，他脑子里的敌情就是反映不到纸上去，字不够用，话也排不好队，写出来的东西语不成句，辞不达意。

写好后，他送给左权审阅，左权在原稿上加满了密密麻麻的红色小字，全篇只剩下很少一点没有改掉，这头一仗就被左权给打了个"歼灭战"。刘忠看着那些挤得站不下脚的红色小字，非常感动。但刘忠并不因此而气馁，仍按规定每半个月写1份综合敌情通报，定时送左权审阅。刘忠一次一次地写，左权一次一次地改，双方都没有马虎过。刘忠从黑红两种字体的增删对比上渐渐地摸到了门路。经过一段时间，原稿上的红字撤退了许多，字也都像接受检阅一样横竖都成行了。一天，左权将刘忠叫去，很高兴地对他说："刘忠同志，你进步了，现在你写的敌情综合通报，不用我更多地修改了。"

7月上旬，蒋介石调整部署，依托堡垒同时从6个方向进攻中央苏区的腹地。兴国、古龙岗、宁都、石城、宁化、筠门岭，相继处于敌人的凶锋之下。敌军作向心推进，李德等人指挥红军，提出"六路分兵"、"全线抵御"的消极防御战略，既不敢向敌人的后方打击，又不敢放手诱敌深入。

8月初，敌军已将主力集结于闽西朋口南北地区，正向长汀运动。左权命令刘忠率军团便衣侦察队和二师侦察连携带电台1部，去宁化、清流以南确切摸清敌人的前进时机、到达地点、经过道路和阵地、兵力部署、动作方法，并进行实地测图，用埋伏的方法捕捉敌人的侦探。

刘忠率侦察部队进抵长汀东南朋口以西的温坊，侦知敌军李玉堂第三师的第八旅两个团作为先头，由清流出动，正在温坊一带构筑工事。刘忠捕获了1名敌军俘虏，证实敌人后续部队尚在清流没有行动。刘忠立即用电台将这一情况报告军团首长。

左权和林彪、聂荣臻一致认为，弱军对强军作战，必须拣强军的弱者打。虽然红一军团处在敌人之间，李玉堂的第三师、李延年的第九师、李默庵的第十师、宋希濂的第三十六师，计4个师集结于朋口、莒溪、壁州、洋坊尾一带，但第三师的第八旅两个团已脱离敌主力10多里之外，而且立脚未稳，阵地尚不巩固。只要严密封锁消息，不失时机地集中优势兵力，包围迂回这两个团，实行速决，必能一鼓聚歼。

8月31日，红一军团司令部集中红一军团、独立二十四师、九军团发起温坊战斗。师长周建屏、政委杨英统率的独立二十四师，先在敌军前进方向的朱鬏岭、桥下、萧坊一线构筑工事，诱敌入彀；红一军团以严密神速的行动集结于温坊附近。军团司令部指挥所就设于松毛岭上。然后，军团司令部命令红二十四师派出两个营隐蔽迂回到洋坊尾、马古头，截断第八旅两个团的退路；令九军团在曹坊一线牵制团防武装的活动，防止敌军增援，造成主力军团机动消灭敌人的条件。

9月2日午后9时，部队乘夜发起攻击，一军团由西向东，集中兵力分割敌人。独立二十四师师长周建屏率领该师主力攻击温坊敌军的右侧翼，敌人一点都不经打，几乎是坐而待亡。敌军败残部队退守杨背附近堡垒和温坊南面的八角楼。侦察部队于主力部队发起攻击前，将温坊村敌人架设的电话线剪断，使其互相不能呼援。随即由红四团围歼温坊村内的两营敌军，担任主攻的一营用刺刀、手榴弹解决战斗，仅耗子弹400发，只3人负伤。固守杨背碉堡的敌人，被独立二十四师和红五团、红六团歼灭。

由于封锁消息，速战速决，敌第八旅两个团被歼之后，东路军总司令蒋鼎文才得知红军主力在温坊一线，立即出动第三师和第九师于朋口集结3个团向温坊进犯。侦察部队侦知敌先头为第九师的1个团，由洋坊尾向温坊开进。红一军团司令部决定由红一师截断其归路，二师从八前亭，独立二十四师从马古头两个方向对敌夹击。战斗结果，共歼敌4000多人。敌第三师第8旅旅长许永相只身逃回，被蒋介石枪毙，第三师师长李玉堂由中将降为上校，革职留用。蒋鼎文、李延年受到严厉申斥。

温坊战斗结束后，红一军团奉命西移高兴圩一线。刘忠回到军团司令部，左权表扬了他和侦察科的同志们，并鼓励他在军事形势逆转的情势下，更加努力完成侦察任务。

随后红一军团的侦察队伍逐渐建立起来了。司令部有一支40人的便衣侦察队，都是经过选拔的连排干部。战时分散侦察敌情。每个师配制一个侦察连，另外还有小炮班、便衣班，约半个营的兵力，团设有侦察排，3个步兵班，1个机枪班，1个短枪班。全军团的侦察力量共有1500多人。

九、藏民放冷枪

1935年，红军离开苏区在长征途中翻越了夹金山。随后，进入了藏族的集居之区。但是，一些反动的土司唆使藏民在对岸放冷枪，常有红军战士中弹落水。兴国老表、宁都老表们时常叹息："在中央苏区，哪里会有这种老百姓打老百姓军队的事？"

　　这里与内地截然两样，每隔几十里就有一座高大宏伟的喇嘛庙，红墙黄瓦，绿色的琉璃顶，金碧辉煌；它们依山傍岭，周围云树迷天，草木秀润。藏民一向痛恨汉官的掠夺，每座喇嘛庙几乎都是一座兵营，几百上千的红衣喇嘛都能使用武器，经常作有组织的军事行动。1933年，四川军阀刘湘、刘文辉的内战结束，刘文辉退出西康，他就坐在这里刮地皮聚财，开掘金矿，劫夺麝香、冬虫夏草、大黄等名贵药材，遭到藏民反抗，刘文辉以武装挞伐，造成了藏民对汉人的极端仇视心理。藏民好斗好勇，平日就喜欢佩剑、骑马、打枪。他们的枪法最准，命中点多是要害地方。当红军一进入这个地区时，藏民坚壁清野，逃避山林，然后不分青红皂白，不是集中数百人对抗，就是躲在深山穷谷里放冷枪。

　　1935年8月1日，左权和二师参谋长李棠萼、卫生队政治处主任杨世民、供给部长赵尔陆一同去波罗子筹粮。他们行走90里，刚到波罗子附近，躲在山林里的藏民武装放了一响冷枪，走在左权和赵尔陆中间的李棠萼中弹落马。

　　这位身经百战的红军指挥员，没有牺牲在国民党的枪林弹雨之中，反而倒毙在藏民的冷枪之下。

　　左权十分愤慨。他和赵尔陆、杨世民跳下马来，指挥随身警卫一面放枪佯攻，一面两厢包抄。藏民武装既无组织又无训练，枪械、弹药、粮食、马匹都由各人自备，很难统一行动，常以乌合之众而临阵，不是正规部队的对手；但熟悉地形，又会爬山。左权几人打过来时，他们立即飞快地溃逃，边跑口里还不停地高声狂叫："阿罗！阿罗！"追捕中，左权他们只抓了几个穿着长皮袍、长靴游牧服装的藏民"番兵"。

　　战士们都要求为李参谋长报仇，将这几个藏民枪毙。

　　左权是个有理智的人，他深知藏汉两族之间的历史鸿沟只能用和解的方式来填平，不能像历代统治者那样以为杀人可以止杀便滥杀。他说服战士们，并找来通司，对被俘的藏民武装解释红军与国民党、刘文辉的军队的区别，开诚布公地告诉他们，红军来这里只是借道北上，并不是来和藏族同胞争地盘，抢粮食，夺牛羊。红军和受压迫的藏族同胞是阶级兄弟，愿意和藏族同胞一起反抗汉官和刘文辉军队的压迫。左权请他们转告避处山林的藏族百姓，希望他们回到自己的家园来。

　　几位被俘的藏民武装对左权这位"汉官"的解释将信将疑，他们宁愿相信压迫他们的土司头人，也不相信乐意帮助他们的红军，因为红军也是由汉人组成的。

左权挥手将他们放走时，他们对自己能生还不胜惊奇。一个个叽叽咕咕："我们杀死他们的头人，为什么不会遭到报复？"

十、一仗打得老乡成为了佛教徒

1938年东征结束后，中央颁发新的任命，林彪调红军大学当校长，任命左权为一军团代理军团长，聂荣臻任政委。

红军三大主力胜利会师后，蒋介石为达到将红军消灭于黄河以东地区的目的，兵分四路，对北进的红军实行围追、侧击。其中，胡宗南的第一军，由静宁经新营向海原追击打先锋。陇东高原的长沟短岔里，到处都成了国民党的兵山要塞。

这时，胡宗南被认为是南京政府最能干的战术家，他自恃是"天子门生"，有直接"通天"的本领，除了听从蒋介石个人的命令外，对直接指挥他的张学良少帅的命令也不接受。11月中旬，他率领第一军占领同心城以后，判定红军已向长城边上的盐池败逃，他既不向"西北剿总"张学良报告，也不与友军联络，轻率地孤军向惠安堡、盐池方向追击，胡宗南的第一旅由惠安堡东进，第二旅向萌城、甜水堡东进，遇红四军、红三十一军迎头痛击；丁德隆的七十八师由西田家原东进，经张铁堡、小台子，于20日占领山城堡，他们企图从两翼合围红军于盐池以南地区。

胡宗南的第一军中的高中级将领都是黄埔中蒋介石最信任的学生。他们的装备最好，训练有素，又是嫡系中的嫡系，士气很高，优越感很强。其中，丁德隆的78师占据山城堡。

谁知，这时红军主力逐次集结隐蔽于马连河以北的环县山城堡南北地区，准备歼来犯之敌，粉碎蒋介石的进攻。

"真是朽得帽子没有边！"

当左权得知山城堡的敌人是丁德隆时，忍不住骂出了口。

原来，丁德隆是左权在湘军讲武堂和黄埔军校的同期同队同学。丁德隆别名冠州，湖南攸县皇图岭人。攸县与醴陵相邻，丁家与左家相隔不过20里。他们是同学、同乡又是对手。

这位丁德隆也颇有意思，他的父亲丁霁堂是个教蒙馆的先生，家里很穷。丁德隆10岁时就过继给庙甲山地主贺恢先为子，才得到读书的机会。在攸县县立高小和长沙私立育才中学读书期间，成绩优良，并且爱好琴、棋、书、画，书法师承颜真卿、何绍基，喜欢哼京戏、拉胡琴、弹风琴、吹笛子、洞箫。1923年中学毕业后，瞒着继父考入广州湘军讲武堂。后与左权一样同时转入黄埔军校第一期第六队。北伐战争中因作战有功，于1927年提升为胡宗南的第一师二旅六团上校团长。

"四·一二"反共政变以后，他追随蒋介石，与胡宗南一道领兵"围剿"苏区。由于战功卓著，于1934年晋升为第一师独立旅少将旅长。这年冬，胡宗南恐川北门户广元为红军占领，派丁德隆旅进驻广元，以阻止巴中、旺苍的红军西进。次年春，胡宗南、李铁军也进驻广元一带，同四川军阀邓锡侯、田颂尧部共同构成防线，阻击红四方面军西进。

当时，丁德隆驻守广元，与徐向前率领的红军展开了激烈的河川攻防战。徐向前是黄埔一期一队学生，曾以同学名义，用标语、传单等方式劝丁德隆起义到红军中来。他不但不听，反而更加猛打穷追，在广昭战役和嘉陵江战役中，双方伤亡惨重，丁德隆指挥的5个团和两个游击支队，有大约两个团被歼灭，丢失长短枪2000余支。红四方面军的三十军八十九师副师长丁继才、九军二十五师副师长潘幼清等都牺牲于这一战役中。蒋介石奖励有功历来是不计自己损失的大小的，只要消耗了红军的兵力，即使有罪也算有功，蒋介石传令嘉奖丁德隆，并于1936年将丁德隆擢升为胡宗南的第一军七十八师师长。

左权

丁德隆一向被人誉为文武兼资的儒将，可与晋朝名将杜预相提并论。他得知红一军团的总指挥是同学加同乡左权时，狂傲地宣称："左权是我的同学和老乡，大家鼓把劲，活捉左权做我的助手。"

对于这样一位战功赫赫，又处在气盛力强、智勇交奋之际的同学，左权不得不绕室深思破敌之计。

这时，按照红军前敌总指挥彭德怀召集各参战部队首长作出的决定，在战场上，红军三大主力由红一军团统一指挥。作为军团长的左权，深知如果这一仗打不好，敌军就会直插定边、盐池，直接威胁党中央机关所在地保安。这一仗不但是兵力和军人素质的较量，也是军事指挥员胆略、知识、才能、进攻意识和应变能力的较量。

这时，丁德隆装备精良，又遵循的是德国、日本的兵学原则，重形式，善于正规战和阵地战。如果白天发起战斗，敌军优势的炮兵火力、重火器的观测射击，敌机的轰炸就会给红军造成重大伤亡。而红军历来善于奇袭，红军战士只要一听到敌人的枪声，就能辨别是什么样的枪、什么样的敌人，能勇敢沉着、机警敏捷地利用各种有利条件以少胜多。眼下红军指战员被追得陷于敌人的重围之中，求战心切，况且在海原的何家堡、萌城才打了胜仗，士气很高。夜战时即使一时混乱，他们的勇敢精神和独立作战能力，足可以代替指挥员的夜间指挥。于是，左权决定采用夜战，因为夜战可以采取隐蔽的行动进行奇袭，使敌军的技术兵器失去效用，又可以发挥红军的特长。

为了在夜间歼灭丁德隆的七十八师，左权根据夜战的规律，首先进行了周密的准备，从红一军团挑选 13 个富有夜战习惯与经验的连队作为夜袭主力。其次，采取了必要的控制措施，二方面军主力驻山城堡与洪德城之间的水头堡，负责向南警戒。

11 月 21 日黄昏，部队奉令隐蔽、神速地向敌军接近。一个半小时便跑了 30 里，竟没有一个战士掉队。夜色四合，部队已在敌方的前沿展开，红二师与红十五军团一部向山城堡西北的哨马营方向进攻，首先截断了敌人西逃的退路。

敌军似乎已经察觉，机关枪"噼噼啪啪"地响了起来，热闹得很。因天黑，大炮和重火器无法进行观测射击，一下子失去了作用。这时，红军阵地上冲锋号像竞赛似的，四面八方，远远近近都一齐吹起来了。红 1 师从东向西，红二师由西向东，红 4 师由北向南，红 274 团由南向北，直扑山城堡丁德隆七十八师的阵地。

夜色很浓，战士们全凭自己的感觉和夜间行动的经验向前摸索。手榴弹、信号弹在地面、在天空爆发出的火光，明灭之间为战士们提供了攻击目标。敌人尚凭借阵地工事顽抗。

左权考虑到必须将敌人赶出阵地，才可以更好地利用敌人的混乱，命令红1师师长陈赓组织部队攻坚，把敌人赶出阵地。

陈赓是黄埔一期三队的学生，和丁德隆也是湘军讲武堂、黄埔的同期同学。接到左权的命令，亲自组织担任主攻的13团向他的"同窗"部队进攻。

接下来，20几挺机枪向着一个山头阵地扫射，13团战士每人提着一把马刀跟着突击跃进的第3连向山上猛冲。突击连突上七十八师的阵地，敌人也脱离自己的工事冲出来迎战，双方展开了大混战。红军战士各自为战，一手提刀，一手往前摸，摸到帽子上有"圆巴巴"（即国民党军的青天白日的帽徽）的顺手就给一刀。敌军的士兵被红军的马刀驱赶得像黄土高原上的飞沙，一会儿这边，一会儿那边，分不清天南地北。清晨，丁德隆的主要阵地都被红军占领，靠山边那一排窑洞是敌军的指挥所，也被红军攻占。

22日中午，部队向宿营地开拔。

这一仗，除敌一个团在混乱中逃脱，七十八师主力全部被歼，丁德隆落荒而走。

结果，在左权、陈赓这些老同学面前，丁德隆自愧不如，并且，在胡宗南这个既是同学又是上司面前，也无言交代，最后被胡宗南撤了职，送入陆军大学特四期学习。为此，他自我安慰地说，"达则兼善天下，穷则独善其身，我行我素，有什么患得患失的？"

然而，带兵的人，一旦失去了兵，其价值不如敝屣一只。苦闷之余，丁德隆只好潜心佛学，常常带着卫士到山上去打坐，终于变成了一个一心皈依佛门、以禅诵为事的佛教徒。

"一生几许伤心事，不向空门何处销。"他后来著有《易经原理》一书，图解阴阳八卦，注疏易经正文，提倡儒、佛、回、道、耶五教合一，用"殊途同归"、"万法归宗"的唯心主义理论空想"世界大同"。当然，这是一种自我解脱。

结果，这一场黄埔同学之战丁德隆没捉左权去"做助手"，反而被左权打出了个佛教徒。事后，陈赓笑左权说："左权左权，你也对同学老乡太无情了。"

左权笑着说："你不也是？"

陈赓说："丁德隆家到你醴陵黄猫村不到20里，到湘乡却200多里！我和他做老乡差得远哩！"

十一、"拖刀计"失效

1938 年 2 月 19 日，彭德怀以东路军副总指挥的身份，驱车沁水、高平等地，组织东路军抵御日军对临汾的合击，稳定晋东南局势。

1937 年 8 月 25 日，中央革命军事委员会发布命令，中国工农红军正式改编为中国国民革命军第八路军（9 月 11 日改为国民革命军第十八集团军），前总指挥部改为第八路总指挥部，以朱德为总指挥（9 月 11 日改称总司令），彭德怀为副总指挥（9 月 11 日改称副总司令），叶剑英为参谋长，左权为副参谋长。下辖三个师：一一五师、一二〇师、一二九师，共 6 个旅 13 个团，总兵力 42500 人。

这时，总部 3 个警卫连设了两道防线，一个连被安置在安泽、屯留交界的三不管岭，组成第一道防线；另外两个连在府城以东的对口店、郭都岭一带控险居要地布设了第二道防线。总部管民运工作的同志全部下到府城、古县尧店等村，组织群众转移。

2 月 22 日，左权带着两个作战参谋和一个骑兵班，与朱德向第一道防线进发。由古县镇至良马寨，中间有一座历史悠久的府城，这里的老百姓把从古县至良马的大道称之为府城大道，全程 120 余里。朱德、左权由府城大道行至黑虎岭，就见远处的山岭上，一群士兵正在争吵，他们赶到近前，争吵还在继续。一边是八路军通讯排长邵有成率领的两个班，一边是国民党八十三师孟宪庚部。八路军 30 余人一字形摆开，横断去路，不让孟宪庚部向后撤退。

"本部受命撤退，你们让开！"孟宪庚部的士兵大叫大喊。

"鬼子还没到，你们就退，退出山西？退过黄河？"八路军战士一步不让。

"鬼子已占领了屯留，正向良马迂回，说到就到，你们要向前走就向前走，我们要向后撤就向后撤，你们八路军没见过老虎跳，也没听过老虎叫？日本人他娘的凶得很！"

太原失陷之后，日军大举南侵，恐日病就成了流行瘟疫。当朱德、左权出现在这些"中央军"面前时，他们大为惊异。八十三师当官的吓慌了，忙向士兵喝令"立正！"

因为朱德总司令是东路军的司令长官，又是八路军的总指挥，有权指挥山西晋东南地区的国民党中央军和地方军。于是，朱总司令命令八十三师所部就地布防。左权将这支部队安置在孔林山一线修筑工事，侧应八路军阻击府城道上的日军，他们没法，只好来了个向后转，进入山地修筑工事。

2月22日上午10时左右，日军进至三不管岭，与八路军的第一道防线接上了火。

日军的部队是一〇八师团的一〇四旅团，旅团长苫米地是日军中一位能征惯战的猛将，善用"拖刀计"，于战斗中他往往遍烧民房，假意撤退，然后回兵猛扑，大杀回马枪；或者在围城之时，大张旗鼓撤围，弃城出走，并埋伏等待，一旦守城部队出城追击，常常被他埋伏的部队聚歼，城防也因而不攻自破。为此，他得过日本大本营勋章。这次与20师团会攻临汾，他以先进临汾为目标，暗中与二十师团争胜负，驱部急进，攻势十分凶猛。他所部6000余人配备重炮、汽车、马车，装备优良，从东阳关出动，19日攻克黎城、潞城，20日攻占长治、屯留，只经两天休整，直扑府城、临汾。敌人兵力几十倍于我，火力占绝对优势。左权命两个参谋和部分警卫护送朱总司令去第二道防线指挥，自己指挥第一道防线。

第一道防线是特务团二营的部队，营长陈雪道是湖南茶陵邓陂村人，年仅23岁。茶陵与左权的家醴陵中间仅一县之隔，两人也算是老乡。

陈雪道13岁时，就参加了茶陵红色少年先锋队，在一次打土豪的战斗中，他勇敢地和保安团搏斗，夺了一支枪，然后就带着这支枪参加了中国工农红军。他从军10年，参加过艰苦卓绝的湘赣五次反"围剿"和长征，身经百战。1933年5月，他担任红三军团六师十七团二营八连连长时，率1个连固守兴国沙市镇9天9夜，消灭敌人两千多人，缴获轻重机枪30余挺，步枪1000余支，立大功一次。

1934年9月陈雪道升任二营营长，在兴国老爷岭守备战中，以一个营阻敌一个师，因友邻部队将两翼阵地丢失，他带领这个营孤军奋战12昼夜之后，配合主力反攻，歼敌千余名，生俘700余人，缴获轻重机枪20余挺，步枪600多支，全军传令嘉奖，记大功一次，奖给阴丹士林斜纹布军装一套。陈雪道10年立了6次大功，荣获两枚金质奖章。在东征中，他的两个手指被日军打掉，山西老百姓就亲昵地叫他"八个牙路"，老百姓只要张开拇指、食指作八的手势，就知道特务团二营陈营长来了。左权对这位年轻的部下是十分器重的，他相信他所指挥的部队的"铁碉堡"精神，所以将这个营摆在前沿阵地上，阻击敌人。

日军先是飞机侦察轰炸，接着是大炮远近炮击，军官和士兵们则抱着枪坐下来休息，等飞机、大炮的例行"公事"办完，他们才端起枪开始冲锋。陈雪道对这一套早就领教过了，命令战士们准备还击。

左权见每个战士身上都有 5 颗手榴弹，还有 1 把大刀，就叫战士们把手榴弹、大刀准备好。他告诉战士们，大刀、刺刀和手榴弹是冲锋中最厉害的武器，日本兵最怕八路军的手榴弹和大刀，他们一见手榴弹拖着烟尾巴飞来，常常掉头奔逃。为了鼓励"皇军"士兵不怕手榴弹攻击，当官佐的规定，凡是身上有手榴弹伤痕的，可以获得一笔负伤费，其他枪伤、炮伤都一律不给。日军也怕大刀，特别是鬼头刀。他们愿意和八路军拼刺刀，而且还讲点小义气：他们先打开枪膛，把里面的子弹退出来，还让对方看一看，再开始格斗。如若八路军战士挥舞大刀而来，他们一边抵抗，一边乱骂，有的还用手在脖子上作手势，以生硬的中国话大喊："脑袋的不割，坏了坏了！"意思是说，你们八路军为什么要用大刀来对付皇军的脑袋，良心太坏了。

战斗打响之后，战士们就以手榴弹来对付趾高气扬的敌人。左权命令总部机关干部往前线运送手榴弹。警卫排的一班长席美中、二班长郭玉林、三班长黎志友带领战士们比赛似的看谁的手榴弹摔得多，投得准。二班长郭玉林一人摔了 20 箱，胳膊都肿了。这是总部的警卫部队和机关干部第一次直接与日军交火，打得英勇顽强，就在这个三不管岭上打了 1 天 1 夜，直到劳井、郭都、府城一带群众全部转移到南北两侧，左权、陈雪道还指挥部队坚守在阵地上。

夜色已深，敌人在山脚下烧房子，远远近近升起了熊熊大火。苦米地又玩他的"拖刀计"了。愚蠢的敌人以为八路军会放弃阵地追击，上他们的圈套，左权却命令部队后撤，反其道而行之。

左权与大家走在一起，说说笑笑。

"国民党友军都说日本兵大大的厉害，今天一打，他们就这么个尿样儿？"

左权问："你们看清了日本兵的脸目没有？"

有个陕北大个子战士说："看清了，他们是小个儿，长得特别粗，像山西老乡家里的醋瓮一样！"

有的战士说："一点也没看清。"

左权问："为什么没看清呢？"

战士幽默地说："我只把他们当靶看，没有把他们当人看呀！"

左权、陈雪道将部队撤至第二道防线，朱德总司令亲自指挥着两个警卫连和陈热风率领的决死队、自卫队阻击敌人。

23日上午，日军进到府城以东的沁河边，敌军要渡沁河，八路军决死队、自卫队以猛烈射击封锁河面，敌人连续冲锋3次，未能前进一步。于是，日军指挥官运用他们惯用的钳击战术，佯攻对口店、郭都岭一带，主力绕道沿着沁河由北向南，从前后高壁滩、高壁、东庄、断头街分两路夹击府城。日军绕道迂回，沿途受到八路军和地方游击队的袭扰，敌人花了1天半时间才前进16公里。这时，不仅永乐、古县、尧店一带的群众有组织地安全转移，就是临汾、洪洞、襄汾等地的几十万群众以及阎锡山和国民党在临汾的军政机关也都基本上撤退完毕。

阎锡山以"守土抗战"相标榜，这时却经石口镇、陨县进入吕梁山区，弃"土"不顾地逃到了吉县。当朱德总司令叫邓肇祥给阎长官挂电话时，已找不到他了。总司令诙谐地说："不要找他了，那是个属兔子的。"

十二、"统帅一个士兵的元帅"

1938年，在府城大道阻击战中，一天，左权一夜未睡眠。次日清早，又接受另一处指挥新军的任务。他马上带着一个骑兵班奔跑着前去战场。

当他们从山路拐到了大路上来时，在路口上，他看到一个老百姓，就下马问他有关府城的敌情。正说着，路口上有300多日军的骑兵奔驰而来，他们一见八路军，就放起枪来，左权身边的骑兵猝不及防，一下惊散了，左权的马也被吓跑了。两个警卫员连忙去捉马，他身边只剩下1骑1枪。日本兵见八路军人少，扬鞭奋蹄地掩杀过来。

左权和这个骑兵迅速地往山上撤，他喊了声"冲！"这个骑兵猫着腰，飞快地跃进到坳口上，伏下身子便向敌人开火。左权也拔出德造左轮手枪射击。

这个骑兵很沉着，完全是红军西征时打"三马"骑兵的那套战术。枪一响，不是人仰，就是马翻。

左权的枪法也是很准的。1935年3月14日，红军前敌司令部在遵义的鸭溪王家屋基村召开高级干部会，由毛泽东、朱德主持，研究部署三渡赤水。树林子里有好多乌鸦哇哇叫唤，干扰会场。这时左权掏出手枪，枪声一响，一只乌鸦头破落地。毛泽东不由得称赞说："左权是个神枪手！"

今天，他指挥着仅有的1个士兵，两人把日本兵也当作"哇哇"直叫的乌鸦来打。他知道日本人有服从权威者的传统习性，两人专打官佐，造成敌军的混乱与惊慌，在敌人的慌乱中分散他们的火力。

这时，骑兵班已集合好队伍，一个参谋带的警卫排也赶到了阵地上。训练有素的左权有很强的地形判断力，对任何地形都能迅速形成正确的几何观念，他依着山势开放的一面，指挥这50多支大枪立即布成一个"人"字形阵势，组成交叉火力。

这里山势险峻，只有一条小路可通山上。敌人的骑兵虽多却展不开阵势，几乎是单线进攻，大多数人马挤在沟口上，成了步枪标尺上的死靶子。左权提着枪，在山头上来回走动，观察敌军的进攻。打了1个多小时，日军进攻的骑兵在且战且退，左权心中疑惑，举起望远镜一看，发现日军在东侧小北沟上架起了山炮，随即大喊一声："撤！"

部队撤出战斗，左权问那个英勇的骑兵："为什么你刚才能跑得那么快？"

这个骑兵告诉他，1933年他曾在红四方面军三十军八十九师二六七团扛团旗。扛旗的就是要跑得快。每次行军、打仗、冲锋都要以团旗作先导，日子久了，这两条腿一开动就像蹬了风火轮，左权称赞他说："难怪你跑得快，还是个呱呱叫的红军老战士！"

这一次惊险的一仗，被陈赓知道了，他戏谑左权说："全世界都没有像你这样只统帅一个士兵的元帅！"

十三、"游"住了就狠狠地"击"

1938年4月4日，日军以8个步兵联队配以骑兵、炮兵、工兵、辎重兵各一二个联队，总兵力为3万余人，分九路向山峦起伏的晋东南地区之辽县、榆社、武乡、襄垣大举进攻了。这是日军对抗日根据地腹地第一次"分进合击"。

4月11日，八路军总部驻扎武乡马牧村，柏崎延二郎的一一七联队盲人瞎马似的乱撞，却闯到了马牧村附近。不用望远镜，都可以清清楚楚地看见敌人在山下走来走去。这时，在总部的身边，只有一个警卫排，要是他们闯上门来，那是件麻烦事，卫立煌的一个高参吓得丧失了理智，立即就要跑。但是，左权并不惊慌，立即布置总部机关轻装，一旦敌人进攻，就马上转移。然后他向朱德、彭德怀提出："必须把柏崎引开，才能解除总部之危。我去调总部特务团打沁州以调动柏崎回窜。"

左权的建议得到朱德、彭德怀的同意。于是，他趁敌人于薄暮休兵的机会，隐身冲出包围圈，直奔沁源。

这时，特务团正在徐海东指挥下和六八七团、六八八团、决死一纵队一起围攻沁源县城。左权告诉徐海东，他将特务团调去解总部之围。徐海东马上同意。左权亲率陈雪道的二营，特务员王国根率一营，直扑沁州。

参谋长左权

八路军退出沁州县城时，搬走了用具，埋藏了粮食，连城墙都给拆了。老百姓全跟着部队转移到了山上，日军走进了一座死城，吃不上饭，喝不上水，皇军简直过着下地狱的日子。在侵华之初，他们认为在老百姓眼里，大日本皇军的勇武是可怕的；现在，在皇军眼里，中国老百姓才真正是可怕的。他们不敢住在县城里，扎营在离县城七八里的娘娘沟。

左权指挥部队摸上去，就是一顿猛打。日军竟不像往日那样死顶，且战且退；武乡的柏崎也不按惯例出援，却北进榆社。左权、王国根也不追赶，率部队向马牧村进发。

走到马牧时，朱德、彭德怀及总部都已转移。王国根问左权："参谋长，总司令在那里？"

左权冷静地分析了一会：武乡驻的是日军第一〇八师团主力，沁州只有一小股，特务团攻沁州，柏崎不出援，朱总很可能带总部转移到了日军兵力薄弱的沁州一带。于是，他对王国根说："我带二营北进义门，盯住柏崎联队，你带一营立即出发到沁州一带去，把总司令找回来！"

王国根带领一营，在沁州附近的北石后的老战壕里找到了朱德总司令、彭副总司令，他们身边只有一个警卫班，战士们在战壕的上面盖着门板，门板上铺着土，堆着草，他们就在这门板底下的老战壕里指挥整个晋东南的反围攻战斗。

当朱总司令和彭副总司令在王国根一营护送下回到武乡义门村时，左权十分高兴，问道："副总司令'游'到哪里去了？"

朱德笑眯眯地说："由武乡'游'到沁州，沁州'游'到武乡，'东游西游'，现在可真的把敌人'游'住了，'游'住了就狠狠地'击'！"

彭德怀握着拳头，在自己的手板心里擂了一拳，说："敌人打我们1拳，我们还他3拳！"

左权当即起草命令，调隐蔽在武乡石门村待令的七七二团和六八九团。

七七二团、六八九团接到总部命令之后，于4月15日晨，到达义门村附近的东西胡家垴、东西黄岩村集结，准备趁柏崎及所部困顿疲惫之际，配合七七一团、七六九团在武乡的段村、东村将其歼灭。

在八路军形成包围圈的前两小时，狡猾的柏崎放弃武乡县城，向长乐大道行进。左权分析，敌人这次突然向东撤退，既不是战略转移，也不是战败溃逃，而是因为广大民众实行空室清野，使他们陷入了饥饿、不安、恐慌的困境。左权当即命令围歼部队立即沿浊漳河两岸实施平行追击。

结果，这一仗八路军共歼日军第一〇八师团2200多人，缴获步马枪千余支，轻机枪两挺以及大批弹药、军用品。

十四、一黑一白斥顽

1938年年底，侵华日军中夺武汉，南取广州，北围五台，从军事上为自己也为国民党开辟反共道路。

一天，在山西武乡县下合村，朱德和左权接待了被称作"摩擦专家"的朱怀冰。

朱怀冰自兼任冀察战区政治部主任及河北省民政厅厅长之后，在他的九十七军中开训练班，上摩擦课，"限共"、"溶共"、"反共"之声甚嚣尘上。朱怀冰当上民政厅长的第三天，他就率部由高平、陵川、辉县向北挺进，直逼八路军太行山根据地。阎锡山发动"十二月政变"后，朱怀冰与他遥相呼应，将两个先头团开往邢台、内邱以西，企图抑制邢、沙、永、曲、肥地区。朱怀冰想依据太行山向八路军"收复失地"，将主力在武涉公路以南、漳河以北层层筑堡挖沟，抢占八路军要点，断绝八路军后方交通补给线，围攻北贾壁，大湾村的先遣支队第一大队及青年纵队二团，伤亡我指挥员百余人。我被迫撤出上述地区，他叫嚣"创造根据地，驱逐八路军"。一二九师师长刘伯承曾找朱怀冰谈判，他竟说："八路军长胖了，不要再搞扩大了。"

刘伯承严正地警告他："八路军壮大，这是由于打日寇、缴获了日本装备武装起来的。我们以大局为重，一让再让，已经是退避三舍了，现在也实在无地可退了。你们总得让我们抗日有地吧？我们一个师抵抗了10万日军，10几万伪军，并非怕你，不过为了团结，不忍自相残杀，要是逼人太甚，我们是有人民做后盾的！"

朱怀冰想靠吃摩擦饭使自己"胖"起来，对于八路军的警告置若罔闻。今天他竟"磨"到八路军总部来"收复失地"了。

朱德以第二战区副司令长官身份，委婉地规劝他说："中华民族，黄帝子孙面临敌国外患，应举国精诚团结，不能同室操戈，箕豆相煎。如果寻衅摩擦，敌攻于外，而自毁于内，致使国亡家破，那将是民族的罪人！"

朱怀冰因为有蒋介石的命令作后盾，竟以威胁的口吻说："委座在1月份就下令你们八路军撤至白晋路以东、邯长路以北，你们时至今日，为什么拒不执行？"

左权平时性格温和，在许多怒不可遏的场合，他却常常表现出相当程度的克制。今天，面对这位"摩擦专家"，他出马了。因为朱德总司令兼有二战区副司令长官身份，不好唱"红脸"，他则是代表着处于日、伪、顽交攻的八路军，他见朱怀冰背着蒋委员长的牌子来威慑八路军，正气凛然地说："八路军哪里拒绝过接受委座的命令？自抗战以来，八路军奉蒋委员长之命分布到整个华北敌后，抗敌所及，东到渤海，西临黄河，北至于沙漠，南至黄河陇海路，八路军仅占全国抗战军队的8％，而却与日军在华40个师团中的17个师团作战，占侵华日军的2/5以上，无日不处在国防的最前线，收复沦陷区，建立根据地，屏障中原，保卫西北，哪一项没有执行委座的命令？"

朱怀冰说："委座给了你们军饷，你们就得去抗日呀。"

左权回斥道："可是当局对八路军呢？无时不念着紧箍咒。八路军是国民革命军之一部分，全军29万人，月饷不过60万元，平均每人只有2.72元，而币值跌落，实际每人所得仅0.67元，全国哪里能寻得出待遇如此菲薄的军队？八路军忍辱负重，在前方出生入死，于晋绥、察热、河北、山东，创建了一块块抗日根据地，活动区域达华北 221 万余平方公里面积中的 4/5，这是浸润着八路军将士鲜血的土地！那些贪生怕死的败军之将、丧地之官，宣称抗战，实际上是长期'埋伏'，以图自存，他们才是真正的抗拒委座的军令。"

朱怀冰凭藉的委座这把尚方宝剑，在八路军将领面前变成了钝刀子。他只好嗫嚅着说："八路军肩宽力大，挤得开，有地盘，你们让出河北一部分给友军……"

左权一步不让地说："华北、华中现有的是地盘，日军在察南、晋北、巴盟、察盟，在河北、山东、山西，在苏北 16 个县，豫北 43 县的陇海地区就占有 130 多万平方公里的土地。你们可以到沦陷区去收复失地。如果躲在八路军的后方，今天消灭这，明天消灭那，搞这种自杀政策而又伸手向八路军'收复失地'的，坚决不给寸土尺地！谁要动武，我们的彭副总司令有言在先：他先放第一枪，我们立即放第二枪！"

这时，朱德总司令也义正词严地向朱怀冰指出："我们要求坚持抗战，反对投降；坚持团结，反对分裂；坚持进步，反对倒退。只有枪口一致对外，才能把日本帝国主义赶过鸭绿江去。搞摩擦，只能使亲者痛，仇者快。"

左权警告朱怀冰说："朱厅长深明大义，应向着'留芳百世'的民族英雄的路上走去，当然不会效法你的前任。"

朱怀冰被说得啼笑皆非。他的前任是谁呢？就是那个被委座"撤职查办"的张荫梧。

张荫梧原是河北省民军总指挥，做过河北警备司令，在河北省政府还出任过省民政厅厅长，是个反共顽固派的上层骨干分子。他率部进攻安国、博野时，八路军冀中二分区政委宋振桓、县委书记何昆山等 4 同志被他杀害。在包围八路军驻中马峪之赞皇工作团时，捕杀工作队员 10 多人，又以 3000 多人向八路军驻赞皇工作团及独立支队第 2 大队发动进攻，对抗日群众团体负责人、村长、农会主任、八路军军人家属肆意毒打，勒索钱财，每个抗日工作人员或八路军家属被罚款 50 元至 500 元不等。八路军一二九师对这个内搞摩擦、外通日军的顽固派，于赞皇、元氏地区进行反击围歼，俘虏所部 5000 余人，缴枪 1200 余支。

张荫梧率残部两千余人逃到赵县以北一带，又被八路军东进纵队第八支队等部包围，残部全部就歼，张荫梧落荒而逃。程潜致电八路军总部，命令将冀南七县划给张荫梧作防区。八路军总部严词拒绝，并将张荫梧属下韩祖光暗通日军、"皇协军"的密信予以披露，要求蒋介石将其撤职查办。张荫梧通敌有据，与八路军作战又损兵折将，蒋介石不得已于 1939 年 11 月 24 日着张荫梧撤职查办，而由朱怀冰继任河北省民政厅厅长。

朱怀冰对这个像条小马枪似的矮个子八路军副参谋长的雄才大略早有所闻，今天总算领教一番了！他抱拳拱手地说："承蒙教爱，承蒙教爱！"

朱怀冰扬鞭奋蹄而来，却是敛旗息鼓而去，他兜了一肚子火。

结果，欢送朱怀冰走出八路军驻地下台村的不是鞭炮，而是比鞭炮更有火药气味的儿歌：

"朱怀冰，坏小子，不栽果树摘果子，结果碰成个扁鼻子。"

十五、朱彭左，相互关照如一人

在八路军总司令部里，左权是朱彭正副总司令统帅军队、指挥作战的得力助手，辅佐朱德、彭德怀胜利地组织过无数次重大的战役行动。中共中央、中央军委和当时的国民政府在给八路军总部的电报中，常常把朱德、彭德怀、左权的名字联在一起，称之为"朱彭左"；八路军总部对所属部队发出的命令、指示、通报，其后面也往往由"朱彭左"联名签署。"朱彭左"便成了八路军总部的代称，似乎就是一个人。

"朱彭左"3个人，就像3只最合套的齿轮，把华北反侵略战争这架复杂的机器运转得十分灵活。他们分享过胜利的欢乐，也经历过失利的烦恼。对于不应该打败仗的指挥员，或者打不应该打的仗，彭总发火，朱总调解，左权在旁不作声，思考补救的办法。

彭总："你的战术哪去了？"

朱总："不管怎样，他总带了些人回来。要是我，说不定还带不了这么多。"

左权："……"

一次，日军井关仞中将率领他的第三十六师团第二二二、二二三、二二四三个步兵联队，配以炮工等部队，计13900余官兵，分头由辽县、沁县、襄垣、潞城出发，向桐峪镇、洪水镇两地合击八路军总部和一二九师师部指挥机关。但因八路军总部巧妙地转出了敌人的合击圈，敌人老是扑空。这时，从武安西进的一一〇师团与三十六师团协力，在涉县黄泽关、黎城以北和桐峪镇东南的山岳地带，狗戴沙锅瞎碰撞地寻歼八路军总部和一二九师师部。彭总、左权率总部由武军寺出发，企图穿过 36 师团布下的封锁线，由沁县、襄垣之间向太岳地区转移。行军途中，总部内卫六连连长唐万成发现一队日本兵，敌兵人数不多，自己又占据有利地形，立即拉了两个排突然向敌人开火，把敌人打得溃退了，还抓了几名俘虏。日军友邻部队听到枪声，大批赶来增援，结果敌军隔断了八路军总部的转移队伍，司令部过去了，政治部却被堵在后面。

彭总对唐万成打这种不该打的仗十分恼火，狠狠地"咒"了 4 个小时："唐万成，谁叫你打的?! 你愿打狗就打狗，就不管狗来咬别人?!"

"你打了敌人我不稀罕，你愿打仗到前线去，叫你一年打他个 365 天。打仗的神经鬼! ……"彭总浑身火器都用上了，把唐万成给打"蔫"了。

左权在场一句话也没说。等总部驻扎下来之后，左权找唐万成做工作。左权对唐万成说："在关家垴战斗中，彭总称赞你们打得好，说'这才像个样子!'这次为什么批评你是'打仗的神经鬼'? 不都是勇敢吗?"

左权很耐心地对唐万成说："战斗总是离不开危险的，而消除危险的最可贵的精神，就是勇敢。但是勇敢要表现在最适当的时候，每一次战斗，不论规模大小，都有从属于整体的特殊目的，勇敢是达到解决战斗的手段。勇敢而不顾及主客观条件，也不顾自己的任务，遇到敌人就是一拼一冲，一味蛮干，这就是莽撞。这往往会造成战斗计划的破坏，达不到预定的战斗目的。"

最后，左权说："彭总虽然浑身火器，但不伤人。他自己也不止一次地对别人说过：'我这个人爱批评人，是高山倒马桶，臭气远扬。'他批评别人是出于爱护之心，与那些存心整人的人，心肠大不一样。"

"蔫"了的唐万成，被克了一顿心里很是窝火，被左权一说，却什么包袱都放下了。

军队需要严厉的将帅，将帅需要缜密的助手。左权就是这样最优秀的助手。

"朱彭左"中，左权最年轻，他比朱德小 19 岁，比彭德怀小 7 岁。

左权，这位文雅、热情、严谨、坚定、年轻而又成熟的副参谋长，是一位具有儒将风度的猛将。在朱德、彭德怀面前，他却忠于职守，勤勉谦躬，对朱彭正副总司令发布的命令、指示，身体力行；对战斗战役的组织、部队的管理教育、军队的一切建设，从不擅自做主，总要征得朱德、彭德怀的同意，然后切磋运筹，精确计算，准确判断，正确调配，无不精细周到，使朱彭正副总司令的战略意图、战役计划，具体地贯彻落实到各个部队、各个方面去。

左权平时都要尊称朱彭为"总司令"或"副总司令"。在他的眼里，朱德是卓越的无产阶级军事家。他历了辛亥革命、云南起义、北伐战争、南昌起义、土地革命、抗日战争，德高望重。他为人谦虚、和善、慈祥，又是个感情丰富、天性善良、宽宏大量的人。彭德怀副总司令既善于将兵，又善于将将，统兵作战，攻无不克、战无不胜，是一位德威并重、勇谋兼备的杰出的猛将。他们都属共产党人中最有个性、最吸引人的人物。

对于这样两位威震敌胆的抗日民族英雄，左权竭尽全力，分担他们肩负的重任。他从指挥军事，发电报、打电话，布置通讯、侦察到安置伤员，筹划粮草，制造枪弹，准备运输以及写作战报，总结经验，宣传典型，接待来访，事无巨细，把一切劳累都揽在自己肩上，使朱彭正副总司令从繁忙的军务工作中解脱出来，有时间、有精力考虑大的军政方略。

在朱彭正副总司令的眼里，左权是一位在军事理论、军事建设、参谋工作、后勤工作诸方面极有建树的优秀将领。他性格沉静，集中了自己的全副精力工作，即使在日夜不断的战斗与行动中，在几天几夜不合眼的疲劳中，从来没有表现过倦怠、疏忽、放任与暴躁。从未有过一句怨言，从未要求过一天休息。对于这样一位不可多得的军事人才，朱彭正副总司令总是倍加尊重和爱护。每当忙得"马踩车"的时候，朱德就对彭德怀说："你和左权抓好作战指挥，接待工作由我来做。"

过去总部开会，彭德怀、左权和政治部的傅钟、陆定一总是到朱总司令的住处开会，照顾他年纪大，尽量让他少走路。可是朱德看到他们都很忙，便主动地到彭德怀或左权的住处开会，有时跑几里路到政治部驻地开会，为他们节约时间。彭德怀和左权为了使朱总司令有更多的时间考虑大政方针，每次研究作战部署之前，先设计出初步作战方案，再找朱总司令具体研究。

"朱彭左"在信赖、体贴、谅解中，建立了生死与共的革命友谊。

十六、球迷

左权和朱德总司令都是球场上的球迷。

还在红军长征时，几乎每天都要行军打仗，但一有休息机会，他们就组织部队打篮球。

抗战爆发之后，朱德从延安出发时就将一个篮球、两只铁圈给牲口驮着，驮进了太行山。不管战争多么紧张，不管生活多么艰苦，这只篮球带来的是笑声和欢乐。

一旦遇上正式比赛，比如司令部对政治部，或者司令部对后勤部，朱德和左权都是主力队员。这时，除了总部工作人员外，驻地的老乡也早早地搬了凳子赶来，坐在场子外边看热闹。比赛开始时，还要举行仪式，双方队员齐唱《义勇军进行曲》。两队队员为了表示区别，一队戴帽子，一队光头。总司令在场上数年龄最大的老兵了，他不跑过中线，但投篮命中率很高。对方的队员怕碰着他，不敢抢球，球一到总司令手里，他就稳稳当当地"瞄准"篮圈，一投准中。一遇这种场面，总司令不满意地对对方球员说："为啥子不抢球呢？打仗我是总司令，打球我是运动员呀！你们不争球，让我一个个投进去，甘心情愿吃败仗？"

双方打到难分难解之时，各部首长、各部门中的"高参"，老乡堆里的"能人"，在场子外边谋划的谋划，督战的督战，真是"河里划船，急死岸上人"。彭德怀是不打球的，他也不加入司令部球队的"球籍"，他常常替弱者在一边鼓劲、打气。司令部球队如果总司令在场上，左权就担任场外指导，总司令常常兴犹未尽就被左权撤换下来，笑眯眯地和警卫战士们席地而坐，抹下帽子就擦汗，一边休息一边观战。

左权也是球场上的健将，他上球场就像上演武场一样，穿戴得整整齐齐，表现出端庄严肃的军人气概。战士们一见他来了，便不由得互相告诫："参谋长来了，注意风纪！"

左权参加"击溃战"常常打中锋，他虽然个子不高，但弹跳力好，打中锋又善于组织攻守进退，一旦队员的位置乱了套，几个球就把大家调拨到适当位置上。他的队员一个个年轻力壮，常常采取5守5攻的战略，打得对方攻不上，防不严，疲于奔波。左权总爱和朱总司令一队为对手，这时，彭德怀也站在场子外边"坐山观虎斗"。

为了鼓动战士们去和朱总司令抢球，左权在正面伴动，阻止总司令上篮，示意其他队员迂回到总司令背后，出其不意地取总司令的"帽子"。球一到手，然后快速传递，左右穿插，打得迅速灵活，一来两去就到了篮底下———

"好球！"场上爆发出一阵阵欢呼。

彭总很为朱总一队着急，他光着头，弯着腰，帽子抓在手里。朱总所在队每输一个球，他就气得抓了帽子，拍蚊子似的狠劲地往自己的膝头上拍："又输了一个！""嗨！又输了一个！"

每当朱总从场上败下阵来，彭总就不客气地说："你们这一队，老的老，少的少！"有的战士怕下场再吃败仗，不想跟总司令打一队，总司令也不发愁，笑眯眯地说："我好好打！"

要是朱总司令一队打赢了，彭总就高兴地说："不愧是个老少年！"

朱、左的球打得那么认真，彭总看球也看得那么认真，他们不是为了球场上的争强好胜，他们已经养成了这样一种习惯：对任何一件小事，都抱认真的态度，表现出一种顽强的斗争精神和不屈不挠的毅力，这正是军事家们所具备的条件和素质。

十七、烟鬼

在八路军总部，彭总和左权都是湖南人，醴陵和湘潭相距不太远，生活习惯差不多。然而，两人在个性上却有些不同。

彭总不喜欢抽烟，也不爱喝酒，就喜欢饭后喝茶。泡上一杯浓茶，慢慢地品味，品到后来，连茶叶都要"品"光，完全是湘潭人喝茶的习惯，沉在杯底的茶叶，都要用手指头抠出来，嚼得津津有味。

左权不喜欢喝茶却喜欢抽烟，一支接一支，可以不熄火地打"连发"。每天十分劳累，全凭它提神解乏。上前线去时，一隐蔽好就抽烟。在司令部里，在五万分之一的地图前，只要看看地下的烟头，就可以知道左权所工作的时间和所耗费的精力。由于烟抽得多，他每月5元钱津贴，常常不足买烟的钱。

一天，警卫员景伯承见左权的袜子实在不能穿了，脚后跟也补了三四层，再补已挂不牢线了，景伯承提出用津贴费买两双袜子。

左权说："吃烟呢？"

买了袜子便不能买纸烟，经常熬夜工作，纸烟似乎比袜子更需要。因此他说："暂时补一补，对付到下个月再说。"

实在断了"粮"，他就到警卫战士们当中去抽叶子烟。这种烟是战士们自己种的，老辣得很，抽起来很呛人。警卫员们还唱一曲老百姓流行的《大烟袋》给左权听："上一次鬼子来扫荡，狗日们真厉害，抢走了哥哥的两双鞋，还有我的大烟袋，大烟袋呀，咿呀呼咳，烟袋！"

左权说："你们都吃纸烟。"

警卫战士说："不，我们吃的是卷烟。"

左权说："你们吃的纸比烟多，怎么不叫吃纸烟？"

战士们一看，手上的烟卷确实包纸太多，看看左权卷的烟，纸少、烟多、瘦长条，吸起来也没那么呛人。战士们不好意思地笑着说："咱们都是老烟杆了，抽起来还是个二百五呢！"

在战斗中，有时缴获了战利品，左权发现了茶叶就分一点给彭总，而彭总有烟也不忘支援"烟鬼"左权。

一次，友人送给彭总一条苏联烟，彭总用纸在外面加了"掩护"，准备送给左权。然而，却不知被总部哪个工作人员"侦察"到了，他扒开"伪装"，摸了几支走了。彭总发现之后赶快给左权送了去，指着那包抽空了的烟盒子说："再不送来，打头抽税，就只有形式没有内容了！"

左权收到这样的"好烟"却不忘"烟友"们，让总部的工作人员们开"洋荤"，抽烟的都来一支，不抽烟的也横一支在鼻洞眼上闻一闻。

彭总生气地对左权说："我知道你是杆烟枪，才给你输送子弹。我这个运输队长算白当了！"

左权笑着说："不怕。即使'粮尽弹绝'，警卫员那里还有'土造'。"

在前方作战的指挥员，凡到总部来开会，只要从日本人那里缴获了香烟，总要带些来送给左权，分享"战利品"。左权的"烟鬼"外号，后来连毛泽东都知道了，两人惺惺相惜，毛泽东说："我和左权除信仰马克思主义外，还有一个共同点，还信仰烟草主义。"

十八、吹牛吹出马来了

一次，周恩来从重庆八路军办事处给朱德总司令捎来一些四川榨菜和豆瓣酱，总司令一直舍不得吃，锁在文件箱里，每次行军都带着。

一天，他把榨菜和豆瓣酱拿出来，交代警卫员说："明天邓政委和刘师长要来，把榨菜泡上，请他们吃。"

第二天，警卫员们一边做饭洗菜，一边高高兴兴地吹牛皮。

有的说："我在北平大饭馆里当过炒菜师傅，这榨菜我来炒。"

有的说："我在上海西餐馆里干过，专炒榨菜。"

左权的警卫员景伯承吹得更玄了，他说："你们见过炒大菜没有？那才真叫本事，菜放在瓢里，要把菜撩到半空中，翻个身，再用瓢接住，炒出来色香味都有。"

大伙不相信，说他吹牛。他就挽起袖子，进行现场表演。他使劲不小，菜是撩到了半空里，不料瓢一歪，没接住，榨菜全掉在火里，"扑"地一下就烧着了。这下大家都慌了神，你看看我，我看看你，谁也做声不得。

这时，开饭好久了，朱总司令还不见将榨菜送上桌来，就招唤警卫员："那榨菜怎么还不端上来呢？"

结果，景伯承很难过地走进去，对朱彭左和刘邓首长说："因为不小心，榨菜掉在火里了。"

朱总司令见他很难过，笑着说："以后做事要稳重些。"

这件事，到底被左权"侦察"出来了。第二天早晨，他告诉朱彭正副总司令，并且说："这些小鬼们，吹牛吹出马来了！"

然后，他绘声绘色地把昨日"火烧榨菜"一事说了出来，大家不由得哈哈大笑。

十九、总司令做媒，34 岁结婚

在长期的战争生涯中，左权不知道昼夜地工作，也没意识到生命的流逝，直到 34 岁了还尚无家室。

1939 年 2 月，刘锡伍、荣高棠等率领的中共中央巡视团 20 多人来到晋东南巡视工作。他们曾在屯留县寺底村逗留，这里离八路军总部驻地北村只有 10 来里路。朱总司令早就存心要做左权的"月老"，很注意巡视团中的刘志兰。

巡视团在北村期间，朱德亲自找刘志兰谈话，为左权做媒。刘志兰在寺底村听过左权的报告，她很爱慕这位威镇华北的副参谋长，有总司令做大媒，左权的婚事没费周折就这么定下了。

1939 年 4 月 16 日，左权和刘志兰在山西屯留县北村举行了婚礼。除彭德怀在冀南未归之外，总部的朱德、杨尚昆、傅钟、陆定一、杨立三、刘筱圃、林云海等都参加了左权简朴的婚礼。

结婚之后，左权依旧像过去一样地忙，有时连吃饭的工夫都没有。

结婚之后的第四天，刘志兰随着中央巡视团到山西的沁水、阳城、晋城等地巡视。

1939年12月，八路军总部举行了朱德总司令54岁寿诞庆祝大会。左权和刘志兰怀着崇敬的心情，合作写了一首《献给我们的朱总司令》的祝寿诗，诗中写道：

> 总司令，
> 你生于半殖民地半封建的社会里，
> 几十年来你为摧毁它而不倦的奋斗着，
> 在你的后面有千千万万的人群，
> 跟随着你开辟的道路迈进，
> 你是中华民族中国人民解放的旗帜！
> ……

1940年4月中旬，朱总司令从武乡王家峪动身前往晋城与卫立煌谈判解决"摩擦"问题。这时，左权尚在太南的平顺、壶关一带指挥八路军第二纵队反击顽固派的进攻。临行前，朱德、康克清将一块五六尺长的红布送给刘志兰，作为即将出生的儿女的礼物，并且祝福说："祝你未生的子女长寿。"

刘志兰接了这块红布，非常感动。这面红布是祝朱总司令54岁寿辰的时候，总部机关干部和警卫战士们集体送的寿幛。

5月27日，在武乡县土河坪卫生部的医院里，左权的女儿左太北出世了。刘志兰用朱总司令送的红布，给女儿做了襁褓。

左权在繁忙的工作之余，常常能分享到家庭的幸福和快乐。但他不愿自己的爱人仅仅做一个柔顺的妻子，从不阻止她远去工作的热情。1940年8月30日，志兰离开太行山区去延安中央研究院学习，左权抱着自己的爱女太北送行。这次竟是最后的离别！

左权对妻女饱含深情，1942年5月22日夜晚，在敌人大军压境下，想起了远在延安的贤妻爱女，似乎有很多话要对她们说，便拂纸振笔给刘志兰写信：

> 志兰：
> 就江明同志回延安之便，再带给你几个字。
> 乔迁同志那批过路人，在几天前已安全通过敌之封锁线，很快可

以到达延安，想不久你可看到我的信。

希特勒"春季攻势"作战已爆发，这将影响日寇行动及我国国内局势，国内局势将如何变迁，不久或可明朗化了。

我担心着你及北北，你入学后望能好好的恢复身体，有暇时多去看看太北，小孩子极需人照顾的。

此间一切正常，惟生活则较前艰难多了。部队如不生产，则简直不能维持。我也种了四五十棵洋姜，还有20棵西红柿，长得还不错。

想来太北长得更高了，懂得很多事了。她在保育院情形如何，你是否能经常去看她，来信时希多报导太北的一切。在闲游与独坐中，有时总仿佛有你及太北与我在一块玩着、谈着。特别是北北非常调皮，一时在地下，一时爬到妈妈怀里。又由妈妈怀里转到爸爸怀里来闹个不休，真是快乐。可惜3个人分在3起，假如在一块的话，真痛快极了。

重复说，我虽如此爱太北，但如时局有变，你可大胆的按情处理太北的问题，不必顾及我一切，以不再多给你受累、不再多妨碍你的学习及妨碍必要时之行动为原则。

志兰，亲爱的，别时容易见时难，分离21个月了，何日相聚，念念、念念。愿在党的整顿三风下各自努力求进步吧！以进步来安慰自己，以进步来酬报别后衷情。

不多谈了，祝你

好！

叔仁5月22日晚

有便多写信给我。敌人又自本区开始扫荡，明日准备搬家了。

然而，当刘志兰收到这封信时，左权却已经壮烈牺牲了。

二十、为战士夫妻同居让铺

左权平时虽然不苟言笑，但和他一道战斗和生活过的人，都感到他平易近人，和蔼可亲，关心同志胜过关心自己。

有一次，警卫连三排战士李有为的妻子来部队探亲，班里的战士为腾不出房子而犯愁，到哪里去找一间房子让他们小俩口住宿呢？自从八路军总部搬来麻田之后，别说村舍住不下，就是草房、古庙都挤满了部队。为了每间房里多住一些人，大家都一律住通铺，睡觉时，一个头朝里，一个头朝外，挤得像煮饺子一样，一睡下就翻不了身。半夜下炕解手，上来就没有空位了，只好躺在两个人之间，侧着身子慢慢往下挤，挤出一点儿容身的地盘来。

左权知道情由后，对三排的战士们说："这事很好办，李有为同志跟我住。"

随后，左权把李有为两口子领到自己的宿舍，指着床铺微笑着说："你两口子就在这里休息。"

李有为怕影响参谋长的工作，转身要走，左权拦住他们说："我们指挥打仗，哪一天不在野外，办公也不一定都在房子里。"

说着，他就到作战科的值班室去了。

夜阑人静，战士们都睡香了。左权来到三排的宿舍，轻轻地摸到李有为原来的铺位边侧着身子躺了下去，和警卫战士们一块儿"挤饺子"。

二十一、壮烈殉国时才 37 岁

1942 年 5 月，经过周密准备，华北方面军司令官冈村宁次坐镇保定、第一军司令官岩松义雄准备由太原坐镇潞安，指挥独立混成第三、第四旅团和协同作战的一一〇师团的独立混成第一、第八旅团从东、北面，第三十六师团从西、南面对八路军构成合击圈。5 月 19 日，八路军主力部队大都已转出外线，只有中共中央北方局和八路军总司令部、野战政治部、供给部、卫生部、军械部、军工部以及新华日报社和北方局党校还在敌人的合击圈内。

这时，整个后方机关的兵力很少，除了司令部唐万成的警卫连和野战政治部的保卫连、后勤部的警卫队、北方局的警卫排、一个警卫首长的警卫班，其余都是非武装人员。然而，日军却有 3 万人马，披坚执锐而来，大有太行山压顶之势。彭德怀、左权、野战政治部主任罗瑞卿、供给部长杨立三、北方局党校副校长杨秀峰等各部首长连日开会，研究对策，决定在敌人分路合击时，乘隙钻出合击圈，然后在日军扑空撤退时，伺机集中兵力歼其一路至几路。左权将总部决定和转移路线与一二九师师部进行了周密的协调。

5月23日，总部各部门奉命出发了。

24日黎明，唐万成的警卫连两百多名战士扼守着虎头山、前阳坡、军寨的险要山头，他们像3只铁拳，拱卫着总部转移的道路。日军从桐峪、上清泉、下清泉分两路沿着清漳河，向麻田镇扑来。唐万成警卫连的战士们两百多人抵御着两千多敌兵的进攻。

5月25日上午10时，八路军总部和北方局、党校、新华社的大队人马，集结在南艾铺、高家坡一线的山沟里，四面都响起了激烈的枪声，日军采取"张网捕鱼"、"纵横合击"的战术构成包围圈，并统一控制包围部队的前进速度，以防止八路军乘隙突围。各路分散部署的敌军指挥官为协同策应，都掌握着相当数量的机动部队，进行突然急袭。光冈明指挥的第二十九独立飞行队的红头飞机，侦察、搜索、投弹、扫射，围着总部转移的高山深沟轮番俯冲。日军已对窑门口、南艾铺、十字岭、挖拉铺东峪一线摆下了"铁环合围"阵。

五六架红头飞机在总部机关部队隐藏的山沟里投弹、扫射，供给部门的上千匹骡马惊跳起来，有的负伤倒下了，有的吼叫，有的挣断缰绳在沟坡上乱窜，没有战斗经验的饲养员也不顾暴露目标，漫山遍野追骡赶马。熙攘无序的队伍被骡马辎重堵在山沟里，彭总生气地冲到左权身边说："怎么搞的！"

左权默不作声地跳上黑骡，把混乱了的队伍迅速集合起来，加快了行军的速度。

其实，左权在5月19日就指示后勤部门将能坚壁的物资坚壁，规定了他们转移的路线。但后勤部门对军情的严重情况估计不足，以为才经过2月反"扫荡"，按照以往的经验，即使敌人再次"扫荡"也不会来得这么快，心存太平观念。左权要他们提前转移的被服厂、鞋袜厂、制革厂、肥皂厂、纺织厂等也没有按时转移，加之携带物资过多，没有战斗经验的工人行动又不敏捷，上千匹骡马挤在大路上，一夜才走20多里，影响了整个行动计划，所以才出现今天有几千人挤在一起的被动状况，让敌人也发现了合围目标。

左权从敌机反复投弹、扫射中判断，敌人合围的决心已不同寻常。这时，在千米之外响起了激烈的枪声，左权从枪炮声中判断：日军正在作向心攻击，这是他们具有极大的兵力优势的征兆。炮弹在周围爆炸，烟柱、黄尘冲天而起。

在离高家坡不远的一块洼地里，彭德怀、左权、罗瑞卿、杨立三、王政柱和北方局的领导在开会。在左权的提议下，很快就确定了分路突围的行动方针：左权率司令部和北方局机关人员为一纵队，沿清漳河以东，由南向北突围；罗瑞卿率野战政治部直属队和党校、新华日报社为二纵队，政卫连掩护，向东面方向突进；后勤部门为第三纵队，由杨立三率领向东北角突围。左权布置了三路突围的任务后，他将一科、二科有指挥作战经验的参谋人员，让他们带了电台，分别派往各纵队，组织庞大的非武装人员冲锋。

日军发现了八路军分路突围的意图，快速地收缩包围圈，大队炮、四一式山炮、九四式山炮、重掷弹筒从各个不同的方位，密集炮击突围的队伍。日军小型飞机也追着人群投弹、扫射，刚整理好的队伍又混乱了。左权以宏亮的声音高喊："同志们，不要怕飞机，不要光看到天上的敌人，更要注意地面的敌人，快冲啊！"

左权回过头来，见彭总还没走，立即奔过来，让作战科长王政柱和另外两个作战参谋，跟彭总一块转移，并招呼唐万成带着一个警卫排掩护。左权对彭德怀说："副总司令，你的转移路线由王科长负责，立即就走。"

彭总见漫山遍野的突围人员尚未突出去，后勤的骡马被射杀不少，物资扔得到处都是，被服厂的新工人、机要部门的女同志，被炮弹震得四处奔跑。他体谅着左权指挥突围的困难。

左权见彭总依然不动，严肃地说："你的转移，事关重大，只要你安全突出重围，总部才能得救。"

"个人突围，时间还早。"彭德怀准备去指挥部队突围。

左权急切地说："你的安全牵及到八路军的荣誉，日军摆的是铁环合围阵，再晚一点突围可就困难了！"

这时，十字岭周围成了烟山火海，日军野兽般的吼声和掩护部队的喊杀声、枪声、炮声、手榴弹、炸弹的爆炸声，交织成震耳欲聋的响声，硝烟几乎把白昼变成了黑夜。左权严肃地命令道："唐万成，你应该知道怎样去爱护彭总了，快把他扶上马背！"

唐万成不管彭总愿意不愿意，丢一个眼色，警卫战士们一拥而上，将彭总扶上马背。

彭德怀竟有点不知所措地望着左权："你！"

左权一挥手说："赶快向西北方向突围，那边有特务团接应！"

彭总骑在一匹高大的东洋马上，望着还在突围的总部机关的同志们，不愿离开大家，牲口也好像理解主人的心理，一动也不动站在那里。

这个目标太危险，炮弹、子弹在周围震响。左权以斩钉截铁的声音命令唐万成："连人带马，给我推！"

唐万成一挥手，战士们把彭总坐骑抬的抬，推的推。彭总被感动了，说："你们不要推了！"他挥起马鞭，冒着日军的炮火，向西北方疾驰而去。彭总的警卫员王传和喊着警卫班的战士，唐万成带着警卫排的三十几个人，跟着彭总持枪飞奔。

左权目送彭总突围之后，急忙奔向司令部直属队，一边走，一边招呼奔跑的人们跟上队伍。这时，他见机要员罗健跑不动了，忙向她奔去，罗健因贫血，喘不过气来，一脚踩塌，摔到一条沟岔里去了。左权忙下去拉她，可是他已没有力气拉得动这位女同志。警卫员郭树保见参谋长那样虚弱，忙下到沟里将罗健往上一推。左权拉着罗健的手一边跑，一边指挥队伍："不要怕飞机，注意山上和沟底的敌人，快冲啊！"

午后2时，大队人马转移到十字岭高家坡山腰间，这里是敌人枪弹射不到的死角，左权派出了警戒，组织小休整。左权望着疲劳、杂乱的队伍，声音嘶哑地说："同志们，尽管敌情严重，大家不要慌。我们要胜利，就得一齐冲。一齐冲就要听从指挥，只要冲过前面一道封锁线，我们就安全了。"说完，他就到队伍中清点人数，检查机要。

在清点中，左权发现文件箱不见了，向人群问道："文件箱呢？"

大家互相看了看，都不知道文件箱的下落。左权知道，日军华北方面军自去年12月以来，加强了对八路军的情报工作，除了设立"对共"调查班、特种情报班外，最近又设置了谍报班，窃听破译无线电密码，探测八路军行动方向，广泛搜集我党、政、军机密文件，编辑发行"剿共指针"，为日军提供"治安肃正"对策。文件箱岂能落到敌军手里？他脸色严峻，对警卫员郭树保说："树保，回头去找，一定要把文件箱找回来，那是党的机密！"

郭树保请求道："参谋长，我不能离开你，我的任务是保卫首长的安全！"

郭树保指着左权的另一名警卫员小张说："让小张去吧，我不应该离开你。"

左权不容分辩地说："你熟悉情况，他是新战士。快去吧，不要为我担心，相信你能完成任务！"

郭树保返身朝来路往回跑，左权又嘱咐道："树保，你朝北艾铺方向找总部，我在那儿等你！"

左权回过身来，对身边的警卫战士们说："警卫员要警卫总部机密，要保护电台，保护机密材料，保护机要人员！"

然后，他又将身边的参谋人员和警卫战士分散到电台和机要人员中去了。

正在这时，唐万成急匆匆地奔了过来，一把拉过左权说："参谋长，你快跟我走！"

左权惊奇地看着唐万成："彭总呢？"

"彭总已突破封锁线，你快跟我走吧！"

左权劈开唐万成的手，严肃地说："不行，我有我的职责！万成同志，你不要管我，快去跟上彭总！"

作为警卫连长的唐万成，他不能让八路军的参谋长像普通战士那样，在炮火里穿来穿去。唐万成又一次去攥左权的手。左权生气了，拔出左轮手枪，对着唐万成说："你要懂得，要是彭总有个三长两短，**我要枪毙你！**"

唐万成第一次看到左权发这么大的火，立即调转头，追赶彭总去了。

这时，太阳已经偏西，左权组织队伍继续突围，日军的炮口对准了十字岭东阳坡上的突围人员，敌机也在头上盘旋，天上、地下，已织成了一张火网。左权登上一块高地，从容地指挥继续突围，不断以嘶哑的声音高喊着："不要隐蔽，冲出山口就是胜利，同志们快冲啊！"

完成联络特务团任务的作战参谋夏纳，从后面赶上来，也高喊着："同志们，左参谋长和我们在一起，大家不要慌，赶快冲！"

有左权指挥突围，人们的情绪立即稳定下来，突围速度加快了。

突然，一发炮弹在左权的身边爆炸，他机警地回过头来，向大家高喊一声："快卧倒！"第二发罪恶的炮弹与空气摩擦发出的怪叫声，接踵而至，左权中弹了，他仰面倒了下去。

"参谋长！"

"十四号——"

"啊——！"

大家悲痛欲绝地哭喊着……

跟在左权后面突围的党校学员李锡周、穆明德、李克林等奔了过来。李克林发现了左权的遗体，两人忙俯下身去，只见左权倒在山路旁边。他的头部左额、胸部、腿部都中了弹片，已经气绝身亡了。李克林噙着泪水，从左权的身上取下左轮枪。大家为失去八路军这位有才识的高级将领而悲恸。为了保护好左权的遗体，穆明德捡了一个草黄色的背包，把背包打开，覆盖在左权的身上。然后将遗体安放在一堆灌木丛中，再在灌木丛上面盖满了青枝绿叶。

穆明德、李锡周、李克林等突出重围，在清漳河泽城以北的南山村找到了作战科长王政柱，将左权的左轮枪交给了他，所有在场的人伤心得哭成一团。

王政柱将枪交给彭德怀，彭德怀背过身去，仰望着窗外，一动也不动。

左权壮烈牺牲时，年仅37岁。

二十二、左权之女左太北

1942年5月25日，左权在山西省辽县十字岭战斗中壮烈殉国时，再过两天就是爱女左太北两周岁的生日，然而，她却永远失去了父亲。

左太北1940年5月27日出生于位于太行山区的八路军总部卫生院，由于左权要协助八路军副司令彭德怀指挥百团大战，太北出生仅3个月就随母亲去了延安。临别时，他们留下一张"全家福"：父亲抱着小太北憨厚地笑着，母亲则一脸的幸福。这张"全家福"是左权与家人永别的纪念。

左权牺牲后，1943年彭德怀回到延安，曾把左太北带在自己的身边。

1957年秋天，左太北要升高中了，而母亲却要随继父调到包头钢铁公司去工作。彭德怀和夫人浦安修主动提出让太北住在他们家。

左太北的母亲刘志兰与浦安修从小学起就是同学，又是最要好的朋友。在北京师大女附中读书时，她们一起参加了"一·二九"运动，又先后去了延安，一起进入陕北公学。左太北的名字是彭德怀给她起的。当时，八路军总部驻扎在太行山区，左太北一出生，彭老总就对左权将军说："刘伯承师长的儿子叫刘太行，我看是很有点纪念意义的，你的小女孩就叫左太北吧！"

1957年起到庐山会议，左太北一度住在彭总家里，彭总供给她上学、食宿等一切费用。军队每月发给太北20元抚养费，彭总都给她存起来。1960年秋，彭总住在京郊吴家花园，刘志兰和太北去看望他的时候，彭总亲自将存折交给了太北。

左太北在中南海永福堂彭伯伯家生活了近两年时间。左太北爱看小说，彭德怀有时见她熬至深夜不熄灯，总要敲3遍门，之后，就随她去了。1959年庐山会议后，彭老总从中南海搬到颐和园附近的吴家花园。左太北住校，但每个星期天，都回彭家。一年后，左太北考入哈尔滨军事工程学院。

大学毕业后，左太北被分配到北京七机部一院的一个研究所工作。"文革"开始后，七机部成了北京派性最严重的单位之一。3年后，左太北被集体下放到

1942年10月10日，太行各界公祭左权将军及诸先烈大会合影。台上前排站立者左一为刘伯承、左二为罗瑞卿、左四为邓小平

沈阳军区的军垦农场去围海造田，播种收割，养鸡放鸭。

1972年，左太北从军垦农场回到北京，这时她已32岁。男大当婚，女大当嫁。早在1967年，左太北已经有了心上人，但是，两人却一直不能结婚。

左太北的对象叫沙志强，比太北大3岁，是清华大学机械系的毕业生。因为左太北在保密单位工作，而沙志强的父亲——抗战时期的老党员，"文革"中却被定成了"叛徒"。他们的结婚报告迟迟得不到批准。

1972年左太北回京后，在周总理的过问下，左太北和沙志强双双调出北京，到石家庄红星机械厂工作，这段迟到的姻缘才结出果实。后来太北夫妇又添了一双可爱的儿女，生活虽不富裕，一家人倒其乐融融。

1978年，彭德怀夫人浦安修终获平反后，她把左太北调回了北京，并且还为她安排了一处宽敞的住房。

左太北调回北京后，曾在国家八机部总局、国家经委国防局、国家计委国防局工作过。最后因工作需要，她调到航空工业总公司任综合计划局副局长，一直干到60岁退休。

2002年，左太北在忙于与左权将军殉军60周年相关的纪念活动。她寻访父亲的战斗故地，出版了《左权将军家书》，发行了《怀念左权同志》邮折，并且撰写了一些纪念文章。

天塌能撑着的罗长子：罗瑞卿

罗瑞卿（1906—1978），1906年5月31日生，四川南充人。1926年考入在武汉的中央军事政治学校（即黄埔军校）。1928年10月在上海入党。1929年春被派往闽西，组建和训练游击队，任闽西红军第五十九团参谋长，6月部队编入红四军后，任支队党代表、第二纵队政治部主任、政委、第四军政委。1932年6月任第一军团政治保卫局局长；1933年8月，获二等红星奖章。长征中曾任红军先遣队参谋长、陕甘支队第二纵队政治部主任。到达陕北后任第一方面军政治保卫局局长。

1936年后历任抗日军政大学教育长、副校长。1940年5月任八路军野战政治部主任，转战太行山区，1943年回延安入中央党校学习，1945年6月被选为中共第七届中央候补委员。

抗日战争胜利后，任北平军事调处执行部中共代表团参谋长，解放战争中，历任中共晋察冀中央局副书记、晋察冀军区副政委兼政治部主任、晋察冀野战军政委、华北军区政治部副主任兼第二兵团（后改为第十九兵团）政委，参与指挥正太、石家庄战役。1949年春参与指挥太原战役。

中华人民共和国成立后任公安部部长、公安军司令员兼政委；1955年被授予大将军衔。1959年4月任国务院副总理。9月任中共中央军委秘书长、人民解放军总参谋长、国防部副部长。1965年底被林彪等人诬陷，受到错误批判，左腿致残。1977年复任中央军委秘书长，是中共第八届中央委员和中央书记处书记，第十一届中央委员。

1978年7月出国治腿，8月3日不幸逝世。

一、花了一对银镯子才生下来

罗瑞卿的祖父叫罗盛于，是地主，在当地可称大户。他中年逝世后，三个儿子分了家。他的妻子蒲氏随最小的儿子罗春庭生活。罗春庭就是罗瑞卿的父亲。

罗瑞卿的母亲姓鲜，是南充北乡有名的大户鲜锦堂的女儿。鲜家在南充城里买了房子，开着绸缎铺。1905年同罗家结亲，两家也可以称得上是门当户对。

第二年麦收时节，鲜氏要分娩了，可是，肚子里的孩子几天几夜也生不下来。开始时鲜氏呻吟不已，结果，几天以后，声音越来越小，罗蒲氏怕有三长两短，赶紧派长工把亲家母接来。到阴历闰四月初九，孩子仍未生下，两亲家左商量右商量，最后又用轿子请来了当地有点名气的接生婆。

接生婆一进门，摸一摸鲜氏的肚子，说："孩子还是活的。"

两亲家这才算松了一口气。接着接生婆要洗手，一面洗一面问："要大人还是要娃儿？"

按照惯例，这时要给接生婆洗手钱。如果大人、小孩都要，价格是一对银镯子。亲家母不敢怠慢，赶紧将一对银镯从女儿手上退下来，交给接生婆，同时连连说道："大人、娃儿都要。"

罗蒲氏看到银镯子落入接生婆之手，有点心疼，埋怨亲家母说："你咋个这么快当？"

鲜氏的母亲瞪了她一眼，反问一句："是人要紧，还是东西要紧？"

说话间，接生婆已经接下了娃儿，此时已是下午三四点钟了。

谁知孩子刚出世不会哭，接生婆"啪啪"打了几巴掌，孩子"哇"的一声哭了出来。孩子落生时，脐带缠在身上，很像是武装带。接生婆就说："这娃儿将来是要当兵的。"

"大人、娃儿没事就行，当兵不当兵无所谓。"罗蒲氏马上接口说。

这孩子就是罗瑞卿。

由于他是由接生婆接到人世间的，小名就叫接娃儿，后来为了讨个吉利，家里人就叫他吉娃子。

然而，他的诞生并未给家里带来什么吉利。他的父亲罗春庭是个"耍哥儿"，

罗瑞卿和母亲鲜氏的画像

从小娇生惯养，养成了抽大烟和赌钱的恶习，没有钱了就卖地卖家具。而母亲由于生罗瑞卿是难产，伤了身子，以后又接连生了12个孩子，只活了7个。结果，罗家的日子越来越难过。

鲜氏既当妈，又当爹，除了侍奉婆母和不争气的丈夫、抚育子女外，还要掌管家里入不敷出的经济。劳累和疾病使她心力交瘁，常大口大口地吐血。

幼年时，罗瑞卿曾与一个弟弟同时染上天花。罗春庭夫妇各自照看一个。罗瑞卿的母亲衣带不解，日夜守护着罗瑞卿，不让他搔破水疱。结果罗瑞卿不但养好了病，而且奇迹般地周身未留下任何疤痕。而罗瑞卿的弟弟在他父亲的照看下，却留下了一脸麻子。以后，罗瑞卿热爱他的母亲，对父亲却没有什么感情。

6岁时，罗瑞卿入一姓袁的地主家的私塾读书，11岁时，外祖父将他接到鲜家沟自己家的私塾读书。

罗瑞卿的外祖父鲜锦堂是一个土财主，平时省吃俭用，购置了不少土地，但由于在官场上没有靠山，曾经挨过官吏的敲诈。他平时比较吝啬，但却舍得在培养大外孙身上花钱。

鲜锦堂之所以愿意培养罗瑞卿，原因有二：一是他感到把女儿嫁给没出息的窝囊废罗春庭，亏待了女儿，要在培养外孙上做一点补偿；二是鲜锦堂虽有三个儿子，但老大早死，老二去上海学医，一去不返，同家里断绝了关系，老三还小，鲜锦堂便把振兴家业、光耀门楣的希望寄托在罗瑞卿身上。

罗瑞卿入中学读书不久，他母亲的病日益沉重，父亲罗春庭则依旧是成天泡茶馆。家里的田地已快卖光了。罗春庭看到三家邻居都因为有儿子在商店当掌柜而赚了钱，便开始打他大儿子罗瑞卿的主意，想让他去学徒，家里可以省下一张嘴，3年满师就可以挣钱养家了。

由于罗瑞卿出生是难产，当初家里怕不好带，除了给他取名吉娃子、给他戴上银项圈外，还给他拜了几个当地称作保爷的干爹。其中有一个姓刘的干爹，给商人当采买，认识城里小东街一个绸缎铺的曾老板。经姓刘的介绍，罗瑞卿便进了这家绸缎铺当学徒。

在送罗瑞卿当学徒后不久，罗春庭夫妇又一手包办给他娶了一位姓林的姑娘为妻。

罗春庭给儿子娶亲，虽然已告诉了鲜锦堂，但让儿子去当学徒，却没有告诉老丈人。一天，鲜锦堂清早从小东街路过，突然发现大外孙正在曾家绸缎铺门前扫大街，十分诧异，忙问是怎么回事。罗瑞卿一五一十告诉了他。

鲜锦堂听了十分恼火，立即乘轿子下乡，来到罗家，把罗春庭叫出来，臭骂道：

"你们干的好事！好了不起的曾大老爷，把我的外孙送给他去当学徒！你们不怕丢人，我还要我的老脸呢！"

他骂完便打轿回城，连女儿亲自煮的醪糟蛋都没有吃。

过了几天，鲜锦堂便把罗瑞卿接了回来，并再度把他送入县立南充中学学习。

二、入党手续不完备

罗瑞卿是一位杰出的共产主义战士，是党和军队的杰出领导人之一。但是，他入党的经历颇有些传奇性。

1926年初，黄埔军校随国民政府由广州迁到了武汉，改称武汉中央军事政治学校，要在各地招收一批共青团员和革命青年。罗瑞卿在南充中学时的老师、共产党员袁诗荛鼓励罗瑞卿投考军校。听到这个消息，罗瑞卿十分高兴，立即离开了成都到了重庆。在重庆，他以优异成绩考入中央军事政治学校。

1926年底，罗瑞卿被分配在黄埔军校武汉分校入伍生总队政治第一大队第二队，后参加北伐战争。1927年8月，他因为生病脱离了张发奎的队伍。病好了，罗瑞卿便同失掉党的关系的共产党员任启愤等一起找党。

这时，武汉已是一片白色恐怖。他们认识的党员不是被逮捕抓进监狱了，就是被送上刑场了；还有一些是已经在报上登了反共启事的变节者，而这些人已经不成其为党员了。真正的、仍然在进行着革命活动的党员呢？在茫茫人海中却一个也找不到。

天气越来越冷，白色恐怖也越来越严重。到处流传着谣言，说是四川人都是共产党。任启愤对罗瑞卿说，秦汉山部驻在湖南常德。这支部队曾参加过由刘伯承等领导的泸顺暴动，出川后被鲁涤平收编。任认识秦，可以在那里找事做，暂时存身。

于是，罗瑞卿、任启愤即乘小火轮穿洞庭湖经津市到常德。

来到常德后，秦汉山给了任启愤一个差事，对罗却爱莫能助。此时，茕茕孑立的罗瑞卿被困在常德约 1 个月的时间。不久，他得知任伯芳在澧州由鲁涤平收编的另一支部队里当参谋，便写信给他，随后，罗瑞卿由任伯芳介绍到澧州那支部队的政治部宣传科当科员。

此时，任伯芳也失去了党的关系。1928 年夏天，他们商量决定到上海找党。

到上海后不久，罗瑞卿又同任白戈、王义林等相遇。五六个人挤住在田汉举办的南国艺术剧院出租的一个亭子间里，过着有饭大家吃、有钱大家花的"共产主义"生活。

这时，罗瑞卿在军校的同学潘先知等人看到他大病初愈，衣食无着，便劝他投靠由汪精卫、陈公博等人组织的国民党改组派，被罗瑞卿拒绝了。

不久，罗瑞卿得知任伯芳已经接上了党组织关系，便向他提出入党要求。

任伯芳说："现在白色恐怖十分严重，党已经转入地下的情况下，要想尽快解决这一问题，你就说在军校入党，失掉了关系，你写个报告，由我做证明人算了。"

罗瑞卿虽然感到这样做不妥，但由于入党心切，还是照办了。

中央军委随即派欧阳钦同他接上了关系，并送了文件和生活费给他。

这就是罗瑞卿入党的经过，也是一个热血青年寻找信仰的一个真实、又有点悲壮的故事。它的产生不仅是由于当时特定的历史条件，也反映了当时罗瑞卿不成熟的一面。

随着时间的推移，罗瑞卿逐渐步入领导岗位，然而，入党一事在很长的一段时间里，都是他心上的一个阴影。他总觉得自己是做了对不起党的事情，于是，便用加倍的忠诚和努力来弥补。但是，在"文化大革命"中，这个盖子终于揭出来了。

林彪、康生、"四人帮"把假党员的帽子戴到罗瑞卿的头上。罗瑞卿带着悔恨和愤怒，诚恳地向党、向毛泽东陈述这段真实的经历：

　　1926 年夏，我从我那个破产的地主家庭分裂、偷跑出来后，就带着一点进步的倾向（当然是很微弱的）向革命寻找出路。第一次大革命的浪潮，把我卷进了黄埔武汉分校。我没有参加任何党派，但有比较强烈的愿望想加入中国共产党。就是大革命失败被敌人打散后，无论是想回四川找朋友，或病困武昌，或因桂系军阀占领武汉后白色恐怖更加严重，同任启愤去湘西以致流浪各地，在以后同任伯芳到上海，都没有改变这种愿望……由于各种条件的限制，我都未能如愿。从中学起，不管在什么地方，我接近的人都是当时的共产党员和带有某些进步倾向的人。我没有同坏人亲密接近过，我没有做过或任何反对党，反对革命的坏事。这些，如果党还没有审查清楚，请求党严加审查。

我加入党，没有组织手续，当然是不能允许的。但是我到党内来是革命的，不是来混日子，更不是来投机、来破坏的。这是被历史决定也被历史证明了的。因为当时的社会严重地压迫我，我除革命而外没有别的出路。去年11月我向主席的报告中说：我如果当时不找到党的依靠，不仅无法革命，连生存都成问题，这是确实的。因此，我同党发生关系后，党要我去湘鄂西红军，我就去。到宜昌后，因交通断绝，党要我去一个县委任秘书暂时隐蔽。去后，那个县委不肯接收，说隐蔽不下来，党又要我回上海等交通恢复，我就回到上海。不久，毛主席率领的红四军就打下了汀州，党又决定我们同行的两人，一去闽西上杭游击队，一去闽西永定游击队，我都是坚决服从的。

我在主席和党的领导下，工作三十几年，党给了我职务，并有了不少重要职务。每当想起此事心里总觉不安。职务每提拔一次，自己就震动一次，但是总以"好好为党工作吧，我又没有对党破坏"的想法来安慰自己。我在自己的岗位上确实是忠心耿耿，兢兢业业地为党为人民利益工作的。除上述这个问题外，我在党内确实没有再做过任何坏事。我的工作上也犯过一些错误，有些还带有它的严重性，但那是我对于马列主义和主席的思想，对于主席和党的路线、政策、指示学习不够，理解不深，没执行好所致，决非我有意损害党。

这段往事多少年来，甚至当"文化大革命"结束之后，都像一块石头一样压在罗瑞卿的心上。

后来，在国家的政治生活终于走上了正轨，罗瑞卿恢复了组织生活。他重又出席了党的代表大会，担任了重要的职务。罗瑞卿去世以后，由邓小平同志宣读的悼词中对罗瑞卿的入党这样写着：

罗瑞卿同志是四川南充人。第一次国内革命战争初期，他就参加了革命学生运动，1926年加入了中国共产主义青年团，1927年在黄埔军校武汉分校从事革命活动。在蒋介石叛变革命的危急关头，罗瑞卿同志于1928年转为中国共产党员。

党通过这种方式，再一次承认罗瑞卿的党籍。

三、一见毛泽东便得了"罗长子"绰号

1929年初，在中央军委的安排下，罗瑞卿、曾省吾由地下交通员带领，经漳州、南靖、龙岩到上杭蛟洋。

这时，闽西有两支游击队，一支在上杭，领导人即为傅柏翠；另一支在永定，领导人是张鼎丞。这两支队伍是在1928年6月永定和蛟洋暴动后组成的。罗瑞卿和曾省吾加入了傅柏翠的游击队。

5月间，红四军第二次入闽，傅柏翠、曾省吾闻讯后立即到上杭北面的新泉、庙前去联络。

第二天，红四军路过游鱼坝，罗瑞卿和傅、曾率领游击队和当地群众欢迎红四军，街上摆了茶水，墙上贴了欢迎标语，村口插了红旗。随后，一起攻打龙岩。红四军主力打西门，罗瑞卿等率游击队在东门佯攻，5月23日攻克龙岩。5月26日，上杭一带游击队编为红五十九团。傅柏翠任团长，曾省吾任党代表，罗瑞卿任参谋长。

6月，红四军三打龙岩之后，闽西的地方武装又合编为红四军第四纵队，傅柏翠为司令，张鼎丞为党代表，龚楷为参谋长，李力一为政治部主任，罗瑞卿任参谋主任。随后，罗瑞卿参加了在龙岩召开的红四军党的第七次代表大会。会后，毛泽东离开部队，陈毅赴上海参加党中央召开的军事联席会议并就红四军的现状及党内存在的分歧向党中央请示报告。朱德率第二、第三纵队出击闽中。罗瑞卿随第四纵队和第一纵队一道，坚持闽西斗争。不久，罗瑞卿被调到第二纵队第五支队任党代表。在上杭，罗瑞卿又出席了红四军党的第八次代表大会。

红四军开完"八大"后，即奉命出击粤北东江地区，但是战斗失利，只好于11月中旬返回闽西。这时，陈毅已带着中央的九月来信返回部队。23日，红四军攻克汀州。随即，毛泽东被朱德、陈毅等人请回部队。

毛泽东在一次干部会上注意到了罗瑞卿。其实，在红四军召开"七大"时，他们就见过面。但当时毛泽东心事重重，对罗也就没在意。这一次，他注意到了这位看着比自己还要高的罗瑞卿，便问道："你是北方人吧？"

罗瑞卿回答："我是四川南充人。"

毛泽东略感惊讶："哦，川湘子弟身材大都不高，可你我却都是长人，你看来还要比我更高一点。称得上是个'长子'。"

接着，毛泽东又问了他的姓名和干什么工作。这是罗瑞卿和毛泽东之间的第一次交谈。

随后，罗瑞卿在一个月内几乎每天同毛泽东都有接触。

1929年底，罗瑞卿出席了红四军党的第九次代表大会，即古田会议。古田会议结束后，秋收起义的参加者罗荣桓任第二纵队政委，随后，罗瑞卿任第二纵队政治部主任。

由于毛泽东说他是"长子"，从井冈山开始，罗瑞卿便得了"罗长子"的外号。在以后的岁月中，毛泽东对于"罗长子"有许多的形象说法。其中，最著名的就是毛泽东不止一次说过的："天塌下来怕什么，有罗长子顶着呢！"

四、毛泽东买报纸，引出一段轶事

1930年1月，赣闽粤三省敌人对闽西举行第二次"会剿"，红四军前委决定，毛泽东率领的前委和第二纵队在闽西阻击敌人。

毛泽东每到一地都要找报纸，并从第一版直到最后一版仔细阅读，连广告也不放过，从中分析国际国内形势，了解敌人的动态。在井冈山时期，报纸是毛泽东十分看重的东西。这时，作为二纵的政治部主任，罗瑞卿除协助罗荣桓贯彻古田会议决议外，还有一个重要任务，就是为毛泽东搜集白区报纸。为此，罗瑞卿经常托人为毛泽东购买报纸。在从闽西到江西的途中，罗瑞卿曾为毛泽东买报纸引出过一段轶事。

一天，罗瑞卿拿出一些钱委托一位做邮差的江西老表到白区去收购报纸。

几天后，这位老表满载而归，并向罗交回还剩余的两块光洋。

罗瑞卿看到这位邮差薪水菲薄，家小多，生活很困难，便将这两块光洋送给他。这位老表做了多年邮差，见过各种牌号的军队，但从未见过像红军这样同老百姓心连心的军队，也未见过对老百姓这样和蔼的长官。他将这两块大洋视如拱璧，一直舍不得花。

然而，后来他生活实在困难，家里快要断炊了，便将这两块银元换了40枚5分的中华苏维埃铜币。这些铜币他每用一枚都要掂量再三，当剩下最后一枚时，他决心永远保留以作纪念。

1934年秋，红军长征后，他仍将这枚铜币珍藏在家中。

全国解放后，他从报上看到罗瑞卿已任公安部长，便给罗瑞卿写了一封充满真挚感情的信。当罗瑞卿拆开这封信时，那枚铜币便滚落到他的办公桌上。后来，罗瑞卿将这枚铜币献给了中国人民革命军事博物馆。

五、大罗小罗

井冈山时期，在第二纵队中，罗荣桓任二纵政委，罗瑞卿任政治部主任，两人都是分管部队的政治思想工作。但是，他们性格上各有特点。罗瑞卿活泼、干脆，罗荣桓沉静、稳重，一动一静，迥然不同，但配合十分默契，开始建立起深厚的友谊。

因为他们都姓罗，又先后任第二纵队、红四军政委，为区别起见，大家便称呼罗荣桓为大罗，罗瑞卿为小罗。以后，罗瑞卿和罗荣桓长期在一起战斗，大罗小罗之称一直伴随着他俩。

六、"棺材太短了"

1931年4月，蒋介石派何应钦率20万大军，向中央根据地发动了第二次

"围剿"。4月20日，红军主动后撤到根据地腹部东固、龙冈一带隐蔽待机。

敌军进入根据地后，稳扎稳打，步步为营，行动十分谨慎。到5月14日，红军已等待了25天之久，敌王金钰师和公秉藩师准备离开富田坚固的工事向东固推进。红军总部获悉后，立即命令一、三军团分3路攻击运动中之敌。红四军担任右路，抢占观音崖、九寸岭两处隘口，正面阻击敌人。

从富田到东固，中间横一大山，只有两条大路可通，观音崖、九寸岭是必经之地。5月16日，师长曾士峨、政委罗瑞卿率领十一师迅速抢占了观音崖，十一师师部设在观音崖山顶稍下的独立房屋内。这所房屋是老表看山歇脚、以避风雨的，房门很矮，身材高大的罗瑞卿进出都要低头。师特务连长杨得志又领人在旁边搭了一个棚子，作为师指挥所。

部队刚刚进入阵地，敌人便打来猛烈炮火，那个棚子很快被炸塌。曾士峨、罗瑞卿此时正在棚外用望远镜专注地观察敌情。不一会儿，罗瑞卿看到敌人的一路正向左面三十三团阵地迂回，立即告诉曾士峨，曾士峨点头说："三十三团前面还有一个山头，敌人只有通过这个山头才能接近三十三团阵地。"

随即，曾士峨吩咐杨得志派人通知三十三团团长聂鹤亭，让他坚决顶住。

杨得志刚把人派出，又是一阵密集的机枪扫射过来。高高的罗瑞卿首当其冲，左颊中弹，他立即转身去扶那房屋的门框，没扶住便倒在独立房屋前面。这一子弹打断了罗瑞卿的动脉，顷刻间，他满头满脸是血。看到政委倒了下去，曾士峨命令医生抢救后，自己也挥舞着驳壳枪冲下山去迎敌了。

这时，医生叶青山刚刚恢复党籍才4天，他听说罗瑞卿负了伤，飞快赶来进行抢救。

罗叶有过一段交情。1930年12月，当部队南撤到宜黄时，开展反"AB团"的斗争。第十一师的唯一经过科班训练的医生叶青山也被一个看护长供出是"AB团"，于是叶也遭到审查。在动员他招供时，他搜索枯肠，交代道："我惦念孤身一人在家的老母，有一次卫生队有人怕被抓'AB团'，要开小差，我也随声附和，想回家看看老母亲，这说明我革命意志不坚定，有危险的动摇情绪。"

然而，十一师政委罗瑞卿不相信叶是"AB团"，在"左"倾情绪盛行的形势下，要解脱叶青山，需要转一点弯子。于是在一次大会上，罗瑞卿宣布："对叶青山，还是让他看病治伤，在使用中进一步对他进行考察。至于说他动摇，给他开除党籍处分！"

罗瑞卿这一着在极"左"情绪下，是要承担风险的，终于救了叶青山一命。

后来，毛泽东见到叶青山时常常开玩笑地说："叶青山，叶青山，留得青山在，不怕没柴烧哇！"1931年5月12日叶青山又被恢复党籍。

此刻，叶青山看到罗瑞卿左侧颞颥颌关节已经击穿，颞颥动脉受损，出血严重，应采取压迫止血法，但身边又找不到可应用的材料。他摸摸自己的口袋，发现一块银元，情急智生，于是，他将这块银元用几层纱布裹住，放在罗瑞卿伤口出血处，实行了加压止血包扎，然后让人用担架将罗抬到救护所去，自己又去抢救别的伤员。

在师救护所，有一位护士不知罗瑞卿的伤情，他看到罗的脸上结了紫黑色的血痂，血痂上还有一些泥土、草棍，便动手去清除污物而把血痂揭开了。这一来，动脉中的血又冒了出来，他吓得手足无措，又到前线去找叶青山。

结果，叶青山赶了十几里路到后方，好不容易才又止住了血。

这时罗瑞卿已经十分虚弱，叶青山怕他再出血，便陪伴着他，并决定马上把他送到后方医院。结果，叶青山和罗的勤务兵王保林还有两个民工轮流抬着担架，一路上小心翼翼，每天多则走三四十里，少则走一二十里，终于在25日把罗平安送到位于上田的后方医院。

在医院内，由医务主任李治和叶青山给罗瑞卿做了动脉血管吻合和颞颌关节复位的手术。手术基本可以，但由于失血过多，加上一路上烈日暴晒、风吹雨淋，罗瑞卿又并发了大叶性肺炎，高烧不止，昏迷不醒。

有一天，他稍稍清醒，忽然听到外面有锯木头的声音，还有人说话。一人说："太短了，长点！没见那个人，个子长得好高咧！"

另一人说："已经够长了。"

罗瑞卿模模糊糊地知道，他们说的就是自己。原来，他们在为他做棺材。

然而，为他准备的棺材并没有用上。罗瑞卿在昏迷数日后，又一次奇迹般地活了过来。

罗瑞卿这次负伤也落下一个后遗症，这就是嘴不能张大，吃饭困难，不能大笑，说话也吃力，显得有些咬牙切齿。后来，在审查党的七大代表候选人资格时，有人还提出：罗瑞卿太严肃，没有笑容，一说话就咬牙切齿，人们都怕他。

叶青山立即解释说："他受过伤，是我给治的，颞颌关节复位时没有抬起来，所以以后讲话他一定要咬牙切齿，否则就讲不出来。其实他虽然对敌狠，但对自己人很和蔼，是一位好领导。"

七、抗大轶事二则

罗瑞卿在抗大工作期间，曾留下许多让人难以忘怀的故事。

（一）要蒋介石把悬赏人头的钱先拿来买纸

由于国民党的封锁，纸张严重匮乏。红军大学便用蒋介石从飞机上撒下来的传单背面印讲义、写笔记，部队搜集到这些传单，都送到红大来供大家使用。

一天，罗瑞卿拿来一叠花花绿绿的传单对大家说："大家来看呀，你们的身价又提高啦！"

大家一看，是国民党悬赏的赏格，宣布对共产党的干部无论是打死还是活捉，都按职务大小不同各奖大洋若干。同志们一算，仅红大一科全体人员的"脑壳"加起来，值好几百万。有的同学对罗瑞卿说："老罗，你去给蒋介石打个电话，问他能不能把我那一份先支出来，我们买点纸、笔也好哇！"

罗瑞卿立即风趣地说："可以啊！我对他说，脑壳我先保存着，就怕他龟儿子付不起钱呀。"

后来，张爱萍、宋裕和按此情节编了一出小戏。过去演戏，罗瑞卿常演蒋介石，这次他要演自己，蒋介石这一角色便让给了耿飚。宋美龄由宋裕和扮演。据耿飚回忆，这出小戏的台词大致是：

罗瑞卿在抗大时的留影

罗：（作打电话状）老蒋吗？我是老罗呀！

蒋：哪个老罗？

罗：老子是罗瑞卿！

蒋：（对宋美龄）快，拿钢盔来。（对罗）我不怕你，我有百万大军，还有美国钢盔。（对宋）娘希匹，怎么把痰盂给我戴上啦？

罗：你们的报纸宣布我被"击毙"七八次了，可"赏钱"你一分也没有发。我至今日夜保管着脑壳，等钱用哩！

此时，罗瑞卿仍然绷着脸，但台下已经笑得前仰后合。有的干脆跳到台上，作夺下蒋介石的电话状，问："喂，你把钱弄到哪里去了？"

台下七嘴八舌问："快交代！"

"快说！"

这已经出了原规定的剧情范围了，扮做蒋介石的耿飚只得应付一句："我都抽了大烟啦！"

（二）给科长处分

在抗大，队列科负责外来青年学生的报到和编队工作。凡是分配到抗大来学习的，先要到队列科报到。

1938年的六七月间，天气干热。一个从白区来的女青年学生来抗大报到，路上跑得满头大汗。队列科科长好意地给她打来洗脸水。

这位30岁了，还没有结婚，看这个女青年长得很漂亮，皮肤很白，打完水后又凑上去和她比胳膊，说些什么"你这么白，我这么黑"之类的废话，还伸手摸了人家一下。

当时，这位女青年什么也没说，只是躲闪了一下。队列科科长见人家没有大的反感，胆子就大了，又试探着说了一些意味深长的话。他满怀信心认为人家对他有点意思呢，哪晓得稀里糊涂之间就闯了个祸。

那位女同志办完手续之后，就给校方写信告发了这件事。校政治部主任张际春接到告发信后，把信拿给党务科长李逸民和组织科长李志民。这位出了洋相的科长同李逸民和李志民的工作关系很好，李逸民感到很为难，于是就提出最好把这件事压下来，由张主任去跟那个女孩子谈一谈，然后由两个李科长找这个冒失鬼批评批评，这件事就算了。

谁知，抗大副校长罗瑞卿不晓得怎么知道了这件事，把李逸民找去，批评说："你这个机关党委委员、党务科长，原则性跑到哪里去了？"

李逸民问："你怎么知道的？"

罗瑞卿说："我怎么就不知道？连这些都不知道，我能管好抗大吗？"

最后，他叫李逸民第二天把那个女孩子的揭发信送给他看，才让李逸民离开。

第二天，张际春、李志民和李逸民一同到了罗瑞卿同志那里。他正在吃早饭，见张际春等人来了，放下碗筷，接过那个女孩子的信，看完后，他很生气地说："怎么搞的！我们抗大冒出这么个科长来？真不像话！"

李逸民和李志民都不吭气，张际春只好讪讪地说："你先吃饭吧。"

"不吃了，气也气饱了！你们挂电话，把机关党委的成员都找来，就到我的窑洞来，马上开会处理这件事。"

不一会，委员们都前后脚跑来了，惟独那位队列科长没有到。罗瑞卿同志厉声吩咐："一定把他找来，派人去找。他不到，我们就坐等！"

等了片刻，队列科长骑马慌忙赶来了。一进门，罗瑞卿就严肃地批评了他一顿，然后主持开会。

在会上，这个科长老老实实做了检讨，大家也都对他进行了帮助。罗瑞卿最后很严肃地讲："有人把这看成小事一桩，是错误的。这不仅仅是个违犯纪律的问题。当前，为了团结抗战，我们党在全国搞统一战线，对外来的青年，应当热忱欢迎，给他们关怀照顾，使他们感到像是回到了家那么温暖。可是，有的人行为不检点，在政治上影响很坏，败坏我们抗大的声誉，这还是小事吗？"

由于这个科长承认错误的态度比较好，根据罗瑞卿提议，经过会议讨论，为了严肃党的纪律，决定给予撤职的行政处分。

八、第一次与警察打交道

1948年5月9日，中共中央决定将晋察冀和晋冀鲁豫两个解放区及其党政军机关合并，组成中共中央华北局、华北行政委员会和华北军区。聂荣臻为华北军区司令员，徐向前为第一副司令员，薄一波为政治委员，罗瑞卿为政治部主任。野战军分为两个兵团，徐向前率领由晋冀鲁豫一些部队组成的第一兵团在山西转战；杨得志、罗瑞卿、耿飚率领的部队编为第二兵团。

杨得志、罗瑞卿、耿飚率领第三、第四纵队过平绥路东进。

12 月 23 日，解放军攻克张家口。

在石家庄，罗瑞卿发生过这样一件事。

一天，他乘车上街，看到 3 名战士骑着马朝天开了 3 枪，然后围着一个十字路口的交通岗楼转，一面转一面骂："老子抗战八年有功，你们谁敢管！"

罗瑞卿见到了非常生气，命令停车，派随行人员去制止，同时了解事情的来龙去脉。这 3 个战士一见罗瑞卿，立即像泄了气的皮球。听交通警说，这 3 位战士把马拴在路旁的树上，啃坏了树皮，还拉了满地粪。这位警察劝他们将马牵走，便惹出了这场风波。

罗瑞卿又问这 3 个战士是哪个单位的。他本想给这 3 个战士从严处理。但是，他一听他们是原国民党部队的一个营副和两个兵，刚刚改编过来，就改变了主意，命随行人员把这 3 个人交给他们原部队处理。这位警察看在罗瑞卿的面子上也就作罢了。

这是罗瑞卿第一次与交通警察打交道，这时，他绝对不会料到，3 个月以后他自己会成为全国所有警察的领导人。

1949 年 6 月，中央军委副主席周恩来电召罗瑞卿到北平。

罗瑞卿向继任政委李志民交代了工作，和杨得志等同志话别后，便与赴青岛休养的徐向前同乘火车前往北平。

抵达北平后，罗瑞卿来到中南海。这时党中央和军委总部机关已从西柏坡迁进北平，周恩来的办公室在中南海，毛泽东还住在香山。罗瑞卿推门进去时，周恩来放下手中的毛笔，哈哈一笑，与罗瑞卿一起坐到旁边的沙发上，说："叫你来，是有急事。马上要宣布新中国诞生，中央政府里面，有你的位置，是公安部长。"

罗瑞卿从沙发上站起来，对周恩来说："我还是随四野南下，参加解放全中国的战斗吧。"

1949 年 7 月，罗瑞卿任公安部部长

周恩来微笑着说："那么，公安部长谁来当呢？"

"李克农。"罗瑞卿想都没想脱口而出。

周恩来对他说："各人有各人的事，李克农有李克农的事，你就不要讲价钱了。"

周恩来告诉他，中央已经做出了决定。罗瑞卿便不作声了。

当晚，毛泽东在双清别墅接见了罗瑞卿。

一见面，毛泽东就对罗瑞卿说："听说你不愿意干公安部长，还要去打仗？现在要建立新的国家政权了，我们都不干，都去打仗，那行吗？"

罗瑞卿认识到让他当公安部长是形势的需要，便愉快地接受了任务。

1949年11月11日，罗瑞卿又被政务院任命为北京市公安局局长。1950年11月，中国人民解放军公安部队的领导机构成立，罗瑞卿任司令员兼政治委员。

九、在北京关妓院

妓院是旧社会的毒瘤，1949年1月人民解放军一进北平，立即着手实行对妓院限制发展的政策。

北平的妓院在明清就已经有了规模，集中在八大胡同。这八大胡同是：王广福斜街、陕西巷、皮条营、韩家潭、石头胡同、胭脂胡同、百顺胡同和纱帽胡同。

辛亥革命后，一大批新上台的权贵志得意满，恣意享乐，导致北平的妓院发展迅速，增加到十条妓院胡同。抗战时期，日军占领北平，战乱和饥荒，使大批良家女子被人口贩子拐卖，落入烟花巷，北平的妓院数又有了增加，平均每250名妇女中，就有1人是妓女，仅次于居世界各大城市中第一位的上海。到40年代初，各等级的妓院总数达到了263家，从业人数达到2597人。嫖客主要是汉奸权贵，以及发国难财的商人。至1949年解放前，北平的妓院数尽管有所下降，但依然有273家，妓女1268人。

北平的妓院分为四等。一等妓院，又称"一等小班"或"一等清吟小班"、"大地方"、"大胡同"。所谓"清吟"是指妓女都为苏州、扬州或杭州人，年轻漂亮、清秀可人，她们自小就学习笙管丝弦或书画。一等小班一般设在整齐的四合院内，妓女有贴身女佣，嫖客都为军政人员、士绅、大商人、黄金掮客。这里是他们玩的地方，也是他们做事的地方，卖官买官、贪污受贿、投靠敌伪、挑拨内战。二等妓院称为"中地方"，或叫"茶室"。设置比一等妓院差一点，但并不是很明显，差别明显的是妓女。二等妓院的妓女大都来自一等妓院中"人老珠黄"的妓女，嫖客都为地主、商贾、浪荡公子等有钱人。三等妓院叫"下处"，妓女年纪都比较大，或者年纪轻但长得不漂亮。妓院的房子简陋，嫖客主要是一些小商人、店员、在京做买卖的生意人等。四等妓院是妓院的底层，是最昏暗杂乱的地方，就是破屋子寒窑脏土坑而已，俗称"老妈堂"、"窑子"、"土娼"。这里的妓女年龄较大、长相不好，嫖客也是些挣钱不多的体力劳动者，如三轮车夫、脚夫、短工等。

妓院是有钱有势之人寻欢作乐的地方，更是藏污纳垢之处，性病蔓延，无法控制。一些罪犯如盗窃犯、烟毒贩子、诈骗犯等更是躲在妓院寻欢作乐，滋事生非。妓院，一片恶臭熏天。

对妓院这一旧社会的毒瘤，人民政府不能坐视它溃烂流脓。北平解放后，百废待兴，千头万绪，社会稳定是第一位的。中共北平市委和军事管制委员会决定将妓院列入特行管理，对妓院的经营实行较为严格的限制，不再放任自流。1949年，北平市人民政府作出决定，对妓院实行四条管理规定：一，各妓院必须备有留宿住客登记簿，详细记载住客的真实姓名、年龄、职业和固定住址，并于当日22时前将登记簿送当地派出所备案；二，凡有身着便衣而持枪游娼者，不得使其逃脱，必须迅速秘密报告；三，遇携带火药、军装、通讯器材而留宿者，要报告当地公安派出所，并不准代其存放；四，凡有私行召开会议者和遇有身着军装嫖娼者，散兵、流亡政府人员、冒充解放军者，向派出所报告。同时还明确要求各妓院老板做到"七不得"，即：不得做非法生意，不得打骂虐待妓女，不得诱使良家妇女为娼，不得阻拦妓女从良，不得让有传染病的妓女接客，不得逼幼女为娼妓，不得使嫖客在妓院里饮酒吵闹吵架，扰乱社会治安。为了掌握妓院的动态，当地公安派出所还对妓女的增减和来路去向进行登记。

同时，各派出所经常派干警检查妓院遵守以上规定的情况，并及时收容审查嫖客中的特务、土匪、国民党部队的散兵游勇以及其他不法分子，使他们不再浪荡于社会，危害社会。民警常在一些妓院集中的胡同巡逻，盘查嫖客的真实身份。对于嫖客是公职人员或学生的，则通知所在单位，责令所在单位对其进行教育和适当处置。这样，许多嫖客害怕"丢脸"而不敢再涉足妓院。派出所还采取在嫖客的证件上打戳子的办法，以便于追查。有一段时间，巡警在出入妓院嫖客的证件上、货单上甚至汗衫上打上"嫖客查讫"的戳子，这一举措吓得许多嫖客

罗瑞卿一夜扫清北平妓院

不敢再上妓院。

1949年10月的一天，北平市委书记彭真来见毛泽东，谈他暗访妓院的事。

前几天一个深夜，他率领市委、市政府主要负责人到前门外"八大胡同"、南城一带。当他向一位15岁的妓女了解情况时，小妓女痛哭流涕，哭诉了她被拐卖到妓院的经过。她还告诉彭真，她一天接客10多人，被老板盘剥后，一天的所得就是4个窝窝头。彭真气愤地说："这是人过的日子吗？我们共产党能坐视不管吗？"

回来后，他即向毛泽东汇报。毛泽东听了彭真的汇报后，义愤填膺，当即急电罗瑞卿，让他马上来一趟。

罗瑞卿急急地赶来，毛泽东对他坚决地说："新中国决不能允许娼妓遍地，黑道横行，我们要把房子打扫干净！"

11月12日，在北京市公安局集体办公会议上起草了在北京立即封闭妓院的议案，报市委、市政府批准后，急送北京市各界人民代表会议最后决议。

与此同时，北京市决定由公安局、民政局、妇联三家联合组成取缔妓院指挥部，总指挥由公安部部长兼北京市公安局局长罗瑞卿担任，统一领导封闭妓院的工作。于是，公安局、民政局、卫生局、妇联、人民法院、企业局等单位也共同组成"妓女处理委员会"，着力于封闭妓院之后对妓女的教育改造工作，对老板和领班则视其罪行轻重依法惩办或强迫改造教育。

11月21日下午5时，罗瑞卿接到北京市市长聂荣臻下达的立即执行《北京市第二届各界人民代表会议关于封闭妓院决议》的命令。在行动前，罗瑞卿以召开会议的名义，分片把各家妓院的老板、领班"请进"了各区公安局，并对他们宣布封闭妓院的命令。

当夜8点，北京市2400余名干警，分成27个行动小组，出动37部汽车，扑向分布有妓院的5个城区及东郊、西郊。卫生部的一个消毒组带了消毒药水和药品，也同时出动。

在出发前，罗瑞卿向行动组成员再次强调六条执行纪律：一是必须立场坚定，态度严肃，依法执行任务，不得与妓女调笑或受其勾引，不得有讽刺、看不起的态度；二是不得接受任何贿赂或任何款待；三是对妓院财物须按规定手续进行登记，不得疏忽；四是不得私自拿取妓院物品或假公济私；五是执行任务应小心谨慎，严防意外；六是服从命令听从指挥。

各行动小组出发后，在妓院附近的胡同口布上内外双层的"包围圈"，由便衣和武装民警实施戒严，各妓院门口由民警把守，胡同里有民警巡逻，不许其他人员走动，防止有人破坏。随后，干部按照事先的分工，进入指定的妓院，把嫖客和妓女集中在院里或大屋子里，宣布立即封闭妓院的命令。之后，又把妓院里的一些帮工，如伙计、茶房、女佣也集中起来，清点人数，一一登记在册。对于这些妓院的"工作人员"，实行遣散回去的政策。对于在场的嫖客，经过检查身份和登记，教育后也当场释放。只有妓女留了下来。

由于行动突然，妓女们一个个惊慌失措，叫喊声一片。干部们向妓女宣传和解释封闭妓院的政策，讲明封闭妓院、解放妇女的道理。对妓女以教育改造为主，并由人民政府提供生活出路。至22日凌晨5时，全市的妓院全部被封闭，行动干净利落。

妓院老板、领班中凡毒杀妓女或残酷虐待妓女致死或自杀者，移送人民法院判处死刑，并没收全部财产；有买卖妇女、逼良为娼、迫令妓女堕胎、强奸幼女、残酷虐待妓女、阻止妓女从良者，判处5年以上徒刑；勒索盘剥妓女10年以上者、奸宿妓女者判5年以下徒刑；盘剥妓女10年以下者，移送人民法院处劳役或罚金，并没收财产；盘剥妓女未满2年者，无重大罪行，可教育保释，没收财产。

到1950年4月，全部妓院老板、领班都被依法处理完毕。其中判死刑2人，10年以上徒刑19人，10年以下徒刑314人，教育释放20人，处以罚金劳役4人，没收房产989处。

被送往教养院的妓女，教养院对她们进行教育，给她们检查身体、治病，对有家可归者发放路费遣送回家，对有对象者帮助结婚，将年幼者送进学校读书，其余人员则被安排学习生产技术后进入国营企业。她们中的许多人在以后的几十年人生路途中，有的积极要求入党，有的成为先进工作者，有的成为国家干部。

十、捍卫新生革命政权

罗瑞卿担任公安部长后，首先率领公安队伍在首都，并指导全国开展荡涤旧社会一切污泥浊水的斗争，为中华人民共和国的成立，创造了良好的政治环境，受到了党中央和毛泽东的称赞。

1950年朝鲜战争爆发后，龟缩在台湾的国民党蒋介石认为反攻的时机已到，便加紧向大陆派遣间谍特务。

这些特务有空投的，有从海上偷渡的，还有从边境潜入的，他们以"杀死一名部长，奖励十条黄金"为诱饵，使一批亡命之徒铤而走险，把暗杀目标盯在一些高级干部和重要民主人士身上。当罗瑞卿向毛泽东汇报这些情况时，毛泽东饶有风趣地说："他们很不简单嘛！海、陆、空都出动了。这就叫做'海里爬上来，陆地钻出来，空中掉下来'。不过，他们折腾得再凶，怕是在罗长子面前也讨不了好去呢！"

毛泽东说得很轻松，罗瑞卿却不敢掉以轻心，立即从全国抽调精兵强将，投入这一斗争。

9月下旬，罗瑞卿向毛泽东汇报，为控制敌人交通线和运送破坏器材的运输线，准备选择一些人设法打入敌人内部去。毛泽东听后很感兴趣，指示说："为了取得敌人的信任，必要的时候，也可以甩几个手榴弹，烧两间茅房子，到敌人那里去报告，只要不死人就行。"

说得两人会心地哈哈大笑。

就在这次会谈后不久，名噪一时的国民党特务段云鹏，便落入了罗瑞卿设置的法网。

段云鹏，自幼习武，能飞檐走壁，解放前是京津一带有名的飞贼，1946年为军统北平站所收买，当上了国民党特务。北平解放前夕，为破坏国共和谈，恐吓民主人士，他在原北平市长何思源家里搞爆炸，使何的一个女儿当场死亡，何夫妇受重伤。北平解放后，他逃到台湾，但贼心不死，先后于1949年9月和1950年5月两次潜入京津地区，发展特务人员，策划多次爆炸事件。他甚至想利用熟悉中南海地形的特点，阴谋再次潜入北京，行刺毛泽东、刘少奇、周恩来等党和国家领导人。

　　罗瑞卿得到这个情报后，决定采取欲擒故纵的策略，派秘密人员诱骗段贼入境，终于将这个自命不凡，声称任何人对他也奈何不得的飞贼，在第三次潜入大陆，刚刚到广州时便被捕获，除掉了这个祸害。当罗瑞卿将这个情况报告毛泽东时，毛泽东听后诙谐地说：

　　"你们莫要这么性急嘛！他不是飞贼吗？让他飞一个样子看看嘛！"

　　在此前后，我公安人员还先后除掉了企图在广州刺杀叶剑英的赵一帆，混入我中央机关内部企图暗害中央领导人的高元龙；妄图在上海暗杀陈毅的刘金德等敌特分子；还把几批空投到东北地区，企图搞反革命暴乱的敌特和数名美国间谍悉数就擒。把敌人一次次阴谋利用"五一"、"十一"重大节日搞爆炸，制造重大事件的图谋彻底粉碎，使新中国革命政权日益巩固，毛泽东、周恩来等党和国家领导人对此非常满意，多次指出：国家政权的巩固，公安战线功不可没！

十一、两次挨毛泽东的批评

　　1950年八九月间，有一天李克农转告罗瑞卿，毛主席在一次和他谈话时，对罗拍着桌子发火。罗瑞卿听了一怔："为什么？"

　　"就是因为你不向他写报告。"

　　"写过多次了，每次都是按级呈报的嘛！"

　　"主席说他一次也没有看到。"

　　罗瑞卿听后很快便去见毛泽东。

　　一见面毛泽东兜头就问："为什么你不给我写报告？"

　　罗瑞卿随即解释："写过报告了，而且不只一次。"

　　毛泽东声严色厉："写了？拿我的收条来！"

　　罗瑞卿茫然道："报告都是呈总理再转主席这里的。"

　　毛泽东听了，这才口气有些和缓地说："啊，以后有些报告，要直接写给我！"

　　几天后，周恩来知道了这件事，立刻向毛泽东报告说："公安部的一些报告，压在我这里，未及时呈给主席。"

　　周恩来为罗瑞卿分担了责任。

　　毛泽东知道后，又召见罗瑞卿说："报告今后要直接送给我，现在你那里有些什么文件，可以拿来我看看？"

罗瑞卿立即将随带的经济保卫工作会议文件呈给毛泽东。几天后，即9月27日，毛泽东在这个文件上批示：

"保卫工作必须特别强调党的领导作用，并在实际上受党委直接领导，否则是危险的。"

罗瑞卿见到这个批示，感到非常重要，立即向全国公安部门传达。他特别指出："公安系统强调党委领导，有其特殊意义。这是因为一方面正如有的同志所说公安系统有秘密、特费、特权三个特点，特别需要党和群众的监督。另一方面，还因为公安工作是一种十分复杂、十分尖锐的对敌斗争，如果没有党委密切领导，即使是一个优秀的忠实的人也没有保证不犯严重错误。有了党的领导，再加上自己谨慎从事，就可以保证少犯错误或不犯大的错误。"

毛泽东的这个批示和罗瑞卿的这些观点，一直到今天，仍然对公安工作有着极其重要的指导意义。

在后来的时间里，罗瑞卿又先后向毛泽东呈送了大量的工作计划、简报、综合报告、考察报告等，毛泽东对这些文件都仔细过目，而且大都作了相应的批示。

毛泽东对公安工作的高度重视，使罗瑞卿很受鼓舞和教育，也更为自己以往在这方面的疏忽而愧疚。

其实，罗瑞卿受到毛泽东严厉批评并不只这一次，另外一次批评也是很严肃的。

那是在1953年12月下旬的一天，毛泽东把他和谭政召进中南海，问道："中央要分一二线，我如果退到二线，怎么办？第一线由谁主持？"

罗瑞卿听了猛然一怔，不明所以，但还是嗫嚅地说："那……那，如果主席退居二线，当然由少奇同志……"

说到这，他没有再说下去。

毛泽东听了，脸色不悦，用手指着罗瑞卿，言辞犀利地批评道："你鼻子不通，嗅觉不灵！世界上人睡觉有些睡在床上，有些睡在鼓里，我看你就是睡在鼓里。"

毛泽东见罗瑞卿被批评得更加茫然，又接着说道："你们知道有人搞阴谋，在北京组织地下司令部吗？……搞阴谋、组织地下司令部的就是高岗。他要在我退居二线时，当党的副主席。他对陈云同志说：'党的副主席，你一个，我一个。'他不是拥护林彪吗？这时林彪也没有了。他不只要打倒刘少奇，是要打倒我，他也会打倒林彪！"

毛泽东要求罗瑞卿找萧华、邓华等谈谈，把他的话向他们打打招呼。作为公安部长，罗瑞卿很为毛泽东对自己的信任所感动，但也为自己政治嗅觉的迟钝而不安。当晚，他就把毛泽东的谈话向萧、邓作了传达。

24 日，毛泽东主持召开政治局会议，罗瑞卿列席。在会上，毛泽东提出，他要到杭州去，他不在京期间，由刘少奇代理工作。最后毛泽东似有所指地说："现在北京有人吹阴风、搞地下活动。中央的风这么吹（手势向上），他的风这么吹（手势向下）。我们大家要注意，你们赞成不赞成？"

罗瑞卿向一旁的高岗瞥了一眼，只见他很不自然地应了一声"赞成"。

当晚，高岗给罗瑞卿打电话，说要来看看他。对于高岗这破天荒的拉近乎的举动，罗瑞卿立即感到气味不对头，马上回答："首长不要来看我，有事我到你那里去。"

说罢，他即刻驱车到中南海，向毛泽东报告了此事。毛泽东说："你快去，看他对你讲些什么。"

罗瑞卿到高岗处，高岗一方面掩饰自己的图谋，一方面还想从罗瑞卿这里探听到一些什么。他要罗注意毛泽东的健康，说："主席检查身体时……不要离开，不要马虎……"

最后他又说，如果成立部长会议，他赞成由林彪当主席等等。

离开高岗后，罗瑞卿马上将这些情况报告了毛泽东。

1954 年 2 月，中共中央在北京召开了由周恩来主持的高岗问题座谈会。陪同毛泽东在外地的罗瑞卿，奉命回京参加这次会议。不久，中央又召开七届四中全会，集中解决高饶反党联盟的问题。会后，罗瑞卿随周恩来去沈阳，向东北局高干会议传达四中全会精神，并参加高干会议对高岗的揭发和批判。

在这次会议上，罗瑞卿作了重要发言，严肃揭露了高岗分裂党，在党内煽动和组织宗派，阴谋夺取中央权力的罪恶活动。他这篇发言稿是经毛泽东、周恩来、邓小平审阅过的，受到了毛泽东的称赞。

十二、毛泽东游泳，罗瑞卿也能游了

50 年代，毛泽东经常到全国各地视察，祖国的大江南北，山川原野几乎到处都留下了他巨人的足迹。毛泽东外出，作为"大警卫员"的罗瑞卿，除了相随相伴之外，更多地是为他的安全做保卫工作。

毛泽东每次外出或出席各种活动，罗瑞卿都要亲自安排保卫人员，对毛泽东将要出入的场所、行走的路线、乘坐的车辆，亲自过问和检查。有时甚至他自己要先走一走，椅子要先坐一坐，东西要先摸一摸看一看，力争做到缜密周详，无一纰漏。毛泽东的专车到达或离开，都由罗瑞卿开道。儿童上天安门献花，也是他亲自带上去。罗瑞卿相随毛泽东左右，使得毛泽东戏谑地说：

"罗长子在我身边，天塌下来，有他顶着。"

"罗长子往我身边一站，我就感到十分放心。"

毛泽东酷爱游泳，他外出，经常提出要游泳，而罗瑞卿对此则常常持反对意见，不同意毛泽东冒这个险。当毛泽东1953年在武汉时，曾打听长江可不可以游泳，回答是否定的。1956年5月，毛泽东在广州，一天突然又提出要去武汉游长江，罗瑞卿等知道后，都坚决反对。因为长江水情复杂，还可能有血吸虫，无法保证毛泽东的安全。

罗瑞卿亲自去劝毛泽东："主席，长江不能游。"

"为什么？"毛泽东脸色不悦。

"因为太危险，万一出点事我负不起这个责任！"

"出什么事？无非你们就是怕我死在那个地方！可你怎么知道我会淹死？"

毛泽东言辞咄咄逼人，罗瑞卿听了连忙解释道："主席，我不是那个意思，保护您的安全是党和人民交给我的任务，我们不能眼看着您去冒这个风险。"

毛泽东还是听不进去，并吩咐道："先派人去试试水性再说。"

警卫一中队长先被派去实地考察。他也很不同意毛泽东游长江，便沿江走了一趟，问了问岸边的老乡，听大家说，长江旋涡很多游不得，就回广州报告毛泽东，说长江不能游。

"你下水了吗？"毛泽东问道。

罗瑞卿为保证毛泽东的安全，虽已过知命之年，却认真地学起游泳来

"我没有下水。"

"没有下水你怎么知道不能游，再派人去！"毛泽东有些发火了。

第二次又派副卫士长去。他水性好，毛泽东还亲自交待要他一定下水试一试。结果，这次考察回来说长江可以游。毛泽东听了很高兴，决定先由广州到长沙，去湘江里游一游，作为游长江的准备；然后再到武汉，去游长江。

5月31日，罗瑞卿提前来到"武康"轮上，挑选了一些游泳好手陪同毛泽东游泳，又对可能会发生的问题作了充分准备，然后亲自扶毛泽东走下轮船扶梯下水。毛泽东高兴地跳入水中，回头招呼罗瑞卿也来下水游泳，罗瑞卿苦笑着摇摇头："我不会，我是个'秤砣'。"

其实，这时罗瑞卿自己真恨自己少年时代为什么没有学会游泳，不然，这会儿也可以陪着毛泽东游一游，万一发生什么意外自己也好处理。

毛泽东这次在长江一直游了两个多小时，尽兴后才上船。他得意地以一个胜利者的口气对罗瑞卿说：

"谁说长江不能游？我一游就是十几里！你不让我游，我偏要游。明年我还要来，还要把你拉下水！"

毛泽东说的也许是玩笑话，可罗瑞卿听了却暗暗下定决心，为了保卫毛泽东，自己说什么也得学会游泳！

转眼到了1959年。这年毛泽东在江西九江游长江时，罗瑞卿就已经能够陪同毛泽东下水了。后来，他还陪同毛泽东在韶山水库、十三陵水库等地方游泳。但是人们可能很少知道，为了学会游泳，年及半百的罗瑞卿，该要付出多少精力和体力，才能实现这个愿望呵！人们可能更不知道，为了能尽快学会游泳，罗瑞卿不仅自己下决心学，而且还把他夫人"拉下了水"，一块学会了游泳。

时光荏苒，十年韶光弹指一挥间。1959年9月，罗瑞卿被任命为人民解放军总参谋长。不久，又辞去公安部职务，兼任军委秘书长，主持军委日常工作。从此他便离开公安战线，又回到军队的领导岗位上。

十三、真挚的患难爱人

对于自己和夫人郝治平的爱情，罗瑞卿曾在诗中写道："延安相识未知心，太行始得互恋情。"

其实，要说相识，应当说是郝治平先认识了罗瑞卿。

郝治平原是开封第一师范的学生。1938 年春天，她不满 16 岁，便同当时成百上千的热血青年一样，奔向革命圣地延安。到陕北公学后，她不到两个月就入了党，随后又进入抗大第四期学习。到抗大不久，她见到了时任抗大的副校长的罗瑞卿。

罗瑞卿认识郝治平，要晚得多。

大概是在 1938 年 10 月中共六届六中全会期间。郝治平参加了抗大的演出队到会进行慰问演出。她表演的节目是跳工农舞。一些较矮的女同志扮农民，而她和几位个子高一点的女同志则女扮男装演工人。郝治平女着男装显得更加俊俏，而白衬衣、蓝色背带工装裤在当时的延安不啻时装，吸引了大家的眼球。罗瑞卿等与会的领导坐在台下观看，第一次见到了郝治平。但是，这次演出只是使罗瑞卿知道了抗大有这么一批文艺骨干，仅此而已，他连郝治平的名字也不知道。

1939 年，由于国民党顽固派推行消极抗日、积极反共的政策，对陕甘宁边区实行军事包围和经济封锁，加上 1938 年陕北大旱，边区的财政经济发生极大的困难。党中央在号召根据地的军民自力更生、上山开荒后，又决定将抗大、陕北公学等学校迁移到晋东南去。

7 月 7 日，罗瑞卿等率抗大总校、陕北公学等单位离开延安东进。此时，郝治平已结业，留校任第二大队的技术书记。

当抗大转移到延长县时，一天，郝治平在路上同罗瑞卿迎面相遇。她向他敬了一个礼，便走了过去。罗瑞卿发现她个子高高的，便停下脚，把她叫住，问她是哪一个单位的，叫什么名字，干什么工作。她有些拘谨地一一作答后便又走开了。

对于这一段往事，罗瑞卿在和郝治平结婚后，他对她说："那个时候你好高傲呐！"

郝治平回答说："你是副校长，我是一个基层干部，我们以前又不熟悉，难道还要我主动同你拉呱儿不成？"

罗瑞卿听了不禁莞尔一笑。

1940 年 6 月，罗瑞卿调任八路军野战政治部主任，离开了抗大。同年底，郝治平也从抗大调到中共北方局党校继续深造。这一期间，郝治平收到过各式各样的情书。有知识分子写的书法工整的长诗，也有工农干部写的字迹拙朴的约会便条。对这些，她一概置之不理。

一天，她刚下课，又收到了一封信，一看前面的称呼是"紫萍"。

自从抗大转移到太行山后，她即改名赤茜，是谁用谐音叫我原来的名字呢？再看信尾，署名是"洛水清"。这三个字如果用四川话来读，即是罗瑞卿的谐音。

她脸上不禁飞起一片红晕。再看信的内容，是约她晚饭后在村口相见。此信虽只寥寥数语，但她已能猜出其含义。但她又想：也许是罗主任要找我了解什么情况呢。于是，她依约而去。

从此，在夕阳中的村外河边上、小树林里，常常可以见到他们的身影。

经过一段时间的了解，双方都感到对方正是自己所要寻找的伴侣，于是，罗瑞卿提出了结婚的要求。她轻轻地点点头，但提出："要等我毕业以后。"

罗瑞卿询问她："你哪一天毕业？"

郝治平说："是4月3日。"

罗瑞卿立即说："好，婚期就订在4月3日。"

4月3日，桃李芳菲。党校毕业典礼结束后，女同学们便簇拥着新娘郝治平，唱着歌，说说笑笑，向野战政治部驻地桐峪镇走去。罗瑞卿在镇口迎接，把她们都请到新房———一座在太行地区少见的新式两层小楼。为了避免惊动更多的人，罗瑞卿没有将举行婚礼的日期通知彭德怀、左权等领导人，出席婚礼的只是野政的一些同志。

傍晚，客人们陆续散去。在小油灯下，他俩相对而坐。伙房送来了晚饭。有小米饭和特地炖的一碗鸡汤。吃饭时，罗瑞卿将鸡肫夹到她碗内，对她说："这个最好吃了。"

她说："最好吃你怎么不吃？"又将它夹回他碗里。让来让去，最后他将它一分为二，一人吃一半。从此，罗家吃鸡，鸡肫总是剖成两半，他俩各吃一半。

郝治平毕业后分配到政治部秘书处。为了适应频繁的反"扫荡"的需要，政治部机关也军事化了，共编为第四、第五连两个连队，郝治平任四连指导员。

1942年初，郝治平分娩刚刚11天，便赶上了反"扫荡"。孩子被放进一个垫了小棉垫的木筐，盖上小棉被，由通信员背着走。这一天，风雪弥漫，郝治平的头发、眉毛都结上了霜花。她十分想看看女儿，但部队在转移，沿途又无处可以避风。罗瑞卿也十分担心女儿的处境。他解开马褡子上的一块油布，盖在木筐上面，然后，又策马去指挥部队和机关的反"扫荡"。天亮后，敌机轰炸，通信员避入一个窑洞，刚把木筐卸下，一颗炸弹把窑洞震塌，通信员赶忙把木箱从土中扒出救出孩子。

直到傍晚，郝治平才在一小村庄住下，进入屋内，郝治平赶忙掀开小棉被。一看，心都凉了，只见婴儿浸在屎尿中，冻得皮肤青紫，连哭声也没有了。房东老大娘把孩子抱起来，看了一看说："别急，我来试一试。"她把孩子放在炕上，

建国初期的罗瑞卿与郝治平

用手一遍一遍周身按摩。许久，孩子终于哭出声来，得救了！以后，郝治平将她寄养在辽县麻田村一户老乡家里。孩子是在桐峪生的，在麻田托付给老乡，孩子的奶娘便给她起名叫"峪田"。

5月，日军又发动了2.5万人的"拉网大扫荡"，兵分七路，于24日完成对窑门口、青塔、艾铺地区的包围。25日，在包围圈中的八路军总部和中共北方局机关在一二九师三八五旅一部掩护下向东、北、南三个方向突围。彭德怀突出了重围，但左权和总部几位干部却在突围战斗中壮烈牺牲。罗瑞卿和供给部长杨立三等总部大部分人员仍在包围圈内。罗瑞卿命令大家分为战斗小组化整为零，分散突围。

在被敌人包围的这几天，罗瑞卿一直未见着郝治平。她正跟着杨立三率领的另一支队伍寻找突围的道路。一天，她跳上一个高坎，崴了脚。杨立三让她骑自己的马。郝治平什么也不骑。她对杨立三说："部队可以没有我，却不能没有你。"杨立三劝之再三，她就是不上马。他只好让她行军时拽住马尾巴。

这一天，罗瑞卿走过一个叫"王前"的地方，不禁闪过一个不祥的念头。当晚，罗瑞卿与杨立三会合。他看到了郝治平，惊喜地对她说："啊呀，你没有死啊！"

她点点头说："我是拽住老杨的马的尾巴走过来的，老杨是我的救命恩人。"

新中国成立后，罗瑞卿先后在公安部、总参谋部担任领导工作，为了巩固新生的人民政权，他又投入到没日没夜、紧张而又繁忙的工作中。他的责任是保卫中央领导人的安全。不论毛泽东到哪里，他总要随行，特别是每逢节假日，或在天安门城楼，或在怀仁堂，他都要站在毛泽东身边。由于罗瑞卿工作忙，郝治平的担子就更重了。一方面，她有她的工作；另一方面，她要担负更多的对子女的教养责任，自称是孩子们的班长。

1965年12月，林彪因罗瑞卿拒绝上他们的贼船，竟以突然袭击的方式对罗瑞卿横加诬陷，百般折磨，罗瑞卿愤而跳楼自杀，虽然没死，但是却摔断了脚，住院监视治疗。

1966年春夏，狂热的斗争席卷北京，郝治平被禁止去医院照看罗瑞卿。

12月20日，红卫兵分别从医院和家里把罗瑞卿和郝治平劫走。24日，在工人体育馆召开了批判所谓罗瑞卿篡军反党集团大会。陪斗的除郝治平外，还有肖向荣、梁必业、王尚荣、陈鹤桥、史进前。这次大会表面上是红卫兵在张罗，实际上是林彪、叶群在操纵。这一天，叶群亲临会场，坐在19看台。

在会场上，有人照像拍电影。郝治平低着头。红卫兵揪住她的头发逼使她抬起头来。她就是不抬头，正在争持间，忽然听到身旁的罗瑞卿对她说："把头抬起来，让他们照！"郝治平受到了鼓舞，心想："我又没有罪，怕什么？"于是便抬起头来。

会后，罗瑞卿被送往一个警卫部队"监护"起来。随后，便是三天一小斗，五天一大斗，直到1967年3月底。罗瑞卿和郝治平只有在这些批斗会上才有见面的机会。

1968年2月，郝治平也被投进监狱。

九·一三事件后，罗瑞卿的监护条件逐渐改善。并且，可以同家人见面。郝治平在狱中的待遇也有所改善。但她又得了癌症。复兴医院的钱医生认识她，也很同情她，成功地给她做了手术，使她死里逃生，活了下来。

1974年1月5日，郝治平出狱。8日，她到医院去看望罗瑞卿。医院怕罗瑞卿夫妇过分激动，已预备了氧气，准备急救。但郝治平虽然很激动，表现得却很坚强。到了这时她才知道，由于林彪一伙的故意拖延，罗瑞卿的腿伤迟迟得不到治疗，直到1969年因左小腿已无法保存才不得不做了截肢手术，并被摘掉了股骨头。她抚摸着罗瑞卿的残肢说："少一条腿没有关系，只要心脏还在跳动，就可以为党工作。"

1975年，罗瑞卿被任命为军委顾问，1977年8月，中共第十一次全国代表大会在北京召开，罗瑞卿当选为中央委员，并被任命为中央军委常委、军委秘书长。他全身心地投入了拨乱反正的工作。

十四、客逝异国

罗瑞卿历来以精力充沛、精明强干而著称。他一恢复工作便进入了不分上班下班、没有白天黑夜的状态。他的家庭从他解除监护后形成的短暂的平静也不复存在，一切都围绕着他快节奏地运转。秘书来不及调来，郝治平也上了阵。他的桌上文件卷宗堆积如山，办公室内电话铃声不断，来访的客人一批接着一批。他平时需坐轮椅，行动不便。为了节省时间，他工作时便不喝水，以减少去卫生间的次数。午休时，他连假腿也不摘，和衣躺着休息一会儿。他生病住院，病房便成为办公室。他每天都要工作到深夜。亲属和战友担心他累坏身体，劝他放慢工作节奏。他却说："我今年72岁，要当成27岁来过。"

复出后，短短一年内，罗瑞卿视察了京郊、天津、徐州等地的部队。有的地方坑道太窄，轮椅难以通过，他便拄着手杖走。一些领导出于对他的关怀，便告诉部队，以后罗秘书长到什么地方，汽车、轮椅通不过时，就组织人抬。而这反倒使罗瑞卿于心不安。他不愿意麻烦人，渴望走下轮椅，扔掉手杖，大干一场。

1977年，组织上请了两位西德专家给罗瑞卿安装了一个重量更轻、质量更好的假腿。这两位医生告诉他，可以安装人造股骨，以改善左腿功能。罗瑞卿听了，怦然心动。

1978年3月，郝治平在体检时，发现肺部有一个阴影。连续观察，它长得很快。3月13日，她第二次动手术，切除了一叶肺，并证实是原乳腺癌转移到肺部。罗瑞卿知道了郝治平的病情。他心情沉重地对妻子说："我不能就这个样子。我要出国治腿。今后我不能再要你照顾我。我要治好腿，照顾你。"

随后，罗瑞卿请出访西德的卫生部副部长钱信忠、中国人民对外友好协会会长王炳南和驻西德大使张彤协助了解西德做安义肢手术的情况，搜集一些有关资料。4月间，罗瑞卿向中共中央写报告，准备去西德治腿，中央同意。5月中旬，301医院将罗瑞卿病情材料以及左下肢、股骨头伤残部位X光照片交信使送到我国驻西德大使馆，由他们同西德方面交涉。6月，去西德治腿事已定，并开始着手筹备。

7月初一个上午，罗瑞卿在西山办公的地方接见了空军司令员张廷发和民航局长沈图。当他们来到时，罗瑞卿坐在轮椅里带着歉意说："我不能站立起来迎接你们了。"

他们互致问候后，罗瑞卿说："中央批准我去西德治病，要坐民航飞机去。"

他边说边将中央批准的报告递给张廷发。张廷发看了一下又交给沈图。"没有腿真不方便。"罗瑞卿等沈图看完，一面轻轻抚着残腿，一面说，"不要说下去调查研究，就是生活自理也困难。"他露出一丝苦笑，"这次中央为我出国治病，做了十分仔细的安排，国家又为我花这么多钱，我心里过意不去……"

这件事张廷发可能早已知道，未说什么。沈图是头一次听说，不禁问道："有把握吗?"

"王炳南和钱信忠同志都做过调查。第二次世界大战后，西德残疾人很多，安装义肢恢复行走功能的也很多。在这方面，他们的医疗技术和经验都是第一流的。我的病历已经寄去了，他们的答复是做这样的手术没有问题。"

为了安全到达波恩，张廷发、沈图又向罗瑞卿汇报，使用波音—2408 号飞机，15 日在北京西郊机场起飞，走经乌鲁木齐、布加勒斯特的航线。

罗瑞卿问："在西郊机场，波音 707 起飞有问题吗?"

张廷发答："虽然过去没有起飞过，从机场条件说，理论上没有问题。我们还要试飞一下。"

罗瑞卿说："那就还是到首都机场吧，无非是多跑几十公里。"

张廷发说："你行动不方便，等我们试飞后再说，争取在西郊。"罗瑞卿决定，这个问题先不定。起飞时间定在 7 月 15 日。

7 月 13 日下午 15 时，空军报告：明日由曹里怀副司令员主持，在西郊机场试飞波音 707 主机 2408、副机 2400 的起落。16 时，罗瑞卿让秘书通知空军和民航总局："波音飞机不要勉强从西郊机场起降。因为从来没有起降过，不要因为坐一次飞机动用那么多人忙了。在首都机场，无非是坐飞机的人在地面乘车多跑几十分钟的路。在首都机场，靠一边上飞机就行。如果为了避开普通旅客，也可以推迟一点起飞。"

7 月 15 日晨，沈图了解到北京至乌鲁木齐的航线完全适航。8 时许，罗瑞卿夫妇及随行人员和医陪小组，到达专机停机坪，空军司令员张廷发等也到达。在飞机扶梯前等候的机长向坐在轮椅上的罗瑞卿敬礼，并向罗瑞卿夫妇一一介绍了机组人员。罗瑞卿夫妇同机组人员一一握手，连声说："谢谢，谢谢。"

起飞前，罗瑞卿的小孙子和小外孙一直在罗瑞卿膝盖上坐着，同爷爷、外公又说又笑。

预定起飞的时间 9 点钟快到了。送行的人都劝罗瑞卿上飞机。罗瑞卿摇摇头，他要等王震。

"爸爸，走吧，不要等了。"他的女儿劝说着。

"王胡子说来送我，他一定来。我要见到他再走。"

正说着，王震到了，他一下车就快步走到罗瑞卿面前一面同他紧紧握手，一面说话。在场的人无不为这两位将军的亲密情谊而感动。

9点57分，飞机起飞。7月18日19点40分到达波恩。驻西德大使张彤和文化参赞齐怀远到机场迎接。

在波恩，罗瑞卿夫妇受刘伯承夫人汪荣华之托，为刘伯承买了一箱药。然后亲笔给杨勇副总长写了一封信，托返回北京的专机带回。

到波恩不久，罗瑞卿住进了距波恩200余公里的海德堡骨科大学医院。7月29日，经内外科检查，情况良好，决定8月2日动手术。

8月1日，手术前一天，郝治平带了一束鲜花，在张彤大使陪同下坐了两个半小时的汽车去医院看望罗瑞卿，同他在病房合了一张影。很晚了，她还不想走。罗瑞卿对她说："走吧，走吧，你回去休息吧，我已经服了睡前的药，明天就做手术。你放心，一切都会好的。"说完，他微笑着，摆着手，目送着她出门。这就是罗瑞卿留给郝治平的最后的影像。

8月2日，当郝治平赶到医院时，罗瑞卿已经进了手术室。中午，从手术室传来消息，手术成功。守候在手术室外的她激动得掩面痛哭。但因怕感染，医院未让她看望他。傍晚，又传来消息，他已苏醒过来，还用英语对给他动手术的医生道了谢谢和晚安。

看来一切顺利。经劝说，郝治平回旅馆休息。她刚躺下，听到了不祥的电话声，接着便有人敲门。等她赶到医院，罗瑞卿因突然心肌梗塞已与世长辞。

罗瑞卿、郝治平与医疗小组和工作人员在一起。右一为驻德大使张彤。

残臂大将：粟裕

　　粟裕（1907—1984 年），湖南省会同县人，1926 年加入中国共产主义青年团，1927 年转入中国共产党。参加了南昌起义和湘南起义。土地革命战争时期，任中国工农红军第十军连长、营长、支队长，六十四师师长，红四军参谋长，红一军团教导师政治委员，红十一军参谋长，红七军团参谋长，红十军团参谋长，红军北上抗日先遣队参谋长，挺进师师长，闽浙军区司令员。坚持了南方三年游击战争。抗日战争时期，任新四军第二支队副司令员，新四军江南、苏北指挥部副指挥，新四军第一师师长兼政治委员，苏中军区、苏浙军区司令员兼政治委员。解放战争时期，任华中军区副司令员，华中野战军司令员，华东野战军副司令员、代司令员、代政治委员，第三野战军副司令员。

　　中华人民共和国成立后，任国防部副部长，军事科学院副院长、第一政治委员，中共中央军委常委。是第一、二、三届国防委员会委员，第三、四届全国人大常务委员会委员，第五届全国人大常委会副委员长，中国共产党第七届候补中央委员，第八、九、十、十一届中央委员。在中国共产党中央顾问委员会第一次全体会议上被选为中央顾问委员会常务委员。1955 年被授予大将军衔。

一、离家出走

1907 年 8 月 10 日，粟裕降生在湘西会同县伏龙乡枫木树脚村。

枫木树脚村因村后的一大片枫树林而得名。这里二十多棵枫树棵棵高大挺拔，粗壮茂盛。夏天绿叶清凉，秋天一树火红。粟裕家的房子就在枫树底下。

粟裕的祖父是当地的地主，曾经拥有一百多亩土地。到了粟裕父亲粟嘉会手里，由于三兄弟分家，每家就仅分得三十余亩。粟嘉会是个落第秀才，劳动能力很弱，全家八口人，结果，生活大不如前。

童年时粟裕聪明好动，家里的长工们都很乐意跟他一起玩。其中有个长工比他大十来岁，叫阿陀，是粟裕最要好的朋友。阿陀很擅长讲故事。讲的故事大部分是关于英杰剑侠、杀富济贫、惩恶扬善一类的，讲起来绘声绘色，连比带划把个粟裕听得神魂颠倒，全部身心都随故事里主人公的喜怒哀乐而喜怒哀乐，对故事里"专管人间不平事"的侠剑崇拜极了。因此便生出一个理想：长大后做侠客。

要做侠客，自然要会武功。于是，他在阿陀的带领下练"飞毛脚"，用沙袋绑在腿上，不停地跳和跑；接着又练"狼牙棒"，用根灌满铁砂的竹竿不停地东挥西舞；再后，又练"硬气功"，拿肉拳头使劲地砸砖头，两人常常弄得筋酸骨痛，伤痕累累。阿陀还特意给他制造了一把枪。枪管是用弹壳做的，以黑色火药发射沙子。粟裕常持这枪去射击假想的恶霸，玩得高兴之至。

湘地民风剽悍，争勇好斗，是一块成就军人的天然土壤，曾广为流传过"无湘不成军"之说。湘乡的这种民风熏陶了童年的粟裕。

1913 年，粟裕刚满 6 岁就入私塾读书。1918 年，内地政治动荡，军阀混战，湘西一带也是土匪猖獗。一天夜里，距枫木树脚村不远的一个亲戚家的孩子被票匪绑去。这事对粟裕家惊吓很大，全家很快就搬进了会同县城。搬迁时借了一笔债，从此家境更是每况愈下。

全家搬入会同县城后，粟裕也随之转入了县城的"洋学堂"读书。国文、算术、绘画、体操、唱歌、修身，他都很喜欢。其中，他特别爱音乐，先后学习过笛子、洞箫、月琴等多种乐器，成为学生中的活跃分子。然而在学习方面却总共留过三四次级。

粟裕留级的原因并不是因为他功课跟不上，而是因为他缺课太多。而缺课多的原因，又来自他的父亲。父亲送他上学的目的，只是为了使他能继承和管理家里的那份产业。结果，粟裕念过几年私塾，又念了几年洋学堂，父亲认为完全足够了；于是就开始分派他管家、记账，使他十天里有三两天不能去上学。

可嫂子由于嫉妒，还常常说三道四，叫骂不止，这更让他觉得不是滋味。

在他十四五岁的时候，家里做主，硬给他订了一门亲事，女方比他大两三岁，家里是富农，还裹着小脚。这对已初步接受了新思想影响的粟裕来说，实在是件不可容忍的事情。他开始打算离家出走。

然而，最终促使他离家远去的却是另外两个偶然的原因。

一个是同驻军的冲突。

这时会同县里驻着北洋军阀的一个连。官兵都飞扬跋扈，神气十足，俨然是一县的太上皇。过街时，从不管人多路窄，总是横冲直撞，排成四路纵队，把生意人的摊子挑子篮子罐子踢得满街都是。老百姓恨透了这伙兵。粟裕和他的同学们偏不买这个账，每碰到有当兵的开过来时，也照样子排成几路纵队，手挽手地朝前走，故意去撞那些兵的四路纵队。这样几次下来，兵和学生们就结下了很深的仇恨，终于一天双方打起来了，手无寸铁的粟裕等人被打得鼻青脸肿。这时候，他就萌发了要"自己搞队伍"的念头。他决定出去闯闯。

另一个促使粟裕最终离家远去的原因是考学。

会同县每年都要通过考试，挑选几名学生去常德县考省立第二师范学校。这年全县要录取两名。粟裕被录取了。他决心去八百里外的常德参加考试，他有信心成为第二师范的正式学生。

1924年1月8日，粟裕离家出走。行前，他没有告诉父亲，只是在得到录取通知书后跟母亲打过一个招呼。可是，当他步行110里到了湘西水陆码头洪江，打算在这里乘船去常德时，才知道所带的钱连买张船票都不够。他只好给家里写信，表示如果家里不寄路费来，"讨米也要走"。父母亲见了这信，十分着急，立即回信，答应给他筹措路费，让他先回家，从长计议。

粟裕明白筹措这笔钱，不是件容易的事。在得到父亲不再阻拦的保证后，回家等待。

不久父亲果然尽全力为他凑足了几十块银洋。临行前，父亲郑重其事地请来亲朋好友、左邻右舍为他送行。结果，这一别，父子便永无相见之日了。粟裕离家不久，父亲便去世了。

1924年3月，粟裕才到达常德，这时考期已过，他通过亲戚的关系，进了常德二师附小，插班在高小三年级。

1925年春，粟裕终于考上了常德湖南省立第二师范，由于学习紧张，自己又比别人用功，竟累出一场大病来，咳嗽、吐血、脱发。此后他的头发再没有浓密过。

1926年6月从广东出发的北伐军以破竹之势进入湖南，湖南的工农运动迅猛发展。11月底粟裕加入中国共产主义青年团，为迎接北伐军的到来，二师的党团员们积极凑钱购买枪支，粟裕和滕代远等两个同学合着买了支驳壳枪，二百发子弹。北伐军到达长沙不久，蒋介石便在上海发动了"四·一二"政变，残酷屠杀共产党人。接着许克祥在长沙也发动了"马日事变"，血腥镇压工农群众和革命力量。二师的进步校长也被国民党中央军杀害了，大批反动军警包围了学校。但外界传说二师拥有七八百条枪，军警们信以为真，一时便不敢闯进校门。面对这种局面，党组织决定立即组织进步学生，迅速分批撤离学校。

粟裕是最后一批撤离的。他们揭开校内下水道的铁盖子，猫着腰，踩着发臭的污水，顺着下水道摸黑跑到城外，在洞庭湖畔跳上了一条预先准备好的小船。小船横穿洞庭湖，行至岳阳与长沙间的铁路边上，一行人在夜色的掩护下爬上了开往武汉的火车。他们身无分文，又怕被人发觉是逃亡的进步学生，只好藏在座位底下过夜。直到第二天清早火车进入湖北境内后才敢出来。不久便到达武昌。

这时武汉的汪精卫政府还没有公开反共，粟裕在武汉很顺利地接上了组织关系，被党组织安排进入叶挺的二十四师教导大队。1927年6月，粟裕在二十四师教导队转为中国共产党党员。

二、半世戎马，六次负伤

半世生涯戎马间，一生系得几危安，

沙场百战谈笑过，际遇数番历辛艰。

松苍敢向云争立，草劲岂惧疾风寒。

生死沉浮寻常事，乐将宏愿付青山。

粟裕的这首诗是他一生战斗的最好概括。

参加南昌起义的部分干部合影。右起一为陈毅、二为周子昆、三为宋裕和、四为粟裕、五为李一氓、六为叶挺、八为袁国平

（一）武平之战，首洒热血

1927年8月1日，震惊中外的南昌起义爆发了。粟裕在周恩来、朱德、叶挺等人的领导下投入了激烈的战斗。3天后，敌人大军压境，起义军主动撤兵南下。在潮汕失利后，部队向闽粤赣边境转移。粟裕等追随朱德麾下，经平和、永定、上杭，到达闽西南的武平。

敌钱大钧部穷追起义军至武平城下，为保存革命火种，朱德令粟裕所在的连队掩护大部队转移。班长粟裕在排长的带领下，在西门外一座山岗英勇顽强地阻击如飞蝗般扑来的敌人。

夜幕降临，连队完成掩护任务后正准备撤退，忽地，一颗子弹从粟裕右侧的颈骨穿过。他顿时血流如注，昏迷过去。排长奔过来猛摇，见他没有一点反应，以为粟裕牺牲了，便下了他的枪，三鞠躬后带领剩下的战士默默地撤走了。

粟裕从昏迷中醒来，没有枪声，也没有喧哗声，周围死一般地寂静，再一摸，枪也没有了。他忍着剧痛，顺着山坡滚下去，艰难地爬行到路上，后来在路过的几个同志帮助和搀扶下赶上了部队。

以后，经过艰苦转战，粟裕参加了湘南起义，上了井冈山。

（二）抢占宁都，再次中弹

由于敌人的封锁，红四军处境艰难，毛泽东、朱德决定红军向赣南游击。1929年1月中旬，粟裕随部队离开井冈山，时值隆冬，红军穿行在崇山峻岭之间。山上积着冰雪，粟裕身上的单衣已经破烂。他带着连队不停地走，每天少则走四五十公里，多则走六七十公里。他只有一条夹被，夜晚装上禾草御寒，雨雪天当雨衣披在身上。因为一路急行军，炊事担子落在后面，全连每人带一个搪瓷缸子，到了宿营地，他和战士们一样，往缸子里放一把米，放上水，烧起一堆火，一个班一堆围着睡，一觉醒来，饭也熟了，吃过饭，再接着走。

敌人在后面紧追。战士们被敌人追火了，憋着一肚子气，都说苦没什么，这口气咽不下。粟裕尽力去做战士的说服工作，可他自己也想痛痛快快打一仗，打掉追敌的嚣张气焰。

一天行军，正好朱德走在粟裕连队旁边，一位战士捅了捅粟裕，悄悄地说："跟军长提提意见，不打仗，光转移算个什么玩艺儿，革命就是撩起长腿跑路吗？"

粟裕的心里早窝着火，想了想，对这个战士说："想打仗还不容易吗？后面就有敌人跟着屁股追。等一会，你发动几个人向军长喊口号，逼他下命令。"

果然，没多大工夫，朱德一来，队伍里有人喊起来了："当军长，不打仗，让我们来指挥得了！"

粟裕顿时紧张起来，他只是让战士们向军长求战，但没有想到他们说话这么难听，他很担心朱德军长面子上过不去，会发脾气，举目望去，却见军长面不改色，甚至依然还带着宽厚的微笑。

"粟裕呀，"朱德亲切地叫着他，"你也认为我这个军长不打仗吗？"

粟裕朝那几个发牢骚的战士吼道："瞎嚷嚷什么，军长不打仗，他这个军长是偷来的吗？谁再胡说，我收他的枪。"

发牢骚的战士不敢吭气了。

第二天，部队走进一片山林，此处山高林密，道路狭窄，易守难攻。朱德在山下看了看，对粟裕说："你们不是想打吗，要打就打！"

粟裕啪地一个立正，说："听军长指挥。"

朱德说："那你，你带一排守住左边山头，让二排埋伏在右边林子里，听我枪声为号，打掉敌人尖兵分队。你要记住，不得恋战，打了就走。"

粟裕依计而行。

大约是黄昏时分，粟裕等人隐蔽了将近4个小时，终于看见敌人约一个连的先头部队从山口逶迤而来。待进入伏击圈后，朱德把大衣一甩，喊了声："想打，就给我打个痛快！"举起驳壳枪一阵猛扫，粟裕也带人以密集火力泼向敌人，三个方向同时出动，一个漂亮的反冲击，将敌人先头部队打得抱头鼠窜。

此役，还缴了几十条枪。

以后粟裕跟随朱德领导的红四军出崇义，战大庚，折南雄，过三南，夺瑞金，拖得尾追之敌疲于奔命，狼狈不堪。大年初一，红军在瑞金、宁都之间的大柏地设伏，击溃敌人两个团，俘虏敌团长肖致平、钟恒以下800余人。

红军斩掉追敌，沉浸在胜利的喜悦之中，时任二十八团三连连长的粟裕率领部队响应毛泽东提出"北上宁都，去抢赖世琮的'庆功宴'"的号召，斗志昂扬地朝宁都疾进。宁都守敌赖世琮果然设宴庆贺"朱毛共匪在大柏地全军覆灭"，美酒佳肴香气四溢，官兵吆五喝六，猜拳行令。正一片疯狂时，红军似神兵天降，出现在宁都城下，枪声掺和在喜庆的鞭炮声里，城门口那些喝得醉醺醺的官兵来不及反应便倒下了。粟裕带领三连打进城后直朝赖世琮的盛宴奔去。有一个士兵出恭，看到大队红军涌来，大喊"红军来了！"惊愕的敌人慌忙举枪射击，乱枪中，粟裕被击中臀部，他一声不吭，忍痛追歼敌人，直到战斗结束。

部队进入闽西后，决定攻打长汀。粟裕正在养伤，听说有仗打，哪里还躺得住，缠着团长要参战，未被批准。他等部队冲上去后，独自抄近路冲向枪响的地方，转过山头一看，他已经插到了敌人的后面，一个敌军头目正举着枪大喊："打！谁退我就枪毙谁。"粟裕看得真切，一枪把敌军官撂倒。敌人群龙无首一战即溃。

战斗结束时，团长看到粟裕，不无生气地问："你怎么来了？"

"报告团长，伤已经全好了。"粟裕忍痛回答。

结果，他还是被团长狠狠地骂了一顿。然而，他心里却暗想：能参加这样痛快的一场战斗，挨几句骂算什么！

（三）头部一弹至死未取出

1930年5月，毛泽东、朱德指挥红军围歼国民党独立第十五旅。刚刚担任红四军第一纵队第二支队政委的粟裕，想打一个漂亮的歼灭战，可事与愿违，几次冲锋都未奏效。他急了，夺过一挺机枪，就往前冲，但被敌人的火力压住了。他猛然甩掉帽子，高呼"不怕死的，跟我冲啊！"

话音未落，一发炮弹在他身边爆炸，粟裕只觉得眼前一黑，就什么也不知道了。

战斗结束后，战友们把昏迷不醒的政委抬到后方医院，一块锐利的弹片深深地嵌进了他的颅骨。因医院条件简陋，无法进行大手术，只好用纱布将头部紧紧缠住。

这块弹片伴随着粟裕度过了漫长的岁月。淮海战役时，他那受伤的大脑因长久思考问题而发烫，医生给他做了一个简陋的"健脑器"。头发热了，就把它戴上帮助头部散热，但这还是解决不了问题，他的头部还是又烫又痛。他总是不言不语地用冷水浇头，警卫员问道："首长，你头痛是啥感觉？"

他说："不好受，头昏目眩，每根头发像钢针往里扎，手都不敢碰。"

从那时起，一直到他病逝，这块弹片仍没有取出来。

（四）硝石苦战左臂残废

1933 年 2 月，红一方面军进行整编，粟裕由红四军参谋长改任红十一军参谋长。在硝石战斗中，面对优势的敌兵，粟裕和政委肖劲光指挥部队苦战，多次打败进攻之敌，稳住了阵地。

随后，粟裕率部反攻，冲锋在前，左臂不幸中弹，警卫员想要他退回阵地，他一把将警卫员推开，继续往前冲。战士们被参谋长的行动所感动，争先冲锋杀敌，大获全胜。

战斗结束后，粟裕住院治疗，不几天，医院遭到敌人的袭击，粟裕伤口未愈，挺身而出，组织医务人员和伤病员突围。因奔跑剧烈，负累过重，致使伤口再次迸裂，加上辗转避敌，延误了治疗时间，粟裕的左臂终成残废。

（五）陈村遇险，右臂挂彩

1934 年，红军在王明"左"倾机会主义路线的影响下，无力粉碎敌人的第五次"围剿"被迫转移。7 月，红七军团作为抗日先遣队率先北上。9 月 24 日，敌人向红七军团宿营地鲍家村、陈村截击，军团参谋长粟裕在指挥作战时，被敌弹击中右臂。他用布包扎后，忍着剧痛继续指挥战斗。在给了敌人沉重打击后，他指挥部队趁着夜色突围而去。

这颗子弹头在右臂中一直藏了 17 年。直到 1951 年 11 月，右臂疼痛难忍的粟裕经毛主席批准，才入北京医院治疗，由沈克非教授动手术把弹头取出来。

（六）云和奔袭，脚踝负伤

红军北上抗日先遣队失败后，粟裕没有悲伤，也没有流泪，他率领怀玉山突围的部队到达闽浙赣根据地，开始了艰难的 3 年游击战争。

在此期间，粟裕带领部队转战闽浙边，甚至对汤恩伯的老家武义，陈诚的老家青田，蒋介石的老家奉化也不断"光顾"，使蒋介石极为头痛，曾悬赏万元，捉拿"金米"、"苏群"、"余良"等"共匪"首领。其实这些名字都是粟裕的化名。

1936 年夏，粟裕率部长途奔袭云和县以南的敌据点，以迅雷不及掩耳之势，解决了守敌。激战中，粟裕的脚踝又不幸中弹，由战士们抬回到根据地。

三、和政委见面时带着自己的武装

1934 年 7 月初，正在福建连城地区鏖战的红七军团，忽然接到中央军革委十万火急的电令，要求红七军团立即脱离战斗，赶回瑞金。

粟裕时任红七军团参谋长兼十一师师长。中央军革委给他们的任务是：立即由红七军团组成红军北上抗日先遣队，向闽、浙、赣、皖等省出动，担负宣传抗日，支援皖南的两大任务，并要求三四天内就出发，一个半月内赶到。

"你对这次任务怎么看？"领受任务回来的路上，政治部主任刘英故意拉着粟裕走在后头。他见政委乐少华走远了，便急不可耐地问粟裕。

粟裕皱了皱眉头，说："要命！"

这时，粟裕心里十分明白在红军已经全面被动、战斗力已十分弱小、中央军革委又指挥失当，而蒋介石已在军事上占有了绝对优势的情况下，红七军团要完成这一战略任务，几乎是不可能的事。

然而，派出北上抗日先遣队更重要的目的，却是为了牵制和调动敌人的兵力，以掩护中央红军即将开始的战略转移。但是，中革军委的领导人却不信任粟裕等红军干部，并没有把这一精神传达给红七军团。

北上抗日先遣队到达闽浙赣根据地后，根据中革军委 11 月 4 日命令，执行先遣队任务的红七军团同闽浙赣根据地的新红十军及新升级的地方武装合编，成立红十军团。闽浙赣军区的领导干部也作了调整，省苏维埃主席方志敏兼任军区司令员，省委书记曾洪易兼任军区政治委员，粟裕调任军区参谋长。11 月下旬，红十军团奉中革

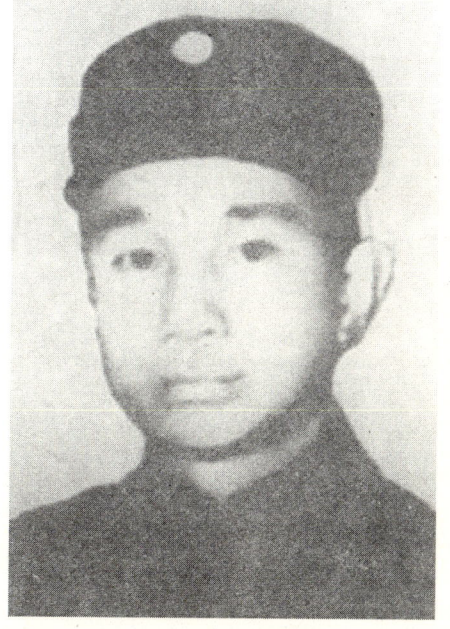

1935 年，粟裕进入浙南地区时的留影

军委命令，由内线作战转到外线作战，创造皖浙赣根据地。方志敏随军团行动，又调粟裕任红十军团参谋长。在方志敏的领导下，部队进入皖浙赣边区与敌人作战。敌调集二十多个团的优势兵力对红十军团进行疯狂追堵和围攻。红十军团在向赣东北根据地转战过程中，粟裕率先头部队前进，因他指挥坚定灵活，胜利通过封锁线，安全折回闽浙赣根据地。但方志敏、刘畴西率大队在江西怀玉山遇敌重兵围攻。经十多天的激烈战斗，近万名红军指战员粮尽弹绝，除少数突围外，其余全部壮烈牺牲。方志敏、刘畴西等军团领导因叛徒出卖，被敌军搜捕，不久被害于南昌。

1935 年 2 月，中共中央指示，以粟裕率领的北上抗日先遣队突围出来的部队为基础，组成挺进师，粟裕任师长，刘英任政治委员，执行挺进浙江、开展游击战争、创建新的苏维埃根据地并从战略上配合红一方面军长征的任务。

然而，这时闽浙边区党内，却出现了严重的分歧。

由于电台被打坏，失去了与上级的联系，挺进师对遵义会议的精神一无所知。负责党的工作的刘英，曾是七军团与先遣队政治部主任。挺进师到达闽浙赣边后，与在闽东坚持游击战的黄道、叶飞等力量联合，成立了闽浙边临时省委，由刘英任书记，粟裕任组织部长，叶飞任宣传部长兼少共临时省委书记，另外还相应建立了闽浙临时省军区，由粟裕任司令员，刘英兼政委。刘英在挺进师对敌斗争和建立浙西南根据地中做了大量有益的工作，表现出了坚定的斗争性。但是，他却也把过去一套"左"的错误做法逐渐渗透到省委工作中。

粟裕为人一向诚恳质朴，顾全大局，始终忍让。一次刘英曾拍着桌子说他右倾，但是，他却没有发作。

最后，两人终于因"叶飞事件"而矛盾激化了。刘英开始是想以省委的名义把叶飞留在浙西南工作，以便全面控制闽东游击区。但粟裕考虑叶飞是闽东游击区的主要负责人，把叶飞留下，对闽东工作不利，因而反对这个意见。

于是，刘英以省委组织部长的职务来诱使叶飞留在浙西南，并想借此机会撤掉粟裕的组织部长职务。但这个想法由于受到抵制而没有实现。

1936 年秋天，粟裕忽然接到一张刘英派人送来的书面命令。他接过一看，只见命令上写道：

> 粟裕同志：
>
> 兹以临时省委的名义命令你，近日内必须邀请叶飞到你的驻地与
>
> 你会面，并在会面时将其扣押，解送到省委。如拖延或用其他方式影

响此命令的执行，都将被看作是对抗和分裂省委，必须承担由此而产生的一切后果。以何种名义召叶飞前来，由你自行确定。

闽浙临时省委

书记刘英

与此同时，刘英还派来了一队武装监督执行这个命令。

粟裕看到这个命令，十分震惊。在江西苏区"左"倾路线当政期间，许多干部就是这样被押走后一去不复返的。从感情上，他是不愿把党内斗争敌对化的。但从组织原则出发，他执行了刘英的指示。但在把叶飞押往省委的路上，遭到了敌人的伏击，叶飞乘机逃脱，随即闽东宣布退出临时省委。临时省委宣告解体。

这次押送叶飞遭伏，疑点很多。这是否出于粟裕的精心安排呢？因为粟裕明白叶飞此去凶多吉少，一旦叶飞不测，不但闽东游击区的前途不可预料，还极有可能发生闽东与浙西南两方面的武装冲突。这时因失去了上级领导，各游击区各自为政，本来就相互不服气，加上"左"倾统治时期错抓错杀积下的仇怨，局面可能变得不可收拾。而且粟裕是极为欣赏叶飞的，认为叶飞是个对敌斗争很有办法的同志，还曾向叶飞请教过游击战争中的某些战术问题。两人的私交也不错。粟裕素以理智和谋略著名，以他的聪慧要设计这一情节，当是不费力的。

刘英也认定叶飞的逃脱是粟裕的"诡计"，于是立即召开紧急省委会议。

"今天我们开会，讨论叶飞、黄道分裂省委、粟裕参与其事的问题！"刘英怒气冲冲地说。

因叶飞等闽北同志已宣布退出临时省委，没有参加这次会议，粟裕便成为斗争的唯一目标。刘英把粟裕关了起来，派了一个班专门看管，天天进行对粟裕的批判活动。

对刘英发动的这场袭击，粟裕十分吃惊。在一个星期的时间里，他反复考虑。想到敌情如此严重，又失去了同中央及上级党组织的联系，现在跟闽东北的关系又破裂了，根据地在敌"围剿"中已遭到严重摧残，党内的团结又产生了危机。粟裕觉得无论如何不能再分裂了。于是，从团结和对敌斗争的大局出发，粟裕作了违心的检查，表示以后一定要坚决服从刘英和临时省委的领导。刘英见目的达到，浙西南的军事方面又少不了粟裕，于是放他过关。

这以后粟裕和刘英就分开活动。两人都心存戒备，会面时都各带着自己的武装，而且不敢住在一个房子里。

四、黄省长不相信他是"粟裕"

1937年，国共再次合作抗日，北方的红军改编为八路军，北上抗日，但江南的粟裕等人是先听到传说，最后也接到了国共合作的命令。

不久，遂昌县政府就派来了代表，请游击队下山进城。又经过一番谈判，粟裕率部下山。当红军队伍整整齐齐地出现在县城的时候，全城扶老携幼，争相

1937年，南方游击队奉命改编为新四军。这是改编时，粟裕（后排左六）同部分干部合影

观看。队伍经过杭州时，浙江省省长黄绍竑宴请粟裕等红军将领。黄绍竑打量了粟裕半天，仍然怀疑地问：

"你就是粟裕？不像，不像！"

粟裕讽刺道："黄省长一定以为我是青面獠牙吧？"

"那倒不是。"黄绍竑仍然摇头，"没想到你是这么一个瘦弱的书生。"

接着，黄绍竑又说："粟裕你这个人呀，实在不可思议。我打你时，年复一年，东征西讨，不知费了多少力气，连你的影子都没有见到。可是和谈一开，城里乡下到处都是你的人！"

五、情书被心上人撕成碎片

粟裕是一位常胜将军，在华东地区，老百姓的门联上曾写着："毛主席当家

家家旺，粟司令打仗仗仗胜。"

然而，战场上运筹帷幄，横扫千军如卷席的粟裕，在情场上却是屡受挫折，表现平平。

1939 年，粟裕 32 岁，早已超过了当时那"二八六团"（即年龄 28 岁、军龄 6 年、团级干部）的结婚条件，但他还是个实实在在没有谈过恋爱的单身汉。陈毅笑他没有恋爱细胞，对他说："你在作战地图前滔滔不绝，见了姑娘就变成猫叫了。"

粟裕听了，也就笑笑，并不多说什么。但是，这并不说明他不想找对象。

一天，新四军第二支队副司令员粟裕来到教导总队，准备挑选几个德才兼备的男女学员，到部队机关工作。教导队负责人梁国斌给粟裕介绍道："教导总队第八队有个名叫詹永珠的姑娘，长得聪明伶俐，各方面表现都很好，不久前入了党。可以找她谈谈。"

粟裕当即同意，梁国斌让指导员王仪通知詹永珠当天下午前来教导总队部谈话。

这位詹永珠出生在江苏扬州市一户普通家庭，父亲詹克明是银行高级职员。詹永珠幼年时，母亲患病去世，父亲省吃俭用，一直供她上了扬州中学。1937年抗日战争爆发以后，大部分学校内迁四川，詹永珠因家里经济困难，暂时留在扬州。不久，扬州沦陷了。日本鬼子进城杀人放火，抢财夺物，奸淫妇女，吓得老百姓四处躲藏。詹克明为了保护儿女们，临时设置了一个简陋的暗室。在原来堆柴草的房子外边砌了一堵墙，并用柴草盖得很严实，屋内还挖了一个洞，直通院墙边的小河。万一鬼子进来，她们就可以从洞内下到小河里逃走。然而，鬼子天天光顾，这也不是办法，后来詹克明拿钱买通了扬州美国教堂的一位牧师，由牧师带领全家来到上海避难，詹永珠继续进了上海的扬州中学。在扬州中学读书时，她和一些进步同学传阅《大众生活》等进步刊物，参加了抗日救亡运动。不久，詹永珠和姐姐詹永珊等一行 8 人踏上了参加新四军的旅程。到达宁波后，四叔硬把姐姐留下来了。詹永珠和叶枫一行人来到章家渡，住在新四军兵站里，要求参加新四军。因为她们是自动要求参军的，没带介绍信，新四军军部不肯收留。她们连续 10 多天都到云岭军部找人软缠硬磨，最后终于被接收了。

詹永珠接到通知后，来到了新四军教导总队部，梁国斌对她说："二支队粟裕副司令员现在东边房间里，他找你有事。"

詹永珠推门进去，见到一位军人，身材不高，目光炯炯有神，一身朴素的灰军装，打着绑腿，腰间束一条插满子弹的皮带，隐含着英武气概。粟裕一见詹永珠走过来，指着办公桌对面的椅子，说："快坐快坐！"

詹永珠怯生生地坐下来。

然后，粟裕像谈家常一样向她提问了："詹永珠同志，你家住哪里？在哪个学校读书呀？为什么要参加新四军？"

詹永珠回答了自己的家庭情况和参军经过。粟裕认真听完，然后接着又问："你的爱好是什么？"

詹永珠回答："我爱看书。"

"你看过什么书呢？"

詹永珠思索着说："我看过巴金的《家》、《春》，鲁迅的《彷徨》、《呐喊》，以及托尔斯泰、屠格涅夫的小说。"

"看来，你是一位自尊心很强的女子，读书也很用功！"粟裕温和而又亲切地说。

詹永珠点了点头。

谈话匆匆结束了。

粟裕在家时，父母曾私自做主，硬给他订了一门亲事，女方是个富农的女儿，比他大二三岁，听说裹着小脚。粟裕认为这是干涉他个人的自由，坚决不同意。参加红军以后，他从来没有与任何女子谈过恋爱，这不是他不懂得爱情，

詹永珠

不去想个人终身大事，而是战争环境太紧张，他要集中全部精力干好革命事业。如今，粟裕年龄已经32岁了，应该解决婚姻问题了。自从他与詹永珠长谈后，就对她产生了深刻的印象。

粟裕返回新四军第二支队后，詹永珠调到了教导总队速记班。一天，政治部主任王集成前往新四军教导队办事。临行前，粟裕把一封写好的信交给了王集成，说："请你把我的这封信送到教导总队速记班詹永珠同志手里！"

王集成翻山越岭，来到教导总队驻地，派人去找詹永珠。

詹永珠来到队部。王集成一边给她信一边高兴地说："詹永珠同志，你要感谢我呀！我给你带来了粟裕同志的信！"

詹永珠接过信，一看果然是粟裕写的，当面拆开，发现信纸里夹着粟裕的一张近照。信上写道："詹永珠同志，我们已经一个多月不见面了。自从上次长谈之后，你在我的心目中留下了难忘的印象。从内心讲，我很喜欢你，不是由于别人的强迫，也不是虚荣的动机，而是一个新四军指挥员对一个真正的女战士忠诚的爱……"

詹永珠看着信，一时脸色大变，猛地，她把信和粟裕的近照撕成了碎片。她认为这位新四军高级将领不该向一位小姑娘求爱。她拿定主意：以后再不见粟裕的面。

王集成见状感到十分尴尬，找不出恰当的语言来解释这件事。

当他把此事告诉粟裕后，这并没有扑灭粟裕爱情的火焰。

转眼到了初冬，新四军江南指挥部成立了。陈毅任指挥，粟裕任副指挥兼任参谋长。詹永珠也从新四军速记班毕业了，她和罗伊、陈模被组织上分配到江南指挥部司令部机要科担任速记员。这时，詹永珠最怕与粟裕见面，怕粟裕再次向她求爱，或者报复她上次撕信之事。但是，粟裕是他们的顶头上司，天天带领机关的干部、战士出早操，怎能不见面呢！

这时粟裕仍然希望与詹永珠结成万年之好。一天，粟裕把詹永珠叫到他的办公室，亲切地询问了她的工作近况，再次表明了他对她的爱慕之情。

詹永珠沉着而冷静地把早已想好的话说出来："首长，我对你的为人和指挥才能，内心是钦佩的。可是我年龄还小，对谈恋爱没有兴趣。自从抗战爆发后，许多父老兄弟姐妹死在日本鬼子的刀枪下，我们活着的人要牢牢记住他们的追求和痛苦，绝不能考虑自己的生活小事，要为他们报仇。"她的语气，显示出她与众不同的性格和潇洒。

"詹永珠同志，我们应该记住烈士的遗愿，像他们那样奋斗下去，争取抗日战争的胜利！不过生活总是发展的，我们抗战的目的是让全国人民大众过上幸福的生活。我认为凡是有男女的地方，总会产生爱情。作为一个革命者，关键是应该摆正革命与恋爱的位置。我请你再考虑一下，最好我俩能交个朋友，以后互相体谅，互相照顾，互相帮助，为我们党的事业奋斗一生！"

粟裕的话使詹永珠觉得这位新四军高级将领的感情是这样真挚。她沉默了一会儿，低头回答："首长，虽然你是一番好意，可我现在还不想考虑这个问题，是不是以后再回答你？"

"你可以去考虑，我可以等你，一年，两年，三年都行！"

詹永珠的脸上浮起一层红晕，站起来敬了个礼，说："首长，那我走了。"

粟裕把她送到门外。不久江南指挥部的机关干部议论开了，有的说詹永珠太清高了，连粟副司令也看不上。

这些议论传到陈毅司令员的耳朵里，他为老战友的婚事着急。有回研究完作战方案，陈毅问粟裕："你最近谈得怎么样？那个女孩子年龄太小了，她不懂得什么爱情！"

"是啊，最近毫无进展。"

"那就干脆另换一个吧！那还谈得快些！"陈毅认真地说。

"陈司令，不行啊！我已经把她挂在心上了。短时间内不能被她理解，但只要出于真心，坚持下去，是会被理解的。我想等她！"

陈毅一听知道了粟裕的心意，哈哈大笑，说："何必等哩！哪天鬼子突然扫荡到我们指挥部，你背起那个女孩子就跑，这婚事不就一锤子定了?!"

1940 年 10 月，盘踞苏北的国民党顽固派韩德勤部阻拦新四军东进抗日，企图占领黄桥，粟裕辅助陈毅指挥了著名的黄桥决战，以 7000 余人的兵力粉碎了韩德勤部 3 万余人的进攻，歼敌 11000 余人，俘师长以下军官 600 余人。皖南事变后，粟裕担任新四军第一师师长兼政委，和陈毅代军长在抗日根据地军民中间威望大增，被传说为"神将"。

随着相处时日的不断增加，詹永珠听到了关于粟裕的许多传说，尤其是目睹

1941年，粟裕同夫人詹永珠在苏中某地

了粟裕在黄桥决战中表现出的山崩地裂之际仍沉着镇定的大将风度之后，内心极为钦佩。慢慢地，粟裕在她的心目中成为一个传奇人物。终于，将军的痴情打动了姑娘的芳心。

一天傍晚，他们相约，在驻地旁的小河边。粟裕诚心诚意地说："詹永珠同志，我会尊重你的意见，尊重你的人格的，你放心好了。现在，我再一次郑重地向你——求爱。"

詹永珠羞涩地低下了头，

嘴唇动了动，但没说什么。

见对方不语，粟裕又说："我是真心爱你的。如果你暂时还不能接受我的爱，我还可以继续等，一年、两年、三年我都会等的。"

"那，三年后我还是不答应你呢?"詹永珠抬起头，双目凝视粟裕，调皮地问道。

"如果真是这样，我继续等，再等一个三年、两个三年、三个三年，一直等到你答应为止。"

詹永珠听了，很受感动。她无限深情地看了粟裕一眼，说："那……我要是现在就答应你呢?"

幸福突然降临，粟裕无法压抑心头的激动，高兴地说："啊，我终于被你理解了……"

1941 年 12 月 26 日，在新四军一师司令部，粟裕与詹永珠结合了。当时粟裕 34 岁，詹永珠 22 岁。

六、与机要工作人员的情谊

粟裕身经百战，知道机要部门的安全至关重要。他说：失去了机要部门，失去了通信联络，指挥机关就等于失去了耳目。削弱了机要工作，就无法保证作战命令机密、及时、准确地传递，如机要人员出了问题，后果更难设想。在那战火纷飞的年代，粟裕和身边的机要人员有着许多难忘的故事。

（一）

粟裕在新四军做师长时，明确指示："任何时候，机要科的位置必须靠近首长。"每到一个宿营地，他总要亲自告诫管理部门，机要科的驻地一定要安全、隐蔽，并要警卫连派出卫兵警戒。部队驻下后，他又亲自来机要科察看，惟恐工作有隐患。在那炮火连天的战场上，粟裕无论工作多么紧张，自己拟草的重要电报，总是亲自送到机要科。电报发出后，又亲自来机要科询问，是否有了回音。他还经常叮嘱战士们："密码一定要保管好，绝对不能丢失。备用的、现用的要分开，随时准备应付紧急情况。"

1940 年夏天，新四军二支队从江南挺进江北，整个部队的行动计划是：夜间强行军，冲破敌人的封锁线，通过宁（南京）武（武进）公路，然后过江。粟

粟裕在新四军时留影

裕考虑到机要人员年纪小，体力差，还有一些女同志，如果同大部队一起行动，有可能掉队而发生危险。

于是，粟裕亲自布置，严密组织，并指定一名参谋负责，借来老百姓的衣服和雨伞，让机要人员化装成老百姓，化整为零，两人一组，分散进行。下午，机要科按照首长的布置，头顶斜阳，捷足先登，顺利通过了封锁线，安全到达指定地点。

（一）

1943年秋，为粉碎敌人的残酷"扫荡"，部队频繁转移，伺机消灭敌人。一个风清月明的夜晚，部队乘木船偷渡苏州附近的运河，忽听得一阵急促的枪声。糟了！敌人发现了战士们的行动。只见河岸上敌人的碉堡口喷射着凶恶的火舌，一排排子弹从战士们耳边呼啸而过，打在水面上发出"哧哧"的响声。

部队冒着敌人的枪林弹雨奋力抢渡，机要科随指挥机关渡过了河，敌人的枪声还响个不停，子弹打在河岸的石头上放射出耀眼的火花。

在河岸的公路上，粟裕师长双眉紧锁，在月光下踱来踱去，但又显得沉着而镇定。一个机要战士立即问道："师长，你怎么还不走？"

他答道："部队还没全部过来，我一走，大家慌了怎么办！"

同时又命令战士们急速前进，迅速离开枪声密集的河岸。在情势危急的时刻，粟裕总是置自己的安危于不顾，心里时刻装着部队，装着机要人员战士们。

（二）

粟裕非常关心机要科这个战斗集体和战时机要人员的安危。

1941年农历腊月，临近年关，机要科有位同志的手腕上长了个疖子，感染后，红肿化脓，整个胳膊肿得老粗，疼痛难忍。由于当时医疗条件差，军医在手术前，竟做了全身麻醉，致使病人两天两夜昏迷不醒，粟裕师长十分着急。

这时，部队正准备出征讨伐伪军李长江部，卫生部意见要送后方医院治疗。而后方医院也经常受到鬼子的骚扰袭击，伤病员很不安全。再则，脱离了部队，治好了伤，不知能不能及时、安全地返回机要科。

基于上述种种考虑，粟裕坚决不同意病人转送后方医院，斩钉截铁地说：

"他不能离开部队，部队到哪里，战士们就把他带到哪里！"

在粟裕的关照和同志们的帮助下，这位同志随队出发了，不久恢复了健康，很快又投入了紧张而繁重的译电工作。

（四）

艰苦的战争年代，斗争是残酷而复杂的，常常有意想不到的事情发生。

1947年，莱芜战役结束后，三野司令部撤到坦埠附近休整。一天中午，敌人突然出动三架B-25、六架B-51轰炸机，直飞司令部上空狂轰滥炸。顿时，驻地硝烟弥漫，火光冲天，乱石飞溅，指挥机关面临着严重的危险。这时，机警的警卫员推粟裕进防空洞，粟裕大声喊道："不要管我，快去看看机要科，如果机要科炸掉了，我怎么指挥部队！"

敌轰炸机刚过，地上仍一片硝烟，粟裕踏着瓦砾废墟，大步流星地来到机要科，问战士们有没有伤亡，密码有没有损失，对如何做好善后工作做了许多重要指示。

敌机突如其来，直至我指挥机关上空，一定是敌人掌握了确实情报，而敌人的情报从何而来呢？粟裕担心机要战士的密码是否出了问题，被敌所破，当即指示战士们对密码进行严格检查，让战士们把密码送到有关单位鉴定、检验。鉴定结果，机要科的密码是可靠的。

后来证实，敌人的情报是从逃出的俘虏口中得到的，粟裕这才放心。

（五）

在反"清乡"反"扫荡"的残酷斗争中，新四军日夜同日伪军队周旋，频繁的撤退、转移，机要部门的工作更加紧张艰苦。部队开始转移了，他们还在紧张地工作，发完了最后一份电报，才能跟部队匆匆前进。经过急行军或长途跋涉之后，部队休息了，机要人员顾不得饥饿和疲劳，又开始了紧张的工作。

粟裕体谅他们的甘苦，为了减轻机要人员的负担，师首长决定，给机要人员派运输员挑背包，机要人员只背密码，后来又给机要科配备马匹驮背包。行军途中，粟裕还经常把自己的马给他们骑，自己徒步前进。有时他还亲自驾驶缴获的汽车，送战士们到目的地。

由于频繁地转移，紧张地工作，机要人员的吃饭时间也常常得不到保障。

一次，部队正要出发，而机要科刚开饭，大家端着一碗碗滚烫的稀粥，无法下口。他们本想三口并作两口，吃完赶路，可是心里越急，越是烫得不行。粟裕见此情景也乐了，笑着说："吃稀饭也要讲究方法呐！怎样才能争取时间吃得快呢？你们不要在碗里上下乱搅，先从上面一层一层地用筷子剥

平易近人的粟裕

着吃，面上的一层吃完了，下面的一层又凉了。这样才吃得快。俗话说心急喝不得烫稀粥嘛!"

粟裕教的方法真灵，不一会，战士们碗里的稀饭吃完了，与首长一道踏上了征程。

(六)

粟裕待人真诚，谁有困难，他总是主动关心，解囊相助。

1943年春，机要科俞侠同志的家乡上海宝山县，处于日本帝国主义的铁蹄之下，日伪残酷的"清乡"、"扫荡"，使他家里一贫如洗。不久，他父亲病逝，失去了一家之主，日子更难过了。

粟裕不知从哪里知道这一情况后，通过上海地下交通，几经周折，转送给俞侠家里两千元钱（法币），使这个贫困的家庭，度过了最艰难的日子。

上海解放后，俞侠回到了阔别多年的家乡，家人谈及当时寄钱的事，俞侠茫然了："我没有寄钱呀!"这时全家人都迷惑不解。俞侠回到部队，怀着万分感激的心情，经过多方调查了解，才知道，原来悄悄托人捎钱的，竟是自己的老首长粟裕。

(七)

粟裕和蔼可亲，平易近人，战士们同他在一起无拘无束。机要科的战士们常常亲切地叫他"4725"首长（"粟"字的明码电码）。粟裕兴趣广泛，爱好颇多，唱歌跳舞游泳、打排球、骑摩托车、开汽车等，样样都会。为了支持机要科战士们的娱乐活动，他亲自送给他们一把京胡和一个京剧本子。

有一次，机要科到粟裕师长的住处，发现他的桌上放着一张歌片，其中有个女同志问道："师长还会唱歌?!"

粟裕装出不服气的样子说："哦，只许你们小鬼唱，就不许我唱!"

说完放开嗓门，唱了两句，然后开怀大笑。

战士们也被逗乐了，一个个笑得前仰后合。

(八)

粟裕平易近人，还喜欢跟部属开玩笑。

有一次，战士们在浙南汤溪和龙游之间开辟新区，粟裕拍拍张文碧的肩膀说："张文碧，战士们去打土豪好不好?"

张文碧说，"好，上哪里去打?"

粟裕说："到我的家乡!"

张文碧惊奇地问："你是湖南人，战士们在浙南怎么去?"

粟裕哈哈笑着翻开一张油印地图，指着一个小镇说："看，这不是湖南吗?"

实际上，他指的是浙江汤溪县的湖南镇。

顿时逗得大家哈哈大笑起来。

(九)

1959 年，粟裕出差到广州，得知当年的机要员陆锦荣在广州工作时，立即亲自打电话给他。

第二天，陆锦荣怀着无比喜悦的心情，来看望自己的老首长。刚进屋，粟裕在楼上听见了，一边兴高采烈地快步下楼，一边亲切地大声叫着："小鬼子、小陆子，你好啊!"远远地就伸出了双手。陆锦荣迎上前去，紧紧地握住首长的手，激动地向首长问候、致意! 两人相见，胜似久别重逢的亲人。

粟裕又关切地问："小陆子，这些年身体怎么样? 工作得怎么样?"

陆锦荣详细地向首长汇报了自己和单位的工作情况，又将其他战友的情况作了介绍。粟裕仔细听着，不时发出爽朗的笑声。最后，陆锦荣谈到过去一师牺牲的一名同志，一时想不起姓名，问粟裕是否记得，粟裕脱口而出，说出了这个人的名字，并意味深长地说：

"那么多好同志，为了人民的解放事业，英勇奋斗，流尽了最后一滴血。战士们是幸存者，活着的要记住，死了的也要记住。"

粟裕就是这样，一时一刻也没有忘记过去的艰难岁月和与他一起浴血奋战过的战友。

七、救新郎

1940 年的暮春时节，新四军江南指挥部派出了一位科长，前往兵站检查工作。这位科长到达兵站后，感到大惑不解的是，兵站站长王永安竟然在贴有大红喜字的新房里接待他并向他汇报工作；尤其使这位科长大惊失色的是，兵站站长的"工作汇报"中，居然有一条堂而皇之的内容——说自己结婚了。莫名其妙的科长，不相信自己的耳朵。

"什么？什么？什么？"他连连发问。

科长得到了站长重复肯定的回答之后，惊魂未定。忽然又见一位有着"羞花闭月之貌"的窈窕淑女悠然而至，步履轻盈地径自入屋；王永安起身介绍，话刚说了几句，她见屋里有外人，又听王说是"上级派来检查工作的领导"，十分羞涩地急忙回避，遂慌里慌张地夺门而逃。

于是，这位科长不再听取汇报，也无心再作了解；立即快马加鞭，日夜兼程，十万火急地赶回领导机关复命。

一回到驻地，这位科长作为紧急情况，根据自己的亲眼所见和亲耳所闻，作了如下汇报：

在远离领导、独处一隅的偏僻环境，当过白军的王永安，恶习不改，旧病复发，强迫民女与之成婚……

科长既是目睹耳闻，判断又极合乎逻辑。因为傻大黑粗的"广西蛮子"王永安，又是个残疾人（少了一只手），是不可能被标致的江南女子相中而自愿成婚的；用不着问，定是强迫。那姑娘见了王永安拔腿就逃走了，这就是再明显不过的证明！

"强占民女？这还了得！马上派人去，把王永安拘捕，羁押，等候处理！"与粟裕一起听汇报的陈毅大发雷霆。

众人也无不深感意外，非常气愤。在随即召开的全体，以上干部专就此事讨论处理意见的会上，有人提出：为了严肃纪律、党纪，挽回政治影响，取信于民，对王必须立即开除党籍、军籍，就地宣判执行枪决。

因为这时规定，干部和战士都不准结婚，身居新四军江南指挥部正、副指挥的陈毅和粟裕也均未结婚。何况处于敌后极为艰难之时，伪顽和盟军国民党部队与我又时有摩擦，人心的向背直接决定着我军的胜负，群众纪律尤显重要。所以，大家对此事都持严厉态度。此前此后皆不乏此例。

粟裕在大家发言时，一直沉思不语。

陈毅在大家发言后征询他的意见。粟裕想了想，看了看陈毅，又看了看大家，然后缓缓地说道：

"党纪军纪必须严肃。对人的处理必须慎重。开除和枪毙一个同志，更要考虑再三，不可匆忙决定。王永安是当过白军，但那是被迫的嘛！才十岁刚出头的孩子，被白军抓了去，给一个连长当勤务兵，不过是一年多一点的时间；白军'围剿'井冈山的时候，他的右手就负了伤，不得不截掉。按规定，伤好了，发路费，劝他回家去的，可是他不走，坚决不走。他对红军医院尽心尽力为他治伤，心里非常感激，又看到红军官兵平等，团结友爱，心里非常羡慕，更不想走了。没有右手，打不了枪，他就到炊事班去帮忙做饭、烧火、背锅、担米；还冒着枪林弹雨送水送饭，抢救伤员，表现是很突出的。部队开到哪里，他就跟到哪里，在极其艰难险恶的环境，他吃苦耐劳、勇敢坚定，终于博得了大家的喜爱；经他再三再四请求，也经大家再三再四请求，部队领导才批准收留他参加了红军。在三年游击战争中进一步受到了考验和锻炼，入了党，从战士到炊事班长，再到直属机关指导员、兵站站长，从来没有听说过他有什么恶习、旧病呀，是不是我们这些人太官僚了呢？这个同志也不是没有远离领导执行过任务，将近十年斗争环境的生死考验，证明是一个很不错的同志嘛！怎么突然之间会是这个样子呢……"

粟裕和陈毅在一起

根据粟裕的建议，新四军江南指挥部决定：再次派那位科长前去兵站，专就"强迫成婚"一事，重做深入调查；并郑重要求他务必倾听群众反映和当事人新娘及其父母申诉。

二次受命的这位科长同志重返兵站，再作调查之后，得出了完全相反的结论。这次，他赶回指挥部复命的急切心情，比上次赶回时更加急切。他向陈、粟等首长再次汇报此事时，面有愧色，十分内疚地说："王永安同志在兵站工作克勤克俭，忠于职守，深得兵站同志和驻地群众的信赖，与军内外各方面的关系，尤其密切和融洽。"

陈毅说道："你说清楚点。"

科长开始叙说此事。

原来这时新四军都住民房，王永安的房东是世世代代勤恳耕种的贫农，老两口天天看着这位"老百姓的贴心人"——新四军兵站站长，为了抗日工作而起早贪黑忙里忙外，却没有时间（也没有能力）料理好自己的生活，难得吃上一顿热饭，连洗脸毛巾也拧不干；拖着有残疾的身子工作，干得非常出色，成天乐乐呵呵。因此，房东老两口既喜欢他又同情他，跟村里的一些老人一起商量，为了使王站长能更好地做好革命工作为老百姓办事，想把自己的独生女儿许配给他，以方便照料他的生活。

这时，村民们对王永安无不称颂，都说吃菜要吃白菜心，当兵要当新四军，谁家姑娘嫁给这位新四军"独臂将军"是谁家姑娘的福气——肯定错不了，一定靠得住！而这位姑娘平时就遵双亲之命，对王永安关心照顾；见他忠厚老实，待人和气，体魄健壮，朝气勃勃，虽然只有一只手，却比有两只手的人还能干，早有敬慕之心，也就大大方方地欣然接受了这门亲事，表示听从父母安排，愿意与王相伴终身。由于兵站驻地距上级领导很远，敌人又封锁很严，老两口备好了结婚的酒菜，"始终没有来得及报告新四军首长"，就在全村敲锣打鼓，欢呼祝贺声中，热热闹闹地举行了婚礼。

王永安为此惹怒上级，新娘和她的双亲最先得知，心急如焚；村里人们也愤愤不平，议论纷纷。为此事第二次进村调查的科长，被村中一位最年长的老人拉住质问："为什么说是强迫成婚呢？如果硬要说是强迫，决不是你们新四军强迫，而是我们老百姓强迫！王站长身残志坚，恪尽职守，日夜操劳，多有不便；全村人都心疼他，房东两口子信得过他，房东的独生女又真心喜欢他——军民结成百年之好，是天赐良缘，岂料喜事刚办完，祸从天降！请问劳苦功高的王站长何罪之有？新四军和老百姓还是不是一家人？"

科长把上述情况一说，全体科以上领导同志再次开会讨论时，大家一致认为，不经请示批准而结婚，毕竟是错误的，应该给予批评教育。但此事的发生，又确有它的特殊性，实属特殊环境特殊情况所致；尤其重要的是，非但谈不上什么"强迫"，未造成不良影响，反而倒极其生动地体现了新四军和老百姓难解难分的鱼水之情，感人至深地反映了人民群众对子弟兵的一片挚爱之心！因此会议决定："解除对王永安的关押，免予处分。"

这会刚要结束，披红挂绿的新娘在其父母陪伴下，由一群村民簇拥着，急匆匆地赶了来——"要求晋见新四军首长"！

陈毅和粟裕闻声，当即离座出迎，然后，满面春风地热情接待了风尘仆仆前来"上访"、说情、"一定要解救新郎"的人们。陈毅当众宣布了会议决定，并立即下令释放新郎，还具体指示警卫员给王永安洗脸刮胡子，换上新军服，整整齐齐、高高兴兴地来向岳父母施以大礼，同新娘子夫妻团聚……

"不枪毙王永安了！王永安放出来了！"

消息传开，群情沸腾。当地人民群众和我军干部战士无不认为这是顺军心、合民意的大喜讯！王永安同志本人，更是激动万分。从此他组织纪律观念更强，革命工作热情更高；后来，又担负了新四军后方医院院长重任。

他的妻子，在父母积极支持下，也参加了新四军，组织上安排她在王永安任院长的医院工作。夫妻双双在抗日战争最艰险的危难时期并肩战斗，感情笃深，堪称"模范的抗日夫妻"。

八、"一定要想办法救活他"

1942年6日下旬，新四军一师一团在江苏泰兴县拔除了日寇侵占的宣家堡据点。

泰州的日伪军进行反扑，这时，团参谋长刘亨云正带领部队准备迎头痛击前来的日伪军。突然，他接到师部的一份电报，让刘亨云立即去师部报到，另有任用。

刘亨云匆匆地赶到了师部，粟裕师长找他谈话，说是决定调他去浙江工作。然后，他对刘亨云说："当前急迫的任务就是要在浙东迅速建立党的领导机构，放手发展抗日武装，建立根据地，解救处于苦难中的浙江人民。"

接着，他又告诉刘亨云，在新四军军部还有些同志也要去浙江，等大家到齐了一块走，并同刘亨云商谈怎么走才能又快又安全。

刘亨云谈了自己的看法，粟裕表示同意，突然，他说："你把头发蓄起来，这和尚头目标太大。"

"听说你在谈恋爱？"粟裕突然问刘亨云。

刘亨云一听，连忙惭愧地低下了头。粟裕治军严格是有名的，现在在这中华民族生死存亡的关键时刻，他却在考虑个人问题，粟裕能原谅吗？想到这里刘亨云立即站起来说："我错了。"

"错什么?! 马克思主义又不是独身主义。"

粟裕忍不住笑出声来，他让刘亨云坐下后又接着说："你和机要员谈恋爱的事，我早就知道了。我看你谈恋爱以后，部队带得很好，打仗仍然很勇敢。机要员小王呢，工作更积极了，这就很好嘛！我决定这次让她和你一块走。她是洋包子，你是土包子；她是上海人，你是江西老表，叫她掩护你，你一路上少说话。"

听着这番话，刘亨云心上的大石头掉了下来。这时又像往常一样，粟裕的脸色变得严肃了："浙东所处的战略地位十分重要，你们到了那里要长期坚持，站稳脚跟。可不能背了包袱回来。"

从那以后，直到抗日战争胜利，刘亨云在浙东工作期间非常勤奋，并且很有成效。

1948年7月，刘亨云在豫东战役中负了伤。

在这以前，刘亨云负过三次伤，左腿的腓骨上还一直留着弹片，这都没有妨碍他重返战场。但是这一次，一条10厘米左右长、手指般粗的锯齿形弹片钻进了右肺，差一点钻进了心脏。

这一天，刘亨云正迷迷糊糊地躺在病床上。突然床边响着来回踱步的脚步声，多么熟悉的声音啊，每逢重大战斗之前，粟裕总是这样在军用地图前踱步沉思，忽然，脚步声停止了，只听见粟裕说："不行。不能让他这样躺下去，一定要想办法救活他。"

刘亨云用力睁开眼睛，果然是粟裕站在床边。

粟裕见他醒过来了，俯下身来对刘亨云说："现在有两个方案，一是转院，到大连的苏联红军医院去，那里的医疗条件好一些。但路程较远，护送十分困难。另一个办法是我向军委报告，请军委领导派高明的外科医生来给你动手术。"

刘亨云不置可否，静静地听着，心头升起了希望的亮光。

这时粟裕又说："好吧，就按第二个方案办吧。"

刘亨云想像平时听完首长下达战斗命令那样，敬一个军礼，说一声："是!"谁知手刚刚抬到胸前，就无力地掉了下来。

不久，果然来了一个名叫爱诺斯的加拿大外科专家，给刘亨云顺利地动了手术，把刘亨云从死亡的边缘救了回来，使刘亨云能够重新走上战斗岗位。

九、毛泽东曾圈定粟裕指挥攻台战役

1949 年 5 月下旬，毛泽东就责成华东野战军副司令员粟裕组织三野部队进行攻台准备。

金门岛登陆失利后，华东野战军首长对渡海作战艰巨性的认识不断提高，台湾战役的计划也一再被修改。1949 年秋天制定的台湾战役计划是投入 8 个军的兵力，其中以第九兵团的 4 个军为第一梯队。1949 年末，华东野战军首长经研究决定增加投入战役的兵力，三野部队除担任剿匪和地方警备任务外，主力 12 个军全部参加攻台。中央军委马上同意了这一意见。

这时，因为美国公开表现出和台湾国民党当局拉开距离的政策，所以一般估计攻台时美军不会介入。粟裕副司令员在《华东军区一九五零年政治工作指示》中曾解释说：直接参战在政策上、军事上都是对美帝不利的，所以美帝只能间接参战，如动员日本的"志愿兵"去帮助蒋匪。

基于这种估计，华东野战军在研究台湾战役的计划时，曾设想了同日本援蒋军作战的可能性，并有信心消灭这些"志愿兵"。根据这时的国际国内形势，中央军委认为应在尽可能短的时间内完成台湾战役的准备，早日完成解放全中国的任务，以实现祖国统一。

为争取尽可能先在沿海岛屿歼灭国民党军主力，人民解放军在准备对舟山、海南岛和金门实施攻击时，强调要集中优势兵力，确保登陆后能够有把握打歼灭战。经中央军委同意，在第四野战军攻击海南岛的同时，华东野战军决定调集第七、第九兵团共 6 个军 20 万人发起舟山战役；并调第二十四、第二十五、第三十二军入闽，接替第十兵团的剿匪及修筑道路、机场等任务，以腾出该兵

粟裕任华东军区副司令员

团用以攻占金门。华东野战军还准备将对舟山、金门的攻击作为攻台的实战演习。

为了更细致地筹划台湾战役的具体事宜，1950年3月11日，新任海军司令员的肖劲光同粟裕会商了攻台的准备工作。

结果，粟裕和肖劲光会商后，设想投入50万部队用于渡海攻台，分两次运送。

粟肖的这一设想，是对东南沿海地区国共双方军事力量进行对比分析后作出的估算。

因为此时国民党陆海空军总共还有50多万军队，其中在舟山、金门和海南岛的部队随时又有撤回台湾集中力量防御的可能，再加上少量日本"志愿"人员的协助，还有一定的战斗力。解放军进行的又是背水的登陆作战，按照一般的登陆作战规律，第一批登陆部队要有能突破防线并向纵深发展的充裕力量，而最忌"添油"式的逐次增兵。所以预定第一梯队要有足够的兵力，再待第二梯队上岸，总兵力至少应和台湾守军大致相当。人民解放军各部队的战斗力明显高于同等数量的国民党军，有50万部队登陆就可以确保在短期内不间断地发展胜利，以占领全岛。

根据这一设想，华东野战军准备在舟山战役结束后，以第七、第九兵团担任攻台的第一梯队，第十兵团和入闽的另外3个军担任第二梯队。这样，华东野战军的12个军部队连同后勤支援人员，投入台海战役的总兵力将达50万人。在大陆内地，第四野战军以第十三兵团担任全军的战略预备队，西北野战军抽出第十九兵团，作为中央军委可以随时调动的机动力量。

然而，要实现这一登陆作战的设想，有两大困难：一是缺乏渡海船只，二是海空军掩护问题还有待解决。解决渡海船只问题，在建国初期的条件下是一大难题。要运送50万部队渡海，连同装备、粮弹、饮水、燃料、马匹、车辆等，所需船只甚多。

根据金门作战的经验，第二梯队不能依赖第一梯队的船只返航接运，而必须自备船只。因此，中央军委估计需筹集几十万吨位的船只。台湾海陕海宽浪大，渔民的小帆船难以航渡，需用轮船或较大的机帆船。近代中国海运一直不发达，沿海地区机器动力的船只很少，国民党军从大陆撤退时又将大多数轮船带走或加以破坏，所以要靠从沿海现有的船只中筹集几十万吨位的机动船是办不到的。

解决海空掩护问题，也是保证渡海攻台成功所必不可少的前提，而人民解放军却不具备这种条件。台湾距大陆最近距离也在 80 海里以上，平均距离则有 100 多海里。解放军对金门、海南岛发起进攻时，航渡距离只有 5~15 海里，以帆船航行几小时即可到达，完全可以在一夜间起航并完成登陆，从而大大减少国民党空军的攻击和海军拦截的威胁，向台湾航渡则完全不具备这种夜航登陆的条件。

解放军拥有的舰船时速大多只有七八海里，向台湾航渡需要一天一夜时间，庞大的船队一旦没有夜幕遮蔽，在完全暴露的海面上必然会遭到国民党海空军的全力拦截攻击，没有海空军掩护的船队将会遭到极惨重的损失，根本不可能达成登陆成功的目的。因此有了渡海的船只后，还必须建成一支能够较敌方具有优势的海空军，才能保证台湾战役这种规模的渡海作战的胜利。

中央军委在筹划台湾战役时，鉴于上述的这两个主要困难，决定在不影响恢复国民经济的前提下，筹集财力物力修造船只，并尽快建设海空军。但是在当时中国工业基础极为薄弱、技术设备极其落后的条件下，筹集修造大量船只和建设海空军都非短期所能完成。

沿海地区解放后，人民海军征集到可用的商船、渔船仅有 169 艘，总吨位6.48 万吨。解放初期我国沿海的造船工业一般只能制造内河小船，修船能力也十分有限。当时国民党空军又以沿海的造船厂和较大的船只为主要轰炸目标，如1950 年 1 月 25 日对江南造船厂一次轰炸，就炸毁炸伤"常州"号、"万寿花"号等 26 艘舰船，严重影响了修造船的进度。

鉴于这种情况，中共中央在加强对港口上空防护的同时，要求沿海地区各造船厂抓紧修复被破坏的轮船，并大量赶造投资少、工期短并有一定抗风浪能力的机帆船。此外，中共中央利用英国已承认新中国，想建立关系的有利条件，在香港购买到旧船 48 艘，总吨位 2.54 万吨，并向英商继续洽商购买。不过即便如此，至少还需要相当一段时间才能达到筹集几十万吨位船只的数量要求。

1950 年 6 月 6 日至 9 日，中共中央在北京召开了七届三中全会。会上，华东军区副司令员粟裕汇报了解放台湾的各项准备工作。粟裕请求由中央军委直接组织指挥台湾战役,毛泽东则决定这一战役仍由粟裕指挥。

中央军委、毛泽东作出这一决定,是由于粟裕在解放战争的多数时间里实际担负了华东战场的主要指挥责任。1948年陈毅调任中原军区第一副司令员后,粟裕还担任了华东野战军代司令员,在华东解放战争中显示出高超的指挥才能。台湾战役由粟裕担任指挥员,在当时是最合适的人选。

十、总长轶事几则

粟裕任副总参谋长三年,总参谋长四年。

(一)

1951年11月,粟裕年仅44岁,从南京奉命赴京就任副总参谋长。到京后不久,粟裕的右臂疼痛突然复发,汗水渗出了额角。报经毛主席的批准,他住进了北京医院治疗,由沈克非教授亲自动的手术,取出了埋藏在他右臂中达十七年之久的子弹头。这是粟裕在土地革命战争中英勇无畏的历史见证。

1952年1月2日,他开始办公,征得聂荣臻代总长同意,先用了半个月时间了解情况,然后开始协助聂总主持总参工作,分工负责处理海军、空军和陆军各特种兵以及作战、军训等方面的工作事宜。

实现我军的现代化是粟裕一直非常关心的问题。

这时,朝鲜战场硝烟弥漫,战士们正在进行抗美援朝、保家卫国的反侵略战争。

党给了粟裕重任,他在调查研究的基础上,明确地提出:我军建设的当务之急,是搞好海、空军和陆军各特种兵的建设,否则,我们虽有强大的步兵和后备力量,也难以发挥作战能力。从我军战略方针、作战要求以及国民经济发展的可能等多种因素考虑,海、空军和陆军各特种兵建设的重点应首先放在空军。

这时,志愿军空军同美国侵略军正在鸭绿江两侧的上空,进行着频繁激烈的空战。志愿军空军不断取得辉煌战绩。1952年7月,毛泽东向粟裕索取志愿军空军参战以来的情况。

7月20日,粟裕如实地向毛泽东报告,并提出了加强空军建设的建议。

(一)当前我空军之首要任务,是保卫首都和东北工业地区的安全,免受敌机的突然袭击。

（二）必须大力加速我国航空工业的建设。如果仅仅依靠向外国订购飞机，外国不但在数量、时限、零备件以及配套的装备等方面限制我们，大修时还要"回娘家"，付出一大笔修理费，长此下去，"我国亦将等于没有飞机"。

（三）飞行员不能像飞机一样，日夜三班用机器大量制造。因此请求批准多办几个航校；采取速成办法培养飞行员是为了应急，今后"飞行员训练必须有一定的时间，如急于求成，则事故损失甚大，增加淘汰率，浪费了人力财力"。建议在全国各大城市建立航空俱乐部，开展群众性的航空滑翔与跳伞运动，增加飞行员的后备力量，以减少选调飞行员的困难。

粟裕的建议，立即得到毛泽东主席的同意。

（一）

有一次，粟裕主持召开研究各特种兵的年度经费分配问题的会议。

会上，各军、兵种的领导同志，都想为自己部队的建设，争取多分配些经费。大家畅所欲言，会议气氛很活跃。

这时，因在建国初期，国家经济力量比较薄弱，如何把有限的经济力量使用恰当，十分重要。粟裕边听边记，时时微笑地听着大家的发言。

大家讲完后，便沉默起来，静静等待着他"拍板"分配。

这时，粟裕从容不迫，而又斩钉截铁地说："各位同志的发言并不无道理，大家急于把部队建设好的心情是一致的。把你们提出的数目加在一起，几乎超过这次分配总额的一倍。现在的国家经济还困难，又正在进行抗美援朝作战。请同志们不要见怪，现在是僧多粥少，不能不论身体强弱、年老年幼和肚皮的大小，都是每人粥一碗，平均分配。当然，大家并没有要求平摊。可常言说得好：钱要用在点子上，钢要用在刀刃上。必须保证重点，没有重点则一事无成。请大家腾出些钱来，相对地集中用于空军建设。这是迫在眉睫的任务，也是对空军的支援。空军搞好了，也会支援你们的。作为一得之愚，请大家考虑。"

他的一席话，把到会同志说得心悦诚服，纷纷提出了较大的削减数字。

散会后，空军的领导同志说："副总长您支持了空军建设。"

粟裕说："这是大家的支持，空军建设应是重点，必须保证。请你们精打细算，千万不要浪费。"

为了推动各总部、各军兵种主要领导干部学习和熟悉现代化合成军作战的知识，总参集中了一百多人在中南海居仁堂上课，并严格规定：上课期间不应安排其他工作，如无特殊原因，不能请假缺席。粟裕以身作则，带头上课听讲。他对战士们说："分管各军、兵种工作，没有各军、兵种的知识是不行的。"

他要求战士们努力学习。他说："不然的话，会连文件都看不懂，打来的电话也听不懂，怎么能起到参谋的作用呢?"

他的话语重心长，令人难忘。

（三）

1952 年 5 月，秘书张剑随粟裕搬家到草场胡同。

一天下午，张剑刚刚整理就绪，屋里电话铃响了。他接过电话，一听是对方打错了。刚放下听筒，电话铃又响了，对方要他通报姓名，张剑婉言拒绝了。张剑又放下了听筒。

一会儿，电话铃又响了起来。这次，粟裕疾步上前接了电话，他面带笑容，语气温和地说：

"同志，你要错了。你找的人不住在这里。你问刚才接电话的人嘛，他是我这里的秘书叫张剑。噢，你问我是谁? 我是粟裕，是的，就是原来在三野，现在在总参谋部工作的粟裕……"

大概是对方表示了歉意，他说了一声"没有关系"，才把电话挂了。

（四）

1954 年 12 月，中央军委任命粟裕为总参谋长。

中国人民解放军总参谋长粟裕

毛泽东亲自找粟裕谈话，向他宣布中央的这个决定时，他很吃惊。他说："主席! 我不能胜任!"

毛泽东说："你可以胜任。不过牡丹虽好，还需绿叶扶持。你努力干吧!"

这时他只有 47 岁。

可是，这位总长因公到其他单位去，常常人和车被哨兵拦在门外，这时他就自己下车，通报姓名和工作单位，站岗战士却听不懂他的湖南话，结果，他常常摘下军帽，指着帽子里写的名字。

（五）

粟裕被任命为总参谋长后，像战争年代那样，把自己的全部精力倾注于革命事业上。为了贯彻落实党中央、中央军委的战略方针，他爬山涉水到各地勘察，从东北到西南，从渤海湾到舟山群岛，许多战略要地、海防前哨和岛屿，都留下了他的足迹。

粟裕去福建，他向当地领导同志多次谈了设防问题。在塘沽、滦县和遵化，他在空中和地面两次勘察了京津外围的地形。他还和大家一起，徒步穿越荆棘丛生的山峦，一踩一滑，先后登上了喜峰口和古北口。

他说，未来战争将不同于我们以往所经历过的任何一次战争。研究未来战争的规律，要抓住特点，着眼于发展。为适应今后的立体战争，他提出要建立积极防御的工程体系，反对分兵把口，处处设防和一线式的防御；对于部队的部署，他常说，要考虑到在未来反侵略战争的初期，顶住敌人多次的、猛烈的冲击浪头，以赢得空间和时间。并且，他还指出，要从防原子着眼，加强和改善工事构筑，精心设计，慎重布局，认真施工，特别要注意伪装和隐蔽。为此，粟裕亲自部署国防工程建筑事项的组织实施，以他一贯严谨、周密、细致的作风付诸于实践。

（六）

粟裕对党赋予的任务，不避艰险、勇往直前。

1957 年 4 月初，他遵照党中央书记处的决定，为了保障金沙江以东少数民族地区的民主改革，率领有关同志前往四川。

他带着一行人越过奔腾咆哮的大渡河，翻过三四千米的高山，在重峦叠嶂中、逶迤崎岖的道路上前进，在茫茫的风雪中露餐。他冒险通过叛区，先到西昌，后抵凉山。一路上，他看望部队指战员，亲切地问寒问暖，被当地群众称为是"解放后战士们见到的第一位北京来的首长"。他每到一地，都召开座谈会了解情况，宣传党的民族政策，强调贯彻执行"以政治争取为主，与军事打击相结合"的方针，平息叛乱。经过实地考察，他向党中央、中央军委作了报告、提出了建议。

返回成都后，粟裕主持召开了五个地区的军事联席会议，会后又专题向党中央、中央军委作了报告。

在这长达一个多月的紧张工作过程中，他虽然身体不好，患有高血压和心脏病，但工作起来，仍是那么全神贯注，以致废寝忘食。许多同志劝他要注意身体，他却笑着说："没什么，再大的困难也能顶得住。"

十一、粟裕爱枪

全国解放后，粟裕喜欢保存四样东西：枪、地图、指北针、望远镜。比如有一个非常旧陋的硬壳指北针，只比五分硬币略大一点，他也当宝贝收着。四样东西里，他最喜爱的又数枪和地图。有一次，部队印制了一种的确良的华北地区交通图，精制耐用，一个战士多领了一张给他，他特别高兴，看了又看，很珍惜地收进了他的书柜里。他办公室和住房内，最主要的装饰品就是地图。世界上哪里发生了动荡，他就挂那里的地图。在地图和枪中，他最爱的又是枪。

粟裕对枪很有感情。他在少年时，就和阿陀偷着做枪，制火药，把癞蛤蟆吊起来当坏人打。战争岁月里，粟裕枪不离身，即便成为高级指挥员，他腰里也总带着左轮手枪。全国解放以后，环境变了，他仍然保持着战士的本色，保持着对枪的爱好。战斗中缴获的枪、自己制造的枪、外国军事代表团赠送的枪，他保留了好几支。

儿子粟戎生五六岁时，粟裕送给他一件特殊的礼物———一支真正的小手枪。这是从一个地主家缴来的，射程很近，没有实战作用。他对儿子说："好好学，长大就当兵。"

粟裕的枪法很准，常常同战士们比赛。有一回星期天，粟戎生从学校回到家，赶上粟裕有空，带战士们去进行实弹射击，他和弟弟也随从而去。

在靶场，粟裕嫌胸环靶太大，就用一节树枝插在地上，上面顶着半个乒乓球，然后让粟戎生和弟弟先打。粟戎生的弟弟是区射击代表队的队员，但几十米外打这么小的东西还是头一回。他没有打中，粟戎生的射击结果也和弟弟一样。粟裕笑了笑，接过枪、压上子弹，举枪瞄准，第一枪就打中目标。

各种枪，粟裕都学过。步枪、冲锋枪、机枪，他都打过，而且熟识性能。他熟悉枪也爱惜枪。有一次，儿子粟戎生擦拭他保存的几支枪，将狙击步枪的瞄准镜取下来了，他很生气，把粟戎生批了一顿，然后耐心地解释了随便分解瞄准部分对射击精度的影响。乘下一次射击的机会，战士们对枪做了重新校正。

粟裕对我国自己设计制造的枪，有着一种特殊的感情。还是他当总长期间，有一天，一个警卫战士说："咱们的枪不好，美国的卡宾枪又轻又灵活。"

粟裕沉下面孔说："你就知道洋人的好！告诉你，咱们自己也有好枪——半自动步枪！战士们要立足于用自己的武器消灭敌人。"

1960年，部队赠给粟裕一支五六式半自动步枪，他十分高兴。他左手残废，不能像健康人一样操枪，就请修理工在下护木上安了一个握把，这样他就可以进行各种姿势的射击了。这支枪也成了他的一件"珍宝"。

1966年，"文革"开始了。根据中央的规定，私人手中的武器一律上交。粟裕监督警卫员把枪精心地擦拭好，然后再三叮嘱接收的同志："你们可要保管好，运动完了我还要。"

一个老军人在战争年代同枪结下了感情，确实难以割舍。

十二、父子兵

1942年，在抗日战争的烽火中，粟裕的第一个儿子粟戎生降生了。

这时粟裕正率领新四军第一师进行频繁的反"扫荡"和艰苦的反"清乡"斗争。

粟戎生出生在江苏扬州的外公家。外公钦佩粟裕的战斗生涯，为他起名戎生，粟裕很喜欢这个名字。后来，因有被敌人侦知的迹象，外婆亲自把不到两岁的粟戎生设法送到父母身边。从此粟戎生一直随军行动到全国胜利。

粟裕很注意培养儿子的军人气质：吃苦、耐劳、勇敢、顽强。粟戎生原是由外婆哺育的，幼年的粟戎生比较娇气。粟裕为了培养儿子的性格，要求很严。吃饭不可挑食、夜行军不可啼哭、饥寒不可叫喊，否则就会遭到他的喝斥。

在浙西天目山地区时，粟戎生刚两岁多，粟裕就教他学游泳，他把粟戎生带到一条小溪边，让粟戎生抱着一段竹筒，叫儿子跳进水里。

粟戎生不敢下水，粟裕把儿子一抱，就扔下水里去了。他是一员虎将，绝对容忍不了自己的儿子是兔子胆。

全国解放后，粟戎生上学了，粟裕让儿子上住宿学校，粟裕对粟戎生非常严格。粟戎生的班主任老师心想：总参谋长对儿子怎么这样苛刻？他终于忍不住地问粟戎生："你是不是你妈妈生的？"

粟戎生照实回答："是我妈生的。"

"没错？"老师还死死叮问，好像家中对粟戎生的严格要求，非得用"后娘"两个字才能解释。搞清楚后，老师很激动，以后，楚青（即改名后的詹永珠）到校了解粟戎生的表现，老师很高兴地当面向母亲提起了这件事。

60年代初，粟戎生高中毕业，考进了哈尔滨军事工程学院。

但是粟戎生并不想上院校，去了后也有些不大安心。原来，这时蒋介石正叫嚣反攻大陆，中印边界反击战也打响，粟戎生想直接上战斗部队，粟戎生渴望战场的厮杀、拼搏，喋血疆场，虽有些血气方刚和浪漫色彩，但粟裕却赞赏儿子的态度。

尽管粟戎生的愿望没有实现，但是1966年他一毕业，粟裕就把他送到了火热的战斗生活中去见世面，让粟戎生到部队去，在云南前线某地空导弹部队，长年驻扎在祖国的南陲。前线的生活是很紧张的。敌情多时每天要有四次以上的战斗警报。谁也不能远离阵地，警报一响，就拼着命跑到战位。结果，粟戎生在云南当了一年战士，以后又当班长、技师、排长。四年中，他跑了上千次战斗警报，住了一千多天帐篷，经历了十几次移防。生活紧张而艰苦。粟裕曾严肃又风趣地问粟戎生："艰苦和死，哪个更难受？"

最后，他教育儿子说："死的过程很短暂，艰苦是要熬很长时间，要耐受。当兵要不怕苦，不怕累，不怕紧张。"

1969年，粟戎生奉命调到北线部队。

这次调动，粟裕是给儿子使了劲的。可这是怎样的"使劲"啊？

原来，粟戎生所在的地空导弹部队，移防到内地，任务变换了，训练和生活条件也大大好转。但粟裕偏偏不愿意让粟戎生在较为舒适的环境中工作。尤其是这年春天，发生了珍宝岛事件，形势的紧张程度无须重提。就在个别人想方设法调离一线部队的时候，粟裕反把粟戎生从刚结束了抗美援越作战任务的一个部队，设法调往另一个进入反侵略战争等级战备状态的部队。

从南陲到北疆，各方面条件更加艰苦。每当粟戎生踏上新的征程的时候，粟裕把自己写的《老兵乐》送给了儿子：

半世生涯戎马间，征骑倥偬未下鞍。

爆炸轰鸣如击鼓，枪弹呼啸若琴弹。

这铿锵的诗句，是粟裕戎马生涯的真实写照，也是鼓励粟戎生驰骋战场、杀敌立功、为国尽忠的战鼓。粟戎生满怀信心地去了北线。

粟裕使劲让儿子到北疆还有一条没人知道的原因。

1958年以后，粟裕从总参谋长职务改任军事科学院副院长。十年动乱中，他曾受周恩来总理嘱咐去国防工业系统支撑局面，担任国防工业的军管工作。然而，就这点权很快也被林彪一伙夺走，在周总理的保护下，粟裕得以在国务院业务组过问一些工作。粟裕不计名位，只希望能再为军队工作尽点力。但他在实际上已被排挤出军队。他向周总理恳求："一旦打起仗来，还是要回军队。"周总理亲切地回答："那当然。"在这种心情下，粟裕送粟戎生到了前线部队，实际上是粟裕委托儿子为他尽一尽老战士的渴求参战的心意和义务。

但是，粟戎生在北线，仗并没有打上，而是开进山沟里，一连打了三年坑道。在北线执行战备任务，条件比南方更为艰苦。粗粮比例大，蔬菜供应较差；气候恶劣，干燥、严寒，需要有坚忍的毅力。粟戎生都顶过来了，一点一滴按照爸爸的要求去做。

根据工作需要，也随着军龄的增长和经验的积累，粟戎生逐步走上了团和师的领导岗位。这时他再见到父亲粟裕时候，粟裕同粟戎生谈话的内容也有了"升级"，他对儿子也提出了新的要求。

粟裕喜欢看地图，也要求粟戎生多看地图。他说看地图、看地形是军事指挥员的必修课，地图不仅要看，而且要背。他每次外出，到达一地，工作人员的第一件事就是挂当地的军事地图。粟裕有时反骑着椅子，统观大局；有时拿着放大镜，细致观察很小的地方，一看就是很长时间。他看地图，是分析研究着看，带着敌情己情看，看完了就能牢牢记住。粟戎生很害怕父亲考他。因为有时，他会突然问粟戎生，哪个县在什么地方，周围有哪些县，相互关系位置如何，粟戎生要答不上，他就不高兴。

粟裕当初对粟戎生的启蒙教育，就包括识图。粟戎生还不懂事时，粟裕就教儿子"认"华东地图。陶勇、王必成叔叔到指挥部来开会，也总是拉着粟戎生问："南京在哪？上海在哪？"粟戎生指出后，他们哈哈大笑。

粟戎生大了，他休假或出差乘坐火车，粟裕让他尽可能白天走，留意看看沿途地形。本来粟戎生喜欢坐夜车，买上卧铺，觉睡好了，站也到了；结果被迫改了过来，绝大多数情况下坐白天车，观察山川河流道路。

有时，粟裕还给粟戎生讲战例，鼓励他努力学习战略战术。有一次，他问粟戎生："如果你带一个部队在某地，敌人来了，你应该考虑什么问题？"

粟戎生按军事常识，从敌情、己方兵力条件和地形几个方面作了回答。粟裕听后，语重心长地说："还有很重要的一条你没有讲到，就是民情。战场上没这一条，仗是打不好的。"

然后，他又说："人民战争的思想是我军克敌制胜的法宝，但不是口头上讲讲人民战争就可以取胜的，也不是照搬过去的战争经验就可以取胜的，我们要研究现代条件下的人民战争。战争是一门不断发展的科学。"

有几年，粟戎生在一个摩托化部队工作。粟裕不止一次地对他说："干部应多掌握一些现代科学技术知识和本领。摩托化部队的干部一定要学会开汽车。不懂、不会，不行。"

粟戎生汇报说多数干部不会开车，粟裕说："不应该这样，眼光应放远一些，应从部队建设和作战需要出发。干部不会开车，就要设置好多专职驾驶员。五十年代，苏联红军一个机械化师从我国某军事重镇搬走，将全部装备移交给战士们。他们一个师八千人，我们战士们要一万二千人才接下来。他们就没有配专职驾驶员。咱们多出来的人尽是战勤保障人员。这个问题要研究，要改进。"

粟裕这样说，其实他自己也是这样做的。在战争年代，他就学会了驾驶摩托车和汽车，残废的左手并没起到阻碍作用。

粟裕曾问过粟戎生："你们师一天的行军能力是多少？"

粟戎生说：×百公里。

他又问全师人数、车数和行军长径，粟戎生一一回答，并告知行军长径也是上面的公里数。结果，粟裕担忧地说："这怎么行呀？一个师呈行军状态，撒在×百公里公路上，先头走了一天，后边还没出动。打起仗来，我们没有空中优势，打坏几辆车就全堵住了，而且通常只能夜间开进，时间更紧，何况我们有那么多部队。"

于是，他要求粟戎生结合部队训练，研究一下摩托化部队多路开进，摩托行军中对空防御和后勤油料保障问题。粟戎生照办了，并且写出一份学术文章交给他。

一次，粟裕看到儿子带回来一张宣传画，上面画着拿着各种爆破器材的五六个战士，围着一辆坦克打。他不以为然地说："这个打法不行。"

粟戎生说这是宣传。粟裕激动地说："宣传怎么可以脱离实际。这不行，这给人家一个印象，打坦克就是挺着胸，抱着炸药包，一群人往上冲，这打不了集群坦克，还要吃亏的。"

为此，他多次向粟戎生详细询问部队装备的各种反坦克武器的性能，敌进攻时敌坦克和我军反坦克武器的数量对比，打坦克的战术技术手段和方法，实战演习暴露出来的不足等问题。最后，他对粟戎生讲了两句话："打集群坦克，一是要有现代化的武器装备，二是使用现有武器要讲战术。"

为了研究如何打集群坦克，粟裕又特意看了一部坦克战的影片《解放》。看后，他说："《解放》这部片子不错，可以学到不少知识。"

可是，有人却说，放映《解放》怕暴露战争的残酷性，把部队吓坏了。粟裕一听，马上说："现在吓坏了可以做工作，可以教育。打起仗来吓坏了就要打败仗，当俘虏。"

他自己多次看这部影片，研究如何打集群坦克。受他的影响，粟戎生也看了六次。

粟裕很注意接受新事物，研究新问题。即使对粟戎生，凡是他不了解的东西，也总是让他讲解。一些重要问题，他让粟戎生从实战和部队训练的角度提出看法，有的他还结合自己的思考，向中央军委作了汇报。

粟裕在青壮年时期的战斗和生活条件十分艰苦，积劳成疾，老年患有多种重病。1981年他在已经患有高血压、心肌梗塞、胃癌等多种病史的情况下，又患了脑溢血和脑血栓。他顽强地同疾病战斗着，但是，他丝毫没有减少对祖国安危的关心。病中，他对前来探望的儿子粟戎生说："未来的战争我不一定看得到了，一旦打起来，要靠你们这一代了。"

粟裕（前左一）同徐向前（前右二）、罗瑞卿（前右一）、王震（前左二）等视察某地

他把殷切的希望寄于革命的下一代。

1983 年 5 月，粟戎生的职务有所变动。粟戎生去医院向父亲辞行。这时，粟裕的病情更重了，说话已很吃力，不能同过去一样对粟戎生作更多的嘱咐了。他只是说："师这一级很重要，连、团、师的锻炼对军队干部极为重要。"

他还是和以往一样，他没聊家务琐事。这是粟裕留给粟戎生的最后一句话。

肖劲光：毛泽东靠他吃饭

　　肖劲光（1903—1989年）湖南省长沙人，1920年加入中国社会主义青年团，1921年赴苏联学习，次年由团转党。1924年回国后，任国民革命军第二军六师党代表，参加了北伐战争。1927年赴苏联入列宁格勒军政学院学习。1930年回国后历任闽粤赣军区参谋长兼政治部主任、中央军事政治学校校长、中国工农红军第五军团政治委员、建黎泰警备区司令员兼红十一军政治委员、闽赣军区司令员兼红七军团政治委员、红三军团参谋长、中共陕甘宁省委军事部部长兼红二十九军军长、中共中央军委参谋长。参加了长征。抗日战争时期，任八路军后方留守处主任、陕甘宁留守兵团司令员、陕甘宁晋绥联防军副司令员。

　　解放战争时期，任东北民主联军副总司令兼参谋长、南满军区司令员，东北野战军第一兵团司令员，第四野战军副司令员兼第十二兵团司令员和政治委员。中华人民共和国成立后，任湖南军区司令员，中国人民解放军海军司令员，国防部副部长。1955年被授予大将军衔。是第一、二、三届国防委员会委员，第三、四届全国人大常务委员会委员，第五届全国人大常委会副委员长，中国共产党第七届候补中央委员，第八、九、十、十一届中央委员。在中国共产党中央顾问委员会第一次全体会议上被选为中共中央顾问委员会常务委员。

一、和任弼时是好友

1903年1月4日，肖劲光出生在长沙岳麓山群峦之一的天马山东边的赵洲港。父母给他取的名字叫肖玉成。

在两岁时，肖玉成的父亲便积劳成疾撒手人寰。乡里长辈们提及他父亲时唤他作"肖十二"。肖家的祖籍在乡下，祖父和父亲都是以纺织为生，背着简单的纺织工具，走村串户，替人家纺纱织布。在这个兵荒马乱的年月，他们虽是能工巧匠，却解决不了一家人的温饱。为了谋生糊口，也为了躲避战乱，祖辈四处奔波，最后流落到了岳麓山下。

肖玉成的母亲姓傅，原是橘子洲北傅家洲人。有一年夏天暴雨成灾，湘江洪水暴涨，漫过江堤淹没了傅家洲，她举目无亲，便投奔了赵洲港，给一户周姓人家做了养女，后来便与肖玉成的父亲结为夫妻。

肖玉成的父亲死后，傅氏才36岁，一个人挑起了一家人生活的重担。肖玉成上有三个哥哥，大哥肖玉林，二哥肖厚成，三哥肖容华，还有两个唤作春妹子、细妹子的姐姐。他最小，乳名唤作满哥。

为了抚养六个未成年的孩子，贤良能干的母亲在乡亲们的帮助下，租了一块产权归庙主所有的社地，盖起了三间茅草房，种下几棵橘子树，又开出几畦菜地，辛辛苦苦省吃俭用，一年下来也能收入十几块钱，用于吃盐、点灯和添置衣服。三个生来本分憨厚的哥哥，每天结伴上山砍柴，然后背着柴去江东集市上卖钱换米，两个姐姐心灵手巧，学会了湘绣，帮有钱人家绣花赚得几个钱补贴家用，一家人终年辛劳，勉强维持着半温半饱的生活。

辛亥革命前后，肖玉成的大哥肖玉林在一家饭馆学徒出师当了厨师，家中的生活有了些转机。在一个初秋的夜晚，傅氏和肖玉林在里屋商量事。

"老大，满伢子不小了，是不是送他去读点书?"傅氏试探地问肖玉林。

"是呀，我们肖家兄弟四人，没有一个读书的，满伢子长得机灵，应该让他去读书，也许日后会有些出息。"

读书，肖玉成向往已久。每当看到那些头戴瓜皮小帽的同龄小儿，蹦蹦跳跳地去学堂上课，他总是萌动读书的奢望。但是，那是有钱人家的孩子才能够读得起的。现在大哥同意让他去读书后，他只想好好读书，将来让母亲和哥哥姐姐过上好日子。

就这样，他每天要翻一座山梁，到天马山西麓的一家私塾读书。两年后，他又进了镇上一家洋学堂。肖玉成虽年少，却深知一家人含辛茹苦送他上学不容易，读书非常用功，1917年，以优异的成绩考上了长沙颇有名气的长郡中学。

肖玉成是肖家世代第一个中学生。母亲为他高兴，哥哥姐姐们为他高兴。但是，他心里始终揣着一本明细账，背后支持他学书的，仍是一家人日复一日的辛劳和希望。

考上中学后，为了凑够学费，母亲将自己当年陪嫁的一枚金戒指——这是全家唯一值钱的东西——送进了当铺，然后，肖玉成才把一套简单的行李，搬进长郡中学第二十五班的学生宿舍。

长郡中学位于湘江东岸繁华的市镇中，离他的家乡只有一江之隔，路程并不远，加上水路也不过十几里路。但他除了寒暑假回家外，平日从不回去，为的是省下几枚渡江坐船的铜板。长郡中学成了肖玉成人生道路上的重要转折点。

20世纪初叶的中国，义和团运动、保路运动、辛亥革命、护国战争、新文化运动等，以至震惊世界的俄国十月革命，像洪水猛兽一般地冲击着被封建主义禁锢的中华大地。处于中国腹地、水陆交通比较发达的湖南，像江心中的一块巨石，接受着各种浪潮的洗礼，而长沙又是这块巨石的峰巅。在班里，肖玉成结识了一位能交心的好朋友任培国，也就是后来的任弼时。他们同住一个大宿舍，经常在一起交谈思想，传看一些介绍俄国十月革命和社会主义的进步书籍和报刊，参加学校进步学生组织的一些爱国的宣传活动。

1919年的五四运动，像暴风骤雨迅速席卷全国。中国在巴黎和会外交上的失败，激起了全国人民反帝反封建的怒潮。长沙的学生界沸腾了，他们在湖南学生联合会的倡导下，加入全省学生总罢课，上街示威游行。各校都组织了"救国十人团"，进行广泛的爱国宣传活动。肖玉成和任培国成了参加这些活动的积极分子，任培国还担任了宣传团团长。

1920年夏天，肖玉成改名为肖劲光。这时他离毕业只有几个月了，他和同窗好友任培国商量，暑假期间不回家，找事情做，为毕业后的出路想办法。

这时，他们向往留法勤工俭学道路，想到国外去边工作，边学习，寻求救国救民的真理，以改造这不平等的社会。但是，他们的愿望很快就落空了，勤工俭学已经停派了。正当肖劲光苦苦思索寻找着毕业出路时，任弼时给他带来了好消息。任弼时告诉肖劲光，听同乡任岳说，长沙组织了一个俄罗斯研究会，准备送一些学生去俄国勤工俭学。任岳在船心中学读书，认识那里参加组织俄罗斯研究会的校长贺明范，可以通过他介绍参加俄罗斯研究会，还可以争取去俄国。肖劲光听后十分激动。

此时，再有几个月，肖劲光就要拿到毕业文凭了。但他俩还是打定主意文凭不要了，并立即找到任岳，通过贺明范的关系，加入了俄罗斯研究会。当时俄罗斯研究会的总干事是毛泽东。俄罗斯研究会每周组织几次讨论会、报告会，肖劲光和任弼时听了几次课，开始接触俄国革命。

不久，俄罗斯研究会选派第一批学生赴俄勤工俭学，肖劲光和任弼时荣幸地当选了。和他们同一批的还有任岳、周昭秋、胡士廉、陈启沃共六人。为赴俄肖劲光回到家里和母亲、大哥商量。母亲虽然舍不得儿子远走他乡，但禁不住肖劲光反复解释，加上大哥的积极支持，最后她还是同意了。母亲又一次去当铺当掉了陪嫁的衣物，为肖劲光筹措了 30 元钱盘缠。肖劲光告别了家乡，告别了亲人，踏上了他追求理想的旅途。

1921 年初春，肖劲光和任弼时、刘少奇一行十多人，从上海吴淞港乘轮船启程，踏上了赴俄学习的旅途。经日本长崎，达海参崴，又到伯力，终于在 6 月底到达莫斯科。

二、肖劲光学军事：陈独秀反对，毛泽东赞扬

1921 年夏，来到莫斯科后，肖劲光进了东方大学，成为了这里第一批中国学生中的一员，学校给他起了个俄国名字叫查戈洛斯基。这所设在莫斯科的学校，全名叫东方劳动者共产主义大学，建立于 1921 年 4 月，以培养东方民族民主革命骨干为目的，开设有中国班、朝鲜班、蒙古班以及俄国远东各少数民族班，共有几百名学员。

在东方大学，肖劲光学习得很认真、很刻苦。他的成绩评定表上总是个"优"。然而，在学习过程中，他头脑中经常萦绕着一个这样的问题：俄国十月革命成功是枪杆子打出来的，中国要走俄国人的路，军事家是绝对不可缺少的。为此，他立志要做一个中国的军事家。

也巧,一个偶然的机会圆了他学军事的梦。

就在他进校学习了一年时,莫斯科一所初级红军军官学校招生,东方大学根据学生填写的志愿推荐了肖劲光。在这所军校里,开设了军事指挥和地形学等专业课程,肖劲光仿佛走进了新奇的世界。他懂得了什么叫军事思想和军事战略,同时也决心全力以赴学习好军事,将来成为一名军事家,然而,不久一件意想不到的事儿砸碎了他学军事的梦。

1924年6月,中国共产党总书记陈独秀,到莫斯科来参加共产国际会议。在会议之余,他会见在莫斯科的中共留学生。身在国外的肖劲光见到自己党的领导人,就像见了自己的亲人一样倍感亲切,兴奋地发着言。

然而,一谈到自己的专业时,陈独秀却突然不知怎的,生起气来,训斥道:"胡闹,谁同意你学军事,学军事干什么?想当军阀吗?"

"我想学一下,将来回国会派上用场。"若是在平时,肖劲光会一口气摆出许多理由阐明学军事的意义。但今天在不悦的总书记面前,他到嘴边的话不得不使劲地咽了回去。

"马上回东方大学去!京汉铁路大罢工都失败了,现在中国不存在直接革命的形势。"这是陈独秀给他下的训令。结果,肖劲光和其他转来学军事的同学只好又从军校回到了东方大学。

1925年秋,肖劲光完成了莫斯科东方大学的学业,立即回国投身于大革命的洪流之中。他在北伐军中度过了难忘的岁月。然而,最后大革命还是失败了,他再次踏上赴苏学习的征途。

在第二次赴苏的商船甲板上,冒着秋风冷雨,海浪飞溅,他的心情激荡。轰轰烈烈的大革命就这样夭折了,不就是中国革命少了军事家,没有抓军事抓武装斗争吗?肖劲光觉得他的命运已紧紧地同中国革命联结在一起,他要坚定地走下去,去苏联学习军事。

肖劲光怀着这样的心情,来到了十月革命策源地——列宁格勒,进了培养红军高级军事人才的托尔马乔夫军政学院。

在这里,他联系大革命失败的教训,更加认定了"离开军事就救不了中国"的道理。于是,他如饥似渴,一丝不苟地钻研军事理论,从步兵操典、战争条令,到战术学、战役学,从指挥学到军队政治工作,他都一一涉足探讨。为此,他认真做好每一个沙盘作业和战斗设想,认真参加每一次实战演习,研究苏联红军的优秀的战例,剖析自己在北伐中经历的战役、战斗。肖劲光在托尔马乔夫军政学院学习时，碰巧正好与蒋介石的儿子蒋经国同在一个班。

夏末秋初的一天，肖劲光邀上同班同学蒋经国去访问苏联著名的红军将领布琼尼指挥的骑兵军。布琼尼向他俩介绍了骑兵军的业绩。在回学院的路上，蒋经国问肖劲光：

"你想当个军事指挥家吗？"

"想。"肖劲光坚定地说，"你呢？"

"我也想。"蒋经国回答道。

时光荏苒，十几年过去了。最后，肖劲光实现了他立志要做军事家的愿望，终于成为了一位千军万马的军事统帅。

一次，在延安的窑洞里。时任八路军留守兵团司令员的肖劲光向毛泽东讨教当前的军事形势时，毛泽东曾风趣幽默地说："劲光，你可是科班出身的第一个学军事的军事家啊，我们可都是'土包子'啊！"

毛泽东对他学军事赞许的话，使肖劲光突然想起当初陈独秀对他学军事的态度。两种截然不同的评价，反映了两代党的领导人对于中国革命的不同的观点，肖劲光更加认识到了毛泽东的正确。以后肖劲光在历次国内革命战争和抗日战争中，在新中国成立后创建和发展海军的事业中，建立了辉煌的功绩，成了当代中国十名被授予大将军衔的将军中的一员。而他昔日的同学蒋经国，后来却成了人民的敌人，败退到台湾以后，当过国民党的"总统"，肩上虽扛过国民党二级上将的军衔，但从来也没有带过兵打过仗。

天下事纷纷繁繁，历史像一台编织机织造出各式各色的花纹图案来。

三、22 岁就做了中将

1925 年秋天，肖劲光从苏联回国后，接到中共湖南省委的通知，前往广州。

中共中央此次调肖劲光入穗，是有意让他从戎的。蓬勃发展的国共合作形势，迫切需要共产党员到军队工作，而这时我党懂军事的人微乎其微，肖劲光在苏联学过一年军事，在党内又颇有立志从军的美名，可算是难得的人才了。

他到达广州时，街头一派繁忙的革命景象。街两侧到处是出师东征、打倒军阀的标语，随处可见一队队番号各异的部队在街道上穿行，连不谙世事的孩子也举着红红绿绿的小旗，在玩打倒军阀的游戏。

肖劲光向中共广东区委书记陈延年报了到。这位陈独秀总书记的长子，有着与其父亲完全不同的气质，浓浓的眉毛下一双深邃的大眼睛炯炯有神，高鼻梁，阔嘴巴，尽管黑黑的脸膛上嵌着数粒细碎的麻子，但仍不失英武之气，他是党内主张党走武装革命斗争道路的代表人物之一。

肖劲光和陈延年是莫斯科东方大学的同学，一见面，肖劲光不顾寒暄，快言快语地说："这下可好了，我一看外面的架式，就知道组织上这次调我来是搞军事的。我呀，早盼着有这一天了……"

这时，广东国民政府的军队东征势如破竹，一路捷报频传，二次东征迫在眉睫，军队很需要人。肖劲光先住到了东山，协助陈延年的工作。两个月后，二次东征凯旋，周恩来接见了肖劲光。在周恩来的寓所，肖劲光又见了李富春。

"来，我给你们介绍一下，"周恩来说，"这位是李富春同志，留法勤工俭学的，现任国民革命军第二军党代表。你的同乡，湖南人。"

周恩来又转向李富春，介绍道："这是肖劲光，莫斯科东方大学的，在安源搞了一年工人运动。"

俩人握手之后都感到似曾相识，一问才知李富春是长郡中学十六班的学生，肖劲光上中学时，他已是高年级了，所以两人虽不认识，但是却见过面。

"原来你们还是老同学，我这介绍是多此一举了。"周恩来爽朗地笑着，问肖劲光，"听说你在苏联学过军事，有志于搞军事工作?"

"是的，我喜欢军事，在苏联学了一年，总书记不让学了，又回了东方大学。"肖劲光坦白地说，"这次去又学了两年。"

李富春和周恩来对视了一下，然后，周恩来征求意见似的问道："新改编的国民革命军实行党代表制度，准备派你去做政治工作，你看怎么样?"

"我服从组织的安排。"肖劲光毫不掩饰地笑了，能到军队中去工作，正中他的下怀。

李富春像寻到了宝贝似的，惟恐错过了机会，连忙抢着说："就到我们二军来吧。二军是湘军的底子，我们还缺一个师党代表。劲光同志正好是湖南人，来做工作是再合适不过了。"

就这样，肖劲光来到了二十六师做党代表。这时，正值联俄联共扶助农工之际，1925年底，广州国民革命政府任命肖劲光为国民革命军第二军第六师党代表，中将军衔。

这时肖劲光才 22 岁。

此后，又过了 30 年，新中国成立后的 1955 年，中国人民解放军初次实行军衔制，肖劲光被授予中国人民解放军大将军衔。晚年，肖劲光曾与人戏言："当了一辈子兵，提了两级军衔：从中将到大将。"

四、肖党代表就是高明

韶关，地处广东北部，武水、侦水相汇之处。这里北据南岭，东扼赣南，四周岗峦连绵，纵横盘结成一道道雄关险塞，是湘粤咽喉要道，历代兵家用兵重地。国民革命军第二军第六师奉命驻守此地。

工作如何着手呢？经过反复调查、分析，肖劲光仍然有难以下手的感觉。

一天，吃过早饭，肖劲光带着沈秘书到连队去。路上，肖劲光一连串的发问，使沈秘书卡了壳。

"治军，也要讲治心。人是思想动物，也是感情动物。皮毛之交不足谈！"肖劲光边走边想，更像自言自语："政治工作一定要做到人心深处，做到人心痒处，做到人心痛处……"

突然，前面的早市人声喧闹，许多人围成一团。肖劲光与沈秘书急走了几步，来到人群中，只见两名士兵正在争抢一只老母鸡，旁边一位头发花白的大娘声泪俱下直讨饶。沈秘书向身旁一位卖菜的大爷一打听，才知这位大娘家中有病人，无钱问医，万般无奈，只好把自家的一只老母鸡拿到集市上卖了钱买点药。哪知缚鸡的绳索不紧，那母鸡便从篮中挣扎出来，恰逢一士兵走过，将鸡抓起就走。老大娘抓住那个士兵不放，被那士兵一巴掌打在地上。转身之间，又一军官模样的人，说是他先看到这只逃鸡。于是，两人便扭打争执起来。正当沈秘书打问结束，转过身来，却见十八团孙副营长拨开人群，一声断喝，人群便静下来。

"说！么回事？"

两个士兵争相诉说。

"啪！啪！"孙副营长挥起手，给了每人两耳光，两人的脸上顿时血红："妈你个×，谁让你们在这捣乱市场？还打架！还打人！还有军纪没有？妈你个×！"

孙副营长一顿数骂，围观的人群连连叫好。

"即使捡到东西，也不能私留嘛!"孙副营长的态度稍有缓和，然后，转向那个提着鸡的士兵："去，送营部!"

老大娘闻言，连忙上前："老总，行行好。我的鸡呀——"

孙副营长一转身，恶狠狠地吼道："去、去、去，吵什么!"

沈秘书看到这，满面顿生怒气，正要上前，却被肖劲光一把拉住。孙副营长和那两个士兵走远了，肖劲光才拨开人群，扶住老大娘："大娘，这点钱，你拿去给孩子买药吧!"

肖劲光说着，将手中的两张纸币递给大娘。大娘抬起头，含着泪看了看这个戴着眼镜的军官，千恩万谢："长官，谢谢你，谢谢你。我儿子在码头做工。回头，我一定叫他谢谢长官!"

见此情景，围观的人群感叹不已。

肖劲光回营后，和苏联顾问以及戴岳来到十八团团部，孙副营长和那两个士兵已被捆绑在堂，团长刘凤正正大声训骂。戴岳师长脸色铁青，本来，戴岳刚开始也没把这事当回事，不就是寻常一只鸡嘛。不料苏联顾问米柳史对此事看得十分严重。他认为强抢民物就是破坏军民关系，破坏军民关系就是破坏国民革命，就是反革命分子，并指责戴岳态度暧昧，弄得戴岳十分生气。戴岳自己一直以治军严明著称，并常常自以为得意。肖劲光虽不同意米柳史的一些说法，但他对此事十分重视，这盘棋他已经成竹在胸。事情并不复杂，复杂的是对事情的处理。

肖劲光替被捆的三人解开绳索，将事情发生的细节重新讯问了一遍。三人供认不讳。米柳史本就红润的脸，顿成深紫色，他坚持必须重加惩处。戴岳一声不吭，铁青的脸始终没缓过色来。

肖劲光站起身，神情严肃、语气诚恳地说："今天发生这种事，主要责任我要负。政治工作没做到位嘛。但是，错误是你们犯的。第一，你们俩在早市强抢恶要，犯了'不扰民'之军规；第二，孙副营长在闹市上，动手动脚，犯了'不打骂士兵'之军规。"

肖劲光说着走到孙副营长面前："你是副营长，士兵有错也不能随便就打呀! 你看戴师长，为你这事气得浑身发抖。但是，他打了你没有，没有嘛。按你的做法，我看师长非猛揍你一顿不能解恨。革命军队嘛，废除体罚，不准打人。当然，刘团长捆绑你们也欠考虑。但你们的问题性质是严重的。好在你们态度不错。好吧，下去戴罪立功，等候处理!"肖劲光说到这，转过身，征询地看着戴岳："你看呢，师长?"

戴岳狠狠地瞪了孙副营长一眼："还不快滚，按我的脾气，非毙了你们不可！"

肖劲光又用俄语向米柳史作了释述。米柳史不解地望着肖劲光。第四天，在全师范围内开展一场广泛的军纪军风整顿。其中内容包括：不扰民，不欺压百姓；废除肉刑、体罚，不打骂士兵；不吃空额，不喝兵血；实行经济民主，不准克扣军饷；成立军需委员会，改善士兵伙食等等。

官兵关系、军民关系急骤改善，部队精神面貌发生显著变化。广大士兵和下级军官发出由衷感慨：革命军就是不一样！肖党代表就是高明！打这以后，肖劲光在第六师的政治工作开展得有条不紊，他用聪明才智驾驭着第六师为国民革命作出巨大的成绩。

五、与戴师长的交情

1926 年 7 月，国民革命军出师北伐。9 月即势如破竹，在汀泗桥、贺胜桥大破吴佩孚，攻下了武汉。担任侧翼任务的第二军，成了新开辟的江西战场的主力部队之一。戴岳和肖劲光率领第六师自醴陵、茶陵、攸县进攻赣西，与军阀孙传芳的五省联军交上了火，入赣作战仅半个月，就协同第三军连克萍乡、宜春、莲花、永新、新余、万载、上高、清江、安福等数县，大军压境，兵临南昌。

与此同时，由程潜指挥的第六军和第一军第一师乘全线战事破竹之势，9 月 19 日率兵袭占了南昌城。时任五省联军总司令的孙传芳闻报大怒，严令前线各军"限日夺回省城，否则军法从事"。孙部第三方面军总司令卢香亭急令郑俊彦军，沿南浔路直扑南昌；邓如琢军由樟树沿赣江北上，试图夺回南昌。由于北伐军后援未到，致使南昌城得而复失。

南昌战役是整个江西战场上最关键的一仗。孙传芳也清楚，失去南昌，江西不保，江浙也要动摇。蒋介石更明白，南昌攻不下，不仅危及湖南、湖北，就是北伐大本营广东也处在危险之中。9 月 29 日，蒋介石下令二战南昌，由第三、第六、第七军及第一军第一师攻占南浔路敌各据点，切断北来援军；由第二军第五、第六师和第一军第二师攻打南昌城；第四师为预备队，警戒抚州方面之敌。10 月 11 日，北伐军将南昌合围。

10月7日，戴岳和肖劲光接到命令，以主力进攻南昌城西南的进贤门，另以第十七团绕攻惠民门。12日拂晓，各部同时发起总攻击。

"这可是场硬仗啊。"戴岳死死盯着军用地图，自言自语道。他心里很清楚，南昌之战双方都拿出了主力阵容，摆开了决战的架式。

肖劲光淡淡一笑，说："前几天，军里李富春党代表召集政治部会议，对攻城的政治工作作了部署，我回来后到各

北伐时期的肖劲光

团转了转，摸了摸情况，下面的士气很高，不少营连长还抢着要第一批攻城呢。"

戴岳满意地点点头，沉思片刻，略有顾虑地说："不过，单靠我们一个师要拿下进贤门和惠民门，可能单薄了些。"

肖劲光接过话茬："我看，最重要的是组织一支爬城奋勇队，只有撕开一道口子，部队才能攻上去。"

戴岳应道："没错。"

就这样，肖劲光和戴岳从各团挑选了以共产党员为骨干的奋勇队。尽管当时这些共产党员的身份是秘密的，但就连戴岳也清楚他们的真实身份。他知道这些共产党员的勇敢精神是老湘军们所不能比拟的。

12日拂晓，总攻开始了。奋勇队在火力掩护下，冒着枪林弹雨冲到城墙下，架梯登城。墙头上的敌人火力凶猛，手榴弹像冰雹似的倾泻而下，奋勇队员几次爬城都失败了。城墙下堆集着一具具牺牲官兵的尸体。

"顶住，无论如何给我顶住！"

"什么，伤亡太大？不行，不能撤下来，临阵脱逃者杀无赦。"

"我不管，老子只要你拿下敌人的阵地！"

指挥所里，戴岳抓着话筒，听到进贤门下连连失利的战况，心急火燎。肖劲光也焦急地来回踱着步子。

这时，惠民门又传来十七团的战况。一营在惠民门下被敌人密集的火力封锁住了，进退不得，情况非常危急。恰在此刻，又传来十七团团长廖新甲牺牲的报告。

"妈的！"戴岳一甩帽子，冲出了指挥所。肖劲光二话没说紧跟而去。俩人猫着腰一溜小跑上了十七团二营的机枪阵地。肖劲光用望远镜朝枪声密集的惠民门望去，只见一营被城头上敌人的火力压制在一片狭长的开阔地带，一个个成了活靶子，毫无回手之力。

"得赶紧想办法把一营撤出来。"肖劲光说。

"机关枪，压住敌人！"戴岳吼道。

阵地上的机关枪喷着火舌射向城头，敌人的机枪哑了。

"党代表，十七团群龙无首不行，我看让二营营长李月峰代理团长，怎么样？"戴岳在阵前也没忘了向肖劲光征求意见。在国民革命军党代表条例中明文规定，主官发布命令需党代表附署。

"我同意。"肖劲光回答道。

"李月峰！"戴岳一声吼。

"有。"二营担负掩护任务，李月峰憋着一股劲没处使，又见一营被压在城头下，更是火冒三丈，此刻听到师长一声吆喝，腿肚子一紧蹦到了戴岳跟前。

"从现在起，你代理十七团团长，集中火力压住敌人，把一营给我救出来。"戴岳命令道。

李月峰集中所有的火力压住城上之敌，一营乘敌人无还手之力的间隙，撤回了前沿阵地。

"师长，拿不下惠民门，我提着脑袋来见你！"李月峰拔出手枪，组织部队又发起了猛烈攻击。

眼看着部队已抵近惠民门，忽然，城内外一片低矮密集的民房蹿起一片大火，传来一阵阵惨烈的哭喊声。敌人为了发挥火力，阻滞北伐军的冲击，竟不顾平民百姓的死活，放火焚烧了民房。

刚撤回阵地的一营官兵见敌人如此歹毒，都拥向了肖劲光和戴岳，要求出战。

但是，这时由于北线作战不利，各军协调不好，北边敌卢香亭部打通了南浔路，援兵源源开来，南边抚州之敌刘宝题、陈修爵部也迫于孙传芳之命，欲倾巢而出夹击北伐军。总司令部命令各部队撤围南昌。

结果，二攻南昌又告失败。

短期休整后，又开始了三战南昌的战役。六师渡赣江，经松溪、万寿宫，担负攻打牛行车站的任务。

在接下来七天七夜的浴血奋战，肖劲光、戴岳和苏联顾问米柳史始终在前线指挥。正面之敌郑俊彦部顽强抵抗，还在炮火掩护下多次组织兵力拼命向六师阵地反扑，几乎将进攻部队包围。炮弹几次在肖劲光、戴岳和米柳史身边爆炸，所幸未伤及他们毫毛。在冲锋与反冲锋，夺而复失、失而复得的激烈交战后，六师终于占领了牛行车站。

这时，参加南浔路大决战的友军切断了南（昌）抚（州）之间的联系，层层截断了南浔路。南昌之敌见孤立无援，败局已定，乘夜幕偷渡赣江向东北方向逃窜。六师奉命为先遣追击队。渡江跟踪追击。

担任前锋的十八团在鄱阳湖畔的河道汊港之间昼夜兼程，终于在涂槎追上了敌人。

肖劲光和戴岳在率部追击途中，遇上了赶回师部报告的十八团团长刘风。

"师长，逃跑的敌人让我们追上了。"刘风不无得意地炫耀道，"我派人和郑俊彦接洽，他们乖乖地表示愿意缴械。"

戴岳一听恼了，劈头盖脸地训斥道："对逃敌有什么接洽的，还不赶紧缴械！"

肖劲光对刘风这个人非常反感。他不仅军事上不太听指挥，而且在政治上很反动，经常和一些仇视共产党的反动军官在一起煽风点火，与各级政治委员对着干。

"这是打仗，不是玩儿戏。要是贻误了战机，就撤你的职！"肖劲光也火了。

肖劲光的担忧果然被验证了。当刘风紧赶慢赶地回到部队，白崇禧率七军也赶到了涂槎。他阴险狡猾，自知以七军名义从二军手里夺取战利品于情于理都说不过去，便以国民革命军总参谋长的名义，命令七军在六师的眼皮底下缴了郑俊彦、张凤歧所部共两万余人的枪械。

六师流血流汗的胜利果实被侵吞了，顿时一片怨声载道。

六师眼睁睁地吃了个哑巴亏。但是，事情还没完。三战南昌二军付出了沉重代价，伤亡官兵二千余人。可攻下了南昌，六师既未进城，也未得到休整，却接到命令，脱离二军挺进闽北，直接受第十四军指挥，听命于东路军总指挥何应钦。

戴岳心中十分不快：

"蒋介石太会保存实力了，这种苦差事总让我们做。"

肖劲光也有同感。北伐一开始，蒋介石就居心叵测，将自己的嫡系部队一部分用于非主攻方向的福建，一部分作为预备队。有利时就把嫡系拉上去，无利时就退避三舍。此时，福建方向战事紧张，又瓦解二军，派六师去增援十四军。

1927 年蒋介石叛变革命后，武汉的形势日益恶化，部队中的形势也日趋复杂。肖劲光打算离开军队，最后，肖劲光来到戴岳处。

"戴师长，汉口方面有些事情，军党代表让我回去一趟，这次时间可能要长一些，政治部的工作请师长多多分心关照了。"肖劲光说。

戴岳面部没有什么表情。十几年的军旅生涯，使他在政治风云的变幻面前很敏感，也很有经验。武汉方面汪精卫分共的消息他早有所闻，肖党代表此刻又专程前来辞行，恐怕与此有关。两年来，他与肖劲光始终合作还好，个人关系处得也不错。两党相争，各为其主，他也是无可奈何呀。

"好吧，你就放心地去吧。"戴岳淡淡地说了一句。

他们的合作就这样结束了。以后，他们在战场上相见，在 30 年代"围剿"中央根据地时，两人各为其主，特别是在 1933 年五次"围剿"后，戴岳在国民党军界风光一阵子。但是由于他不是蒋介石的嫡系，一阵热闹之后，也不过是蒋家王朝的一个幕僚。1945 年日本投降后，他就退出军界，回湖南长沙以创办地方武装为名，实则办教育，当过小学校长、中学董事长。解放后，他担任湖南省军政委员会委员、参议。1950 年镇反反右时，戴岳受到追查，肖劲光欣然给湖南省委写了信，详细介绍了戴岳的情况，安顿这个也曾做过好事，并一度误入歧途的老人，使他过了关。

六、红军中舞姿最吸引人的人

1930 年夏，肖劲光从苏联回国后，12 月，党组织派他去湘赣根据地工作。到湘赣后，由于湖南地下党遭到破坏，他没有接上关系，又被派往闽西根据地。12 月底，肖劲光到闽西根据地后，正值中共中央派到闽西工作的邓发在省委所在地坑口召开党代表会议，传达六届三中全会的决议，会后成立了闽粤赣省委和闽粤赣军事委员会，邓发为军事委员会主席，肖劲光任参谋长。

一次，在中央苏区的团以上干部会上，周恩来同志结束了长达 6 个小时讲话后，把一个身材高大的人介绍给大家，说他叫肖劲光，先后两次到苏联学习过，特别是第二次专门学习军事。晚上举行晚会时，肖劲光跳了苏联的水兵舞。舞台是用门板临时搭起来的。他穿着一双皮鞋，踏得台子嘎嘎直响。那轻捷的舞姿，那有力的脚步吸引着所有人的目光。

不久，红二十一军改编为新红十二军，左权任军长，黄口任政治委员。肖劲光看到部队的素质较差，军事技术水平很低，便开办教导队，亲任教官，训练干部。不久，肖劲光又兼任闽西彭杨军事学校校长。他把部队中表现较好、作战勇敢、有发展前途的同志选拔到军校，按照苏军正规的方法进行速成训练。学员和教职员一律穿细布列宁装。他学苏军的样子，为军校设计了红领章，在军校实行后又推广到红军部队。他注重培养学员的实战能力，组织学员参加实际战斗，并在实践中训练学员，学员经过短期学习后，军政素质都有明显提高。

肖劲光喝过洋墨水，在早期的红军生活中，他的学识、观念也决定了他的行为方式，与揭竿而起的红军将领们在风格上是有很大区别的。红军最初的正规化，是受苏联红军的影响，许多方面是模仿苏军的样式。而这种影响的媒介，便是肖劲光等一批留苏学习军事的将领。

红军初期的肖劲光，是充满朝气的，是浪漫的。

七、改造旧军队

1931年12月14日，驻守宁都的国民党军第二十六路军的17000余人，在赵博生、董振堂、季振同等率领下举行起义，组成工农红军第五军团，季振同任军团总指挥，赵博生任参谋长兼十四军军长，董振堂任副总指挥兼十三军军长。为改造好这支起义部队，中革军委选派了一批有部队工作经验，特别是有改造旧军队工作经验和出国留过学的同志去担任各级政治委员。12月18日，中革军委任命肖劲光为红五军团政治委员。

肖劲光到红五军团后，同军团政治部主任刘伯坚一起开始了改造旧军队为红军的工作。

把一支封建军阀思想极为浓厚的旧军队改造成为一支具有无产阶级思想的红军队伍，显然是一个巨大的工程。在那段时间里，肖劲光可以说是呕心沥血。除了言传身教以外，他还调动一切积极因素，作为思想政治工作的辅助手段。

有一次，肖劲光听说部队反映对帝国主义和军阀的概念不清楚，便自编了一个独幕话剧，并送去请毛泽东指教。

毛泽东看罢剧本后，拍案叫好，认为这是寓教于乐的极好形式，不仅大加赞扬，并以实际行动支持演出，主动向肖劲光推荐他的夫人贺子珍参加演出。

经过一天的排练之后，这出戏隆重出台，一脸大胡子的肖劲光扮演一个帝国主义分子，季振同扮演一个军阀，贺子珍则扮演一个珠光宝气的军阀太太在台上一唱一和，引得全军上下人人捧腹。

从此，季振同便喊肖劲光"帝国主义"，而肖劲光则自然喊季振同为"军阀"。

尽管肖劲光等政工干部苦口婆心，政治上关怀，生活上照顾，但由于旧军队的种种影响在部队中根深蒂固，特别是在一部分军官中，对于共产党从根本上改造这支起义部队的做法很不习惯。同时也由于在改造过程中一些"左"的思想影响，有的部队不恰当地强调阶级成分，将一些可以通过教育留用的军官处理走。个别单位还发生过发动士兵控诉军官的事情。因此，不久便发生了一部分军官逃跑事件，有些起义军官提出辞职，要求离开部队，有些起义军官不辞而别。在军团的三个军中，十五军问题比较严重，军中谣言四起，谣传对要离队的官兵将以逃兵论处，实行武力解决。还谣传季振同、黄中岳已被中央扣留，师长、团长都没有什么希望，中央已批准红四军来缴十五军的枪等等。一些连队宣布戒严，无故鸣枪寻衅，气氛非常紧张。

肖劲光闻讯，来到十五军驻地九堡，立即召集了干部会议，反复说明中国共产党对起义官兵的政策，做起义军官的思想工作，要求大家不要听信谣言，要相信共产党。可是，起义军官的种种疑虑还不能解决。在这种情况下，肖劲光便宣布休会，立即策马去瑞金向中央请示。

从九堡到瑞金三十里路，他一气赶到，向中共苏区中央局及中革军委领导报告了红五军团出现的情况和九堡会议遇到的难题。有的领导提出马上派部队去武力解决。肖劲光从中革军委出来，又去找毛泽东。他向毛泽东汇报了部队中出现的问题和有的军委领导人主张武力解决的意见，问毛泽东怎么办？毛泽东听后沉思片刻，反问肖劲光："你的意见呢？"

肖劲光说："我不同意用武力解决，那样事情会更糟。"

毛泽东说："怎么能用武力去解决问题呢？只有通过教育改造争取他们革命，只能用'剥笋'的办法将真正反动的剥掉，而不能用'割韭菜'的办法一刀割。"

毛泽东还对肖劲光说："你马上回去，对他们说是我讲的，宁都起义参加革命是你们自觉自愿来的，我们表示欢迎，这是一。第二，如果你们认为这里不好，愿意回去，我们表示欢送。"

当天肖劲光赶回九堡，重新召集会议，把毛泽东的意见在会上一说，参加会议的起义军官都表示赞成。就这样，一场风波平息了。经过肖劲光等两个多月艰苦细致的教育和改造工作，使红五军团成为一支新型的人民军队。

八、毛泽东说肖劲光很霸道

1932 年 7 月，肖劲光等率领红五军团参加了毛泽东、朱德指挥的水口战役。水口战役是一场恶仗。

7 月 9 日晨，肖劲光等军团领导接到中革军委电令，命令红五军团消灭水口之敌。他们对部队进行紧急动员之后，即指挥部队发动攻击，在渑水南岸高地与敌展开了激烈的拼杀。红十三军担任正面攻击；红三军从左翼包抄、迂回到敌后，与敌两个团相遇，激战数小时。中午，敌援兵赶到，以九个团的优势兵力向红五军团阵地猛扑，战斗异常激烈。红五军团广大指战员英勇顽强地阻击敌人，阵地数次得而复失，预备队也都完全使用上了，部队伤亡很大，阵地上的红军战士们血迹斑斑。敌人一次又一次的进攻都被击退，直到下午 4 时，敌人的进攻势头才渐渐弱下来。这时，红一方面军总部派来的援兵独三师和独六师赶到，看到红五军团阵地的壮烈场面，未等命令就进入阵地与红五军团一起参加战斗，战至晚 7 时，敌人的进攻终被打退。晚间，方面军总部命令红五军团选择有利地形，固守待援。于是，肖劲光等带领部队转移阵地露营。

7 月 10 日拂晓，红一军团和红十二军赶到水口附近。毛泽东来到红五军团指挥所，肖劲光、董振堂等向毛泽东汇报了战况。毛泽东亲自观察了敌我两军对峙的态势，当即向肖劲光、董振堂部署了战斗任务，命令他们马上带领部队出击，坚决消灭敌人。当增援的红军部队到达指定位置后，几十支冲锋号一齐吹响，部队以排山倒海之势向敌人冲击。此时，敌人虽然也调来了 8 个团援兵，但在红军强大攻势下，很快溃退了。

红军乘胜追击。在追击过程中，肖劲光突然看见追击队伍中有个大高个儿很惹人注目，急忙撵了上去，靠近一看，竟是毛泽东。毛泽东端着一支驳壳枪，步子迈得很有些特别，不像战士们撒鸭子猛跑，而是甩开长腿，大步往前，半跑半走，速度居然不亚于身边的队伍。

这时，战况虽然在往好的方向发展，但战斗并没有结束，敌人边逃边组织阻击，交替掩护。远处还有几门钢炮不停地向这边射击，红军追赶队伍中不断有人倒下。

但毛泽东此时似乎忘记了身份，一边往前奔走，还一边举枪高喊，吆喝战士们快追。肖劲光一看这阵势，吓得不轻，毛泽东这阵子大大咧咧地把自己当个连长、排长用，要是有个闪失，怎么向中央交代？

肖劲光手一挥，一个班紧跟在他的身后，把毛泽东围住了。

"毛泽东同志，这里危险。离开这里！"

毛泽东停住脚步，哈哈一笑说："追赶残敌，乃一大快事也！待我追至前方树林，坐下歇息不迟。"说完，驳壳枪一挥，迈动长腿又往前跑。

肖劲光火了，把脸一沉，严肃地说："毛泽东同志，请你尊重我的指挥权！"

毛泽东愣了一下，随即又笑了起来，说："你这个肖劲光，你指挥你的，我追我的。我也是个红军指挥员，追个敌人都没权力呀？你好霸道嘛！"说完又往前冲，并且跑了起来。

肖劲光跟在后面，边追边喊："打完这一仗，你怎么批评都可以，现在我是前线指挥员，我命令你不要乱跑！"

说完，他对身边的一个连长说："你们不要追了，把毛泽东同志拉住，送回军团部去！"

毛泽东见肖劲光动了真的，也焦躁起来，振振有词地说，"久居指挥所，无缘上火线，你也让我透口气嘛！"一边说，一边挣脱那位拉着他的连长，拎枪又往前跑，嘴里还嘀咕："兵败如山倒，惊弓之鸟，丧家之犬，我为何怕他，追追何妨？你不让我追，我偏要追！"

肖劲光见毛泽东执意要亲自追击，无可奈何，也只得依了他，指挥部队不离毛泽东前后，大家一起追了上去。

这次血战，共击溃敌人20个团。进占赣南的国民党军粤系部队遭此惨败后，全部退出了赣南，使中央根据地的南大门得以巩固，同时取得了红军主力部队向北发展的条件。

九、毛泽东救了打败仗的肖劲光

1932年10月，"左"倾冒险主义统治了全党，毛泽东被剥夺了红军的领导权。

1933年，蒋介石发动了第五次"围剿"，在战争形势非常严峻的时刻，中共临时中央的领导者，拒绝红军打到国民党兵力比较空虚的闽、浙、赣边去的正确主张，而提出了"御敌于国门之外"的错误方针，采取"两个拳头打人"。6月中旬，临时中央要求红一方面军分成两部分，即中央军和东方军。为配合作战，肖劲光所在的闽赣军区所属地方部队以及各独立师团，统归东方军就近指挥。8月底至9月中旬，东方军围攻延平、将乐、顺昌等地。肖劲光奉命率领红三军团第六师的两个团围攻将乐。在围攻不下之时，肖劲光接到回调黎川的命令。

在回到黎川后，闽赣军区司令员肖劲光根据敌人进攻的态势和徐川一带红军防务空虚的形势，建议红军主力应及早集结于黎川东北的光泽、资溪一带，从侧面打击进攻黎川的敌人，不要死守黎川。但是，肖劲光的建议被否定了。他回到黎川时，中共闽赣省委和省政府已奉命撤出，只留下一个供销合作社，一个70人的教导队和一些地方游击队。

9月25日，国民党"围剿"军周浑元部三个师由南城、硝石向黎川发起猛攻。9月28日，其先头部队占领了黎川的外围阵地，又派别动队插到黎川后面。在敌我力量十分悬殊即将被敌合围的情况下，肖劲光部署了紧急撤退，退到六十里的溪口。黎川被敌占领。这时,中革军委命令肖劲光带领地方部队，向东、北两个方向开展游击战，阻扰敌人前进。以后又令肖劲光指挥红十九、二十两个师箝制金溪地域的敌人，以配合硝石、资溪桥战役，由于敌强我弱，血战数日，两个战役均告失利。

10月28日，中革军委组建红七军团，任命寻淮洲为军团长，肖劲光为政委。部队刚组建还没有来得及集中就参加了11月11日的浒湾战斗。由于在敌强我弱的形势下，采取冒险主义的进攻和单纯防御的战略战术，浒湾战斗又告失利。

战斗、战役的连续失利，推行"左"倾冒险主义的领导人不是从失败中吸取教训，总结经验，改变冒险主义的进攻路线，而是听不得不同意见，并开始对提出过不同意见的同志进行残酷斗争，无情打击。肖劲光因为曾对黎川防守提出过不同意见，竟以黎川失守、浒湾战斗失利为名，把他说成是"罗明路线在军队中的代表者"，下令撤了他的职，调往建宁方面军总部审查。

这时，军委"左"倾执行者把两次责任算在了肖劲光身上，撤了职务不说，还要枪毙肖劲光。以毛泽东为一方的同志坚决不同意这样处理。随后，总部派彭德怀调查战斗失利的经过。彭德怀调查认为，责任不在肖劲光，并向总部作了说明。尽管如此，仍说肖劲光带部队撤出黎川是"退却逃跑"。肖劲光在建宁被审查后，即被送往瑞金进行批判。

1934年1月6日，中华苏维埃中央政府最高法庭组织的最高临时军事裁判法庭对肖劲光进行公审，控告他黎川失守有责。在宣读控告书后，决定开除肖劲光的党籍和军籍，判5年徒刑，无上诉权。审判后，肖劲光被关押起来。

肖劲光在关押期间，毛泽东派贺子珍前来探视。贺子珍转达毛泽东的话，说黎川失守是"左"倾军事路线的错误造成的。你应该撤退，做得对。毛泽东的话给了肖劲光很大安慰。虽然身陷囹圄，但他心中坦然。红五军团的老战友刘伯坚、季振同等人闻知肖劲光被关押，十分震惊，策马几十里前来看望。患难之交险境重逢，大家抱头痛哭。临分别时，肖劲光对刘伯坚、季振同等人说："你们放心去战斗，我没罪！"

后来又有人主张杀掉肖劲光，毛泽东坚决不同意，王稼祥也拒绝签字。由于中央一些领导同志的保护，关押一个月后，肖劲光被释放，派去红军大学当教员。肖劲光到红军大学后，开始分配在训练部任专职教员，过了一段时间，被任命为政治科科长。

在第五次反"围剿"中，反"围剿"作战连续失利，革命根据地日益缩小，红军遭受严重损失，被迫退出根据地，实行战略大转移。1934年10月18日，红一方面军、中共中央和中革军委领导机关开始长征。红军大学改编成上干队，隶属军委干部团领导，肖劲光被任命为上干队队长。随大部队踏上了漫漫长征路。

红军长征到达遵义后，中共中央召开具有重大意义的政治局扩大会议。为保证会议的顺利召开，各主力部队分别扼守遵义周围的交通要道和关卡隘口。肖劲光奉命率领上干队把守娄山关。娄山关是从川南通向遵义的大门，地理位置十分重要。敌人发现红军已经凭险固守，加上在夜间，一时摸不清红军的虚实，便在山下乱放了一阵枪。肖劲光带领上干队沉着应战，持续了一阵后，敌人就悄悄离去了。第二天拂晓，红五军团的一个营来换防，肖劲光即带上干队赶到遵义城。当天晚上，周恩来接见了肖劲光，赞扬他们在娄山关这一仗打得好，保卫了遵义，保卫了党中央。随后，周恩来对肖劲光讲了中央政治局扩大会议的精神，并告诉肖劲光，会议对他的问题进行了研究，认为过去搞错了，决定恢复他的党籍、军籍，中央还考虑要重新安排他的工作。果然，此后不久红军长征到毛尔盖时，中革军委决定调肖劲光去红三军团任参谋长。

十、开诸葛亮会

1937 年 7 月 7 日，卢沟桥事变爆发，全国性的抗日战争开始了。国共两党经过多次谈判，终于达成两党合作共同抗日的协议，并将红军主力改编为国民革命军第八路军后开赴抗日前线。同年 8 月，肖劲光担任中央军委参谋长。在此后的八年抗战中，肖劲光与毛泽东主席一起，在中共中央指挥抗日战争的中心延安，度过了艰苦、紧张、难忘的战斗岁月。

1938 年初春，肖劲光和罗瑞卿、刘亚楼、郭化若几个应邀来到毛泽东的窑洞。

众人一到，毛泽东笑容可掬，一一让座。

"请你们来一起谈谈抗日游击战争的战略问题。今天你们是老师，我是学生，不过我这个学生可是要给老师们出题目的。"毛泽东先说话很风趣。

"游击战争有没有可能提到战略位置？这是一个题目。游击战争采取什么样的指导要领，游击战争的实施阶段……"毛泽东连出了几个题目，"每人一题，谁先讲啊。"

"主席，这些题目太大，你得容我们考虑考虑。"罗瑞卿先发言了。

"我们今天是研究问题，大家随便讲，讲对讲错都没有关系。"

毛泽东又说："肖劲光，你对战争的指导要领似乎挺有研究，你谈谈游击战争的指导要领吧。"

"我认为，就是要在军事上想方设法使自己处于主动地位，因而要坚决地采取主动的进攻方略，要善于集中兵力，灵活地、有计划地动用兵力。"肖劲光先摆了一个论点，又逐一展开来谈，"当着敌人进攻的时候，采取单纯防御，分兵把口，以致被敌人各个击破，是游击战争指挥者的最大戒忌。必须采取积极的进攻方略，集中主力，消灭与削弱敌人，以进攻的方略来争取主动地位。"

"这叫防御中的进攻。"毛泽东画龙点睛地补充说，他听得很认真。

"兵力的灵活运用，是变被动为主动的重要手段。好像渔人打鱼一样，既要撒得开，又要收得拢。"肖劲光比喻说。

"唔，撒得开，收得拢……"毛泽东重复着，若有所思，"说下去，说下去。"

"游击战争要取得胜利，离不开它的计划性。无论是整个游击区的行动或是单个游击部队或游击兵团的行动，事先都应严密计划……"

肖劲光总结了他回国以后军事实践的正反两方面的教训，说明了游击战争问题。

"主动性、灵活性、计划性，我很赞成。"毛泽东赞同道，"还有一点讲得不明确，就是集中兵力的问题。在敌强我弱的抗日战争中，在战略上，我们强调以分散的游击战为主，而不是集中兵力的大兵团作战。集中兵力的提法，只用在战役战斗上，相对集中数倍于敌人的兵力，达到歼灭战的目的……"

他们讨论了一整天。毛泽东送他们出来的时候，嘱咐他们每人将自己的题目写一篇文章给他。后来，他们才知道，这是毛泽东在为写作《抗日游击战争的战略问题》和《论持久战》两篇著作准备材料。

十一、妻妹嫁给了王稼祥

肖劲光的妻子叫朱仲止。

他们是1927年相识结婚的。1927年7月，肖劲光离开第二军第六师在武汉停留期间，经蔡畅作媒，与湖南教育家朱剑凡先生的女儿朱仲止结婚。婚后不多日，肖劲光受党组织选派去苏联学习。他告别新婚的妻子，离武汉，经上海，沿着第一次去苏联的路线到达列宁格勒，进托尔马乔夫军政学院学习。

1927年11月，朱仲止也来到苏联。她先在莫斯科东方大学英语系学习，后来转到莫斯科共产主义劳动大学学习。虽然肖劲光夫妇同在苏联，但直到第二年夏天他们才得见面。1930年夏天，肖劲光学业期满，和朱仲止一起回国。

在肖劲光夫妻的影响下，1938年，肖劲光的妻妹23岁的朱仲丽从上海东南医学院毕业不久便到了延安。朱仲丽来延安后，先后在边区医院当外科大夫、门诊部主任、王家坪和杨家岭医务所所长。这样一来，她同中央一些领导同志接触得就比较多了，大家都感到她是一个性格直爽、活泼、能干的医生。

王稼祥，1925 年投身革命，1938 年后的一个时期，他是我党的主要领导人之一。

一天，王稼祥给肖劲光写了一张纸条子：你有时间带妻妹来玩。肖劲光看了看条子，高兴地将稼祥的意思告诉了朱仲丽。

朱仲丽听了很兴奋。她想，稼祥是中央军委副主席兼总政治部主任，地位很高，自己不过是一个刚走出大学门不久的学生，应当尊重他的感情。于是，在一个星期天，肖劲光兴致勃勃地带着朱仲丽到王稼祥的住地王家坪去玩。这一天，王稼祥与朱仲丽在一起打了一阵网球，又一起到窑洞里下围棋，自此以后，他们常在一起了。

但是，开始他们在一起也仅仅是打球，下围棋，时而，稼祥也谈谈自己的病况，经过一个时期的接触，他们彼此的了解更深了，感情也更近了，最后，在肖劲光夫妇的促进下，1939 年正月，王稼祥和朱仲丽两人结了婚。

十二、"我在延安就是靠这位老兄吃饭"

1938 年 8 月，蒋介石大举进攻延安。

按照党中央洛川会议的精神，肖劲光被任命为八路军后方总留守处主任，领导延安留守部队。

为了将留守部队组织起来，建立留守机关，肖劲光要办的第一件事就是办一个参谋训练班。

肖劲光仅有的两本军事书《战役学》和《战斗条令》成了珍贵的教学参考书。书到用时方恨少，他想到在中央苏区千方百计收集、编印、抄写的教材、资料，

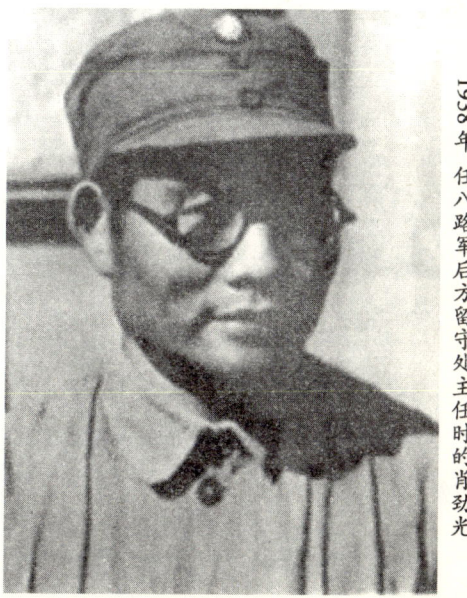

1938 年，任八路军后方留守处主任时的肖劲光

长征时都丢了，只剩了这两本书，太可惜了。现在备课，只好靠记忆了。他找来参谋处作战参谋邵震，两人天天坐在窑洞里，配合默契，编教材。

"第二章：参谋的基本职责。一，……"肖劲光坐在太师椅上，双目紧闭，回忆着学过的课程，邵震趴在桌上飞快地记录着，两人连续干了十几天，一本简易教材编成了。

参谋训练班就这样上马了。一批精明、强干、有文化、有胆识的同志被调来学习。后来，这批学员成了部队中的骨干。

自建立留守兵团以来，肖劲光天天去毛泽东处汇报工作，切磋军队建设的经验。在留守兵团正式颁布编制、任命干部的大会上，毛泽东作了热情洋溢的讲话，他拍着肖劲光的肩膀说："同志们，我在延安就是靠这位老兄吃饭，靠你们留守兵团吃饭啊。"大家都笑了。

留守兵团的教育训练在战争的间隙中开展得热火朝天。肖劲光潜心研究部队的教育训练。一天，毛泽东悄悄走进肖劲光的窑洞内。他见到正在修改讲义的肖劲光，满眼含着笑意。

"我听说你有不少宝贝哩？"肖劲光一抬头，毛泽东就问。

"宝贝？"肖劲光一时弄不清毛泽东这番话是什么意思，忙说，"主席指的是什么呀？"

"别人昨天来这里，说你这里藏了很多宝贝，我今天要来挖一挖哩！"

毛泽东嘴里说着，眼睛一直停留在肖劲光桌前的一摞书上。

"哦，主席指的是我的书呀！我就这么几本破书。在苏区时倒是有过好些书，可惜长征时都丢掉了，真可惜，现在找本书太难了。"肖劲光说。

"是呀，物以稀为贵嘛！"

毛泽东拿起书，一本一本地翻着。当他看到《战役问题》和《战斗条令》两本书时，突然眼睛一亮，说："我想研究一下军事问题，这两本书我拿去看看！"

这两本书确是肖劲光的宝贝。军委不少领导曾好几次向肖劲光借，肖劲光都舍不得。

肖劲光没有吭声，这可真是他的宝贝。从瑞金到陕北，多少次轻装他都没舍得丢掉。况且，部队训练正用得着呢，他知道毛泽东喜欢收集书，他怕此书一去再也回不来了。

"怎么，舍不得？好小气哟。"毛泽东笑了。

肖劲光有些不好意思："是有些舍不得，我就这两本军事书，部队教育还靠它当拐棍呢。"肖劲光坦白了。

"噢？那给我也当当拐棍吧。借你的，一定还的，怎么样？"

"主席一定要借，那就借呗。"肖劲光无可奈何。

"要得，要得，我好借好还。"毛泽东满意地走了。

毛泽东借走这两本书后，肖劲光着实心疼了好多天。好多年后，肖劲光提起此事还耿耿于怀地说："毛主席只借不还，那两本书他再也没还给我。"

但是，毛泽东找肖劲光借的这两本书，却是派上了大用场，在转战陕北的日子里，他的许多战术都是从中受到启发想出来的。

十三、斗顽

1939 年年初，国民党顽固派在陕甘宁边区内接二连三挑起摩擦事件，国民党绥德专员何绍南多次寻衅闹事，这次，又伪造八路军臂章和八路军一一五师通行证，发给他的运输队，冒八路军之名私贩大烟土，破坏八路军声誉。

一天，何绍南路经延安，前往国民党保安司令部，肖劲光闻讯后立即打电话给毛泽东。毛泽东于是让肖劲光请他来谈谈。

何绍南来到毛泽东的住地，毛泽东双手抱在胸前，脸上没有一丝笑容。

"何绍南，今天我请你来可没有什么好话讲给你听。你是一个破坏抗战、制造摩擦的专家！"

何绍南脸红了，说："我没有破坏抗战，我没有制造摩擦，毛先生，说话要有证据。"

"证据？"毛泽东声色俱厉，"你的五个保安队在绥德都做了些什么？你们在安定、杨家园子袭击八路军，打死我们几十个人；你们在吴堡暗杀我们一个副营长；你们清涧县政府串通土匪，冒充八路军四处抢劫……"

毛泽东一一历数着何绍南的罪状，最后责问他："这还不够摩擦专家？如今外辱未平，却兄弟阋于墙，你还有没有中国人的良知？"

何绍南的脸色由红变白，低着头咕噜着，不敢正眼看毛泽东。

"我们要呈请蒋委员长处罚你！"毛泽东转向肖劲光，"肖主任，送客。"

何绍南灰溜溜地走了。

肖劲光

但是事隔几日，何绍南又故伎重演。

"我看我们对何绍南太客气了，不给他点颜色看看，他就不老实。"参谋长曹里怀说。

"唔。"肖劲光应了一声，他也在考虑是不是该狠狠教训一下何绍南。

"我们要得理不饶人，他敢挑衅，我们就不轻饶。"在陕甘宁边区的东部，绥、米、葭、吴、清五县由北至南，东临黄河千里河防，是阻击日本侵略军进攻西北的战略要地。何绍南在这里捣乱，危及河防，危及陕甘宁。

太阳西斜，肖劲光来到毛泽东的住地。自从与国民党摩擦反摩擦斗争日益紧张以来，为了正确掌握党的统一战线的策略方针，毛泽东亲自领导了陕甘宁边区的这一斗争。

"何绍南又有新的动作了，绥德有些吃紧。像何绍南这样的坏东西，下决心赶走他算了。河防这样紧张，我们还要分兵对付他们。"肖劲光说。

"他们没有合作诚意，反而把我们的忍让看作是软弱可欺。是要来些硬的，顽固派嘛，不来硬的就敲不开他的花岗岩脑壳。"毛泽东停顿了一下，"但赶走他要抓住时机，要有理有利有节。"

然后，毛泽东说："向总司令、贺龙同志报告一下，先调王震的三五九旅回防绥德，加强边区的守备，然后，给他们的上司发个电报报告此事，这个电报不要发早了，也不要发迟了。明白吗？"

"明白。"肖劲光在这段时间的反摩擦斗争中，初步领略了毛泽东的策略思想。

肖劲光回去连夜赶写出了电文。

电文草稿很快送到毛泽东的案头，读毕，毛泽东觉得味道还不浓，提笔写道："请将该犯官何绍南加以逮捕，并解至陕北，组织巡回法庭，令民众代表参加审判，置之重典，以肃法纪，而快人心！"

结果，王震旅一回师陕甘宁，恶贯满盈的何绍南即被赶走了。

摩擦斗争不断升级，终于汇成了第一次反共高潮的恶浪，山西发生"十二月事变"，陕甘宁边区陇东五县被国民党占领，国民党第三战区司令长官阎锡山在其间扮演了不光彩的角色。

肖劲光应召来到毛泽东的窑洞，他碰见了王若飞。

"中央决定由你们一起去秋林和阎锡山谈判。"毛泽东向他们交代了任务，"肖劲光是'朝廷命官'，这次你是首席代表，若飞同志是助手。"毛泽东风趣地说。

肖劲光这个八路军留守处主任是国民党任命的，在国共合作期间，毛泽东很注重不超越国民党规定的范围，不给顽固派一点把柄。

"我这个首席代表是名义上的，实际上还是若飞同志。"肖劲光真诚地说。王若飞是中共中央秘书长，堪称谈判专家，做这项工作很有经验。

"我们合作，劲光同志打冲锋。"王若飞也不乏幽默。

"这封信你们带给阎锡山。"毛泽东拿出一封亲笔信交给他们，"你们去给阎锡山讲清楚，我们共产党是真心诚意与国民党合作的，你们为什么要制造摩擦，同室操戈。抗战初期，你阎锡山和我们合作得不错嘛，为什么现在又变了呢？"

毛泽东停顿了一下，斩钉截铁地说："警告他，我们共产党以忍让为怀，可决不是软弱可欺。我在信中写了，人不犯我，我不犯人，人若犯我，我必犯人。这就是我们的原则，请他三思而后行。"

肖劲光和王若飞受命启程了。

几天之后，肖劲光和王若飞到达阎锡山的行营，但是直到第四天，阎锡山才出现。

肖劲光和王若飞不卑不亢递上了毛泽东的亲笔信。

阎锡山展开信，从头至尾慢慢读了两遍，似乎是受到了某种刺激，脸上的肉微微抽搐着，最后，他的目光落在"毛泽东"遒劲的签名上许久。

屋里沉默着。

王若飞开口了："毛泽东一向认为，抗战以来，阎先生是很合作、很友好的。红军奉命开赴第二战区抗日，阎先生给予许多方便。但近几个月来，不知阎先生何故一反常态，破坏抗日协定，大敌当前，当共御外辱，何以煮豆燃萁，同根相煎？"

"有些事情是出于误会……"阎锡山脸色微微发红。

"既是误会，我们解开为上。"他们给了阎锡山一个台阶。

"好，好，我们谈谈，解开为上。"阎锡山的面色有所缓和。整整一天的谈判，阎锡山终于妥协了，他们达成了协议。

"我们的原则，毛主席已明确讲了，人不犯我，我不犯人，人若犯我，我必犯人。这十六个字，报界可以公布。"肖劲光离开谈判桌时，又重申了毛泽东的自卫原则。

阎锡山不自然地坐着，他支吾了一下说："这'人不犯我，我不犯人'是可以接受的，这'人若犯我，我必犯人'一句话似乎太强硬了些。二位代表回去秉报一下毛先生，是不是改成，人若犯我，我必自卫，这样报界公布也显得更好一些。"

"一个字也不改！"毛泽东听了王若飞和肖劲光的报告后，斩钉截铁地说，"告诉阎锡山，我一个字也不改，就是要'人若犯我，我必犯人'。"

毛泽东这 16 个字，从此便成为与顽固派斗争的一个重要的自卫原则。

十四、 海军司令坐船就晕

1949 年秋，解放军第十二兵团司令兼湖南军区司令员肖劲光发动了衡宝战役。他的对手是号称"小诸葛"的白崇禧。在这之前，他们曾有过两次交锋，但都让狡猾的白崇禧跑掉了。在衡宝战役中，他指挥第十二兵团，一举歼灭白崇禧四个主力师。

衡宝战役结束后，10 月的一天，肖劲光正忙于布置战后工作。

突然秘书就跨进门槛："首长急电。"

肖劲光以为是四野的命令。衡宝战役已经结束，下一步部队将如何动作，他心里没底呢。然而，他从秘书手中接过电报，电报却是中央军委发来的：

> 湖南军区司令员肖劲光见报速来京有要事面商。
>
> 毛泽东
>
> 一九四九年十月十四日

肖劲光戎马生涯几十载，他最佩服的就是毛泽东。现在毛泽东有什么要事要跟自己商量呢？肖劲光想不出。他急匆匆地找到政委肖华，将毛泽东要他进京的事讲了讲。

"既然是主席有事和你商量，你就准备一下启程吧。这里的事有我。"肖华说，"你准备什么时间走？"

"现在。"肖劲光答道。

肖劲光交代完工作，只带了一个秘书，就匆匆坐火车启程进京。

第二天，他和秘书一下火车，接他们的车早已停在车站，只一会儿工夫，肖劲光便到了中南海。

"是劲光来了吗？"随着肖劲光熟悉的湖南口音飘出，毛泽东高大的身影在门口出现了。

肖劲光赶紧向前两步："主席好。"

"好啊，好！"

毛泽东握着肖劲光的手，仔细地端详了一下肖劲光："哈哈，老样子，没变。"

毛泽东跟肖劲光寒暄之后，话语转归了正题。

"你知道这次叫你紧急进京干什么吗？"

"不知道。"肖劲光回答。

毛泽东说："解放全国的作战任务虽然还相当繁重，但是，组建一支空军和一支海军的任务，已经提上了议事日程。空军的筹建工作已经开始，中央决定让刘亚楼同志当司令员。现在要着手筹建海军，我们想让你来当司令员。今天先给你打个招呼，并听听你的意见。"

当海军司令员，肖劲光做梦都没有想到，思想上毫无准备。他坦率地说："主席，我是个'旱鸭子'，又不懂海军，哪能当海军司令员！我晕船挺厉害，连海船都坐不得。我这辈子总共坐过五六次海船，每次都晕得不轻。"

肖劲光第一次到苏联时，坐船航行到日本海，正遇上风暴，船在海上挣扎了一夜才跑出风圈。那时船在海上颠簸得异常厉害，许多人都吐出苦胆，甚至都吐血，肖劲光晕得像得了一场大病一样四肢无力。至今他坐船都晕得还这样厉害。

毛泽东笑了笑说："我就是看上了你这个'旱鸭子'，是让你去指挥，又不是让你成天出海！"

肖劲光低头不语。毛泽东说：

1950年1月12日，肖劲光任海军司令员

"今天是打招呼，这个事先谈到这里，在延安我靠你肖劲光吃饭，今天，来我这里，我回请你一顿。"

这顿饭菜算不上丰盛，毛泽东破例陪肖劲光喝了三杯红葡萄酒。

这时前线形势还很紧张，吃完中饭，下午肖劲光便坐上了回长沙的火车。

第二天肖劲光一到长沙，林彪来了。

林彪作为第四野战军司令员，从广西前线视察返回武汉，临时决定在长沙逗留两天。见面时，肖劲光把这次主席召见进京的情况向林彪汇报了一下。

"你调海军的事，中央还没最后定下来。"林彪停顿了一下，"中央有的领导同志对你有不同意见。聂荣臻前几天给我打了个电报，征求我的意见。我们当然不希望你走，中南地区你情况熟，干部也熟，工作起来轻车熟路。到海军去做什么，一切要从头学起，隔行如隔山。局面猴年马月才能打开啊！"

情况也正像林彪所说的一样。肖劲光理解地点了点头。

"只要我还在四野，我就不会让你去当什么海军司令，张爱萍不是在组建海军吗！"最后，林彪说，"海军和陆军不一样，谁去也干不好。"

林彪不让肖劲光去当海军司令员，肖劲光本人也不愿意去当司令员。可毛泽东偏偏在众多将领中选中了肖劲光。毛泽东到苏联访问前，又特地召见肖劲光，说："我经过慎重考虑，海军司令员还是你来当，十二兵团的工作马上有人去接替你，你现在可以考虑一下规划，建设海军，我们没有经验，一切都摸着石头过河吧。"

毛泽东点将，肖劲光不好推辞，只是担心地说："我怕建不好，令您失望。"

毛泽东笑了笑说："肖劲光，你办事，我还是放心的，你能组建的。"

1950年1月12日，中央军委发布了任命肖劲光为海军司令员的正式命令。之后，肖劲光轻车简从专程到苏联进行考察访问，参观了波罗的海舰队的许多军舰和一个造船厂，一所海军学校。经过半年多访苏学习，肖劲光大大丰富了自己的海军知识。从苏联回国后，肖劲光已对中国的海防战略布置胸有成竹。

为了带领同志们建设一支强大的中国海军，肖劲光特地来到了沿海考察。首先他到了青岛观察；接着，又来到威海。威海这个弹丸之地，曾经显赫一时，也曾蒙受过奇耻大辱。北洋水师的主要舰艇，曾经云集港外，练兵习武，一时间热闹非凡！但在中日甲午海战中，日军攻占了威海，并导致龟缩于港内的北洋水师舰艇全军覆没，提督丁汝昌自杀身亡。这段惨痛的历史，使肖劲光感慨万千。他登上当年曾经与日军激战两天的南北两岸炮台，但见断垣残壁，满目凄凉，他决心一定要建设中国强大的海军。旧炮台对面是刘公岛，肖劲光要上去察看，码头上停靠着几艘渔船。他们一行人来到了船边，准备乘船而往。

随行参谋指着肖劲光对一位渔民说："老乡，这是我们海军的肖司令，想借你的船到刘公岛去一趟。"

这位渔民眯缝着眼，朝肖劲光打量了好一会儿，说："海军司令，还向我们借船？"

在这个渔民眼里，海军司令员应该和大型舰船联系在一起。他在这片蓝色海域上打鱼谋生四十多年，以前，他没有机会见过什么司令员，但他经常可以碰到日本人和国民党军人乘军舰进岛的情景，那是何等的气派。

肖劲光无言以对。多年以后，他还对帮助他整理回忆录的一位同志说："我那时两手空空，有什么办法呢？渔民的这句话，固然叫我难受了一阵，却又像一支强心针，对我起了不小的激励作用。"果然几年之后，人民解放军的强大海军在全世界崛起，成为了海防线的最有力量的武装力量。

十五、肖劲光拜师学垂钓

60 年代，有一天，在广州珠江宾馆，肖劲光一行悄声走到贺龙元帅处，静静观看贺龙垂钓。他们以为贺龙还没发现他们，谁知贺龙头也没回，在大帽子下冒出一句："是肖司令吧？"

肖劲光忙弯腰回答："老总你好，战果如何？"

贺龙努努嘴示意，只见水边八九条大小不一的鱼，扭动着光滑的身躯。贺龙说："我说肖司令，一起钓鱼好不好？"

肖劲光说："老总，我不会钓啊！"

"哈，哈，你一个堂堂的海军司令不会钓鱼吗？"

肖劲光坐下来回答说："我钓鱼不行，但我打太极拳、太极剑是一把好手啊。"

贺龙微笑着："我就让体委聘请你当太极拳、太极剑的教官吧！"

肖劲光道："好啊，那我就请你当海军的钓鱼教官呀！"

说到这里，两位将帅互视一下，哈哈笑了起来。

两天之后，肖劲光真的又来到贺龙钓鱼处，认真拜师学起垂钓来了。

肖劲光这天借了副手竿，让秘书穿了蚯蚓，笨手笨脚地甩大鞭似的抛着鱼钩。结果，鱼食早抛掉了，他也全然不知，急得他旁边的儿子肖卓能大喊："爸爸鱼食都抛丢了，怎么能钓着鱼?"

贺龙闻讯离开自己的"阵地"，接过肖劲光的钓竿做起了示范，只见老总站稳弓箭步，右手紧握竿尾，左手拉紧钓竿梢部，那竿儿只轻轻一弹，钓钩随铅坠就点破水面下到理想钓点，肖劲光不由称道："老总真是驾轻就熟啊!"

"是啊，看你真是笨手笨脚，我这个钓鱼教官先得教会您这个司令官，下面就好办多了。"

贺老总选的钓点正是个河湾处，风浪很小，很适于垂钓。怎奈肖劲光越着急，越是什么也钓不着，只见他来回不停地起竿又抛竿。

贺老总看在眼里，熄灭了这袋烟，耐心开导说："肖司令啊，这钓鱼和打敌人一样，是以守为攻，守是主要的，看着我们钓鱼的人都稳稳当当在岸上坐着，这是守，稳坐钓鱼台嘛! 但这守里头可有大技术呢! 如何选点，看风向，观气候，怎样捆好钩，又如何做食、下钩、看漂、扬竿都有技术和学问呢! 都是以防转攻……钓它上岸时就由守转攻，如你搞不好，鱼把食咬去……敌人不又以守为攻，它就跑脱了呀……"

肖劲光领悟很快，突然答出惊人之语："贺老总，我明白了，这钓鱼如同我们海军对付敌人潜水艇，目标隐蔽性很强，我们既要防它，更要诱他出水，发现它、消灭它呢。""对了，你只要加强锻炼，会很快把这些'潜水艇'搞上岸来的。"

在广州开会期间，肖劲光终于从贺龙那里学会了钓鱼。

十六、坚决不投林彪同伙的票

1969 年中国共产党第九次全国代表大会在北京开幕。海军司令员肖劲光是海军 19 名"九大"代表之一。

对"文化大革命"，肖劲光感触是很深的。

1965 年 12 月，林彪在捏造事实、陷害打击总参谋长罗瑞卿同时，就在上海召开的政治局常委扩大会议上突然袭击，宣布"肖劲光是罗瑞卿分子"。事实上，林彪早就对肖劲光大为不满。1966 年秋，林彪以看大字报为名，先后两次到海军大院支持李作鹏，公开宣布海军党委要以李作鹏等人为核心。继而，将李作鹏提为海军第一政委，接替肖劲光任海军党委第一书记，并且兼任中国人民解放军副总参谋长。李作鹏与另外几个常委勾结在一起，不遗余力地排挤、打击肖劲光。但是，由于毛泽东讲了话，肖劲光仍保留着海军司令员职务，然而，实际上肖劲光已经"靠边站"，无法参与领导工作。

1969 年 4 月 28 日，举行九届中央委员会第一次全体会议，选举党的中央领导机构。这时，

毛泽东同肖劲光亲切握手

林彪、江青两个集团已逐步形成，其主要成员叶群、李作鹏、吴法宪、邱会作以及江青、张春桥、姚文元等，都作为中央政治局委员候选人，名字赫然印在选票上。这些人在"文革"中的表演，使肖劲光真切感受到，他们漂亮的口号下面有着不可告人的目的。他认为"无论从哪个角度讲，他们都不够当政治局委员的条件"。

经慎重考虑，肖劲光凭着一个老共产党员的党性，在选票上叶群、李作鹏、吴法宪、邱会作、张春桥、姚文元、江青几个人的名字前边打了"×"。

这一消息很快传到林彪集团和江青、张春桥等人的耳中，他们把这笔账牢牢地记在心里。

十七、解放干部，惹火了张春桥

1971 年 9 月 13 日，林彪、叶群等人折戟沉沙，摔死在蒙古温都尔汗。在大病一场之后，毛泽东接连采取了几个重大行动：其一，撤销在"文革"中成立的军委办事组，成立军委办公会议，由叶剑英主持军委工作；其二，公开为参加"二月逆流"的老同志平反；其三，毛泽东破例参加了陈毅同志的追悼会。

"九一三"以后，作为林彪反党集团主要成员的李作鹏被停职审查，肖劲光

重新担任了海军党委第一书记，主持海军全面工作。一直为海军建设担忧的肖劲光，非常关注海军的干部问题。"文革"以来，李作鹏在海军搞了以是否支持他划线的"层层站队"，打击迫害了一大批干部、战士。有的受了处分，有的作了复员转业处理，有的被以"莫须有"的罪名逮捕。肖劲光向军委副主席叶剑英作了专题汇报，叶剑英说，老干部大都经过几十年斗争的锻炼、考验，是党的宝贵财富，还是要用。

由于党委重视，肖劲光亲自抓，海军解放干部工作进展迅速。1972 年 3 月初，海军政治部经过认真查对，提出了 60 名师以上领导干部的名单。肖劲光当面向叶剑英副主席报告后，常委研究决定，全部解放，分配工作。

但这一行动却引起了时任总政治部主任的张春桥的极大不满。张春桥心里原本记着肖劲光的账，得到这一消息不由怒火中烧。他当即打电话，严厉指责肖劲光："这样大的一件事，你事先怎么能不请示呢!"

肖劲光实事求是地作了解释，说："请示了叶副主席和毛主席，海军的决定是根据军委和总政的指示精神作出的，具体意见和做法报告了军委领导，并没有违反组织原则。"

张春桥还是大光其火："真是无组织、无纪律!"

这一下，肖劲光的火也上来了。他反唇相讥："请示了毛主席、叶副主席，就是没请示你。这就是无组织、无纪律吗?!"

肖劲光不卑不亢的解释使张春桥一时语塞，无言以对，心中更为气恼。

从此，张春桥对肖劲光在海军的领导更不能容忍了!

十八、逼肖劲光承认"上了林彪的贼船"

为贯彻中央批林整风会议精神，海军于 1972 年 7 月召开了第四届五次党委扩大会议（以下称"四五"会议）。

张春桥期望通过这次会议，抓住肖劲光的问题，剥夺至少是削弱肖劲光的领导。但是会议的进展情况使他大失所望，肖劲光就是"搞不下"。于是，他就找到江青，然后，以汇报工作为名在毛泽东面前搬弄是非，说海军的会议不是批林而是算历史旧账云云。毛泽东在他们"汇报情况"时插了几句话，张春桥、江青如获至宝，立即向周恩来提出，请政治局开会，研究贯彻。

在江青、张春桥的一再催促下，周恩来无奈于 9 月 21 日主持召开了政治局会议，周恩来在会上传达了毛泽东主席的"指示"："海军的会议，纠缠着历史问题。在批林整风运动中，在历史的旧账上纠缠，容易走偏方向。"

周恩来刚读完，江青抢过来说："还有，毛主席说'首先是批林，其次才是整风'。"

接下来，海军"四五"会议便开始"纠偏"。按照"以批林为重点"、"以'九大'以来为重点"的要求，批判李作鹏参与林彪反党集团阴谋活动及常委其他同志在这期间所犯的严重错误。如此进行了一个多月，会议又接近尾声，肖劲光主持起草了会议的总结报告，上报了军委和党中央。

谁知，中央政治局开会研究海军党委扩大会议的总结报告，认为仍然没有把握住方向，没有批准海军党委关于会议的总结报告。

对此，肖劲光和海军其他常委都感到不解。

其实，个中原由是张春桥与江青、姚文元、王洪文等串通好，在中央政治局会议上发难，横生枝节，最后否定了"四五"会议的总结报告。

12 月 14 日，军委再次召开办公会议，专题研究"四五"会议下一步怎么开下去。会议一开始就带着火药味。从来没有接触过部队，对海军更是一无所知的姚文元抢先发难："肖劲光一直是被林彪拉的……"

一语出口，举座皆惊，海军副司令员周仁杰站起来，反驳姚文元："肖劲光一直是挨林彪整的……"

闻言，张春桥厉声说："你要作检查，肖劲光上贼船是有文件的。"

这样一来，大家都不吭声了。因为谁也不清楚张春桥手里到底有什么文件。于是，张春桥径自说下去：肖劲光同志在路线斗争中犯了严重错误。他上了林彪的贼船，长期不同林彪划清界限，所以，他不执行毛主席"首先是批林，其次才是整风"的指示。

这样，军委办公会议只得重新作出决定，"四五"会议下一步要着重解决肖劲光"上贼船"的问题。

这次军委办公会后，"四五"会议上成立了一个 40 人的骨干小组，专门"帮助"肖劲光认识"上贼船"的问题。

一个多月的时间里，小型会议开了 30 多次。肖劲光对张春桥抛出的几个问题逐一做了说明，不认为自己上了林彪的贼船。但是，他检查了一遍又一遍，总也过不了关。

转眼 1973 年春节就要到了。会议开了半年多，但张春桥、江青仍然不肯罢手，一边频频在会上施压，一边在毛泽东面前告状。此时，毛泽东虽然还没有失去对张春桥、江青的信任，但他是了解肖劲光的。毛泽东说："肖劲光是个老同志，他上什么贼船？肖劲光是终身海军司令。他在，海军司令不易人。"

毛泽东的话，给了张春桥、江青当头一棒。他们明白，完全打倒肖劲光是不可能的。

一天晚上，肖劲光再次接到了周恩来的电话。他简略地讲了江青、张春桥在主席面前的活动和毛泽东的态度后，沉重地说："会议不要无限期拖下去，有些问题可以先检查，事情总会弄清楚。要保重身体，从长计议。"

接完总理的电话，肖劲光经过反复思考，违心地修改了自己的检查："我在党的第十次路线斗争中所犯的错误，是极严重的。上了林彪的贼船……辜负了毛主席对我几十年的教育培养，是有罪的。"

在肖劲光"检查"之后，会议按照这一口径修改了总结报告，上报了军委和中央。"四五"会议报告顺利获得"中央"批准。

这一"莫须有"事件，经过张春桥、江青别有用心地炮制、导演，终于以中央文件的形式通报了全党。

事后，江青打电话给肖劲光，假惺惺地说："肖劲光，我是帮助你下贼船不是要打倒你，我在延安就是你的一个兵，打倒你我是不会同意的。"

粉碎"四人帮"时，肖劲光已达 75 岁高龄。1978 年 8 月，肖劲光因患严重的心肌梗塞住进了 301 医院。在生命垂危之际，肖劲光回首一生，感慨万端。特别是想到自己至今仍然戴着一顶"上了林彪贼船"的帽子，心里有说不出的痛苦。于是，他抱病给叶剑英副主席写了一封信，请求军委清算"四人帮"插手海军"四五"会议的罪行，推倒"四人帮"强加给自己的罪名。

叶剑英、华国锋、李先念、汪东兴一一圈阅了肖劲光的信件。

最后，总政治部主任韦国清主持起草了《关于肖劲光同志问题的复查报告》。"报告"对作为肖劲光"上贼船"的证据，一一作了说明，为其洗去不白之冤。

1979 年 3 月 5 日，中共中央发出通知，批转了总政的"复查报告"。至此，历经 6 年的时间，"肖劲光上贼船"一案，终于大白于天下。

十九、才华横溢的军中儒将

肖劲光不但有着杰出的军事指挥才能，而且是一个多才多艺的人。

（一）吹拉弹唱皆通

肖劲光有着很高的音乐素养。

在青年时代，肖劲光便喜欢乐器，擅长洞箫、二胡的演奏，以后又学会弹曼陀林。在长征时，肖劲光背的东西比别人多，那便是从苏联带回、从瑞金一直背到延安的一些军事书籍。这些书籍后来在延安时被毛主席称为"肖劲光藏着的'宝贝'"，经常借去研读。除书之外，他的背上还有一件乐器，那就是一支洞箫。在艰苦的长途行军途中，一到休息时，肖劲光便抽出洞箫吹奏一曲民歌小调，鼓舞将士们克服疲劳病痛忘却失去战友的悲伤，振作精神继续前进。

在解放战争围困长春的战役中，偶有空暇，肖劲光便拉着他喜欢的二胡思考着战争的指挥，曲子多是陕北和湖南的民歌。

全国解放后，肖劲光又向海政文工团著名作曲家吕远学习弹曼陀林，演奏外国民歌。

肖劲光唱歌也唱得很好，是浑厚动听的男中音。他担任海军司令员在旅顺口和苏联海军谈判期间，肖劲光还唱过苏联歌曲《喀秋莎》，使得在场的苏方人员和海军官兵十分振奋而且惊异。

肖劲光对音乐的理解和诠释不仅准确，而且有他独到的处理手法。

新中国成立后，肖劲光稍有空闲，就会从墙上摘下洞箫，吹奏一曲或欢快或悠闲的曲子。在"文革"中，肖劲光时常吹奏《满江红》和《苏武牧羊》等曲，曲中流露出愤怒与悲怆的感情。

吹拉弹唱，肖劲光可以说是样样行。

（二）喜好绘画

肖劲光对绘画，特别是中国画，有着特殊的喜好。

作为一名军事将领，肖劲光一直很重视用美术为战斗服务。

在"四保临江"的严酷战斗中，他指示部队美术工作者画了许多木刻宣传画，并亲自逐件审看，具体指点，而后用大炮打到敌方阵地进行心理作战，以瓦解敌军的士气。结果，真的有敌方士兵手持宣传品前来投诚。

海军在创建之初，在肖劲光关心下，组建了美术组。肖劲光强调海军的美术组"要多表现海洋和海军生活"，并具体过问美术组的工作。海军凡有美展，他必定到场仔细观看并提出意见和建议。一时间，海军被公认是全军美术创作力量最强的。

解放后，除海军外哪里有画展，肖劲光都会兴致勃勃地去观赏。他是荣宝斋的"常客"。但是，1965年，他把用积攒的工资所购买的4幅古代名画，却无偿捐献给了故宫博物院。

（三）书法在军中颇有名气

肖劲光的书法也很有名气。

在漫长的战斗岁月里，肖劲光一有空暇便练习书法，并且，始终不曾间断，因此，他的书法达到了很高的水平。

全国解放后，肖劲光的书法在军中颇有名气，许多地方搞书法展览都向他索要作品，中国书法协会也选聘他为理事，对此他乐意为之。有时，肖劲光也应一些单位之请题题字。肖劲光兼校长的新中国第一所海军院校——大连海军舰艇学院的校名便是他所题写，至今仍然沿用。

肖劲光兴之所至或有人索取时，也即兴题写自己的诗词、对联或鼓舞人心的豪言壮语赠人。

海军初创时，肖劲光就亲自拟定了许多激励干部战士的口号，比如"热爱海洋，征服海洋！""要做海上主人，不做海洋奴隶！"等等，精彩且有鼓动性。他对身边的工作人员求字也从不吝啬，常书写"劲松"等大字赠送。对战友们亦然，他为贺晋年将军的画册《将军竹》题词为："未出土前先有节，凌云高处仍虚心。"有感于长期的海军军旅生涯，肖劲光曾写下"碧海蓝天秋风劲，江天万里明月光"的对联赠给哥哥永定。

晚年，肖劲光在全国人大副委员长任上，工作之余，除学习英语、复习俄语外，经常濡墨挥毫，书写了许多作品，且多为几十公分的大字。他的书法笔力遒劲，雄浑古朴，颇有"烈士暮年，壮心不已"的气概。

1989年3月29日，肖劲光因病在北京逝世后，其子肖凯夫妇便保存有肖劲光84岁时书写的"云海"二字，以纪念父亲。

杨勇：每逢大战必受伤

杨勇（1913—1983），湖南浏阳文家市人。1927年春，当选儿童团长，参加农民运动。4月，加入共产主义青年团。6月，参加浏阳工农义勇队打长沙，失败后返回浏阳。1930年5月，参加红五军随营学校政治大队，并转为中国共产党正式党员。改名杨勇。6月，红八军成立，被分配到红八军政治部，任宣传队分队长、副大队长、大队长等职，后调任红三军团四师一团一连副政委、连政委、营长兼政委、政治处主任，后任红二师政治部政务处长。1936年1月，任红一军团一师政委，师党委书记，参加东征、西征。后任八路军一一五师三四三旅六八六团副团长，党委书记。参加平型关战斗，在战斗中负伤。1941年任冀鲁豫军区副司令员。1947年，任第一纵队司令员。1950年1月，任贵州省人民政府主席兼贵州军区司令员，西南中央局常委，贵州省委常委。1953年4月，入朝作战，任中国人民志愿军第二十兵团司令员。1954年2月，任志愿军第三副司令员兼参谋长。1955年4月，任志愿军司令员。1958年10月，任北京军区司令员。1959年10月，任副总参谋长兼北京军区司令员。1977年8月，被选为中共第十一届中央委员会委员。1982年9月，被选为中共第十二届中央委员会委员和中央书记处书记。1983年1月6日，病故于北京。

一、儿童团为小宝保媒

1913 年旧历 9 月 29 日，杨勇出生在浏阳县南乡文家市。

杨勇的父亲叫杨贵蟾。他在 1906 年参加过"洪江会"发动的农民起义。起义失败后，为逃避官府追捕，他和妻子刘氏带着 3 个不成年的孩子躲到妻子的娘家清江村。

杨勇排行老三，大名叫杨世峻，小名叫统伢子。他在清江一直生活到 9 岁，父亲杨贵蟾才带着全家迁回了文家市。

1926 年 7 月，北伐军占领长沙。盘踞湖南的直系军阀吴佩孚的军队望风披靡，湖南军阀赵恒惕也带着残兵败将逃往湖北。长沙首先成立了工人纠察队和农民协会。接着，全省各县农会迅猛发展，平民救国团、农民武装队等革命群众组织纷纷成立。这些组织除了直接参战、狙击溃兵、肃清反革命残余外，还为北伐军带路、送信、运输、救护、扫雷、送饭、慰劳。一时之间，土豪劣绅东躲西藏，工人、农民扬眉吐气。

文家市也像换了一个天地。贫苦农民纷纷加入区、乡、村农会，工人成立了工会，学生们组织起儿童团，各界妇女成立了妇女联合会。不久，杨世峻也在乡里被选为了儿童团的队长。

1927 年春，文家市农会在牌楼前村召开群众大会，镇压了头号劣绅肖绍荣，斗争了大地主彭伯堂。会后不久，有人向儿童团报告说，彭伯堂要把使唤丫头卖给别人。杨世峻心里犯疑：那天在群众斗争大会上，彭伯堂虽然没被镇压，但在陪斩时早已吓得魂不附体，没过几天，他敢卖人？杨世峻有点不相信。后来一了解，要卖人的不是彭伯堂，而是彭伯堂的叔叔彭笙簋。

彭笙簋排行第五，人称彭老五。因为长得又矮又瘦，人们背地里都喊他"五猴子"。

"五猴子"是个见了女人走不动路的老色鬼。他讨了四房老婆，还使唤着不少丫头。其中有个丫头名叫李朝珍，小名叫小宝，年仅 16 岁，是个穷人家的孩子。"五猴子"要卖的就是她。这个"五猴子"精明得很。他料定农会和妇联迟早要把这些丫头"解放"走，与其这样，不如趁早把她们卖掉换成钱，于是他便与孙家段的一个"县议员"谈妥了这笔生意。谁知小宝得知后，大吵大闹，死活不肯去当姨太太。因此，人还没有卖出去，消息已经被儿童团得知了。

这天傍晚，儿童团派出的"侦察员"发现孙家段的那个"县议员"带着两个人鬼鬼祟祟钻进"五猴子"的家门，便把情况报告给杨世峻。杨世峻立刻带着队员们连夜埋伏在通往孙家段的一条小路上。

半夜时分，月光映照的夜路尽头影影绰绰出现一团人影。人影越来越近，可以看出是 3 个人，其中一个还推着辆独轮车。杨世峻带着白天负责侦察的那个队员迎面走上去，认出正是从孙家段来的 3 个人。被绑在车上的小宝，嘴里塞着一条白毛巾。杨世峻一声呼哨，隐蔽在路旁树丛中的队员们呼拉一下跳出来，把这几个人围了个水泄不通。

"你们到底是做么子的？"杨世峻厉声问。

"哦……我们是……是走亲戚的。""县议员"支支吾吾。

"走亲戚的？哼！"杨世峻一把将小宝嘴里的毛巾拽出来，小宝"哇"的一声哭了。

儿童团员们一齐喊起来：

"买卖人是犯法的，晓得不？"

"走，跟我们去农会！"

"县议员"连忙从口袋里掏出一叠钱塞给杨世峻，打躬作揖地说："小兄弟，有事好商量，有事好商量……"

"谁要你的臭钱！"杨世峻气愤地把手一挥，说，"留着你的钱买棺材去吧。"

"县议员"听杨世峻这一吼，吓了一跳，以为这回不光要丢面子，恐怕连脑袋也难保，连声说："是是是，买棺材……"

儿童团把"县议员"一伙带到妇联，又连夜把"五猴子"从被窝里抓来。

"五猴子"起初还想耍赖，后来一看人证物证俱在，只好低头认罪。他怕儿童团把他拉出去示众，赶紧把儿子叫来为自己求情。最后，妇联决定罚他拿出能收两担稻子的水田作为对小宝的赔偿，这件事才算了结。

小宝分了田，生活有了保障，但一时还找不到个落脚的地方，让她自由结婚吧，马上又找不到个合适的主。妇联的干部正为这事伤脑筋，一个儿童团员插嘴说："把小宝说给我们学校的工友张功寿吧。"

"一边凉快去，"一个妇联干部不以为然地说，"小伢子家，保他娘的哪份媒！"

"别瞧不起人!"杨世峻很为自己的队员抱不平,"我们学校的张功寿扫地、敲钟、干杂活,可勤快呢,待人也和气,小宝跟了他保险不吃亏。"

"这倒是个主意,"另一个妇联干部说,"我去试试看。"

谁知她从中一说合,双方都挺满意,喜事很快就办妥了。

当人们得知小宝出嫁是儿童团保的媒,都连夸奖带取笑地说:"统伢子带的这支儿童团可是了不起,么子事都会干呀!"

二、百战沙场,5 次受伤

(一)

1931 年 5 月,杨勇参加第二次反"围剿",负伤一次。

(二)

1933 年 10 月,红三军团四十师十四团在中央苏区的绚口与敌遭遇,双方都措手不及。狭路相逢勇者胜,团政治处主任杨勇冒着弹雨,带头冲入敌群,一场短兵相接的拼杀展开了。突然,一发子弹从他的头顶中央穿破了头皮,血很快流到面颊、颈部,他全然不顾,继续冲杀,敌人落荒而逃。战后,杨勇受到军团长彭德怀的称赞,胸前挂上一枚三等红星奖章。同时,头顶也留下一块永久的纪念——两公分长,不再生发的弹痕。

(三)

1934 年 10 月 16 日,已经担任团政委的杨勇奉命率红三军团四师十团全体人员离开了雩都,走上了一条艰苦卓绝的二万五千里征途。

1934 年 11 月,长征中最激烈、最残酷的湘江战役揭开了帷幕。

原来,蒋介石为围追堵截红军,设置了 4 道封锁线,湘江是最后一道。由何键统领的 40 万大军利用湘江屏障,阻拦 8 万红军。红军在军事顾问李德的错误指挥下,误入了蒋介石精心设计的铁三角合围圈。红军生死存亡在此一举。

11 月 25 日,中革军委和总政治部分别发出了突破敌人第四道封锁线并渡过湘江的作战命令和政治训令。这就意味着红军要与敌人进行一场不是鱼死就是网破的搏斗。红三军团政治部主任袁国平向杨勇传达了这一指令,并要求十团作为先头部队过江后修筑工事,坚守阵地,掩护中央纵队和红九军团、红五军团渡江，没有命令不准撤退。28 日，杨勇和团长沈述清率部挺进到湘江岸边，并同三营营长张震一起在界首、兴安之间侦察渡河点后，首先渡过了湘江。正当他们匆匆构筑工事的时候，桂敌七军独立团和十五军第四十五师就向他们扑来。敌人占领进攻出发阵地后并没有马上发起冲击。

杨勇和沈述清伏在山坡上密切注视着敌情。

"敌人可能在调整部署，等待炮火支援，来者不善嘛！"沈述清分析说。

"是呀，看来是一场恶战。"杨勇赞同道："告诉大家，无论如何也要顶住，掩护大部队顺利过江。"

"政委，请你负责这面，我到一营去。"沈述清说罢，一溜烟似的奔向前沿阵地。

沈述清也是一位在战火中成长起来的团指挥员，他英勇善战，作风顽强，每遇战斗他总是挺身一线，坐阵指挥。这一次，他仍然没有例外。

望着沈述清离去的身影，杨勇心想，多好的战友，多难得的搭档啊，有他在前面，还有什么不放心的。

"轰，轰！"敌人开始炮击。炮火密集猛烈，大有炸平山头之势。不一会儿，像蚂蚁似的敌人朝十团涌来，红军奋起还击。枪炮声和手榴弹爆炸声顿时震耳欲聋，敌人纷纷倒地。但是，打倒了一批，便另有一批上来，再打退一批，又有一批仍在向上冲。敌人仗着人多势众和精良装备，突入了十团前沿阵地。这时，团长沈述清毫不犹豫地率领一营迅速反击，不幸壮烈牺牲。接替其指挥的红四师参谋长杜中美，当日下午在与敌反复争夺阵地中又不幸以身殉职。还不到一天的工夫，十团相继失去了两位主要指挥员，可见其战斗多么激烈。

望着倒在血泊中的患难与共的战友，杨勇悲愤填膺。这时，敌人再次潮水般涌来，杨勇杀红了眼，一跃而起，组织指挥部队与敌展开了白刃战。突然一块弹片飞来，钻入他的右大腿，他咬牙一把将弹片拔出，大声呐喊："为团长报仇！"冲出堑壕，战士们随其而上，疯狂的敌人"退了潮"。两昼夜的血战。十团 400 余名官兵血染湘江，使中央纵队顺利过江，从此，杨勇的腿部也留下了一块"湘江战役纪念章"。

（四）

1935 年 1 月，在长征路上的土城战斗，给杨勇打上了第 3 块战争的烙印，也是他负伤最重的一次。

遵义会议结束前后，薛岳部之吴奇伟、周浑元两个纵队 8 个师的敌军，已尾追红军进入了贵州。红军为摆脱敌人而于 1 月 19 日凌晨撤离遵义，向上城、赤水地域进发，以便迅速渡过长江。

杨勇带领部队随红二军团作为左路纵队，于25日赶到土城附近。

土城是赤水河东岸的重要渡口，也是黔北大道的要冲。当他们进至这一地区时，川军刘湘的主力部队郭勋祺师已南渡长江，抢占了土城周围的有利地形以阻击红军。

军委为打开渡口通道，决定由彭德怀、杨尚昆指挥红三军团、五军团和一军团第二师，集中力量迎击川军。

战前，朱德总司令亲临红四师进行了动员，这使指战员的斗志更加昂扬。

1月28日拂晓，红军发起了进攻，激战3小时之后，才将敌阵突破。中午，敌人预备队投入战斗，赶来增援的川敌廖泽旅先头团也加入了正面作战。红军虽然英勇，但川军也很善战，所以战斗越来越激烈。直到这时红军才判明，敌人兵力不是原来估计的4个团，而是8个旅9个团之多，并且装备较好，火力凶猛。红军胜败未卜，形势十分危急。

毛泽东、周恩来、朱德都亲临前线指挥战斗，甚至动用了精心保存下来的仅有的两门山炮，仍然无济于事。下午3时，战斗仍在激烈进行，部队的伤亡越来越大。

10团政委杨勇又一次带队冲锋，一发子弹从他的右腮穿入，从唇部钻出，一进一出，杨勇失去了6颗牙。当时，血似喷泉，用嘴指挥不了战斗，他用笔下达命令，脸上是血，手上是血，笔上是血，纸上也是血，最后杨勇昏倒在血泊中。

土城战斗，原以为敌人4个团，实为8个旅9个团，我军伤亡惨重。后来，军委命令停止攻击，避实就虚，西渡赤水。这次伤愈后，杨勇脸上留下的弹窝，30多年后，才由北京医院院长吴蔚然用手术刀填平。

（五）

平型关大战，是我军首次与日军交锋，却是杨勇第5次负伤。1937年8月，红一军团四师被改编为八路军——五师三四三旅六八六团。因国民党军队编制中没有政治委员之职，杨勇改任为六八六团副团长。

9月24日傍晚，师部命令各团于25日零时向预定设伏地区开进，开始打响了平型关伏击战。午夜时分，队伍疾奔预设阵地，进入了埋伏地点。

这次对手是日军的精锐板垣师团的二十一旅团。二十一旅团的日本兵个个不可一世，宁死不降。上午7时，山沟里传来马达声，百余辆汽车载着日本兵和军用物资在前面开路，两百多辆大车和骡马炮队随后跟进，接着过来的是骑兵。车鸣马嘶，声势浩荡。那些日本士兵，脚穿皮鞋，头戴钢盔，身披大衣，斜背钢枪，叽哩哇啦，十分骄横。

周围很平静。战士们握紧手榴弹，睁大眼睛，看着日军那得意洋洋的样子，气得咬牙切齿。位于石灰沟南山头的师指挥所终于发出了冲击信号。

山岗上顿时吼声四起，杀声震天，机枪、步枪、手榴弹、迫击炮一齐开火，指战员们一跃而起冲向敌人。

鬼子被打晕了，东奔西窜，战马惊鸣。他们万万没想到，在"所向披靡"的进军途中，竟会遇到如此凶猛的袭击。但是坂垣师团毕竟训练有素，清醒过来后，立即组织反击。他们一面利用汽车和沟坎顽抗，一面抢占公路北侧的制高点——老爷庙。不能有片刻的贻误，六八六团团长李天佑果断命令三营："不要怕伤亡！猛冲下去，一定要拿下老爷庙！"

"是！保证完成任务！"三营长周海宾坚定地回答。

"老李，指挥所里的事交给你，我跟三营一起上去。"杨勇说罢，带上三营向老爷庙方向冲去。

山沟里烟雾弥漫，三营的指战员们穿行在硝烟之中，一个个斗志昂扬。他们冲上公路，在老爷庙附近与敌展开白刃格斗。战士们与凶恶的敌人扭在一起，只见枪托飞舞，马刀闪亮，杀声震耳，大地轰鸣。战士们面对强敌，毫不畏缩，无不以一当十，奋勇拼杀，刀、枪、拳、牙，都成了武器。

三营冲向敌群的同时，李天佑又命令十二连副连长王根培带领一个排抢占东面公路拐弯处的小土地庙，掌握有利地置，打击后面跟进的大车队。

王根培带着十二连三排冲了过去，一下子就占领了那个小土地庙，截住了老爷庙至兴庄的80多辆大车。

老爷庙终于被三营抢到手了。

突然，杨勇感到左肩一股热流，左臂肘一阵疼痛。接着鲜血

任团长时的杨勇

浸透了军装……左臂怎么也不听使唤了。身后的通信员惊叫道："政委，你挂花了！"

"别喊了，这点小伤算不了什么。"杨勇简单地包扎了一下伤口，坚持在他的指挥位置上。这是他第五次负伤了。

下午1时，六八七团攻过来了。在——五师的两面夹击下，兴庄至老爷庙之间的日军很快被歼灭了，十几里长的山沟里留下了1000多具鬼子尸体。

三、日本联队司令给杨勇写挑战书

1938年9月，华南方向的日军大举进逼武汉、广州；华北方面的日军也向山西增兵1万余人，并且兵分两路，南路侵永济、风陵渡，直奔西安，从侧翼配合其正面战场作战；西路则犯离石、柳林，企图威胁陕甘宁，蹂躏吕梁山抗日根据地。日军来势汹汹，妄想一举消灭华北方面的抵抗力量，解除其后顾之忧。

西路日军的先头部队已侵占了军渡——碛口一线，指挥这次行动的是日军一〇八旅团长山口少将。此时他已亲率指挥机关进驻离石，并且在汾阳城内集中了大批弹药、粮秣以及渡河器材等物资，随时准备起运，作为后援。

活跃在吕梁山区的八路军——五师的抗日健儿，纷纷行动起来，向日军出击。

9月14日，杨勇带领六八六团的指战员们像出山的猛虎，冲上王家池附近的公路，炸毁日军运货汽车，与残余的日军展开了白刃格斗。不到一个小时，战斗就结束了，200多个日本官兵除3名投降，全部就歼。

第二天，驻在汾阳的日军出动一个联队，外加几千伪军赶来，从西公岭拉走了5车他们同伙的尸体。

汾离公路上，一连几天不见日军的汽车。这下可苦了在黄河边上的鬼子兵。因为他们一得不到后方的支援，粮秣和弹药就发生短缺；出来抢粮，又经常遭到游击队的袭击，粮食抢不到反而闹个损兵折将、丢盔弃甲。结果，在黄河岸边的日军一〇八旅团长山口少将出于无奈只得让部下杀马充饥，固守待援。

为了挽救其黄河边上的部队，日军又开始了运输。不过，这回也学乖了，他们先派一个中队分乘几辆汽车，押送一车粮食试探前进。为了避免"打草惊蛇"，杨勇决定先给敌人一个甜头，把这一车粮食送了"人情"。

第二天，日军的胆子果然大了起来，香月军团司令部无线电队的20辆汽车，满载着通信、渡河器材和粮食从汾阳出来。这时，天下着瓢泼大雨，200多押车的鬼子，个个浇得像落汤鸡。汽车在坎坷不平的公路上整整颠簸了一天，好不容易通过王家池，爬过西公岭，眼看走过了三分之二的路程，不料却在油房坪一带较平坦的地方遭到了三四三旅补充团的伏击，经过激烈的战斗，除先头的11辆汽车逃窜外，后面的9辆全被击毁，车上的100多鬼子又做了"泉台客"。此外，八路军还缴获了许多通信器材。

日军在汾离公路上连续被歼400余名，一〇八旅团原有的50辆运输车也被搞掉了近五分之四。在这不断的打击下，鬼子损失惨重，坐卧不安，特别是后方补给线被切断，更使侵占离石的一〇八旅团心惊胆战，动摇了西渡黄河的决心，出于无奈，山口旅团长只得带着他的部队顺着公路向汾阳撤退。

杨勇考虑到日军戒备性很强，一定不易伏击。思考再三，他决定先钻到王家池据点附近，然后再寻机打击敌人。

王家池一带山大路窄。因为敌人在那儿吃过亏，特意安了一个据点。这次要到敌人据点跟前设伏，困难当然很多，但杨勇认为，攻击时刻都在警觉中的日军，只能采取这种让其意想不到的办法。经过分析研究，杨勇决心去冒一冒"风险"！

9月20日拂晓前，六八六团及配属部队分头悄悄地摸到了王家池附近，迅速进入指定位置，隐蔽起来。六八六团二营及兄弟部队埋伏在公路北侧的薛科里一带，六八六团一、三营埋伏在公路南侧的铁剪沟附近。

凌晨，日军垂头丧气地由离石县出发向汾阳撤退，沿途虽然不断地受到游击队的袭扰。但山口少将严令部属"不得恋战，快速前进"，因此，一〇八旅团只顾招架，并不还手，一路仓仓皇皇地败退下来。

埋伏在王家池周围的六八六团的战士们强忍着饥饿、风吹和日晒，在"恭候"着山口的到来。

太阳当头的时候，日军的骑兵出现在公路上。紧接着，辎重、炮兵、步兵，前拥后挤，吵吵嚷嚷地来到了王家池山谷。六八六团二营首先对其发起了攻击。紧接着其他各营也冲了出来。霎时，冲锋号声、呐喊声震荡着山谷。

伏击部队一下子把日军切成了几段，并拦腰抓住了山口的指挥机关死死不放。头尾两段日军拼命反扑，想为他们的指挥机关解围，双方胶着，厮杀激烈。在这紧要关头，杨勇把六八五团二营投了进去。这支主力军一投入战斗，很快帮助各营把敌人一段一段地吃掉了。这第三次大捷歼灭日军近千人，不久前还在叫嚣要一举渡过黄河的山口少将也做了战死鬼。

胜利轰动了整个吕梁山区，大大激励了吕梁人们抗击日本侵略者的决心，也打击了日寇企图一举消灭一切抗日力量的狂妄嚣张的气焰，粉碎了他们西进的企图。

侵华日军前线指挥官冈村宁次大为恼怒，破口责骂山口旅团无用。

紧接着，汾阳城烟雾弥漫，臭气冲天，接连几天日军都在焚烧战死鬼的尸体，最后还开了个"慰悼大会"。那些"武士道"们兔死狐悲地在灵前痛哭流涕。

差不多在日军开"慰悼"会的同时，吕梁山区也召开了一个盛大的祝捷大会。就在开会那天，杨勇收到了鬼子驻汾阳联队司令官写来的一份挑战书。"挑战书"是汾阳日军在慰悼大会上由全体与会军官通过的。

鬼子把送信人全家扣押起来，作为人质，逼他必须把挑战书送到杨勇手里。

"挑战书"的大意是：

地区队长兼政委杨勇麾下：

前与贵军交战，遗憾万千……惟敝军不愿山地作战，愿约贵军到兑九峪平原一带决一雌雄……

杨勇看完挑战书，微微一笑，对周围的同志们说："打仗嘛，就是要'以己之长，击敌之短'，这真是一封愚蠢的'挑战书'。"大家听了都哈哈笑了起来。

没过几天，鬼子当真调集许多人马进驻了兑九峪，等着与杨勇"决一雌雄"，还用大炮冲着吕梁山区轰了两天两夜。但日寇哪里会知道，等着他们的不是什么兑九峪的决战，而是在整个吕梁山区更为广泛炽烈的游击战争！

四、义释团长刘玉胜

1939年3月1日，杨勇和东进支队到达了鲁西郓城以北地区。

盘踞在樊坝及其附近的伪军，共有一个团的兵力，樊坝周围地势平坦，村西有黄河大堤为屏障，村庄有土围子作依托，警戒严密，易守难攻。杨勇决定消灭樊坝伪军，作为进入山东后的第一个献礼。

3月3日下午，部队经过两个多小时的行军，到达樊坝附近。按照战前的部署，由三营营长周海宾、教导员刘西元带领全营，从北、东、南三面对樊坝进行攻击，二营打援，一营作预备队。天刚蒙蒙亮，三营发起攻击，重机枪连和迫击炮连也开始射击。顿时枪声、炮声和手榴弹的爆炸声响成一片,樊坝被笼罩在烟雾之中。

杨勇趴在坝顶上,用望远镜进行观察,15 分钟过去了,还未见到攻击奏效的信号。杨勇心里着急,他回过头来看到宣传队的晋拱辰就在自己身后不远,便大声说:"小晋,你过来!"

晋拱辰立即跑了过来。杨勇命令他,"你从这儿下去,通过开阔地,进入东北树林,然后绕到村东南,告诉三营长,命令他 15 分钟内一定要攻进去!"

晋拱辰复诵了一遍,翻身跃下了大坝。村里的伪军看到从大坝上跑下来一个人,立即集中火力阻击。晋拱辰机警地利用火力间隙,三次卧倒、跃进,便进入了东北树林。此时,三营正在向樊坝发起猛烈的进攻,手榴弹不断在围子内爆炸,登围子的梯子靠在墙上,有 20 余名战士已经登上了围墙。小晋见三营突击成功,也随后进入了围子。

经过大约七八个小时的战斗,樊坝里的枪炮声渐渐地稀疏下来,只有樊坝东边那个小庄里的枪声还比较激烈。几个战士押着一个头上负了伤的俘虏,来到杨勇面前。经过审问,原来他就是伪军团长刘玉胜。

杨勇让卫生员给他包扎好伤口,问他:"哪边小庄里是谁的部队?"

刘玉胜有气无力地说:"是我的一个营。"

杨勇说:"那好,你马上写封信,让他们放下武器,立即投降!"

刘玉胜见大势已去,随即写了一封信,派人送去。

不大工夫,这个营的官兵就左肩扛着枪,右手举着枪栓,走了过来。对于接受投降,八路军是有经验的,他们把准备好的箩筐放在路边,伪军们一个接着一个地把枪栓扔到箩筐里,然后站队集合。团政治处派人向他们讲话,宣传八路军的抗日政策。

至此,樊坝战斗结束,缴获很多。这次战斗的胜利打击了日伪军的气焰,鼓舞了鲁西人民的信心。

樊坝战斗是东进支队进入鲁西后与伪军打的第一仗。为了争取和瓦解伪军,扩大共产党的政治影响,杨勇对刘玉胜采取了宽大政策。刘玉胜在鲁西曾作恶多端,民愤极大,杀了他也不冤,是罪有应得,但是宽大他对于开辟这里的工作更为有利。为此,杨勇不但派医生给他和他岳父治疗战伤,还亲自找刘玉胜谈话,向他晓以抗日救国大义,希望他改邪归正,重新做人。但是,刘玉胜还押在东进支队里,没有放走。

鲁西抗日根据地的巩固和发展，极大地振奋了人民群众的抗日热情，也使驻扎在济宁、兖州、菏泽的日军坐卧不安，日军头目气急败坏地叫嚷：要派一支精锐部队扫荡鲁西抗日根据地。

5月间，日军搞了个突然袭击，这时杨勇身边只有一个连队，双方兵力十分悬殊，再加之日军施放了毒气，杨勇只得率队撤出战斗。

在樊坝战斗中被杨勇所俘的刘玉胜本可以乘机逃奔敌伪，但他没有那样做，因为在几个月的时间里，刘玉胜耳闻目睹了八路军抗日杀敌、救国救民的行为，对八路军有了新的认识，他决心留下来。在突围中，他曾一度与部队失散，但又很快地赶了上来。

刘玉胜始终没有逃离八路军的表现，说明他的思想有了很大的转变。于是，杨勇决定释放刘玉胜，还特意还给他原来所带的手枪和骑的马。这一切都使刘玉胜非常感动，他声泪俱下地表示今后一定要洗心革面，戴罪立功，以报答共产党八路军的不杀之恩。临走前，刘玉胜向在这几个月中一直与他朝夕相处负责对其进行教育工作的吕儒琦说出了自己的感受："我感谢杨勇团长的再造之恩，刘某有幸得以生还，实出意外，今后定要多为抗日救国作出贡献，再不做昧心之事。"

吕儒琦对他的表现给予了肯定，这使刘玉胜非常兴奋。为了表示和自己的过去决裂，刘玉胜郑重地发表了一个"告同胞书"，大致内容是："……玉胜不才，身为中华民国之军人，乃受敌伪之迷诱，沦为卖国求荣之汉奸……樊坝之役，幸被生俘，得蒙不死，倍享优待，并晓以救国救民之大义，教诲良深……玉胜扪心自问，愧悔交集，今日获释，恩同再生。……誓当重整旗鼓，投效抗战，将功折罪，以雪吾耻，以谢国人……"

杨勇放走刘玉胜后，不久，在群众中流传着这样一段小唱：

正月里来正月正，东进支队到山东。

罗荣桓、陈光领兵马，杨勇将军是先行。

二月里来杏花红，奔袭樊坝是杨勇。

活捉伪军五百七，义释团长刘玉胜。

五、结婚之夜，黄河支队长不让房

1940 年 2 月，结束讨伐石友三的卫东战役后，杨勇风尘仆仆地从前线赶回刚刚解放的濮县。今天，他就要结婚了。

杨勇投身革命已经十几个年头，快要迈入而立之年却仍独身一人。就在他 30 岁时，一个勇敢、开朗、朴实、直爽的姑娘闯入了他的生活。

这位姑娘就是林彬。

林彬祖籍山东冠县，这是冀鲁交界的一个贫困、落后的小县城。城西一里多路，有条百来里长十来里宽，布满沙岗、飘砾、碎石的黄河故道，老乡管它叫西沙河。

林彬的家就在这里。她从懂事时起，一年到头吃的就是红薯秧，遇上灾荒，只好把花生皮烙干磨成面和榆树皮加水沾到一块当饭吃。妈妈苦熬苦挣，拉扯着幼小的弟弟给人家缝衣、做鞋、补袜底，硬是供林彬读完了师范。

"七·七"事变后，不满 16 岁的林彬投身到抗日救亡的洪流中。1938 年 4 月，林彬参加了党举办的第一期冠县军政干部训练班，结业后，到县妇救会工作，不久就加入了中国共产党。

日本鬼子进了城后，林彬和洪林几个人从冠县八里庄跑到柳神门，住在一个破庙里。她们几个小女孩没吃没喝，只有西北风。好不容易从老乡那儿搞到点米和柴，又不会做，只好照着葫芦画个瓢，先在地上挖个坑，再把柴禾放下去烧，几人个轮番吹着火，呛得大家直流泪。总算是把饭做熟了，可揭锅一看全糊了，几个人你瞧瞧我，我瞧瞧你，一个劲地傻笑，可这顿饭吃得还挺香。

她们住在柳神门，一面等组织的命令，一面与当地的党员和爱国青年一起宣传党的抗日救国政策。不久，林彬离开了家乡，转战在黄河南北，参加了创建和保卫鲁西根据地的斗争。

梁山战斗后，鬼子扫荡，林彬随着地委转移，冒着大雨一气跑了几十里，等到了郓城红船集时全身上下早已淋透了。稍喘口气，找了个人家换衣服，还没等换完，鬼子已经从北门进来了。林彬赶忙往外跑，这时，他们和鬼子相距只有 200 来米，一个劲地打枪，幸亏青纱帐长起来了，他们一头钻进高粱地。有一次在李楼又被敌人围住了，林彬把头发剃光装男人跑出来，等到县委开会时，摘下帽子是个溜青的光头，大家见了哈哈大笑。

杨勇与林彬第一次见面时，出现在杨勇面前的林彬简直是一个年轻后生，留着短短的头发，穿着男人的衣裤，腰带上还别着个小烟袋，一开始，杨勇还真的认为她是一个"小伙子"呢。

1939年底，运西专署建立后，为了加强对干部的培养，运西党校正式开学。在寿集、王芝茂村、杨楼、肖庄一带开展党的工作的林彬带领着部分党员参加了党校学习，并听了兼任运西专署专员杨勇讲的第一课。学习结束后，杨勇和林彬已经很熟悉了。随后，他们在共同的战斗生活中建立了深厚的友谊。

结婚这一天，新娘子林彬是由运西专署宣传部长申云浦送来的。林彬参加革命工作后即在申云浦的领导下开展工作。

平时，黄河支队支队长彭雄总喜欢与杨勇同住在一个房间里，因为这样有利于两人一起商量组织战斗和抓部队建设的事情。可这一天，政治部主任欧阳文却要把刚从前线回来的彭雄安排在另外的房间里住。彭雄老大的不高兴，找到欧阳文劈头就问："你这个政治部主任是怎么搞的，你不知道应该把我和旅长安排在一个房间里吗？"

"你别嚷嚷嘛！今天有特殊情况。"

"什么特殊情况也不行。"

"真的不行。"

"不行！"

"你看见屋里那个女同志了吗？"

"看见了。"

"你猜她是谁？"

"谁？我猜不着。"

"她就是林彬同志，今天就跟旅长结婚了。你还能跟旅长住在一个房间里吗？"

"真的？你怎么不早说呢！"彭雄一听，原来的火气一下子全消了，并且语言里还有些责怪欧阳文呢。

"你还没等我说明白就嚷嚷起来了，我有什么办法。"欧阳文没好声气地回答。

"嗳，欧阳，今晚有什么仪式，咱们可得好好闹闹洞房。"彭雄却不管欧阳文生气，兴奋地说。

"那就看你的本事了。"欧阳文仍没好声气。

当天，杨勇与林彬的婚事办得简朴、大方。晚上，彭雄、欧阳文大闹了一晚洞房。

新婚不久，两位新人就要分手了。在以后的岁月里，杨勇无论是在战火纷飞的疆场上，还是在紧张繁忙的公务中，他总是对林彬"报喜不报忧"，为的是让林彬少为他操心。在日常生活中，杨勇也很体贴和尊重林彬，两人相敬如宾，情深意浓。

六、刘本功的私产 300 箱，却不拿一床被子

根据杨勇的部署，1946 年 1 月 5 日，第七纵队与配属行动的部队展开了济宁城外围拔点的战斗。

9 日下午 3 时，战斗结束。全歼城内刘本功部及郓城、巨野、嘉祥等县城逃来的杂顽武装共计 1.1 万余人，济宁市解放了。

部队进城后，第七纵队的司令部就设在了济宁城西马道街刘本功的家里。

刘本功是土匪出身，抗战前系韩复榘手下的一个特务队长，抗战一开始就投靠了日寇，当上了伪县长兼警备大队长。日本投降后，刘本功如丧家之犬，整日惶惶不安，后来又被国民党委任为保安师长兼济宁城防司令。结果，他开始为非做歹。其部队多系土匪、流氓和封建帮会分子，内部控制严密，政治上顽固反动，战斗力较强。这股敌人为了抵抗我军进攻，正在抓紧时间整修工事，还经常窜出据点抢粮抢物，是钉在解放区内的一颗钉子，杨勇这次拔掉了它。

进驻刘本功家后，杨勇的勤务员林保安为了首长的安全，先对这所宅子进行了检查。当林保安来到楼上时，一下子被眼前的情况惊呆了，他万万没有想到，刘本功的私产竟装了 300 多个大箱子，都摆在小楼上。林保安信手打开了其中的一个箱子，里面装有许多高级衣料及床上用品。小林刚想关上箱子，可他转念一想："首长结婚已经好几年了，连一床像样的床单都没有，也太寒酸了。干脆拿它两床给首长用。"

林保安想到这儿，便拿了两床。晚上，杨勇发现自己的床上铺着一床崭新的床单，当即叫来林保安问道："小林，这床单是哪里来的？"

"楼上的箱子里有的是，我觉得首长的床单太旧了，就拿了两床。"林保安不

无得意地说。

"这怎么可以！"杨勇的态度一下子严肃起来，"三大纪律八项注意你是怎么学的？不搜俘虏腰包，不拿群众一针一线，这些东西是属于人民的，要全部交给人民政府，军队一点也不准拿。赶快送到楼上去，放在原来的箱子里！"

林保安感到很委屈，虽然规规矩矩地将那两床床单放回了原处，可他心里却抱怨："一条旧床单，都用了好几年了，连洗它一下都不敢用劲，现在换条新的，有什么了不起。对，等林彬来了，经她同意后再拿来使用。"

林保安暗暗地等待着。一天，他带着杨小平到街上玩回来，正看见林彬一个人在家，他立刻走过去说："林大姐，你们结婚这么多年了，连一条像样床单都没有，楼上的箱子里多得很，我给首长拿下来过一次，可叫首长把我批评了一顿又送回去了。我想跟你商量一下，拿两条来用用吧？"

"小林，这件事是你的不对，咱们怎么可以随便拿公家的东西呢？如果大家都这样，你拿一件，我拿一件，那将是个什么样子？不跟国民党的军队一样了吗！"

"那……那……"

"不要说了，我知道你的心意。现在的条件虽然艰苦，可我们过得不也挺好吗？我们不能一进了城，就丢了部队的光荣传统！你说对嘛？"

"对！林大姐是我错了。"

七、置死地而后生却"置死"了自己

1946 年 5 月上旬，为了有效地制止中央军和伪军的挑衅。杨勇和冀鲁豫区党委决定拔除东明县城这一伪军据点。

东明县城位于陇海铁路以北，黄河以南，平汉铁路以东。原为日伪新六军，后被国民党杜淑部所盘踞。杜淑，早年曾在保定士官学校就读，学习成绩总是名列该校全体学员之首，此人内有城府，外表圆滑；心狠手辣，用兵刁钻。该部辖 4 个团、一个独立营，共约 5000 余人。因其经常四出骚扰，对边区群众的危害较大，所以杨勇决定拔除它。

东明城地势较高，周围皆流沙松土。日军占据时，修筑了较强的防御工事，四个城关据点密布，并设有外壕、鹿砦等副防御各两道；所有面向城墙的围墙、院墙、屋墙全部被拆除，只留向外的垣墙，并设有射击孔。城墙向外的地面皆被削成斜坡，由城上或城外各据点向外射击均无射击死角。

战斗打响了。

五十八团负责进攻南门，一开始还算顺利，时间不大就拿下了城门外的生活区，但仅剩一个紧靠南门城墙的小土围子没有占领了。吴忠团长命令部队继续向前攻击。部队很快就在小土围子的南墙上炸出了一个大口子。三营七连冲了进去，紧接着八连、九连也跟了进去。枪声一下子密了起来，震耳的重机枪啸叫着。冲进小土围子的三营没有动静，吴团长又准备让一营跟进。

这时，从小土围子里冲出一个浑身是血的人，吴忠命人救回来一看，原来是七连的副连长。奄奄一息的副连长艰难地向吴忠说："团……长，不要攻了，我们……我们上当了，土围子里没有房子，也没有任何遮蔽物，里面与城内也是通着的，杜淑在城墙边上架了好几挺重机枪，我们冲进去的人都完了……"

"这狗娘养的！"吴忠的眼里喷出怒火。

诡诈的杜淑一看他的阴谋得逞，更加猖獗。他突然打开了南门，一下子从里面放出来7个整连。这7个连队是杜淑起家的老本，较有战斗力。这批部队一出城，杜淑便下令关闭了城门。他要让他的士兵们"置于死地而后生"。果然，出城的部队一看没有了退路，发狠地向前冲来，一下子就把吴忠的部队给赶到南门外生活区的边缘上。

五十八团的处境太危险了，前面是如狼似虎的7个整连，后面是一片开阔地。自己的三营也损失掉了，剩下的只有一营二营。怎么办？吴忠找到一营营长，说："你立刻带一营把这股敌人反回去！"一营长点了点头，带上一营冲入扑面而来的敌群。

这时，正在指挥作战的杨勇，看到南门枪声大作，狼烟四起，知情况不好，他命令第二梯队立即增援。东明城南关的厮杀正酣，双方十几个连队绞在一起，枪弹声，搏击声，喊杀声，参差交杂，鼎沸升腾。一阵白刃格斗，杜淑的部队败了。五十八团又重新稳住了阵脚。

吴忠环顾了一眼立下汗马功劳的一营，发现每个人都是赤着左臂。吴忠好奇地问一营长："你们怎么都光着一条膀子？"

一营长说："这是我们山东人拼命的信号，只要一这样，那就是义无返顾地拼到底了。"

杨勇带着第二梯队上来了。杨勇一见到吴忠，松了一口气。他对吴忠说：

"刚才我真为你们捏了一把汗，看来担心是多余的了，你们打得很好。"

杜淑赖以生存的 7 个主力连被他置于死地却没有生，全被消灭了。他再也没有与我军相抗衡的老本，只得举起了白旗。

冀鲁豫区党委认为让其战场起义比投降更具有瓦解其他伪军势力的力量，因此，命令杜淑改投降为战场起义。杨勇从全局考虑也同意了这一决定。

杜淑起义了，对敌人内部震动很大，较果也好。可五十八团却有了意见，觉得费了这么大劲，还被打掉了一个营的兵力，最后连一枝枪，一个人都没缴到，真窝火。

杨勇了解部属的情绪，但执行区党委决定不能走样。最后他决定把纵队警卫营的两个连调给五十八团，以弥补其在这次战斗中的损失。

调给吴忠的这两个连，都是具有光荣传统的老红军连队。思想作风好，战斗意志坚。这下子可把吴忠给高兴坏了。同时，吴忠也深深地体会到了杨勇司令员关怀部属的一片心意。

后来，杜淑部又叛变逃跑。杨勇命令纵队骑兵团追歼了该敌。

八、三斗胡琏

1946 年刘邓大军自出击陇海线以来，历时 23 天，歼灭国民党正规部队两个旅，连同保安团队共 1.6 万余人，这迫使蒋介石从围追中原突围部队的战场上调出三个整编师，从华东战场上调出其王牌部队新五军和整编十一师，投入到冀鲁豫战场。

为了打击这两支全副美械装备的"王牌军"的嚣张气焰，摸摸它的实力，刘邓首长决心组织巨野战役，在龙固集、张凤集与其较量一下。

这次出击整编十一师的第一仗由杨勇任司令员的第七纵队担负。

整编十一师的师长叫胡琏。这个胡琏很有特点。他出身寒门，资质聪慧，自幼发愤读书，立志要出人头地，是黄埔四期的高材生。他在指挥作战中，一是警惕性强，作战企图心强；二是非常重视侦察；三是注意研究对方战斗的情况及指挥特点，根据对方的情况采取不同的对策，遇强手，就选择有利地形，负隅顽抗，若遇弱手，就集中优势兵力，实施猛烈攻击。再有他用人惟能，不讲情面，有一套笼络部下，收买人心的办法。另外，整编十一师装备精良，战斗作风顽强，善于攻坚。

整编第十一师自气势汹汹地开进冀鲁豫战场后，虽然整日在寻找刘邓主力决战，但用兵刁钻的师长胡琏却也深知刘邓用兵如神。为了避免失误，他步步小心，采取了堡垒战术，每进一步，总要下大力整修工事，一步一个据点，步步都有支撑。到达张凤集地区后，他还是老办法，命令部队大兴土木，都以村中心为防御核心，沿街道构筑无数明碉暗堡，村外只放少数部队负责游动警戒。胡琏把防御重点放在村内，对方攻得猛时，他全部收缩回来，当对方攻击无效，力量将尽时，他就一下子弹回去，给你来个平行追击，胡琏此举可谓是老谋深算。

果然，10月3、4两日夜，三、六、七纵队连续两次攻势都没有碰到他的核心阵地。

两次攻击无效，气得一些指挥员直骂娘。两次攻击不利，也使杨勇十分头痛，他在屋里转着、想着办法。

5日夜，七纵在一阵猛烈的攻击中占领了紧靠张凤集西北角的一座小围子。杨勇立即命部队暂停攻击，只派少数部队进行骚扰，其他主攻部队原地休息，拂晓前乘敌疲劳之机再行攻击。并调整了部署：十九旅五十五团由村东面进攻，另派一个团向南警戒；二十旅五十八团从村东北角攻击，五十九团从正北方实施攻击；二十一旅六十一团负责打援，六十二团为纵队预备队。

凌晨4时许，第七纵队对张凤集的总攻击开始了，一阵阵凶猛的冲击波向张凤集滚去，一排排炽烈的炮火从张凤集飞出，黎明前的黑暗被腾腾火光映照得红通通的。

枪炮声、喊杀声笼罩着张凤集，也敲击着杨勇的心。他在指挥所里实在呆不住，带着几个人来到前沿观察，那一双圆睁的大眼，眨都不眨一下，紧张的面部肌肉使他的面容显得分外冷峻。

一颗信号弹拖着耀眼的尾光升空了，它向杨勇报告：部队打进去了！这使杨勇那颗紧张的心略微放松了一点，他回到了指挥所。

五十九团从正北面撕开了三十二团的防线，团长晋士林和政委刘权带领五十九团二营、三营插了进去。一同冲进村的，有吴忠团长带的五十八团八连和特务连，还有六十二团参谋长张兴臣率领的本团一营。这些部队抢占了张凤集村里的五座院落。

突破口马上又被封上了。晋士林、刘权、吴忠、张兴臣及七纵突入的部队被堵在了村内。

张凤集内，地形平坦，唯一的制高点是村中央的水塔。进村后的五十九团，在晋士林、刘权的率领下发起了对水塔的攻击。一攻受挫，二攻也没有成功，晋士林眼红了，还要组织第三次攻击。吴忠跑了过来："老晋，这样攻击不行啊！不能把我们带进来的部队消耗在这里。我们还是组织部队巩固所获的五座院落，牵制敌人，搅和敌人，等待大部队的增援。"

"不行，制高点不到咱们手里，躲在那几座小院子里，还不成敌人的活靶子了！"

两位指挥员没有取得一致的意见。

七纵指挥所内，杨勇心中万分焦急，攻进张凤集里的部队的情况怎样？他无法得知。他走到宣传部长康健面前，神态严肃地说："康健同志，你设法找一个制高点，观察一下张凤集里的动静，从步枪、机枪、手榴弹和喊杀声中判断我军的情况。"

康健爬上了屋外的一颗大树，黑洞洞的，眼睛虽然看不到什么，耳朵却能倾听到声音。他认真地听了一会，回来向杨勇报告："村里我军还在与敌厮杀。在清脆的美械枪弹声中，能听到我军的枪声，而且还比较密集。"

听了康健的报告，杨勇略微放了一点心，立刻与其他指挥员讨论下一步的作战方案。

晋士林、刘权带队连续对水塔攻击了三次，均未奏效，可突击部队却明显地摆在三十二团的面前，情势危险。无可奈何的晋士林、刘权只得带着损失严重的五十九团突入部队突围。

但是吴忠、张兴臣却没有突围，他俩带领部属乘敌反扑的间隙，抓紧抢修工事，据守待援。

身上挂了彩的晋士林和刘权刚出现被叫到了纵队指挥所，杨勇迫不及待地上前询问前后经过。

晋士林扼要地谈了一下里面的情况，沉痛地说："里面的部队恐怕损失得差不多了，吴忠、张兴臣他们抢占的那几座小院是经不住敌人凶猛的炮火的。"

听到这里，杨勇犹如万箭钻心，他把牙咬得咯咯作响，狠不得一拳砸烂张凤集。

一位参谋来到杨勇身边："司令员，野战军首长的电话。"

杨勇拿起听筒，里面传来刘伯承司令员的声音："杨勇吗？你听了敌电台的广播了吗？"

"没有。"

"你马上打开收音机。"

杨勇立刻示意身旁的作战参谋打开收音机。

收音机里传出一个女播音员嗲声嗲气的腔调:"国军整编第 11 师昨夜在张凤集重创共军刘邓所部,歼敌万余人,国防部致电祝贺。"

"呸!不要脸!"不知是谁骂了一句。

整个屋子里的人都差点气炸了肺。杨勇马上对刘司令员说:"司令员,我纵于今晨 4 时突入张凤集内,因村内情况复杂,现晋士林、刘权率五十九团的突入部队撤出,吴忠与张兴臣还在村内坚守。进攻不顺是真,但说被其歼灭纯属造谣。"

"我了解自己的部队,我和邓政委都不会相信这些鬼话。你们一定要挺住,坚决把这股敌人吃掉,有什么困难吗?"

"没有,坚决完成任务!"

"好,我派三纵队去增援你们。"

张凤集内的吴忠、张兴臣及其部队,此时已被团团围住,经验告诉两位指挥员,现在只有坚守阵地,等待后续部队的增援。

三十二团开始反扑了。他们凭借着优势火器发起了冲击。突入部队的勇士们,不惧强敌,沉着地把冲过来的敌人一次又一次地击退,顽强地固守着那五座小院。

飞机来了,嚣张的三十二团在飞机的掩护下,接二连三地发起强攻。

黄昏来到了,坚守在村里的 180 名勇士在吴忠、张兴臣的率领下,连续击退三十二团多次冲锋,阵地还在手里。焦急的杨勇总算是盼到了他下达出击命令的时刻。六十二团七连按照白天的安排,以异常迅速、勇猛的动作扑向了张凤集,与守敌展开了白刃格斗。这时,三纵队七旅也向张凤集发起了攻击。被封住的老突破口终于被撕开了,六十七团七连突进村里,十九旅、二十旅随后跟进。吴忠、张兴臣看见主力部队冲了进来,立即率领那 180 名勇士配合行动,战斗顺利发展。

整编十一师三十二团在七纵队的强攻下,开始收缩部队,企图负隅顽抗。胡琏见情况向不利于自己的方向发展,他派出增援的部队又被阻于途中,无法靠近张凤集,万般无奈,只得命三十二团团长率部突围。

是役,整编十一师主力三十二团,除随团长突围的百余人外,其余均被第七纵队歼灭于张凤集。

战斗结束后,杨勇率部主动撤出战场,转入休整。晋冀鲁豫军区刘邓首长发出通报,嘉奖以吴忠、张兴臣为首的 180 名同志。

激战张凤集后，蒋介石认为抓住了晋冀鲁豫野战军的主力部队，严令其部队继续前进，一时阴云密布，大军压境。

28日，国民党一一九旅旅长刘广信率领该旅及二十九旅一部，附两个炮兵营，由菏泽经白衣集向鄄城冒进，位置突出。刘邓首长当机立断，决定掉头向东，组织鄄城战役，杀他一个回马枪，消灭这路敌人。

刘邓令杨勇率第七纵队出小保集、红船口迄皇姑庵之线牵制国民党新五军和整编第十一师，不使其增援鄄城。杨勇领受任务，立即带队进入指定战场，突击赶修阻击工事，严阵以待。

鄄城战斗打响后，整编第十一师前来增援，与杨勇纵队在皇姑庵相会。仇人相见分外眼红，双方都使出了浑身的解数进行这第二次的较量，所不同的是攻防的位置正好调换了一下。

第七纵队二十一旅六十一团接受了张凤集战斗中的经验，深知十一师的火力凶猛，在战前突击构筑了比较理想的防御工事，团长命令全团将士要与阵地共存亡，不惜任何代价，也要守住阵地。

整编十一师也深知杨勇纵队的顽强，组织了最强烈的火力向第七纵队的阵地轰来，步兵的冲击也由营的建制上升团的建制，一次比一次更凶狠，一次比一次更猛烈，他们要与第七纵队决一雌雄，要报张凤集损兵折将之仇。红了眼的整编十一师像潮水一般地涌上来，又被击了回去，就这样涌来——退却，退却——涌来，始终未能前进一步。第七纵队像钉子一样钉在阵地上，任凭火力的猛烈，任凭人数的增加，都不曾有半点的胆怯，在一天多的时间里，打退了整编十一师10多次进攻，坚守住了阵地，保障了晋冀鲁豫主力部队在苏屯、崔屯、高魁庄、迈庄地区歼灭刘广信的一一九旅、二十九旅八十六团全部及由菏泽出援的八十一旅二四一团一部。

在这次大战中，刘邓大军同时与蒋介石的两大精锐部队开战：陈再道的二纵队阻击新五军于龙固集，消灭他2000余人；杨勇的七纵队攻击整编十一师于张凤集，干掉他一个主力团3000余人。昏天黑地的一场撕杀，双方都亮了底牌，有了数，从此各自心中攒劲，都想一口吞掉对方。

1947年3月，根据刘邓首长的安排，成立新的第一纵队。合编后，杨勇任司令员，赵基梅任副司令员，苏振华任政委。

1948年11月，杨勇率领第一纵队大战张公店时，陈赓率四纵队沿陇海路东进，解放砀山，逼进徐州。

蒋介石心急如焚，生怕把自己苦苦经营起来的这些老本一下子全输光，急令黄维的十二兵团火速集结于衡山地区，随时准备增援徐州。

黄维的十二兵团是蒋介石的一等劲旅，下辖四个军加一个快速反应纵队，约12万人。该兵团的精锐是蒋介石五大主力之一的整编十八军，该军的前身是胡琏的第十一师。

当初，这个兵团让谁来领衔挂帅，着实让蒋介石很费了一番脑筋。蒋介石拿着各位元老推荐上来的人员名单：黄维，胡琏……左思又想，反复掂量。

黄维，黄埔一期学生，资格较老，在8.13淞沪抗战中仗打得很漂亮，有勇有谋，老成持重，不过性情孤僻，不会溜须，学究气太浓，为同僚所恶。并且他脱离了第一线的作战部队很久，正在筹建新制军官学校，准备仿照美国西点军校体制建校，培养国民党陆海空三军军官。蒋介石找他谈话时，他说："校长，我已经多年不同共军打交道了，恐怕不能胜任。"蒋介石心存不悦，说："现在再不齐心协力消灭共产党，我们都将死无葬身之地！"看来黄维不是最佳人选。

胡琏，不仅仅是黄埔四期学生，生性彪悍，而且十一师让他带得不错，战斗中能攻善守，勇猛泼辣。这个兵团的骨干力量是十八军和十军。胡琏现任十八军军长，长期同解放军交战，经验丰富，本应是最佳人选。可是，这个兵团隶属华中剿总序列受白崇禧管辖。而胡琏在以往的作战中，多次不听白崇禧指挥，为白所忌。因此，白崇禧坚决不准胡琏任十二兵团主官。

蒋介石反复权衡，征求了在上海养病的陈诚的意见，最后还是决定让黄维出马挂帅。为此，胡琏心怀不满，一气之下，借故老父在武汉病重，离队省亲去了。

黄百韬兵团被华东野战军歼灭之后，杜聿明集团之邱清泉、李弥、李元良3个兵团，猬集徐州待援。而增援徐州的李延年的六、八兵团，进至任桥、花庄集后迟迟不前；黄维兵团在蒙城、板桥集地区被杨勇所阻，费了3天的时间才算是越过了涡河，可是又被陈赓挡在了南坪集。孤军深入的十二兵团位置突出，两怀空虚。最后十二兵团被压缩在双堆集周围纵横仅7公里的地域内。

十二兵团被围双堆集的消息传到南京，国民党上下大为震惊，蒋介石更是急火攻心。在武汉省亲的十二兵团副司令长官胡琏再也坐不住了，他急急忙忙赶到南京谒见蒋介石。蒋介石对胡琏的赶来深感欣慰，他向胡琏介绍了十二兵团在双堆集的处境。

胡琏站在蒋介石的面前，态度坚决地说："校长，我要求立即赶赴淮海前线，用自己的最大力量挽救十二兵团的命运。"

"好！好！"蒋介石十分赞赏胡琏的决心，他定目注视着这个少壮派军官，说："伯玉，在这关键时刻，你有此决心真是难能可贵。你进入前线后，要立刻查明共军的意图，采取攻势防御，制止共军的扩张。"

"决不辜负校长的期望！"

国民党空军司令周至柔亲自派飞机把这个死硬分子送到了淮海前线。胡琏到达十二兵团部后，立即向黄维传达了蒋介石的作战意图。十二兵团开始集中兵力、兵器，采取攻势防御，四面出击，妄图扭转不利态势。

29日下午，杨勇与各旅主官研究破敌方案。大家认为纵队当面之十八军是十二兵团主力，强攻难以置其死地，宜先扼守阵地，在积极防御中做好总攻准备。杨勇命令一旅在周围子、丁胡庄、芦沟集地域，二十旅在小郭庄、杨庵、马庄、马王庄地域，组成三线防御体系，依托村落及有利地形，构成环状工事，以利攻守之需。二旅集结于忠阳集以西地区，为第二梯队。纵队指挥所设在肖庄。

黄维戎马半生，曾参加过广东革命政府组织的东征、北伐，对中央苏区的第四、五次围剿和抗击日军的淞沪抗战和武汉、长沙会战，是深受蒋介石信赖的战将。当初，蒋介石为了培植黄维对自己的忠心，曾将自己披戎挂勋的像片，题字"培我惠存，蒋中正"送给黄维。然而，可惜蒋介石却将黄维的字号"悟我"错写为"培我"。但黄维却深为激动，把一字之误，理解为蒋介石意在将他作为培养重点。故尔，黄维也就此改字"培我"，以表忠心。

可现在，他怎么也报答不了蒋介石对他"重点培养"的苦心，陷入重围之中不得自拔。胡琏一来，他既怕这支"精锐之师"一旦丧失在自己的手中，将来不好向老头子交代；又不甘自己一世的荣光毁于一旦，无颜再见"江东父老"。于是，又把胡琏派回南京，建议蒋介石派兵增援。

结果，胡琏来到战场又被黄维派回南京，向蒋介石面陈了十二兵团的处境。

蒋介石听完，用手在额上轻轻地拍了几下，声音不无沉重地说："我之精锐之师，陷此窘地，惜哉！痛哉！伯玉啊，你对今后的战局有何打算呢？"

"静听校长示下，学生不敢妄言。"

"但说无妨，但说无妨。"

"以学生之愚见，淮海我军，如战，可紧缩战线，诸兵团靠在一起，一致抗击共军之进攻，量共军纵有钢牙利爪，也难动我之秋毫；如不战，愚职以为可急速撤过长江，全力固守长江防线，共军插翅也别想飞过来。"

"你有所不知！徐州地处江苏、安徽、山东、河南四省的交界，陇海、津浦两条铁路在这里交叉，贯通东西南北，南下京沪，北通冀鲁，是华东、中原、华北三大区的交通枢纽，它的得失能够决定整个江淮河汉间的胜负全局，因此，历来是兵家必争之地。这次我在徐州地区布下重兵，正是以堵防的办法与共军决战。固守中原，防御江北，胜负在此一举。"

"校长高见，学生待校长明示之后，愿立即返回淮海前线，以效犬马之劳。"

"好，难得你有此决心。你回去之后，首先要稳定住军心，固守待援，等援军一到，立刻内外夹击，消灭淮海共军。"

胡琏第二次又乘小飞机回到淮海前线，并带来了大批签有"蒋中正"三个大字的"总统嘉慰令"，上面写着："你们长途跋涉，不远千里，投入徐蚌会战……浴血奋战之精神，实足嘉慰……现在杜聿明副总司令率领的邱清泉、李弥、孙元良兵团正以排山倒海之势沿津浦路南下……三路大军会师之期，指日可待矣……"

但是，蒋介石的嘉慰令丝毫无助于解除十二兵团的实际困境。

12日，刘伯承、陈毅两人最后一次敦促黄维投降的信被其拒绝之后，杨勇的一纵队开始了对小马庄的第四次攻击。他们首先集中炮火支援五十八团攻击敌人驻过的独立家屋。16时30分开始炮火准备，五十八团突击队的战士们迅速排除敌设置的障碍。45分钟后，当炮火一延伸，五十八团三营从正面，一营从西北角，同时向独立家屋之敌扑去，迅速突破前沿。团二梯队随即跟进投入战斗，打退了敌人组织的数次反冲击。18时40分攻占独立家屋，全歼守敌。23时30分，又开始对小马庄实施攻击，在炮火和抛射炸药包的轰击中，守敌大部被炸死或震晕。一旅七团于13日零时从村西北角突入村内，1时30分，全歼守敌。

一周的进攻战，黄维兵团的十四军大部分被歼，八十五军只剩二一六师残部，十军也仅剩下三分之一兵力了，只有十八军还留有较完整的两个师。剩下的敌军被围在东西长1.5公里，南北宽3公里的扁状地带，已濒临弹尽粮绝的困境，伤兵遍野，饥寒交迫，不得不杀马充饥。死神随时随刻伴随着的国民党军官兵，士气直线下降，军心趋于彻底瓦解。

双堆集地形平坦开阔，接近敌人很困难，于是杨勇指示部队进行土工作业，用"层层剥皮"的方法向敌逼近。黄昏以后，部队用机枪封锁住敌人的火力点后，战士们每人相隔五步，卧倒在敌人的工事前，迅速挖成卧式散兵工事，再往深挖成跪式工事，最后挖成齐胸深的立式，然后向前推进，两人互相打通。战士们不怕天寒地冻，不怕千难万险，顽强地挖掘着。每个战士每晚能挖1米多深，1米宽，4米长，进度极快。几天之内，无数道交通壕像条条长龙蜿蜿蜒蜒地向敌人阵地伸去。骄横惯了的敌军哪见过这种阵式？他们派部队打，用坦克冲，随后大炮轰，飞机炸，毒气熏，都无济于事。

14 日夜，友邻第六纵队和华东野战军第七、十三纵队，向双堆集附近阵地发起猛攻，逼近了双堆集十二兵团部的核心阵地。

杨勇凭直觉感到：机会到了！他找来参谋长潘焱，说："我军全线出击之后，敌人日趋衰弱，目前友邻部队已向双堆集出击，战局对我极为有利，命令一旅马上做好向大王庄攻击的准备。"

15 日 16 时 20 分，杨勇接到前沿阵地的报告：胡琏对李围子、瓦八里庙、丁庄、丁胡庄阵地狂轰滥炸之后，以密集队形由大王庄、葛庄以南向平谷堆靠近。同时，前、后刘庄有大量敌人经平谷堆向西北方向运动，并有一部向西运动，队形中有坦克和马匹。多年作战的实践经验，使杨勇感到这是敌人要突围的迹象，他接通了野司的直线电话，直接向刘伯承报告了敌人的动向。刘司令员当即指示杨勇密切注视动态发展。

这时，解放军合击黄维兵团的纵队已由 8 个增加到 11 个，现在已是南问北答，东呼西应了。

胡琏提了个"四面开弓，全线出击，觅缝钻隙，冲出重围"的策略，黄维部署了突围方案，决定黄昏后行动。

蒋介石闻报后大惊，他认为夜晚突围，地面部队将会失去他的空中掩护，突围成功的希望不大。又急派空军副总司令王叔铭乘机前来制止。

"将在外，君命有所不受。按既定方案突围！"一生治军谨慎，从不违抗上峰将令的黄维，这次破例了。这是在他军人生涯中，第一次也是最后一次违背蒋介石的命令。

十二兵团战车营几十辆坦克点火发动了。

黄维和胡琏走出掩体，呆呆地看了一眼这支曾经是威风凛凛的部队，无可奈何地各自登上自己的坦克。

"敌人要跑，全线出击！"各纵队根据总前委的命令，疾速由东、南、北三面向敌侧后实施勇猛追截。战至 16 日拂晓，全歼十二兵团。

黄维与胡琏分乘两辆坦克，从硝烟弥漫的战场遁走，他们在一个岔路口分手，相约在蚌埠会合。谁知这一分别，两人天各一方，再无相见之日。胡琏在上车时，背部中了流弹，他强忍剧痛，爬上坦克，逃离战场。而黄维却没有成功，他的坦克没开出多远，发动机就出了毛病，使他成为人民解放军的战俘。

黄维兵团覆没后，中原、华东两大野战军于 1949 年 1 月 6 日发起了对杜聿明集团的攻击。鏖战四天，杜聿明集团全军覆没。至此，伟大的淮海战役胜利结束。

胡琏用兵精怪，但是却打不过杨勇，终成了败军之将。

九、处分旅长

1948 年 1 月 11 日，一封紧急战况报告送到杨勇的手中：在新蔡、息县牵制敌人的二十旅与敌人不期而遇，该地区全是稻田水网地带，不利于作战。现二十旅右翼五十八团三营正与敌激战，左翼五十九团三营也于上午 10 时展开，与敌争夺阵地，我军虽在奋勇拼杀，但敌人依仗优势兵力实施宽正面攻击，并以多路向我阵地侧后迂回，来势很猛。

杨勇感到在此形势下一定不能恋战。他命令道："二十旅迅速摆脱敌人，向后转移。"

部队撤出战斗后，战士们拖着疲惫的身躯向后急行。

夜色朦胧，冷风飕飕。极度的困与乏轮流袭扰着大家，干部战士们的思维好像都停止了，他们只知道机械地迈动着双腿，一个跟着一个地行进、向前。

这些匆匆走路的人，个个昏昏欲睡，有的甚至把头包在破烂的军装之中跟着前面的人移动。

不知是在什么时候，一队国民党军从后面赶了上来。他们悄悄地与五十九团一营并肩走着，有的甚至去摘战士身上的枪。不幸的是，战士们竟没有发现敌情，他们还在机械地走着。国民党军动手了，当一营的指战员从贴身的枪声中惊醒过来时，已经为时太晚了。

更遗憾的是率领一营撤退的副教导员李文正在此危急时刻，惊慌失措，扔下部队，只身逃命，致使全营陷入重围。

营长郅福田面对强敌，单独往返于被敌火力切割开来的各连之间，组织反击，率一连杀出重围。当他返回寻找二连时，不幸负伤被捕，英勇就义。

被围在敌群之中的干部战士们不甘屈服，人自为战、班自为战，子弹打光了就拼刺刀，刺刀卷刃了就用枪托，他们宁死不投降。战士们在这力量悬殊，形势险恶的境遇中，混战了一天一夜。

此次战斗，一营虽然打得十分英勇顽强，但部队伤亡甚大，400多名指战员全部壮烈牺牲。

战斗结束后，消息传来，这触目惊心的数字强烈地震撼着杨勇的心，一股巨大的悲痛紧紧地攫住了他，他沉浸在痛心之中，久久不能自己。400多名战士，就这样地失掉了。是敌人的凶残？还是自己的失职？他深感难辞其咎，但也不能原谅20旅指挥员的大意。

杨勇忽地转过身来，从嗓眼里震出一句话："去二十旅！"

刚刚被任命的二十旅副旅长李觉看见司令员到来，笔直地行了一个敬礼。

"怎么搞的，一下子让敌人给搞掉这么多？"

没有寒暄，没有客套。杨勇开门见山地向李觉发出了质问。

"司令员，这次问题的发生，主要出在旅、团对侦察工作、警戒工作组织不严密上，打了几次胜仗，有些飘飘然了，放松了对敌人应有的警惕，以至于在突然遭到敌人袭击时，没有准备。另外，撤离时也没有组织好，通信联络不畅通，被敌包围后指挥无力，个别干部右倾动摇。我们的失误没法挽回了，几百名好同志已在敌人的枪口下失去了生命，我们都很痛心。"

"光痛心又有什么用？重要的是在这一沉痛的教训中吸取点什么！作为一名指挥人员，他的责任不单单是要打胜仗，消灭敌人，还要十分注意有效地保存自己，不允许有半点马虎与轻敌。"

"是的，司令员。我们也从这个方面检查了自己。"

"除了认真检查之外，还要受处分，能想得通嘛？"

"没意见，听候组织上的处理。"

"有态度就好。处分你们，除了是为此事负责之外，更重要的是让你们能更深刻地反省，接受这次用鲜血换来的教训。同时也是为了唤起其他领导干部的警惕性，以儆效尤。"

结果二十旅的负责人受到了处分。

十、片语平叛乱

1949年11月，杨勇率领五兵团进入贵州后，原国民党第八十九军军长张焘率部起义，时隔不久，八十九军有 4 个团在移防黔东时叛变并挟持了军代表。一时间八十九军的驻地军事形势万分紧迫。五兵团派驻八十九军的军代表李凯夫和军长张焘分别给军区打来紧急电话，询问处理方式。

这时，军区正在开会讨论对付叛变部队的措施。李凯夫在电话中请示杨勇，是否把派驻起义部队的军代表都撤出来，以防不测？杨勇坚定地说："所有人都必须坚守岗位，如一撤出，没有叛变的那些团也就有可能加入叛变的行列，因此，我军的代表一个也不能撤。"

张焘军长在电话中向杨勇哭述："感到心中很痛苦！"

杨勇深知目前张焘军长的态度非常关键，如处理不当，局势就会更加动乱。杨勇在回话中说："张军长，你在八十九军的起义中是有功的，我党的政策是有功者奖，对过去的问题既往不咎。现在有少数人不识时务，企图走回头路，背叛人民，继续与人民为敌，这是自绝于人民，自取灭亡。你要尽最大努力，运用你的影响多做工作，争取他们，把叛变的部队拉回来。工作做到了，他们不回头，与你无关。党和人民政府对你是信任的，人民不会忘记你在黔西地区率部起义的功劳。"

杨勇的话安定了张焘的情绪，也使其身边的部队没有参加到叛乱中去。

后来，在这场叛乱平息之后，张焘还亲自把那个带头叛变的亲外甥送到军法处听候处理。

十一、和金日成同岁

1955 年 4 月 29 日，国务院总理周恩来、国防部长彭德怀令：任命杨勇为中国人民志愿军司令员。

杨勇就任中国人民志愿军司令员后的第一件事就是去平壤拜会朝鲜人民的领袖金日成。

5 月的一天，杨勇来到了首都平壤。

金日成当时住在平壤市大同江畔的牡丹峰。这个仅有百十米高的山峰里藏着一座庞大而壮观的地下城。战争中，由于敌机的狂轰滥炸，朝鲜劳动党中央、朝鲜政府、人民军最高司令部等首脑机关以及与其相关的配套设施如医院、商店、

最后一批志愿军撤离朝鲜时，金日成首相亲临车站与杨勇、王平依依话别

学校和一些居民，不得不全部藏在这里。停战以后，平壤人民才重新在地面上建筑营居。

听说杨勇来访，金日成很高兴，他迎在门口，老远就抬起手，笑呵呵地说："欢迎你呀，杨勇同志。"

然后，他大步上前，紧紧拥抱杨勇："祝贺你，司令员同志！"

金日成和杨勇同龄，这时都只有43岁，并且他们身高相近，相比之下，金日成比杨勇略显魁伟一些，加之民族领袖的风度，因此更加神采飞扬。杨勇英姿勃勃，风度潇洒，同样显得威武阳刚。

见到金日成，杨勇也很激动，他握着金日成的手说："谢谢！谢谢金首相。"

杨勇在此之前曾见过金日成，金一口流利的中国话和那种亲切、自然、坦率、平易近人的风格，给杨勇留下过深刻的印象。这次杨勇单独来访，他们像久别重逢的老友一样。金日成拉着杨勇的手步入会客室，紧靠着杨勇坐下，关切地问道："近来怎样？伤全好了吗？"

"好了，全好了。您瞧，首相同志。"杨勇边说边指着头部。金日成还真的伸手摸了摸杨勇的头。不久前，杨勇一次到前线视察防务途中，朝鲜人民军拉炮车的马惊了，撞碎了杨勇乘坐的吉普车挡风玻璃，致使杨勇的头顶和脸上受伤。金日成曾特意派人慰问并送去了药品。

金日成幽默地说："你是毛泽东同志、周恩来同志派来的特使，我们得重点保护哟。否则，一旦出了什么事，我可不好交待呀。"

"哪里哪里，我命大，逢凶都能化吉，请您尽管放心。"杨勇笑道。

临近中午，金日成执意挽留杨勇一同进餐。工作人员端上了热气腾腾的饺子。金日成说："贵客临门要吃饺子，这是中国的习俗。我在你们东北那儿学会了包饺子，也喜欢吃。"

原来，朝鲜被日本侵占后，金日成随父亲金享稷来到中国的吉林读书并积极开展反日革命斗争。日本侵略我东北后，金日成于 1932 年 4 月创建了朝鲜人民革命军，与中国人民一起进行抗日武装斗争。直到 1945 年 8 月日本投降后金日成才回到朝鲜。金日成在我国东北生活和战斗了近 20 个春秋，因此，对中国的习俗是熟悉的。

饭后，金日成邀请杨勇游览牡丹峰。

这次难忘的会见，使杨勇更加由衷钦佩金日成。他钦佩金日成的英明决策，钦佩金日成的深谋远虑，钦佩他的为人坦率，没有丝毫的矫揉造作。这以后，杨勇曾多次主动向金日成请示和报告工作，征询他对志愿军工作的意见和要求。金日成对杨勇也同样怀有美好的印象和深厚的情谊。他到中国访问时曾对毛泽东说："杨勇是个难得的好同志。"

毛泽东赞同道："对，他是一个很能团结人的人。"

后来，杨勇离开了朝鲜，金日成一直对他念念不忘，每次来中国，都要邀杨勇相聚。凡有朝鲜党政领导同志来中国，金日成都让他们带些礼物捎给杨勇。十年动乱中，金日成一度失去了与杨勇的联系。1975 年张春桥访问朝鲜时，金日成向他打听杨勇的情况，张春桥有点恼火地说："你们问他做什么？"

"杨勇同志是中国人民志愿军司令员嘛，对他的情况我当然关心。"

金日成不软不硬回了一句。

1983 年杨勇逝世，金日成得知后，悲痛地说："我们又失去了一位难得的好战友。"

他以朝鲜劳动党中央委员会总书记、朝鲜民主主义人民共和国主席的名义，打电报给中共中央总书记胡耀邦和中央军委主席邓小平，代表朝鲜人民深切哀悼杨勇的逝世。

十二、杨勇无辜遭劫难

1967 年 1 月中旬，北京军区政委廖汉生正在主持召开党委会议，就被林彪派人抓去"隔离审查"。此时此刻，北京军区司令员杨勇上将也预感到一股汹涌的恶浪，正向着自己逼来。

1月21日，杨勇被造反派抓了起来进行批斗，他的罪名是"三反分子"、"彭德怀的得力干将"。

游斗结束以后，杨勇被秘密关押在北京军区一座小楼里"隔离审查"。专案组为了隔断杨勇与外界的联系，经常利用深更半夜之时，给杨勇双眼蒙上黑布，押上汽车，在北京郊区转几个大圈子，再换一个新地方关押。专案组认为把杨勇弄糊涂了，实际上杨勇对北京地区了如指掌，他内心清楚自己被关在什么地方。

专案组一心想从杨勇的身上捞取政治油水，便集中力量对杨勇进行了审讯。

问："杨勇，你为什么反对毛主席？"

答："你们说我反对毛主席是不对的！我一生最佩服毛主席，他对中国革命的贡献最大，他是个博学多才的人。就拿红军长征、抗日战争、解放战争来说吧，如果没有毛主席英明指挥，革命是不能成功的！我想来想去，想不出一件反对毛主席的具体事实！"

问："据反映，1945年8月，毛主席号召利用'中国人民的一切抗日力量举行全国规模的反攻'。可是你在抗日战争进入战略反攻的关键时刻，提出不打开封，这不是与毛主席的号召背道而驰吗？"

答："那时候，我们冀鲁豫军区坚决按照毛主席、朱德总司令的命令，组成中、南，北三路大军，向抗日根据地周围的日伪据点展开全面进攻，收复了大批县城。我和宋任穷率领的中路军，连克延津、阳武、封丘等地之后，与南路军形成包围开封之势。这时，日军宣布投降，蒋介石伪装和平，一面请毛主席赴重庆谈判，一面向解放区调动大批军队，企图夺取抗日战果。根据上述情况，我认为不打开封的好处是：一来使我党在政治上处于主动地位，二来避免我军陷入敌人坚城之下。所以，我提出不打开封的意见。这个意见与毛主席、朱总司令的指示不谋而合。后来，陈毅还做诗一首赞道：'能掷孤注寇莱好，退避三舍晋文强。应知政事先军旅，岂有筑室谋道旁。'事实证明，在攻打开封的问题上，我的建议和毛主席、朱总司令的指示是一致的，根本不存在我反对毛主席的问题！"

问："你从红三军团到志愿军期间，是不是彭德怀的得力干将？在朝鲜，彭德怀和你狼狈勾结，错误地指挥1953年夏季金城以南攻坚战役，部队伤亡较重，难道这不是犯罪吗？你要老实交代和彭德怀在朝鲜还犯了什么罪？"

杨勇司令员下基层和战士在一起

　　答："我在红三军团到志愿军期间，都是彭德怀的老部下。1953 年 4 月，我担任中国人民志愿军第二十兵团司令员。上任后，奉彭德怀的命令，组织指挥金城以南地区的进攻战役。7 月 13 日午夜，我军集中 12 个师的兵力，分多路向敌人发起猛烈冲击，一下子就突破了敌人 22 公里的防御阵地。经过 14 昼夜与敌人激战，打败了敌人数十次反突击，歼敌 52000 余人，击毁击伤敌机 250 余架，收复土地 148 平方公里。此役，我志愿军不但伤亡极小，而且锻炼了部队，取得了夜间较大规模的向敌坚固筑城阵地进攻的经验。这次战役最大的收获是，迫使美国侵略者不得不在谈判了两年之久的停战协定上签字，有力地促进了停战的实现。所以受到党中央、毛主席的多次赞扬。此战役后不久，党中央任命我为志愿军第三副司令员兼参谋长。正由于党中央、毛主席对我比较信任，我才被选为中国共产党第八届中央委员会候补中央委员，并于 1957 年担任志愿军司令员。我们志愿军在朝鲜期间，与朝鲜军民并肩战斗，结下了深厚的友谊，忠实地完成了党和祖国人民赋予的国际主义义务，我也荣获朝鲜民主主义人民共和国一级国旗勋章。志愿军离开朝鲜时，金日成亲率平壤市 30 多万人热情送别。我们回到祖国，首都各界人民群众举行了隆重的欢迎大会。紧接着，毛主席、朱总司令和党政军领导人亲切接见了我、王平和志愿军代表团。毛主席笑着对我和王平说：'你们为国为民争了光，立了大功！'之后，全国人民代表大会常务委员会举行了扩大联席会议，听取我关于中国人民志愿军在朝鲜 8 年来工作的报告，人大常委们对我们的工作给予高度赞扬。你们有什么证据证明我们在朝鲜犯过罪？如果没有，那就说明你们道听途说，故意陷害他人！"

问："庐山会议揪出彭德怀、黄克诚、张闻天、周小舟之后，你和李志民、唐亮、苏振华等人为什么迟迟不作表态发言？当时有些人在会议《简报》上提到了一、三军团的关系，百团大战，1945年的延安会议，朝鲜的五次战役，彭德怀与毛主席的关系等事时，你们4个黑干将一看问题越闹越大了，在一起商量反党对策。你们到底密谋什么？"

答："在庐山会议上，彭德怀针对大跃进以来的经验教训，给毛主席写了一封信。毛主席看了这封信。过了两天，毛主席在7月16日批示：'印发各同志参考。'同时，把会议的小组重新作了划分，并通知没有到会的中央委员到庐山参加会议。7月23日下午，毛主席针对彭德怀的意见书发动了对彭德怀的批判。当时，我和李志民，唐亮，苏振华学习了彭德怀的意见书和毛主席的讲话，集会研究在会上表个态，希望彭德怀认真检讨过去的错误，重新回到毛主席革命路线一边。当时听到一些人说彭德怀比杜勒斯还坏等语言后，我们认为不管别人怎么说，我们对党要忠诚，要讲老实话。我们经过三次讨论写成了发言稿，上送大会秘书处。由于大会提前结束，此发言稿没有印制出来。所以说，我们4个人的活动是光明正大的，绝对没有搞阴谋诡计！绝对没有反党行为！我问心无愧！"

专案组在北京军区一次又一次地对杨勇进行审查，都没有搞出材料来，为了尽快整出个结果，他们把杨勇送到石家庄关押起来，并不择手段地突击审讯逼供。

一次，专案组逼着杨勇交代他与彭德怀、贺龙、黄克诚、罗瑞卿的黑关系。杨勇生气了，怒吼道："你们无凭无据，硬要逼我讲出没有的事情，是何居心！你们是不是逼我走绝路呢？"

"你说我们想逼死你，就算我们想置你于死地吧！不过你现在还没有死！如果你真的要死，我们这里有绳子和安眠药。"说完，专案组成员取来绳子和整瓶的安眠药放在桌子上，然后带着哨兵走了。

杨勇气愤地扔掉了绳子和安眠药，暗暗骂道："你们让我自杀，我决不听任你们摆布！我要让你们的阴谋诡计永远不能得逞！"

专案组也不罢休，用一个200瓦的电灯泡照着杨勇，一连审讯了5天5夜。杨勇实在受不住了，就对他们说："你们拿纸来吧，我按你们的要求交代，你们可得先离开，让我清醒清醒再写。"

专案组成员们走了。

杨勇倒在椅子上睡了1天1夜。他醒过来后在纸上写下了曹植的诗："煮豆燃豆萁，豆在釜中泣，本是同根生，相煎何太急？"

专案组来人看了杨勇写的曹植的诗，气得暴跳如雷，骂道："杨勇，你这个老顽固！叫你写交代材料，你却抄写了这首诗，故意与我们对抗！今天饶你一顿打，罚站 16 个小时！"

杨勇被专案组逼迫站了 16 个小时，弄得腿胀脚肿，头昏眼花。

杨勇被抓走后，在国务院财贸办公室的林彬被通知第一批去宁夏平罗"五七"干校劳动。

结果，林彬在宁夏平罗"五七"干校劳动了 1 年有余。1969 年底，林彬请假返回北京，探望孩子。

正好这时，杨勇的长子杨小平回京探亲，林彬和长子商量，决定先由长子出面去探望爸爸。怎么才能与爸爸见一面呢？林彬写了一封短信，请李先念转给周恩来总理。此信写道：

> 敬爱的周总理：
>
> 我是杨勇同志的妻子，在国务院财贸办公室工作，是第一批下放到宁夏平罗"五七"干校的。当时留下了两个年幼无知的孩子，实在放心不下，这次我来北京决定把他们也带到宁夏去劳动锻炼。以后是否再回北京，何时能回北京，就很难说了。为此，在我和孩子离京前，想见见久别而又不知下落的丈夫，恳求予以批示。
>
> 林彬敬上

李先念很快把林彬的信件转给了周恩来。周总理立即指示北京军区，让杨勇与亲人相见。第 4 天下午，专案组派人告诉林彬："你们要去看杨勇，准备一下跟我们走吧！"母子 4 人商量后决定：林彬和小女儿京京留在家里，长子杨小平带着弟弟北北去石家庄看望关押的爸爸。

杨小平、北北来到石家庄后，杨勇说："你妈妈去宁夏平罗劳动是对的，人要经过艰苦生活的锻炼才能成为大器！"

临别时，杨勇神色严肃地对儿女说："你们回去告诉你妈妈，我们应该相信党中央、相信毛主席，总会有一天，我的问题审查清楚了，还要出来为党工作的！在他们'隔离审查'的日子里，我是不会死的。假如有人陷害于我，那种死肯定是意外的。那时，你妈妈知道应该做些什么……'"

经过慎重考虑，林彬带着北北和京京回到了宁夏平罗"五七"干校。在这里，林彬和孩子们收到了杨勇的一封长信，得知他被送到北京军区的邯郸裴堡农场劳动。

1970 年 4 月，北京军区派人来到农场，宣布恢复杨勇的军籍。杨勇得知此讯，万分激动，一双明亮的眼睛里闪烁出希望的光辉。可是专案组那些人，仍然逼他交代"三反"罪行，以便达到他们不可告人的目的。

1971 年 2 月的一天，在宁夏平罗"五七"干校劳动的林彬，突然接到杨勇化名"王长树"的一份电报，电文中说他不慎将右腿骨摔折，现送石家庄白求恩和平医院治疗，住在该院外科病室，医院决定开刀，盼林彬请假速来医院为好。读完电报，林彬当即请假带着女儿京京坐火车来到石家庄。

原来，农场的连队拉练去了，只留下 1 个班。前几天，留守的这个班和地方老百姓赛篮球，班长把杨勇拉来当裁判。由于老杨年龄大，身体弱，一不小心右腿骨摔折。战士们把杨勇送到石家庄和平医院治疗。住院的第二天，医院要给杨勇动手术。杨勇坚持要回北京动手术。当天，北京军区来电硬要他在这个医院动手术。杨勇不肯，耽误了几天，现在伤口感染，发起高烧来了。杨勇入院后，医院禁止一切外人探视，外出专门由军区保卫部派人押送，专案组不准杨勇邮信、发电报或打电话，那份电报，是一个小战士偷着绕道从一个小邮局发出的。

杨勇和林彬见面后，互诉离别的经历。当天夜里，突然有一位好心的中年军人悄悄走进病室告诉他们："林彪一伙企图在给杨司令员动手术时加害首长，并宣布谁也不能到这个病房来。为了安全，你们赶快想办法让林彬同志返回北京，把杨司令员的情况向周总理汇报，坚决要求离开这个医院，到北京再动手术。"

林彬一听这话，心里顿时紧张起来。她对丈夫说："老杨，我马上回北京，把你的事给周总理反映一下吧！"

杨勇点头同意了。

林彬马上离开了石家庄。

第二天早饭后，专案组发现林彬不在杨勇的病房，就派人找遍了整个医院，最终也没有找见。紧接着，医院里紧张忙乱起来了。一会儿，一帮人慌慌张张地来到杨勇的病室。一个年轻医生结结巴巴地说："今……天上午，由……我……给……你主刀……动手术。"说完，他介绍了手术方案。

杨勇仔细地听着，一直没有表态。

当年轻医生要做手术检查时，杨勇问道："今天我发高烧，怎么能做手术呢?"

年轻医生沉思片刻，又结巴着说："如果……发烧……是不能做的。可是……军区……决定要给……你做手术，不……，专案组和院里决定……"

就在这个关键时刻，杨勇接到林彬从北京发来 "手术千万不能做" 的电报，他和气地对主刀医生说，"请你们再研究一下，这个手术我不能做。"

医院副院长和医务人员看着混在医务人员中间的两个不愿暴露身份的家伙。在这两个人的暗示下，医务人员不知所措地离开了病室。

第3天上午，专案组派人告诉杨勇："军区党委决定，今天必须给你做手术。如果你不同意，我们就要采取强硬措施。"

杨勇气愤地说，"你们逼迫我做手术是极为错误的! 我坚决不做手术，看你们能把我怎么样!"

专案组派来的人气呼呼地走了。

这时，林彬从北京打来电话，让京京告诉爸爸："我写的信托人转呈周总理，总理已派飞机接爸爸回京治疗伤病。你们千万要小心谨慎，不要让那一伙人节外生枝……"

京京高兴地跳起来。她把妈妈的原话转告给爸爸。杨勇听后深沉地笑了，他对女儿说："总理又一次救了我!"

随后，杨勇被抬上了周恩来派来的专机。到达北京后，住进了 301 医院。

十三、既不作证别人踢过自己，也不作证没踢自己

1971 年，杨勇被周恩来派飞机接回北京住进 301 医院时，军委正在开 "批陈整风" 座谈会，没过多久，就传出了毛泽东主席对黄、吴、叶、李、邱等人的批评。

一天，北京军区有个在运动中受冲击被整的干部来看杨勇时谈到 "华北会议" 的情况，劝杨勇向中央揭发原北京军区某些负责人的问题。杨勇沉吟了一会儿，然后，他十分严肃地说："这不行。对他们最近几年的所作所为，我不清楚，道听途说和自己的揣测不能作数。如果他们确实有问题，组织上一定会查清的。"

说到这儿，杨勇为了不让那位同志窘迫，口气放缓和下来："这几年，我被隔离，谁整我，为什么整我，不能说自己心里一点也不明白，但仅凭个人的感觉就作为问题向组织上揭发是不行的，心里不踏实。不能因为他们曾不负责地整了我，我就不负责地去整他们。年初我的大儿子小平到邯郸去看我，也提出让

我写揭发材料。我批评他不要感情用事，不要看风使舵。他一时接受不了，觉得很委屈。现在，我还是这个态度，一个共产党员无论在什么情况下，都要知一说一，知二说二，实事求是。"

杨勇的态度使来人感到十分惊诧，同时也感到了他坦荡的浩然正气。

在医院里，经过医务人员的治疗和林彬的精心照顾，杨勇的腿逐渐痊愈了。

1972年5月，毛泽东主席提名增补杨勇等3名同志参加中央在北京召开的批林整风汇报会议。会后，周恩来总理指示总政治部主任李德生派人调查杨勇被莫名其妙打倒的详情。在总政治部重新审查杨勇上将的结论写出来之后，副主任田维新上送周恩来总理批示。周总理看完结论材料，对田维新说："你快去征求杨勇对结论的意见。"

田维新亲自把结论材料送给杨勇征求意见。杨勇翻着看了一遍，没有说话。

半年之后，中央派杨勇去沈阳军区担任副司令员。1973年夏天，中央调杨勇担任新疆军区司令员和自治区党委第二书记。杨勇上任后，周恩来总理又对田维新说："你再把结论送给杨勇征求意见。"

田维新找到杨勇。做了半天工作后，杨勇才说："结论中提到的一件事，是一个科长和一个处长干的。"

说完，他又大度地说："我以前作为北京军区的司令员，应该负领导责任。"

最后，总政治部终于给杨勇上将公开平反，恢复名誉。林彪一伙强加给杨勇的罪名，纯属捏造。

1977年9月以后，杨勇先后担任总参谋部副总参谋长、中央军委常委、中央书记处书记等职。

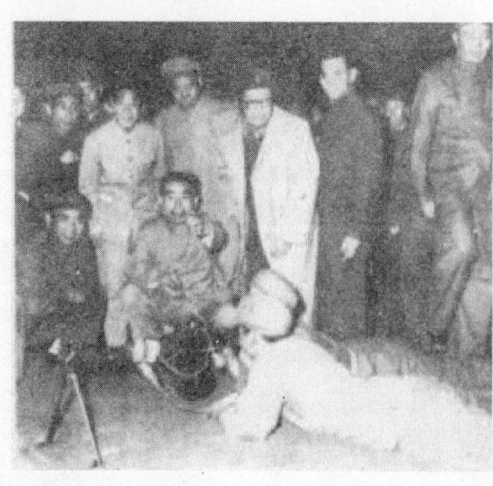

罗瑞卿等观看战士夜间射击

杨勇陪同周恩来、彭真、贺龙、

后来，北京军区在清理"文革"中遗留下来的问题时，曾向杨勇调查某个干部是否在一次批斗会上从背后踢他的情况。杨勇对来调查的人说："你们讲的那次批斗会上，确实有人从背后踢我。可是，我当时被人扭着胳膊面向台下，没有看见踢我的人，这件事我不能作证。"

时隔不久,那个被调查的干部托了不少关系一定要见杨勇。

见面后,他委婉地提出请杨勇作证他没有踢过。杨勇很恼火,不客气地批评他:

"我不能为你踢过我作证,同样,也不能作证你没踢过我。踢与没踢,你自己最清楚,没问题就是没问题,不必找关系托人走门子。如果有问题,还是争取主动尽快如实向组织讲清。否则,即便是我给你作证也没用。"

十四、不计前嫌团结

1971 年杨勇住进 301 医院,杨勇的伤口稍有好转,病房就再也关不住他了。他熟练地架着双拐,把自己的活动范围扩大到走廊和室外。同一层楼的病友常来找他聊天,送文件给他看,有时干脆凑过来打扑克,热热闹闹的倒也挺愉快。只有一个人落落寡合,受冷遇,被大家在背后戳手指。

他是北京军区的一个负责干部,也住在这层楼里,运动以来一直在台上,"华北会议"后才下来的。有几次,杨勇与病友们说笑得正热闹,他也搭讪着凑过来。众人一见他,马上冷了场,弄得他很窘。这时候,总是杨勇主动和他打招呼,帮他解围。

一天黄昏,吃过晚饭,杨勇与林彬商量想去看看这个干部。林彬很恼火,极力反对,在一旁收拾碗筷的小护士也气不忿地帮腔说:"首长,您可别去,甭看他现在倒霉,活该,谁让他过去整人!"

"我知道他整过人。你看,"杨勇指着自己的额头对那个小护士说,"我头上这块疤,就是在他主持的一次批斗会上被打的。可他现在主动找上门,总是觉得自己做错了嘛。他现在的日子不好过,大家不该疏远他。"

无论林彬如何劝阻,杨勇还是去看了这个同志,替他做工作,求得大家谅解。

实践证明杨勇的做法是对的。在杨勇临去世的前两天,这个干部打来电话,泣不成声地对林彬说:"……我想去看看首长,医院不让探视,去了几次,都没能进去……有好多话,我早就该对首长说,现在已经失去了机会,再也不能够了……杨司令员是我这一生难得遇上的好领导,我对不起他……"

电话里传来他的抽泣声,林彬的眼泪也掉了下来。

十五、迎送同志吃饭自掏腰包

杨勇一向以工作精细和忘我而著称，而且生活也十分简朴。他每次外出，都要求有关单位严格执行中央和军委规定的高级干部生活准则，不准设宴招待，不准搞专场演出，不坐卧车，只坐吉普，不住地方宾馆，只住军队招待所。一次，他到某部去视察，当地政府领导同志考虑到杨勇年高且身体又不好，便安排他到当地条件最好的宾馆休息。杨勇得知后婉言谢绝，和同行者一起住在驻军招待所。杨勇以其自身的廉洁，昭示和发扬着人民军队的优良传统。

1980年初，总参有几位领导同志工作调动，总参党委研究确定，几位副总长和调进、调出的领导同志一起吃顿晚饭，饭后还看了一场电影，以表示欢迎和欢送。

可是，中纪委书记黄克诚却知道了此事，黄克诚是杨勇的老上级，又是同乡，这次却毫不客气，打电话给杨勇，严肃地提出了批评。

杨勇也深感内疚，主动承担责任，他说："这是我出的主意，谁出主意谁掏钱。"

很快，所花费的400多元钱全部由杨勇个人交付。

为此，他还向军委作了书面检查，严肃解剖自己"没有带好头"。最后，他深有感触地说："黄老的批评是对的。吃一堑，长一智。我们失去的是物质，得到的是教训，贯彻《准则》，纠正不正之风，我们应该做出表率。"

十六、与表弟胡耀邦的一生交情

在我党的历史上有许多父子、兄弟、姐妹等一起参加革命的。杨勇和表弟胡耀邦也是其中一对。

杨勇的母亲和胡耀邦的母亲是姐妹，杨勇和胡耀邦是姨表兄弟和同学。

1926年春天，胡耀邦从偏僻的山村来到文家市读书，和杨勇一起考入浏阳中学，分在一个班，住上下铺，胡耀邦在上铺，杨勇在下铺。有一次胡耀邦尿床哗哗浇醒了杨勇，杨勇跳起来把胡耀邦掀到地上，以后杨勇就开玩笑叫他"尿邦"。胡耀邦个子矮，他站队和他的语文数学成绩一样总是名列第一。杨勇贪玩，不爱读书，胡耀邦替他做作业；胡耀邦比杨勇矮了一头，常受欺负，杨勇帮他打架。一次两个小兄弟不知为什么也打起来，胡耀邦被杨勇给摔到稻田里去了。

后来，他们一起参加陈世乔、甘恩藻组织的共青团秘密支部，一起投入10万农军攻打长沙的行列，一起趴在学校围墙上聆听毛泽东对秋收起义部队所作的激动人心的演说。

杨勇参加红军后，刚上初二的胡耀邦也投身了革命，负责儿童团，因为他擅长演讲，以后担任了湘东特委少共书记。湘东特委撤销后，成立湘赣省，胡耀邦仍然负责少共工作，直到中央苏区乃至长征。

这中间因为战事频繁，杨勇也改了名字。很长一段时间，两兄弟不知对方下落。胡耀邦很想念杨勇，又到处打听不到，最后，在中华苏维埃报上登了一个寻人启事，两人才又重新联系上。在长期的革命生涯中，两兄弟情深谊长，关系很要好。

1989年1月，胡耀邦回湖南，住在长沙九所宾馆，他对前来看望他的作家张扬说："当年闹革命，牺牲是很平常的事。当年若不是杨勇救了我，我可能早就死了。杨勇救过我的命。"

那是在长征途中，胡耀邦在军委纵队中央工作团任职时，不幸染上了疟疾。结果，病情严重，发作起来，不能走路，一天，他不得不和一些伤病员躺在路边。这时，队伍不断往前走，伤病员得不到救护，死去是常有的事情。

突然，杨勇走过来了，他也负了伤，但他有一匹马，他骑在马上。

"世俊哥！"

多么熟悉的乡音。红军中知道杨勇的人甚多，可叫他原名世俊的人却寥寥无几。

"哪个喊我？"杨勇忍着伤痛翻身下马，循声望去，发现路旁躺着一个红军战士。当他走近这位战士时，却愣住了："怎么会是你？耀邦！"

杨勇伸出双手把胡耀邦扶起，关切地问道："你病了？"

胡耀邦吃力地点了点头："得了疟疾。"

这时胡耀邦连日发烧，身体已经十分虚弱了，他拉着杨勇的手说："世俊哥，我怕坚持不到头哩。"

"不会的，你要有信心。再说，还有我在哩。"

胡耀邦在杨勇的搀扶下站了起来。然后，杨勇又把胡耀邦扶上自己的战马，而自己拖着伤腿徒步行军。就这样,胡耀邦跟上了队伍,救了一命。

1949年9月4日,杨勇率领的五兵团从江西上饶出发,开始了解放贵州的进军。

9月中旬,杨勇带着警卫参谋葛青山及一个警卫连来到了江西边境的慈化镇。这里离杨勇的家乡湖南省浏阳县文家市不过60华里。杨勇回了一趟家。

第三天下午,胡耀邦的母亲听说杨勇回来了的消息后,从几十里外赶来看望。

杨勇急忙迎上去搀扶住颤颤巍巍,望儿心切的老人。

老人一见到杨勇,泪水忍不住一下子涌了出来:"统伢子,你回来了?你这一走有20来年了吧?"

"是呀!"杨勇深情地说,"姨妈,您老的身体可好吗?"

"好,好!不知我那耀邦怎样了?"

"耀邦很好,他目前正在进军大西北的路上,全国很快就要解放了,到时候耀邦一定会给您来信,也会回来看望您老人家的。您不要太挂念了,要多多保重自己的身体啊!"

老人听了杨勇的话,点了点头,布满泪水的脸上露出了一丝笑容。她在文家市只住了一个晚上就回去了。

这次见面,杨勇怕老人担心,没有说他曾救过胡耀邦的事情。

而这件事,胡耀邦一直没忘。

1983年除夕之夜,在新年的钟声敲响之前,杨勇的病情开始恶化,生命已经垂危。中共中央总书记胡耀邦驱车穿过喧闹的长安街,来到宁静的医院探望杨勇。

一对同涉风雨、肝胆相照的战友,开始永别前的最后一次谈话。

分手时,胡耀邦从床边站起来,俯下身子,激动地对杨勇说:"安心养病,过了年我还要来看你。"

"你不要来了!"杨勇打断胡耀邦的话,"你的担子很重,不要再为我浪费时间。"

最后,杨勇竟然出人意料地自己从床上坐起来,目送着胡耀邦离开,他那苍白的脸上这时又泛起一丝红晕,眼睛也闪闪发亮了。

1983年1月6日1时55分,功勋卓著的战将杨勇的心脏停止了跳动。1月15日,杨勇的追悼会在北京人民大会堂举行。中共中央总书记胡耀邦主持追悼会。

走过弯路的周士第

　　周士第（1900—1979 年），海南琼海人，1924 年 5 月入黄埔军校，年底加入中国共产党。1925 年 6 月参加孙中山建国陆海军大元帅府铁甲车队后，参与组建叶挺独立团，先后任营长、团参谋长、代理团长。1927 年参加 8 月 1 日南昌起义，任起义军第二十五师师长。起义失败后，一度参加了"中国国民党临时行动委员会"。1933 年底回到中央苏区，1934 年，周士第参加了长征，任中革军委干部团上干队队长，红军到达陕北后，任红军第十五军团参谋长，1936 年，任河口渡河司令员，红军第二方面军参谋长。

　　抗日战争爆发后，周士第历任八路军一二〇师参谋长兼抗日军政大学第七分校校长、晋绥军区参谋长、晋绥军区副司令员等职，解放战争时期，历任晋绥军区副司令员兼晋北野战军司令员兼政委和晋绥军政干部学校副校长、华北军区第一兵团副司令员兼副政委、太原前线司令部副司令员、第十八兵团司令员兼政委等职，先后参加和指挥晋北、晋中、太原、扶眉、秦岭、成都等战役。新中国成立后，历任川西军区司令员兼成都市军事管制委员会副主任、成都市市长、西南军区副司令员、中央军委防空军司令员、训练总监部副部长兼军外训练部部长、总参谋部顾问等职。

　　1955 年，周士第被授予上将军衔和一级八一勋章、一级独立自由勋章、一级解放勋章；为中国共产党第七次代表大会、第八次代表大会的代表，全国人民代表大会第一届、第四届、第五届的代表，全国政协第三届、第四届常务委员会委员，还担任过中共中央监察委员会委员，国防委员会第一届、第二届、第三届委员。

　　1979 年 6 月 30 日在北京病逝。

一、周士第恨家乡海南岛

周士第，又名周平、周力行、周士梯，字元臣。1900年9月9日出生于广东省乐会县（今海南省琼海市）中原墟新昌村。

海南岛，四季常青，土地肥沃，物产丰富，是个得天独厚的美丽富饶的宝岛，她是我国镶嵌在浩瀚的南海上的一颗灿烂夺目的明珠。

周士第在全国解放后，从未回海南岛看望过家乡父老，有人怀疑是否与他的元配夫人在家乡被误杀有关。

周士第在乌皮上小学时就是个高材生，学习成绩突出，表现又好，是个品学兼优的双优学生。校长翁子开特别喜欢他，托人说媒，愿把自己的女儿翁祚昆许他为妻。

结果，1916年，周士第16岁时，同翁祚昆结了婚。

1923年生一女儿，名周竞权。这是周士第为女儿起的名字。周士第提倡解放妇女，争取女权，男女平等。为女儿起名竞权，就是要女儿奋起为竞争女权而斗争的意思。

1928年，周士第在南洋养病期间，翁祚昆带着年仅5岁的女儿，在亲朋好友的帮助下，曾远奔南洋去看望周士第，护理周士第的病体。因周士第在南洋生活困难，在其病情好转后，她又带着女儿回到了家乡。

1930年冬，周士第在广州、香港参加"中国国民党临时行动委员会"活动时，曾写信叫翁祚昆带女儿去香港。就在翁祚昆准备从家乡出走去香港的前一天晚上，据说有个姓李的地下党负责人派人偷去了周士第的来信，他看了信后怀疑周士第"反水"，就化装为蒙面人，到他家中将翁祚昆抓去杀了。

全国解放后，周士第几十年没有回过家，有人因此怀疑周士第不回家乡是因为他恨海南岛。其主要原因就是当时家乡的地下党把他的妻子杀了。

但是，长期担任周士第秘书的杨弘却认为周士第不是如此。

因为在长期的革命斗争中，被误杀的并不是翁祚昆一人，被误杀亲人的也并非周士第一人。当然，失去亲密的伴侣，周士第很难过，但他绝非为此而不回乡探亲。他一直未回海南岛的主要原因是：在位工作时，一直没有合适的机会；退休后，身体一直不好，难以渡海回乡。

1963 年 2 月，周士第在广州从化温泉疗养，琼海县委第一书记拜访他，邀请他回海南岛一行，但是，他因病未果。周士第就此遗憾不已，赋诗三首，以抒思乡之情。

离乡四十年，于今物物新。

人人喜悦色，声声主席恩。

三面红旗照四方，五指山上放光芒。

九曲江水流福利，六连岭花永芬芳。

祖国两眼睛，守望东南屏。

台湾美蒋贼，一定要扫平。

尽管以后周士第还是没有回海南岛，但是他去世后，其夫人张剑携家人于 1995 年 8 月 1 日将其骨灰葬于琼海，这位久经沙场的战将终于长眠在家乡的大地上。

二、靠吃土草药侥幸活下来

1920 年，周士第从琼崖中学毕业后，本想到广州去考大学，继续深造。然而，由于父亲已去世，支持他读书的叔父经济困难，无力供他上大学，结果，他只好回到了家乡。

1921 年，经人介绍，周士第到本县第二区高等小学担任教员。

周士第虽然在家乡担任教员，但是却抱着振兴家乡、教育救国的宏伟志向。在高等小学里他既教书，也育人，既认真地向学生传播文化知识，又同时积极宣

293
走过弯路的周士第

传反帝反封建和救国救民的道理。他在学校里，反对旧道德、旧礼教，宣传男女平等；破除蒙蔽愚弄人的迷信，倡导学生不信神、不信鬼、不靠天、不靠地，要靠自己解救自己。周士第的这些闪烁着革命火花的行动，遭到了封建卫道者和旧学董们的反对、围攻，被认为是大逆不道。最后，周士第只教了1年书，又被迫辞职回家。

谁知周士第一回到家，新昌村就流行传染病，据说是伤寒。周士第前几年害过天花，这次传染上伤寒，结果，使全家人都受到他的感染。在这一年里，周家一共10口人，死于传染病的有母亲、叔叔、兄弟共5人。而首先得病的周士第却靠吃一种用竹管熬制的土草药，侥幸活了下来。

这时的海南岛，整个农村经济破产，一片萧条，疫病丛生，外国资本主义、帝国主义疯狂掠夺，本地地主肆意压榨，一面是大量不堪虐待生活无着的穷人，投奔南洋去做华工，亡命异国；一面是贪官污吏恶霸豪绅，鱼肉乡里，巧取豪夺。目睹这一活生生的事实，满目尽是凄凉的景象，许多进步青年，在家乡再也呆不下去了。

周士第，这个受过辛亥革命影响，读书时又经过"五四"运动洗礼，早就怀抱着追求救国救民的理想，也决心去闯一条人生之路。

1923年的旧年除夕，爆竹声声，家家户户辞旧迎新，合家团聚，吃年岁饭，然而，在这本应欢乐的日子里，周士第却饱含满腔悲愤，告别了亲爱的妻子和女儿，前去广州。

他此番离家，报考了黄埔军校，走上了寻求革命真理的征途。

三、铁甲车队的队长

20世纪20年代，是周士第军事生涯中极为辉煌的一个阶段。有人这样说：在我军的高级将领中，周士第有好几个"第一"：黄埔第一期学员，孙中山铁甲卫队的第一批成员，中国共产党直接掌握的第一支革命武装的指挥官。

（一）

1924年，国共合作正式形成，时任黄埔军校政治部主任的周恩来与孙中山商议，决定组建"铁甲车队"。这时，正值黄埔军校第一期学生将要毕业之时，周恩来便从军校中挑选了已是中共党员又有实际军事工作经验的徐成章任队长，又从毕业生中挑选了周士第、赵自选任见习官，中共党员廖乾吾任党代表，曹汝谦任政治教官。这5个人一同负责筹建铁甲车队的具体工作。

铁甲车队名义上在大元帅府属下，实际上是一支由中国共产党直接领导的革命武装。铁甲车队所有人员的配备和调动，都是由中共广东区委决定，其工作与生活诸事，都直接请示广东区委陈延年和周恩来。

1924年，周士第在黄埔陆军军官学校学习时

铁甲车队的装备有铁甲列车及其他车辆。其中，火车头加了铁甲，拖挂着四五辆铁甲车，有一辆顶端还装有旋转炮塔，炮塔上装有机关枪。车厢都装有铁甲，车厢两侧厢壁上都开有长条形射击窗孔，在车厢内可用不同姿势射击以及向外观察等，车内有板凳可以乘坐。平时，铁甲车停放在大沙头火车站，外出时，用装甲火车头牵引。班长、队员一律配备长枪，排长以上干部都配有驳壳枪，每排还有一挺手提机关枪，枪械都是苏联援助的。其装备十分先进。

铁甲车队官兵统一着装，战士戴黄色大沿帽，着黄色斜纹布中山装军服，打绑腿；军官穿黑皮鞋或黑色长筒马靴。

铁甲车队每次外出训练或出征打仗，都会吸引诸多群众的关注。

〇

1924年12月上旬，应彭湃的要求，中共广东区委决定派铁甲车队到广州西北西江山区广宁去镇压反动地主，帮助开展农民运动。

12月11日，铁甲车队两个排80多人前往广宁。

第二天清晨，广宁农民自卫军首先出击敌人，在潭圩据点附近与反动地主武装发生战斗。激战两个多小时，农民自卫军难以取胜。铁甲车队随即前去支援，声势大振。敌人抵挡不住，放弃据点，纷纷退入潭圩江姓大炮楼内负隅顽抗。

潭圩有两座反动地主的大炮楼，一座是江家的，一座是黄家的。江家炮楼规模大，花了几十万两银子才建成。炮楼有5层楼高，围墙是用石头和砖、水泥砌成的，非常坚固；四周有水壕，门口出入用吊桥，平时把吊桥拉起，人出入时才放下来。炮楼内可屯兵数百人，并且储备了大量粮食、武器、弹药。江、黄两家炮楼相距几里路，成犄角之势。然而，铁甲车队和农民自卫军连续几次攻打江家大炮楼，但都遭到挫折。

于是，周士第等人仔细分析几次攻击不成的原因，主要是没有攻坚的火炮，推不开炮楼。看来硬攻是攻不下大炮楼的。怎么办呢？周士第提出了挖地道埋炸药的办法炸毁炮楼。这个建议被采纳。

随后，周士第等12人组成的工程爆破队，在铁甲车队和农民自卫军的掩护下，利用炮楼背后的死角，开始向炮楼底下挖地道埋炸药。

第二天，炮楼内的敌人发觉了，派出数十名反动武装，向工程爆破队和掩护部队猛冲，被打了回去。敌人见硬冲不行，就在围墙上开了3个小洞，架上土炮，向地道口抛掷火药包。一个火药包落在彭湃和周士第身旁仅1米的地方，被周士第一脚踢飞，在空中爆炸了。

中午时分，有一股反动地主武装从外地赶来救援江家炮楼。徐成章同周士第立即带领铁甲车队队员和农民自卫军迎击，经过激战，将来援敌人打退。下午时分，又有一股敌人前来救援，又被击溃。

第三天，地道挖好了，150磅黄色炸药被埋在炮楼下方。随着一声巨响，炸药爆炸了，却只将炮楼炸开了一道裂缝，由于用药量小了，没能炸毁炮楼。

正当铁甲车队和农民自卫军为久攻炮楼不下十分焦急之时，恰好有一阵东风吹来，这狂劲的东风一下子提醒了周士第：借东风、用火攻！铁甲车队和农民自卫军将炮楼团团围住，农民群众纷纷出动，向炮楼四周搬运柴草，家中柴草搬光了，就到山上割柴草搬来。不长时间，大炮楼四周便堆起成堆的柴草。

由于被围困了两个月，大炮楼里反动地主武装的弹药、吃喝等日益困难，水源又被切断，援兵被击退，在内无粮草，外无救兵的境地下，他们无计可施，见对方用火攻，慌忙派人出来同铁甲车队和农民自卫军谈判投降，表示愿意解除武装，赔偿损失，承认减租。

2月13日，铁甲车队和农民自卫军终于拿下了江家炮楼。

14日，黄家炮楼见大势已去，也跟着出来投降了。

江、黄两家大炮楼放下武器后，广宁各地反动地主也都相继解除武装，赔偿损失，承认减租，广宁农民运动遂获得很大发展。铁甲车队在广宁两个多月，肃清了反动武装，收缴各种枪支 5000 多条，均交给了地方党组织，从而壮大了我党自己的武装。

1924 年 12 月，经徐成章、廖乾五介绍，周士第加入了中国共产党。

（二）

1925 年 2 月，孙中山北上离开了广州，反动势力乘广州空虚，大肆造谣破坏，广州形势骤然紧张。在此情况下，中共广东区委决定，调铁甲车队迅速赶回广州。2 月 20 日，铁甲车队返抵广州。这时，对广东革命政府威胁最大的就是占据东江惠州、潮汕一带的军阀陈炯明。他乘孙中山在北京病危之机，自封为"救粤军总司令"，号称指挥 10 万兵，倚仗英、美、法等及段祺瑞政府的支持，与粤南军阀邓本殷和滇、桂军阀杨希闵、刘震寰相勾结，并联络闽、湘、赣军阀相互呼应，策划大举进攻广州，妄图推翻广东革命政府。

在这复杂、紧张的形势下，中共广东区委促使广东革命政府作出决定：东征讨伐陈炯明。

铁甲车队第三排奉命参加东征，他们沿广九铁路前进，作为先锋部队，协同友军攻击石龙、樟木头、平湖、深圳等处敌人防线。第三排英勇作战，所向皆克，并迅速将敌人破坏的铁路、桥梁、车站修复，完全控制了广九铁路，保证了东征军后方交通运输的安全，使东征军顺利完成打败陈炯明的任务。

铁甲车队的第一、第二排则在广州，保卫广东革命政府。

这时，铁甲车队驻地大沙头附近，驻有航空局所属的一个飞机掩护队。飞机掩护队的队长暗中与敌人勾结，进行反革命活动。飞机掩护队占据飞机场，威胁铁甲车队的安全，给广州局势带来大的危害，中共广东区委决定把这支部队掌握到自己手中，于是通过广东革命政府和航空局局长将飞机掩护队原队长调走，派周士第前去兼任飞机掩护队队长，接管、改造飞机掩护队。

原队长在离开飞机掩护队时，召集他的亲信部下做了布置，声称他是暂时离开，日后还要回来，飞机掩护队还得听他的。周士第上任后，立刻召集飞机掩护队各排长开会。开始时，各排长不明周士第的来意，都很不安，面色阴沉，心情紧张。周士第热情地说明情况，说飞机掩护队担负的任务很重要，现驻大沙头的飞机，主要靠大家来共同掩护好，要求各排长仍各负其责，并多提建议，共同把工作做好。

第一排排长开会前在腰中插了一把驳壳枪，子弹上了膛，准备如果势头不对，即拔枪出来对打，然后跑到杨希闵部队那边去。当他听了周士第心平气和的讲话后，面带愧色地说："我想错了，以为你们是来缴我们枪的，先换队长，后换排长。如果真是那样，我就把你们打死。现在我才明白是受了欺骗。"

边说，他边从腰间拔出了那支子弹上膛、机头张开的驳壳枪，双手交给了周士第。

然而，周士第却将枪还给他，慰勉他放手做好排里工作。

通过多方面工作，排长们都消除了顾虑安下心来。周士第在飞机掩护队打开了局面，取得了官兵们的信任，立住了脚跟，很快将飞机掩护队改造成了一支在中国共产党领导下的革命部队，将大沙头完全控制在革命政府手里。

正当革命军出发东征讨伐陈炯明时，英、美帝国主义又收买了军阀杨希闵、刘震寰，唆使他们进行反革命叛变，颠覆广东革命政府。

在中共广东区委的指示下，铁甲车队和飞机掩护队已经做好准备，在大沙头的桥头堆放沙包，构筑工事，加强警戒，随时准备还击杨、刘叛乱。

5月，杨、刘公开叛乱了，占据了广东北江、西江一带。6月初，杨、刘军队占领广州省长公署、财政部、电报局、火车站和部分政府机关，广州危急。6月7日，胡汉民以代理大元帅名义通电宣布杨、刘罪状，免去其滇、桂军总司令职务。12日东征军回师讨伐杨、刘。

中共广东区委指示铁甲车队和飞机掩护队，统一归徐成章、廖乾吾、周士第指挥，配合东征军、黄埔军校学生军和市区工人、农民军作战。当东征军回师广州时，铁甲车队与飞机掩护队从顺德附近渡河，迅速插入敌人纵深，向敌人背后攻击，切断了石牌、瘦狗岭、龙眼洞方面之敌与广州的联系，有力地配合了东征军作战。

6月20日下午，革命军重新占领广州。敌1个师趁革命军疏于戒备，忽然从广州北面袭来，企图重新夺取广州。这支叛军一直打到了北校场附近。广州市内的部队及人民群众一时措手不及，有些惊慌。此时，铁甲车队和飞机掩护队正由瘦狗岭方面返回广州途中，发现这一紧急情况，立即在广州东北方面投入战斗，吸引了大批敌人，掩护革命军争取时间，集中兵力，向敌人反击，最后消灭了敌人这个师。

1925年6月，徐成章调离，周士第担任了铁甲车队队长。

平定杨、刘叛乱后，广州革命政府大元帅府改组为国民政府；大元帅府铁甲车队也随之改为国民政府铁甲车队。

（四）

1925年10月，国民革命军第二次东征陈炯明，铁甲车队再次担当重任。他们由广州出发，沿途修复了被敌人破坏了的铁路，迅速进攻石龙。得手后，又迅速攻占深圳车站，并配合主力解决了敌司徒非旅。

陈炯明主力被打垮后，英帝国主义又支持陈炯明的残部，在深圳大鹏湾一带进行反革命骚扰破坏活动。10月30日，周士第得到急报，说陈炯明残部罗坤、邓文烈率200余人，包围了驻沙鱼涌的罢工工人纠察队，捉去纠察队员十余人。周士第当即率领铁甲车队4个班，由深圳前往沙鱼涌救援。

沙鱼涌是个十几户人家的小村庄，坐落在小涌河的东面，北面有个小山头，村东有座小石拱桥，东北连着一片小丘陵地带，西面是大海海滩，南面有一小山包高地。

铁甲车队到达沙鱼涌时，敌人已向东山方向退去。周士第得知南澳东山为敌占领，即派人前去侦察。这时，周士第又连续接到农民报告，说在香港与大鹏湾之间，不断有轮船来往，每次均载运很多人员登岸，敌人将由大鹏湾前来围攻，且有军舰助战。

果然，4日晨3时，敌人向沙鱼涌南端高地发动了进攻。周士第判断敌人的进攻不止一路，可能采取多路进攻。沙鱼涌南、东、北三面环山，西面是一片海滩。周士第命令班长黄华然率领1个班坚守南山上的小高地，进行抵抗；同时布置部队分东、北、西三路迎击敌人，自己则在战斗最激烈的南山小高地上指挥。

天将放明时，周士第发现东面、北面和南面山上已有敌人。他立即指挥部队分路进行抵抗。此时，敌军如蚁，分三路包围过来；另有3艘英舰，拖着4条民船，满载敌人驶来。敌人登陆后即蜂拥向铁甲车队和工人纠察队阵地扑来。

周士第指挥铁甲车队和工人纠察队英勇地抗击着十倍于自己之敌，与敌肉搏多次，打退了敌人的进攻，坚守住了沙鱼涌阵地。7时左右，忽然又有3艘英军舰从香港驶来，舰上的机关枪向铁甲车队的阵地猛烈扫射，还有一架英军飞机飞临沙鱼涌上空，掩护进攻。

铁甲车队黄华然班坚守在沙鱼涌南端滩头小高地上，顽强地抗击着数百名敌人，打退了敌人一次又一次的进攻。黄华然负伤了，仍然坚持指挥全班作战；子弹和手榴弹打光了，全班跃出阵地前沿，与敌人拼刺刀。他们毫不畏惧，杀伤了大量敌人。最后，全班壮烈牺牲。

到了上午9时许，敌人越聚越多，所有高地都被敌人占领，沙鱼涌街口也落入敌人之手，形势十分严峻。周士第决定由铁甲车队掩护工人纠察队，夺路冲杀突出重围。首先向西面突围，由于英国兵舰以密集的火力封锁了开阔的海滩，在弹雨中无处隐蔽，不得不又折回。接着，又转向东平山方向突围。东面是敌主力所在，此时敌人已经占领了东面的街口，要突出去也非常困难。但除此已别无出路，于是周士第决定：由他自己带领部分铁甲车队队员打先锋，杀开一条血路；廖乾吾带领工人纠察队队员居中；排长李振森率部分铁甲车队队员断后，向东面冲杀出去。

周士第首先端起上了刺刀的枪，带领部队打垮了占领沙鱼涌街口的敌人，杀开了一条血路。周士第身先士卒带队边打边走，终于突围。

这时，他身上已7处负伤，加上几夜未曾睡觉，又打了大半夜的仗，实在劳累困乏不堪，体力不支，看见前面有一块大青石板，一下子就瘫坐在上面。勤务兵蔡文锋已走出十多米远，回头看见周士第倒下来，以为他负伤了，便急忙冒着生命危险又转回来，要背起周士第冲出去。周士第一下子又站了起来，说："我还能走！"再次指挥大家朝前突去。

在街口的转弯处有一座桥，有很多敌人把守着，挡住了铁甲车队的去路。周士第指挥部下猛打猛冲，打垮了敌人，冲过了这座桥，终于突出了敌人的重围。

突围出来之后，在沙鱼涌东北的一个小山坡上清点人员，仅存周士第等17人。其他铁甲车队的战士和工人纠察队员还在敌人的包围之中。

这时，周士第等人已经有30多小时滴水未进，喉咙里干得说不出话来，但众人还是用手势表示要打回去营救尚未突围出来的队员。于是，这17人再度折返沙鱼涌。

走了一段路后，已听不到沙鱼涌方向的枪声。周士第判断敌人可能已经占领了沙鱼涌，再打回去会造成无谓的牺牲。他和廖乾吾商量了一个智救战友的办法。

然后，他们找到了一个胆大的农民，动员他快步跑去沙鱼涌，就说是淡水方面的黄埔学生军打过来了。这个农民按周士第的布置向沙鱼涌方向跑去。周士第指挥部下又朝沙鱼涌方向连续开枪，迷惑敌人。占领沙鱼涌的敌人正在煮饭，一听说是黄埔学生军打来了，顿时乱了阵脚，扔下饭锅，纷纷向海上逃散。于是，一些原来躲藏起来的、受伤的或被敌人掳去的铁甲车队的战士和工人纠察队员便乘机冲了出来。

周士第率领部队绕道回深圳。走到坪山又遇敌人堵截，不能通过，于是又绕道淡水、龙岗。由于路程远，当天没能回到深圳。那些从沙鱼涌脱险出来的铁甲车队和工人纠察队队员们，当天即返回深圳。他们没有看见周士第等人回来，以为他们都牺牲了，心里非常难过。附近的乡亲们听说周士第等人"阵亡"了，忍不住痛哭起来。随后，香港方面的敌人也放出消息，说铁甲车队全军覆灭，周士第被打死了。

周士第带着部队直到 5 日早晨才回到深圳，先期回来的队员和农民群众看见周士第等人安全归来，纷纷携带慰劳品前来慰问。

1925 年 11 月，中国共产党决定建立叶挺独立团，铁甲车队作为一支久经战火锤炼的骨干力量编入叶挺独立团。除党代表廖乾吾调第 4 军任政治部主任外，铁甲车队绝大部分成员都并入叶挺独立团。铁甲车队队长周士第进了叶挺独立团后，被任命为第一营营长。

铁甲车队作为中国共产党最早掌握的一支武装，作为大革命时期令帝国主义和反动派闻风丧胆的一支铁军，其历史功勋永存史册。

四、渌田大捷，北伐首战立功

1926 年 5 月 1 日，叶挺独立团作为北伐先遣团，向广州进发。在广州，独立团第一营营长周士第升任团参谋长。曹渊接任第一营营长。然后，叶挺独立团向湖南进攻。

5 月 31 日晚上，叶挺独立团进到湖南水兴县城，接到刚被国民政府任命的国民革命军第八军军长唐生智的告急电报："综合各方面的报告，判断敌即日必行总攻。安仁兵力单薄，贵团务速赴援。"

唐生智原为湖南军阀赵恒惕部第四师师长。赵恒惕投靠了吴佩孚后，唐看到革命力量上涨，表示拥护革命，投靠国民政府后，被任命为国民革命军第八军军长。赵恒惕被湖南人民逐出长沙后，唐生智任湖南代理省长。

叶挺独立团接到唐生智求援电报后，立即于 6 月 1 日冒雨强行军，黄昏到达安仁的梁城。第二日上午赶到安仁城。此时，解送国民政府给唐生智弹药的独立团第一营，在湖南郴州交点后，也于 3 日赶到了安仁县城。

叶挺和周士第在安仁与第八军第三十九团张团长会晤。

这时，敌粤军谢文炳部 4 个团和赣军唐福山部两个团已占领安仁北面的攸县，并有 100 余人已进到陈家铺。因攸县洣水河浮桥未竣工，故敌大部尚在攸县。第八军第一线防御阵地在渌田、黄茅铺（安仁城北约 20 公里）一带。黄茅铺有第三十九团第一营第一连 50 余人防守，渌田有第三十九团第二营防守，第三十九团其余部队驻在安仁西南的耒阳。

3 日下午 17 时，唐生智派参谋詹筼松来慰劳叶挺独立团。叶挺、周士第和团直属队以及刚到达安仁的第一营连以上干部。詹参谋、张团长正在宴会上碰杯，菜肴未及端上一半，突然接到独立团第二营营长贺声洋的报告："敌 2000余人向渌田阵地进攻甚猛，二营已全部加入战斗。"

接着独立团第三营营长张伯黄也派人报告："职到龙家湾时，即派第八连赴黄茅铺，协同第三十九团第一营第一连警戒。当第八连到达时，敌千余人来犯，第八连已占领阵地抗击，职率第七、第九连赴援矣。"

叶挺沉着考虑了一下，决定马上出发，他当即向詹参谋、张团长说："敌人主力已来进攻，这次战斗关系安仁得失，安仁得失又影响衡阳得失，我立即率团直属队和第一营赴前方作战。"

张团长说："本团第二营和第一营第一连均请叶团长就近指挥。"

叶挺表示同意。

叶挺、周士第回到团部，立即决定由团参谋长周士第率侦探队、担架队、第一营第三连为左翼队，到渌田方面去增援；叶挺率第一营、机枪连、通信队、特务队为右翼队，到龙家湾方面去增援。并预定 4 日拂晓攻击，中午 12 时以前，两队会合。

3 日黄昏，叶挺和周士第分别率领部队由安仁出发。当夜下雨，满地泥泞，天色又黑，看不清路面，深一脚，浅一脚，行走很慢。多亏了有本地熟悉道路情况的农民兄弟带路，才克服了黑夜雨天行军的困难。前进途中，遇到许多第三十九团的官兵由前线向安仁逃跑，有一个两个一伙的，有三五成群的，还有排长、连长夹杂其间。独立团官兵看到友军退下来，不但情绪没有受到影响，反而更加激发起杀敌的劲头。互相鼓励说："友军退下来，我们快些上！"也有的劝告第三十九团退下来的官兵重返前线，共同作战。但他们都借故躲避，有的说："我们回安仁有要事。"

夜 22 时左右，叶挺到达龙家湾时，夜黑如漆，各高地上均有枪声，流弹四面飞来，分不清敌我所在，判断第三营必处于与敌混战状态。当即派第一连由当地农民带路去找第三营，幸亏农民熟悉道路，经过几番周折才找到第三营。叶挺了解了各方面情况后，决心以独立团主力于明日（4 日）从渌田、黄茅铺之间敌人守备薄弱的结合部出击，消灭敌人。

4日4时，周士第指挥部队以一部分向渌田正面之敌进攻，主力从渌田以东插入到敌人侧后向铁丝坳进攻，激战数小时，渌田一带之敌遂全线溃退。叶挺指挥部队，也同时以一部向黄茅铺之敌攻击，主力从黄茅铺以西绕到敌人侧背攻击，黄茅铺方面之敌也全线溃退。12时左右，叶挺和周士第率领两路部队汇合于桑田后，正在搬运敌人遗失的枪械子弹、清理俘虏的时候，周士第接到第一营第3连排长万献廷的报告，说他已率领全排追击敌人到攸县城南，洣水河浮桥已为我控制。万排长在没有得到命令的情况下主动追击敌人的战斗积极性受到叶、周的称赞。全团立即出发，乘胜追击，5日早上独立团占领安仁东北的攸县。此次战斗，击溃敌人6个团，毙伤俘敌200多人，叶挺团伤亡60余人，旗开得胜。

湖南是农民运动发展较早的省份之一，在毛泽东的指导和关怀下，有比较好的基础。这次安仁之战，叶挺独立团有农民在敌人后面袭击敌人配合作战，敌人到处溃散之时，农民群众也缴获了不少枪支，武装了自己。

叶挺独立团一到攸县后，一些工人、农民、学生来询问毛泽东回来了没有？什么时候回来？这时毛泽东正在广州主办农民运动讲习所。叶挺和周士第为了统一口径，指示各部队一致答复：

"毛委员很关心大家，他在广州工作很忙，没有回来，什么时候回来我们还不知道。"

独立团占领攸县后，一面加强对敌侦察警戒，一面进行训练和做群众工作。叶挺同周士第商量，将攸县南面洣水河上的浮桥拆掉，断绝后路。

叶挺独立团在攸县时，接到唐生智的电报，说："渌田战斗第三十九团第二营营长王东原临阵退却，应按军纪处以死刑。"

叶挺和周士第商量后，给唐生智复电力保王东原，说："他（王东原）为革命效劳，后来在配合我军作战中表现较好，应允其立功赎罪。"后来，在武汉时，王东原常来看望对他有救命之恩的大恩人叶挺和周士第，表示感恩戴德。

叶挺独立团在湘东安仁击溃谢文炳、唐福山部6个团、占领攸县之后，在湘西的敌人也不敢前进了，敌人的总攻计划破产。安仁渌田之战的胜利，是北伐先锋叶挺独立团的初战大捷，既解救了第八军的危机，也稳定了湘东湘南的局势。

五、南昌起义

当北伐战争进入到高潮，大革命的洪流席卷大江南北之时，蒋介石逐渐露出其反革命的真面目。1927年4月12日，他首先在上海挥起屠刀，公开屠杀革命力量，随即在全国各地捕杀共产党人，轰轰烈烈的大革命运动遭到夭折。

1927年夏，轰轰烈烈的大革命终于失败，大批共产党员和革命群众倒在血泊之中，中国革命开始转入低潮。

为了挽救中国革命，7月下旬，中共中央决定集中共产党所掌握的部队首先筹划南昌起义，尔后南下广东，重建广东革命根据地。同时，组成以周恩来为书记，恽代英、李立三、彭湃等为委员的中共南昌起义前敌委员会，指挥这次起义。

这时，周士第已由团参谋长升为第四军七十三团团长。七十三团和从该团抽调骨干组建的6个团，是中共在南昌起义依靠的骨干力量，为南昌起义的主力之一。在南昌起义前，周恩来指示聂荣臻设法把二十五师拉到南昌，并负责接应随后赶到九江的部队和零星人员。他们约定，南昌一发难，立刻开出一列火车到马回岭，火车一到，立即把辎重物资和部队运往南昌。

8月1日早上，周士第接到第二十五师师长李汉魂打来的电话，要周士第去师部，说是有要事商量。

李汉魂是第四军军长兼二方面军总指挥张发奎的亲信，这时刚从庐山参加张发奎反共会议回来，是否在布置反共事宜，尚不得知。接到电话后，周士第非常着急，因为第七十三团驻地马回岭离南昌100多公里，具体起义时间还没接到上级党的指示，去李汉魂那里，有一定的危险性；如果不去见李汉魂，就会使李汉魂产生疑窦。如何为好？一时拿不定主意。为此，周士第立即召开第七十三团党总支会议，讨论周士第去不去李汉魂那里的问题。

开始，多数同志怕周士第去师部之后被扣，不同意周去。第一营营长符克振提出，由他代周士第去。经过反复分析讨论，判断李汉魂还不敢扣留周士第。为了摸清李汉魂的意图，同时为了稳住敌人，最后大家同意，周士第还是以去见李汉魂为宜，并商讨了应急措施。

周士第准备妥当，带了1名骑兵通信员，乘马从驻地马回岭出发，到达北面相距 6 公里的黄老门。周士第到达师部，先找师参谋长、同乡、中共党员张云逸。张云逸刚同周士第说了句："今天要注意……"话还没有说完，李汉魂就一步闯了进来。

周士第同李汉魂自 1925 年在广东广宁支援农民运动时起，共事近两年，可说是老相识了。见面寒暄之后，李汉魂故意放低声音，对周士第说："总指挥很称赞你，要重用你，希望你跟他走，不要跟共产党走。"

周士第当即大声地说："第四军在北伐中之所以能打胜仗，被誉为'铁军'，张发奎之所以能有今天的地位，当了方面军总指挥，都是由于有共产党的帮助，有共产党员的英勇牺牲。你们今天跟蒋介石、汪精卫分共、反共就是死路一条。……"

谈话间，周士第听到有一列火车鸣笛从南边开来。周士第知道，这是起义的信号。这时起义部队没有电台，利用民用电话、电报又怕不可靠，为解决联络问题，聂荣臻曾预先通知周士第，约定南昌起义开始，立刻发一列火车北上，第二十五师参加起义的部队，先把辎重装上火车运走，随后部队开往南昌，参加起义。

周士第听到火车鸣叫声音，即借故走出师部，探听南昌方面的消息。正好在火车上遇到许继慎。许见到周大吃了一惊。周士第说明了在这里的情况后，许继慎暗地里对周士第说："南昌起义了，你赶快回部队去。"于是，周士第立刻下了火车，从通信员手中拉过马来，快马加鞭，奔向马回岭团部。

此时，周恩来已派聂荣臻同志来第七十三团布置起义的事。好在事先已给同志们打过招呼，做了准备。所以，一旦行动，忙而不乱。聂荣臻和周士第根据上级党的指示，共同商定了起义的具体行动计划，决定立刻将辎重装上火车运走，部队随后向马回岭以南的德安火车站开进。其中，第二十五师所辖三个团，第七十三团团长周士第是共产党直接领导的部队，全部参加起义；第七十五团第一任团长是叶挺兼任的，由叶挺在广东、湖南收容原叶挺独立团的旧部，亲自组建起来的，部队虽是新组成的，但中共党在这个团队的基础好，只是现任团长不是共产党的人，难以将团部拉出起义，由中共党员、第一营营长孙一中串连 3 个营参加起义；第 74 团团长也不是共产党人，这个团的工作基础比较差，拉他们起义比较困难，只能依靠中共党员王尔琢把该团重机枪连拉出来。对比较有把握、能拉出参加起义的部队，立即分头通知，利用打野外的名义，将部队拉出驻地，统归聂荣臻、周士第指挥，如遇阻挠破坏起义者，坚决镇压；如遇追赶拦阻之敌，坚决消灭。计划下午 18 时以前全部到达德安火车站附近集中。在部署起义部队行动的同时，周士第即派团部军需主任周廷恩，到师部军需处领取8月份全团的经费。限他下午13时前赶回团部。周廷恩按时领回了经费，一切准备妥当。

下午13时，参加起义部队利用午休时间，均按计划行动：驻黄老门西南的第七十五团3个营先走，驻马回岭以南的第七十四团重机枪连跟进，驻马回岭的第七十三团全部断后。担当后卫任务的第七十三团，做了随时应急的战斗准备。

当第七十三团进到德安火车站以北时，张发奎、李汉魂等带着张发奎的卫队营乘火车追来。周士第立即指挥第一营对着火车猛烈射击。张发奎见情况不妙，他所属部队，第十、第二十四师已于25日开去南昌，剩下的仅第十二、第二十五两个师。现在第二十五师的两个团又已发难，跟前只有一个卫队营的兵力，没办法，只好跳车逃跑。跟张跳车的还有李汉魂等几个人。

由于慌里慌张地跳车狼狈而逃，一些随身物件如张发奎的望远镜等也丢在火车上了，卫队营也顾不上带去，也丢在火车上了。

张发奎、李汉魂等跳下火车之后，列车并未停止，仍在继续前进。此时，周士第听到北面有枪声，判断可能是敌人追来，立即率第七十三团第二、第三营，占领德安火车站西北端高地，准备迎击。那列火车开进德安火车站时，被第七十五团包围。火车上的张发奎卫队营，有五六百人，全是使用手提机关枪。

第七十五团要卫队营缴枪时，他们还不晓得他们的总指挥张发奎已跳车逃走，说他们是总指挥部的，没有上级命令，决不缴枪。聂荣臻找到周士第说："你赶快去解决这股敌人，你下命令要他们立刻缴枪。"

于是，周士第派了一个参谋，以周士第的名义，去向卫队营营长下命令："你们马上缴枪！"

敌营长反问："谁的命令？"

参谋说："周团长的命令，要你们马上下枪！"

卫队营遂全部缴了枪。经过宣传教育，大部分士兵和下级军官参加了起义军。第二十五师经稍加补充，即编成一个完整的师，由周士第负责带领。

在南昌起义后，张发奎责备李汉魂说："你的第二十五师呢？"

李汉魂反唇相讥，问张发奎："你的部队呢？"

两人非常懊丧地在互相埋怨。张发奎捎信给周士第，要求把他的望远镜还给他。

这时起义军同张发奎还没有完全决裂，不仅还给他望远镜，就连他的卫队营愿意回去的，也都放了回去。

最后，起义部队到达德安后，火车不通了，改为步行。周士第带第七十三团，聂荣臻带第七十五团和第七十四团的重机枪连，急速连夜向南昌开进。抵达南昌城下，正是第2天拂晓，天刚刚亮，和起义大部队会师。由于中共党的领导，群众革命情绪高涨，人心所向，"八·一"南昌起义成功了。

当周恩来见到聂荣臻、周士第率领有着很强战斗力的第二十五师3000多人到达南昌时，十分高兴，说："你们的行动很成功！我们原来没想到这样顺利，把第二十五师大部分都拉出来了。"

六、与李鹏的父亲李硕勋是搭档

南昌起义成功之后，起义军仍沿用"左派国民党"的旗帜来号召革命，起义军也沿用旧的番号，仍称国民革命军第二方面军。师以上编制序列和主官是：第二方面军代总指挥贺龙，前敌代总指挥叶挺，参谋长刘伯承，政治部主任郭沫若（由恽代英代理）。辖第二十、第十一、第九军。

第二十军，军长贺龙（兼），党代表廖乾五。

第十一军，军长叶挺（兼），党代表聂荣臻。下辖第十师，第二十四师，第二十五师。其中第二十五师师长周士第，党代表李陶（李硕勋），下辖第七十三团、七十四团，第七十五团。

第九军军长韦杵（未到职），副军长朱德，党代表朱克靖。

周士第担任起义军第二十五师师长，同其党代表李硕勋是老相识。

1926年冬天，李硕勋在武汉任中共武昌地委组织部长。这时，叶挺独立团在攻打武昌时伤亡大，急需补充一批新兵。周士第与李硕勋联系，要求动员一批优秀青年参军。李硕勋迅速动员了一批青年参加独立团。最后，他还帮助周士第他们在洪山建立烈士墓。后来，李硕勋被派往国民革命军担任第25师政治部主任，周士第是第二十五师第七十三团团长，他们住得很近，周士第同李硕勋夫妇来往很密切。

在此期间，周士第常来李家，同李硕勋谈论时局、分析形势、磋商工作等。李硕勋比周士第小3岁，但两人话很投机，许多看法都是相通的。那时，周士第的夫人孩子远在海南岛，赵君陶同李硕勋刚结婚不久，有时他们在一起吃饭。周士第喜欢李硕勋的妻子赵君陶烧的菜。部队移驻九江后，赵君陶因怀孕没有随军，住在南昌家里。"八一"那天，听到枪声，不知发生了什么事。8月2日上午，周士第翻墙到赵君陶家，告诉赵君陶南昌起义的事。不大一会儿，李硕勋也随后到了家里，李硕勋说，周士第已同他讲了，就叫赵君陶也准备出发。

周士第和李硕勋在二十五师成为搭档后，大到部队建设和指挥作战的相互配合，小到生活细节的互相照顾，相处极好，各自的作用和长处发挥相得益彰。

因为赵君陶尚在病中，又有身孕，不可能随队行军，只好让她迅速离开南昌，返回上海。队伍开拔前一天的晚上，李硕勋回到家里，告诉妻子要她回上海。赵君陶说："你放心去吧，我会坚强的，要不是我怀有身孕，行军不便，我真想与你们一道出征。我会继续战斗的，祝革命成功，祝我们胜利，后会有期。"

起义军边打边走，在孤立无援的长途跋涉中，困难愈来愈多。最大的问题是，大革命失败后，全国革命处于低潮，南昌起义军又遭失败，严峻的斗争现实，考验着每一个人。向何处去？是摆在每一个人面前亟待解决的问题！这时，有些意志不坚定的人经受不住困难的考验，就乘机逃跑，有的开小差，也有人带走一个班、一个排，甚至有带走一个连的，起义军的人是越走越少了。

起义军在向福建转移时，曾派王景云去香港找中共党领导汇报部队情况，请示下步行动计划。但王走后，再无音信。10月20日前后，部队转移到江西，经过会昌，在到达信丰县天心村时，朱德主持军党委开会决定：由朱德带领部队，再派周士第、李硕勋同志分途去上海、香港找中共上级党组织，汇报部队当前处境，请示下一步行动计划。李硕勋的工作由陈毅同志接替。

李硕勋曾于1923年在中共创办的上海大学学习。加入中国共产党后，又在上海工作过，与中共中央有过联系，直到1925年冬才离开上海，对上海情况比较熟悉。因此，由李去上海找中共党组织。周士第是广东省海南岛人，于1923年到广州，同广东省委熟悉，帮助搞过农运，直到1926年北伐时才离开广东，对广东情况熟悉，且会讲广东方言。因此，由周去香港找党组织。

这时，江西、广东一带全是张发奎的部队，周士第熟人较多，为了避免被敌人认出，故决定周士第同李硕勋一起绕道九江、上海，再去香港。离开部队后，周、李二人先到江西于都，然后搭便船经九江到达上海。下船后，李硕勋留在上海，周士第又乘轮船抵达香港。

从此以后，周士第和李硕勋一别成永诀，1931年9月14日，李硕勋牺牲在周士第的家乡海南岛。

赵君陶与周士第南昌一别后，再没有能见到周士第。

建国后，在北京，赵君陶住地安门北帽儿胡同，周士第住地安门南慈慧殿，一条马路之隔，竟未见上一面。1979年，周士第住进解放军总医院后，赵君陶下决心去看他，这时却听说周士第已是病危，见面说什么呢？空添惆怅，所以也没成行。

周士第去世后，有人向周士第夫人张剑反映了赵君陶没有在周士第临终前见一面的遗憾。张剑即专程去看望了赵君陶，圆了两位老人多年的梦。

现在，赵君陶仍保存着周士第1950年11月6日在北京亲笔写的《悼李硕勋同志》：

> 义举南昌，战赣粤闽。
>
> 分途找党，话别天心。
>
> 白区工作，奋不顾身。
>
> 牢狱不屈，遗书义深。
>
> 公等鲜血，解放人民。
>
> 忠心浩气，永耀不泯。
>
> 遗志未竟，吾辈仔肩。
>
> 革命必胜，公可安眠。

七、未经同意去南洋

南昌起义失败后，周士第于1927年底到达香港，几经周折，终于找到了当时在香港的中共广东省委书记李立三，聂荣臻也同李立三在一起。周士第向他们汇报了起义军情况，并请示下步行动。

在等待中共上级党组织指示的期间，周士第患了虐疾，一阵冷，一阵热，热得要死，冷得要命。周士第此时没有住处，流落在街头。

一个偶然机会，他遇到了海南岛校友、同事、中共党员、引导他走向革命的徐成章。徐成章在香港见到周士第后，立即把他请到家中居住。周士第睡在徐成章家中的地板上，暂时有了栖身之地，但仍无钱治病。病得实在忍受不住了，

周士第

有一天，他找到中共党组织在香港的负责人，请示对部队下步行动计划未果，随即他要求住进医院治病，那位负责人没有同意，仅给了周士第10块钱。

周士第拿着这10块钱，走出了那位负责人的住处，忍不住流下了眼泪，钱太少，无法住进医院。几天后，他遇到了张云逸，向他借了50块钱，这才住进了医院。住进医院后，他又没钱治疗，心中着急，病情不但没有减轻，反而日益加重。

这时，同乡友人陈超鹏由南洋来香港，见到了张云逸。张云逸告诉陈超鹏说："周士第在此生病，已住进医院，你去看看他。"

陈超鹏听说后，立即到医院去看望周士第。

陈对周说："我们的族兄弟亲朋、同乡在南洋的很多，你病成这个样子，在这里治病又没钱，不如到南洋去。我们的同乡友人总不能不管你，会帮助你把病治好。"

此时，广州起义又告失败，许多同志流落香港街头无吃住处，风声鹤唳，不少人被巡捕抓去。而有的负责人吃的穿的住的都很阔，却不关心同志们的疾苦困难。周士第看在眼里，心中逐渐产生不满情绪。

这时，他请示部队下一步行动迟迟没有结果，加上自己又贫病交加，困居香港，实在无法再呆下去，于是，同意随陈超鹏去南洋。随后，陈超鹏将周士第住医院的欠款付清了。

这样，周士第未向中共党组织报告请示，于1928年1月即随陈超鹏去了南洋。

周士第对他的这段历史，一直感到内疚，回到党的怀抱之后，一直反省当时未经请示而出走南洋的错误。周士第在《自传》中勇于解剖自己，写道："主要是自己无产阶级立场不坚定，南昌、广州起义失败后产生悲观情绪的表现。"

1949年5月，中共中央军委任命周士第接替徐向前，任第十八兵团司令员兼政委时，周曾在一次党的会议上讲了他 1928 年脱离共产党去南洋，参加"中国国民党临时行动委员会"的这段历史，仍在解剖自己，说他不适合担当此重要职务。

八、坐牢

1929 年夏天，周士第在新加坡遇见施卜。施卜是大革命时代中共广东省委委员，同徐成章一起共过事，与周士第早就相识。他乡遇故知，施卜见到周士第后，谈论时政较多。施向周介绍了国内有个由国民党左派宋庆龄、邓演达和谭平山等组织的"中国国民党临时行动委员会"。1927 年宁汉分裂，蒋介石、汪精卫相继背叛革命后，6 月 29 日邓演达发表《辞职宣言》，决定抛弃国民党。11 月 1 日，邓演达、宋庆龄、陈友仁在莫斯科发表《对中国及世界革命民众宣言》，提出组织"中国国民党临时行动委员会"。这是劳动平民阶级的政党，它继承孙中山先生 40 年来革命不屈的精神，为中国革命之唯一的新集团，负有领导工人农民以及中小资产阶级群众完成中国革命之使命。在施卜的游说下，周士第的思想动摇，认为"中国国民党临时行动委员会"是适合时下国情的。

1929 年秋天，周士第回到香港后，即找到邓演达的亲戚叶粤秀，大体了解了"中国国民党临时行动委员会"和黄埔革命同学会的情况。

此时，周士第在香港又遇到聂荣臻。聂荣臻时任广东省委军委书记。他很诚恳地同周士第谈话，并要周将离开党以后的情况向党组织报告，对党有什么意见可以向党说清楚。周士第当即对聂荣臻说："我对党的现行路线是不同意的。但我决不反党，我要尽可能地帮助党。此话你如不信，以后看事实证明。"

1928 年冬天，周士第到了上海，由余洒度介绍参加了中国国民党临时行动委员会黄埔革命同学会。

1930 年春，蒋介石、阎锡山、冯玉祥正酝酿中原大战。冯玉祥同黄埔革命同学会联系，谋划反蒋活动。黄埔革命同学会则想利用冯玉祥拿些钱出来作活动经费，于是，同意同冯玉祥一起做反蒋工作。

此时，周士第同许继慎也联系上了，于是积极进行反蒋活动，准备暗杀蒋介石。经常来往的有黄琪翔、谭平山等人。

蒋介石的侍从副官蔡劲军是黄埔军校第二期学生，也是海南万宁人，是周士第的同乡，两人私交很好。余洒度、许继慎同周士第商量，想收买蔡劲军，暗杀蒋介石，要周士第先去拉拢蔡。于是，周先同蔡通信、叙旧。结果，蔡劲军回信邀周士第去南京。

周士第从上海乘火车到南京，先找了一家小旅馆住下，即同蔡联系。蔡劲军很热情，要周去他家里住。周考虑住在蔡家怕活动不方便，即婉言谢绝蔡劲军的邀请。

为了工作方便，周士第搬到了同乡黎备文家去住。黎备文是海南岛乐会县人，和周士第是同县人，北伐时在程潜的第六军当过连长，时为失意军人。与黎同住的还有一位姓胡的，湖南人，北伐时，也在第六军任过连长，也是个失意军人。黎、胡都知道周士第在进行反蒋活动，都掩护过周士第，接送周士第上下火车。

周士第住在黎备文处，多次与蔡劲军交谈。蔡劲军想拉周士第在南京做事，要周士第晋见校长蒋介石；周想拉蔡反蒋，又不敢明言，双方拉来拉去，终没有结果。

1931年春，周士第和徐光英、詹仲明3人奉邓演达之命去陕西西安，在杨虎城的掩护下建立中国国民党临时行动委员会陕西省省委。这时，周士第改名周平，到达西安后，即着手组建中国国民党临时行动委员会陕西省省委。

中国国民党临时行动委员会在陕西的革命活动，引起国民党陕西省党部的注意，并派出特务进行跟踪监视。

这年夏天，周士第派孙某去印制发展党员表格，不慎被西安国民党警察抓住，结果，孙某供出是周平叫他去印的。于是，特务警察即按照孙某提供的线索，将周士第抓到西安国民党陕西省党部。周士第在国民党陕西省党部大闹了一场，什么也没有承认。国民党陕西省党部将周士第关押进了牢房。

周士第在牢房里关押了一两个月，既无人提问，也没有受审。直到入秋了，一天黄昏，狱卒突然给周士第上了10多公斤重的脚镣，把他押解上了去南京的火车。同车的有甘肃、陕西两省的5个国民党省委员。他们是去南京开会的，顺便押送周士第。

周士第被押上火车，同这5个省委委员同坐在头等车厢里。这5个省委委员对周士第已有所了解，已经知道周平即是周士第，因此对周士第比较客气。火车开动后，5个国民党省委委员一边给周士第献茶，一边同周士第谈话，恭维了周士第一番之后，即开始劝周士第不要反对蒋校长。

周士第不等他们把话说完，即破口大骂国民党被蒋介石弄得已不成其为国民的党了，已成了屠杀国民的刽子手了。最后，周士第气愤地说："现在对待我的做法即是一例，像土匪一样，我就是被蒋介石的国民党绑架的，要杀要剐，随你们的便罢！"

那几个国民党省委委员对周士第劝说不成，又无从下台，坐在一起实在尴尬。

火车到达郑州火车站时，周士第又开始叫骂起来："国民党绑架我……"不等周士第说完，他们就捂住了周士第的嘴，惊惶失措地把周士第从头等车厢押送到货车车厢上去，严加看管。

火车到达南京后，上来几个人把周士第押送到了国民党中央党部。等了一会儿，打开一间客房，请周士第进去休息。又待了一会，又一个人进来，叫人给周士第打开脚镣，并且很客气地给周士第献茶，同周士第谈话。来人说："邓演达先生已经来南京了。黄埔同学多在南京做事，希望你也出来在南京做事，校长不会亏待你的……"

周士第随即同那个来人数落起蒋介石。骂他变成了帝国主义在中国的走狗、新军阀、卖国贼。来人不等周士第把话语告一段落，就同周士第面对面地吵了起来，不欢而散。

那人走了之后，又来了几个人，把周士第押送到蒋介石总司令部军法司拘留所。这里已关押着"中国国民党临时行动委员会"的20多个人，还有共产党人和其他一些人，两间房子大约关着有100多人。

11月30日的早上，周士第在监中得到消息，说的是"中国国民党临时行动委员会"领袖邓演达昨天晚上在南京东外门被蒋介石秘密杀害了，还将有11个人就要枪决，其中之一就有周士第。为此，周士第就做好了慷慨赴义的准备，就连临刑时喊的口号都准备好了。

这天，果然狱吏来传周士第过堂。根据监里的经验，一提审过堂，就要枪毙。

周士第被押到大堂上，验明正身之后，法官审问周士第关于"中国国民党临时行动委员会"的组织情况，同杨虎城的关系以及在西安从周士第身上搜出的写有英文字母的小本子是什么意思，等等。周士第避而不答。法官反复追问，周士第始终只回答三个字："不知道！"法官束手无策，最后有气无力地问周士第："那小本子上的英文字母是什么意思，是你亲手写的，那该知道了吧？"

周士第说："是学习英文用的。"

这实际上是译电密码，通过杨虎城的电台同邓演达联系用的。

审问无结果，法官最后只得凭空捏造莫须有的罪名宣判：周士第犯有"危害民国罪"。将周士第仍押解回拘留所。

过堂回来之后，周士第估计自己很快就要被押赴刑场枪杀了。"中国国民党临时行动委员会"在牢中的负责人郑太璞对周士第说：

"我们都准备死。最好你不要死，都死了谁来为我们报仇？你是黄埔学生，写封信给蒋介石就不会死。组织上寄希望于你，留下你这条命，将来好为大家报仇，出狱后设法刺杀蒋介石。"

周士第说："这不是要我投降吗？"

郑说："这是假的。"

周说："假的我也不干。"

郑说："这是组织上的决定。"

周说："请原谅。组织上的这个决定，我不能接受。我愿意同大家一块去死。有蒋无我，我绝对不能为了求生而去给蒋介石写信求饶！"

郑见周士第态度这么坚决，也就没有再说什么了。

过了一两天，得知宋庆龄从上海到南京蒋介石家里去"大闹蒋府"，要见邓演达和营救中国国民党临时行动委员会在押人员的消息。可惜，此时已经晚了，邓演达已于11月29日夜间被蒋介石派人杀害了。

宋庆龄得知邓演达已被蒋介石暗杀时，气得要命，大骂了蒋介石一通。

由于国民党内部矛盾斗争的加剧，蒋介石不得不于1931年12月15日宣布下野，22日离开南京。蒋介石下野后，12月下旬，南京国民政府容纳了粤方中委。趁此时机，宋庆龄要求南京国民政府释放了中国国民党临时行动委员会被拘留的人员。当宋庆龄在上海了解到中国国民党临时行动委员会在南京被关押的人员大都获得释放，惟独周士第一个人仍在南京被关押着，还没有获得释放时，又第二次到南京去交涉。这样，周士第才得到释放。

周士第被释放出监时，中国国民党临时行动委员会派杨心暇前去迎接。谁知这时狱卒长不愿归还周士第的怀表。周说："不归还怀表，我就不出狱。"

狱卒长没有办法，只好把怀表还给他。

周士第在被关押中，得了肺病和关节痛。出狱后，通过韩继文同黄琪翔、章伯钧取得联系。黄琪翔给了30块钱让周士第洗澡、理发、买换洗衣服和治病。一天，周士第带着20块钱乘坐公共汽车去找医生看病。在公共汽车上，突然一个急刹车，周士第站立不住，向前一晃，一脚踩着前面一位阔太太的旗袍底脚了。车一停稳，那个阔太太圆睁两眼回头向周士第大骂："混蛋，没长眼睛，踩坏了我的旗袍，你得赔偿！"

周士第因为刚被释放出狱，怕为此惹出麻烦，当即从身上掏出这仅有的 20 块钱，给了那个阔太太息事。

"漏屋偏逢连阴雨"，周士第仅有的 20 块钱，又被那个阔太太讹去，生活和治病等仅靠中国国民党临时行动委员会和黄琪翔等昔日的同僚好友们资助度日。

九、逃往苏区

1933 年夏天，中国国民党临时行动委员会派周士第去福建，帮助推动第十九路军反蒋抗日，并与红军合作。周士第于是改名周力行，前往十九路军。

11 月上旬，第十九路军由 5 个师 10 个旅扩编为 5 个军 10 个师，改称为人民革命第一方面军第十九路军，蔡廷锴任总司令。第四军军长张炎，第四十九师师长阮宝洪，周士第任第四十九师第二十一团团长。

1933 年 11 月 20 日，李济深、陈铭枢、蒋光鼐和第十九路军将领蔡廷锴以及中国国民党临时行动委员会的黄琪翔等，因不满国民党蒋介石推行的"攘外必先安内"的卖国独裁政策，转变到与中国共产党合作的立场上来，响应中共关于"停止内战、一致对日"的号召，发动了反对蒋介石的政变。22 日，发表通电，宣布"中华共和国人民革命政府"，即"福建人民政府"成立。

"福建人民政府"成立时，蔡廷锴委派周士第团负责保卫福建的南大门漳州。

12 月，蒋介石自封为"讨逆军"总司令，调派 15 万军队向福建进攻，并派出飞机狂炸福州、漳州等地。同时请日本派军舰开往马江，协助蒋军占领厦门。蒋介石还派人潜入福建，以金钱、地位收买第十九路军将领，从内部进行破坏瓦解。

1934 年 1 月，"福建人民政府"解体以后，周士第计划将部队带去苏区。但是部队中排以上军官多是蔡廷锴、张炎的亲信，要将部队拉进苏区，必须换上自己信得过的人，才能把部队带走。于是，周士第借故先将通信连长调出，换上自己的祖侄周成德。

周士第正在不动声色地逐步撤换不可靠分子，准备行动时，部队突然奉命调动。当部队开到龙岩西南的坎市附近时，周士第从部队中抽出 50 支步枪，在夜晚秘密交给永定县一个姓张的"中国国民党临时行动委员会"党员，要他组织武装与红军取得联系，以接应他带部队回苏区去。

周士第将部队拉到坎市附近时，已引起黄任寰的注意。当部队开到永定县附近时，黄任寰将蔡廷锴送走后，即宣布凡第十九路军的军官都到广州去原职任用。随即将周士第调到师部，将他的二十一团编散。周士第在师部与几个参议员住在一起。这几个参议员，都是土豪劣绅、亲国民党的政客，实际是暗中监视周士第行动的，把周士第软禁起来了。周士第准备带部队回苏区的计划付诸东流。

一天，黄任寰对周士第说："陈济棠来电报要调你回广州工作。"周士第为了麻痹敌人，即假意表示愿意去广州，回老家去。为了使黄相信，他故意和黄的一个姓吴的秘书长拉老乡关系。因吴也是海南岛人，周问他广州都有哪些海南岛老乡。吴向周介绍在广州的海南岛老乡时，周士第故意装作认真地将吴讲的老乡名字、住地一一记下来，表示到广州后即去找老乡联系。周士第还和监视他的人周旋，故意请住在一起的一位自称会看"麻衣相"的参议员给他看相。那位"会看相"的人对周说："你到广州，定会高升走运，能升官发财。"

周士第当即表示对此很感兴趣。黄任寰还请周士第吃饭饯行，煞有介事，周士第又信口奉承了他一番。

1934年1月的一天早上，黄任寰派其特务连长带武装"护送"周士第和其他几个人去广州，并要周士第坐轿走。周士第暗想：坐轿，前后有人抬着，可就没法跑掉了。于是，周士第向特务连长提出，要求仍骑自己骑惯的那匹马走，他说："我过惯了军旅生涯，不习惯坐轿，一坐轿，头就发晕、头痛。"

特务连长经过请示后，允许周士第骑自己的那匹马去广州。

周士第等一行出了永定县城，周士第就和特务连长边走边交谈，拉近乎，并给特务连长100元钱，请他先行打前站，找宿营地，准备饭菜食宿等等。过了永定城外的浮桥之后，周士第就请特务连长骑马，说是你打前站，需要骑马。特务连长有了那100元钱，说话也客气起来了，说："不客气，还是请周团长骑马。"

说着，特务连长拿着周士第给他的100元钱，就先走了。周士第同他的勤务员磨蹭了一会，看看四周无人，抽个空子，突然上马，快马加鞭，直向苏区方向奔去。

周士第冒着生命危险，一股劲儿地向西北江西瑞金方向奔去。

周士第在乘马行进的途中，一连经过了黄任寰部队的3道封锁线。每次哨兵查问时，周士第借身上穿的这套军官服装，用命令的口气说："有紧急公事。"就冲过去了。周士第冲出黄任寰部队的防线后，依靠预先准备好的地图和指北针，和他到过苏区边界的记忆，向西北瑞金方向前进。在登上一个高坡时，马失前蹄，连人带马滚到山坡下，幸好人、马没受重伤，周士第爬起身来，牵着马走了一段路，又继续前进。

一天下午，周士第到达一处地方。老百姓一看见周士第穿的那身军装，就都吓跑了。周士第判断，这必是已到了苏区或者是到了苏区边境。周士第进了村子，遇到一位老汉，他给了老汉 5 元钱，要他带路到小山背村。刚出村子，看见前面有一个大的村庄，周围都是碉堡，周士第问老汉那是什么村，老汉说是白砂。周士第知道，在白砂住着黄任寰部的一个团。周士第就说："不走这条路。"

老汉说："没有别的路可走。"

周士第坚持一定要走别的路。

但是老汉坚决不肯。

周士第很奇怪。原来这位老汉看他穿着这套军服，就要将周士第送去国民党部队，不轻易放他进入苏区。

周士第着急了，怕双方争持下去出事，就急忙告诉老汉说："我是第十九路军的，要到苏区去！"

这时，河沟那边小山岗上出现了一个青年，在向周喊话："你是第十九路军同志吗？快过这边来。"

老汉听到那个青年的话，马上把那 5 元钱拿出来，坚决退还给周士第，并帮周拉马向小河边走。马不肯下水，不知从何处又跑出来 3 个妇女。其中两个跳下河去拉马，一个在马背后赶，很快将马弄过河去了。

黄昏，那个青年领着周士第到了小山背后当地苏维埃政府，领来一位负责人，询问了周士第的情况。

第二天一大早，苏维埃政府派武装护送周士第去中共中央革命根据地首都——瑞金。

周士第从 1928 年春离开党，到 1934 年 2 月回到中共中央苏区，经历了 5 年多的漂流、曲折的道路。

1934 年 2 月底，周士第到达瑞金。周恩来、朱德接见了他。周士第当面汇报了这几年离开党的情况，并向中共中央写了书面报告，检讨自己离开党是极大的错误。并将随身携带的 1000 元钱交给了党组织。周恩来同周士第谈话中，拿出了一封信，是以贺昌和聂荣臻名义写给周士第的。信中大意是，要周士第推动福建政府、第十九路军蔡廷锴等人来苏区，如果蔡等不来，也要周士第回来。结果现在周士第已来苏区，此信是不需要发出了。周恩来说："信虽未发出，但你所作所为的实际行动，同信上的意见是一致的，是符合中央的意图的，你回来了就好。"

周士第到达瑞金不久，组织上分配他到红军大学训练部当军事教员。

1934年9月间，红一方面军、中共中央和中革军委领导机关准备长征。"红大"改编为上级干部队，周士第被任命为上干队指挥科科长。

十、过泥山

1935年6月初旬的一天，上干队指挥科科长周士第和战士们走过天全县西南的一个山。山上没有路，到处是树木和竹子，地上满是腐烂的树叶，盖在稀稀的泥巴上面。加以这几天经常下雨，寸步难行。

黄昏的时候，红军就在这个山上露营。上干队位置在半山坡上。大家不能煮饭，都吃各自带的干粮。口干得要命，上干队队长肖劲光和周士第商量，想办法弄点开水喝。于是，两个分工：他去找柴，周士第去找水。周士第拿着"宝贝"到处找水。"宝贝"即小脸盆。因它能洗脸、洗脚、洗澡，又能烧水、煮饭、煮茶，并且便于携带，所以大家都称它"宝贝"。在一个沟洼里，搞了一小盆掺杂着烂树叶和泥浆的又浑又脏的水，端了回来。肖劲光见了说：

"不知道有多少亿个细菌！"

"总比没有好啊。细菌虽然多，烧滚了都要死光。"周士第说。

"管它，我们的肚子早已经是'消毒锅'了。"肖劲光说。

他们看看周围有没有火，想去取引。但是没有一个地方有火，只好自己想办法，用烂纸引，但柴是湿的，很久没有引着。后来，周士第用了一个本子点火，才把柴烧着。

指挥科第二班一个学员来他们这里引火。引着了，拿回去就熄了。第二次又来引着，刚走几步又熄灭了。他发脾气说：

"天天下雨，天也帮助敌人！"

肖劲光队长听见了，就说："你耐心一些，把柴多烧一下，就不会熄灭了。"

那个学员转来引火时，肖劲光又对他说："敌人不能克服困难，我们能够克服困难。天下雨，也许是帮助我们的。"后来，那个学员点着火走了。

他们的水烧开了，好多人都拿着漱口杯来要。每人只分得半杯水，就分光了。吃过干粮，又喝了水，周士第说："肚子问题解决了，怎么解决眼睛问题？"

研究了一下，最后肖劲光说：

"还是两个人一起坐下，背靠背闭闭眼好。"

他们立刻动手，在泥巴上面垫了树枝，树枝上面摆好包袱，两个人就背靠背地坐下来。周士第撑开一把雨伞，用手拿着，遮住两个人的脑袋，但是，两只脚却无法遮避，只好让它们在泥巴里过夜。

大家睡觉的姿势，什么样的都有：有的一个人坐着睡，有的两个人背靠背坐着睡，也有的人站着睡……大家都谈论着自己的睡觉姿势：

"我要学古人：'坐以待旦'。"

"我要创造'立以待旦'，辞源里应当添上这个成语。"

"……"

天亮的时候，雨伞在肖劲光的手里拿着，周士第就问他：

"雨伞怎么跑到你手里去了？"

"你睡得跟死了一样，伞掉了都不知道。"肖劲光说。

大家醒来一见面，都看见对方身上有泥巴，不由得大笑。可以说没有一个人的身上没有泥巴，有些人脸上也有泥巴，样样东西都被泥巴装饰起来了。好多人提议，把这个山改名为"泥山"，结果大家七嘴八舌，并合做了一首三言诗：

> 上山时，遇故知；
>
> 见面礼，稀巴泥；
>
> 泥多情，善交侣；
>
> 交结谁，皆不离；
>
> 护手指，抱脚皮；
>
> 喜巾帕，爱戎衣；
>
> 共行动，同起居；
>
> 当分别，犹依依。

中央红军先锋部队已经打垮了敌人，占领了天全。周士第他们这一支满载泥巴的人马，踩着泥巴下"泥山"，下午到了天全县城。晚饭是大米饭、猪肉菜。

天全的大米特别香，猪肉特别美。晚饭的时候，周士第忆起昨晚在"泥山"上第二班的那个学员发脾气的事来，便到二班去看看。

二班正在院内蹲着吃饭，见周士第来了，大家都一手端着碗，一手拿着筷子站起来，嘴巴里还大口大口地嚼着饭，吃得很香。周士第看着昨晚发脾气的那个学员，他也笑着看周士第。

"天下雨是帮助谁？"周士第问他。

他光笑，没有说话。知道这个故事的学员也在笑，不知道的都悄悄地询问别人。

"到底帮助谁？"周士第又问。

那个学员笑了好久才说："帮助我们。"

"帮助什么？"

"帮助我们吃好大米、好猪肉。"

"还有？"

"帮助我们打垮了敌人，占领了天全。"

十一、你们这种打法，《步兵操典》上没有

1935年7月21日，中央红军长征到达松潘以西的毛儿盖时，中革军委决定调上干队队长肖劲光去红三军团任参谋长，政委周桓调走另有任用。上干队队长由周士第升任，政委由董必武接任。

红军在召开毛儿盖会议时，胡宗南部队已经占领了松潘，准备向毛儿盖游动，寻找红军主力作战。上干队奉命前进到毛儿盖寺以北库孔沟口警戒。

库孔，藏语意为皮火甬。库孔沟很长，有10多公里，沟中间宽、两头窄，两头形如咽喉的小口，藏族同胞叫它"皮火甬"沟。狡猾的胡宗南部知道毛儿盖地区山大林密，不敢贸然用大部队进攻，先派出从兰州调来的西北补充旅补充团第一营搜索前进，实行火力侦察，以探明红军的虚实。

周士第带领上干队进入库孔沟阵地后，故意置沟口于不顾，命令部队潜伏在森林里以逸待劳，派少数人警戒，其他战士用藤蔓在树与树之间搭软床，躺下来休息。

果然，天亮时，敌人1个尖兵班出现了。周士第命令哨兵不准阻拦，放敌人进了沟口。半小时后，这个侦察班往回走。周士第仍不准哨兵阻拦，放敌兵回去。

快到中午，周士第命令部队在吃饱喝足休息好之后，进入沟口两侧阵地。

不多时，敌人开进库孔沟里来了，战斗队形搞得挺正规：1个连在前搜索，两个连居中跟进，另1个连在营指挥所之后。周士第亲自去火甬口上指挥，一直耐着性子，把最后一个敌人装进皮火甬里，然后一声"打"，战斗在敌人背后打响。这时，部队立即从两侧山林里冲下来，前边的山口也早被红军堵死。

浩浩荡荡的敌军立即像散了的羊群，在满沟里乱冲乱窜。敌军官兵一见红军冲来即嚷着"缴枪、缴枪"。战斗不到一个小时，一个加强营的敌人全部被消灭。

最后，一个被俘的军官在被审问时不服气地说："你们这种打法，《步兵操典》上没有。"

他这一说，周士第嘿嘿一笑："对不起，我们这一次是土打法。下一次一定照老蒋的《步兵操典》打。"

十二、你们师长我还要争取他当红军呢

1935年8月27日，红军历尽千辛万苦，越过了鸟儿也绝难飞过的沼泽草地，到达了巴西、班佑、包座。

这时，蒋介石、胡宗南为了把工农红军消灭在荒无人烟的草地，在红军刚脱离毛儿盖、向巴西进军时，就派敌第四十九师抢占了松潘县以北的包座七部落，企图堵死红军北去甘肃之路，与之决战。

8月29日，红军在毛泽东、彭德怀的指挥下，包座一战，全歼敌第四十九师两个整团，共歼敌1200多人，活捉敌一个团长、一个团副以下800多人，攻占了上下包座，打开了向甘南进军的门户。

为了迅速改造和处理这些战俘，中共中央派周士第、王盛荣、王观澜等到包座战俘营去工作。

敌第四十九师原是福建人民政府时蔡廷锴派张炎和周士第去改造过的部队。两年以前，周士第还在这个师当参谋处长。福建人民政府失败后，第十九路军被整编，一部分第十九路军原参加过"一·二八"淞沪抗战的人员又补充到第四十九师。所以周士第一到战俘营，几乎都是故知，熟人多得很。

这些俘虏大都是周士第原来的部下。十九路军有淞沪抗日的光荣历史，向来反共消极，在蒋光鼐、蔡廷锴领导时期，向来视红军为友军。在淞沪抗战中，周士第曾代表宋庆龄、邓演达、陈友仁、黄琪翔的中国国民党临时行动委员会组织的支援第十九路军淞沪抗战抗日义勇军的队长，与第十九路军将士在上海战壕里并肩战斗过，周士第也是当时有知名度的风云人物。之后，淞沪抗战被蒋介石出卖，周士第又到福建第十九路军工作。现在，被俘人员一见到了周士第就如见到亲人。

周士第等人在处理俘虏时贯彻红军优待俘虏的政策，同时又用第十九路军淞沪抗战、反蒋抗日的光荣史教育他们。最后，愿留下当红军的，红军欢迎；愿回家或返回国民党部队的，发足路费。几天之后，周士第等把白花花的银元摆在桌上，俘虏站队表示自己的去向，如果回家发给雪花银。谁知在站队时，竟然有百分之九十的人站到留下参加红军的一边。许多人还说："我早就想参加红军了！"

周士第笑盈盈地对大家说："你们的师长伍诚仁是我的老同学，他如果不在战场逃走，我还要争取他和你们一块当红军哩！"

周士第、王观澜、王盛荣等在包座改造俘虏工作出色，成绩很大，使红军部队在荒无人烟、战斗和自然减员非常大的草地得到兵员补充。周士第等受到中共中央的表扬。

十三、死里逃生

上干队走出包座后，就进入了甘肃、四川交界嘉陵江边。在嘉陵江的上游有个叫铁布沟的河口。它又称白龙江或白水河，是黄河发源地的支流之一。此处山谷狭窄、河水湍急，一段又一段的河边，仅有能通过一人一马的小道，有的连立足的小道也没有，只能靠修在山腰半空中的栈道通行。然而，这里的栈道年久失修，人马在上面一走，唰唰落土，嘎嘎作响，有的木断坍塌，十分可怕。

这一天就要过栈道了。只是听说过栈道很险要，并且还听说张良劝说汉王烧栈道，三国时魏延造反时也烧过栈道的事，但是都没有走过栈道的经验。

大家刚走上栈道，前面就传来了命令：栈道被敌人破坏了，部队就地停止前进，迅速找木料送上去，修补栈道。

上干队接到前面传来的命令以后，周士第和政委罗贵波立刻派出警戒，派一部分人去寻找木料，派一部分人去砍伐树木。大家非常积极，连炊事班也要逞英雄去砍树木，"打麦机"和"磨子"都出动了。学员没有砍伐工具，炊事班把劈柴刀借给学员，他们自己用菜刀砍，还有些人用小刀子割。大家都表示：就是用牙咬也得把树咬断，送上去。经过一阵紧张的砍伐，战士们砍下的和找到的树木送上去，只用了几个小时，栈道修好了。

为了大家的安全，周士第先第一个上路。当周士第沿栈道探路时，忽听得一个学员大喊："队长，你的骡子跌下去了。"

当周士第看骡子时，身体向左一歪便失去了平衡，跌进了白龙江里。

白龙江中，横石积卧，雪浪腾空。落入水者，十去九不回！白龙江已经夺走了许多没有倒在敌人枪口下的同志，大家悲泪惋惜不已，都认为这一下周士第不能生还了。

谁知周士第却懂水性、会游泳，他小时候就在家乡海南岛九曲江、凤栖塘中游惯了水的。周士第落水之后，并不惊慌，奋力与恶浪搏斗。

但是，跌进了白龙江，好像钻进了冰窟，冻得要命，全身的骨头都发痛了。他钻出水面以后，已经冲出了很远。战士们还在栈道上大声地喊着：

"快救呀！快救呀！"

"有什么办法？有什么办法！"

"……"

激流中的周士第看见河里有一块大石头，想爬上去再想办法，便向它游去。游到跟前就用手去抓，但是，水流很急，抓不住，反被水浪打了下去。

战士们看见周士第又被冲了下去，以为没有什么希望了。岸上的几百只眼睛都在望着周士第，表现出悲伤的神情。为安慰他们，不使他们伤心，周士第左臂夹着雨伞，举起右手向他们摇摆，表示不要紧，请他们放心。他隐约地听见岸上的声音：

"这是最后挣扎了！"

"不成了！"

"完了！完了！"

"……"

悲哀的声音，好像在为周士第送别。

周士第在激游的冲漂下向下游远去了。周士第奋力地游着，大概游了数里地，他转头一看，岸上已渺无人影，只有他孤单单的一个人在水里漂游。两岸的峭壁，都像要向周士第头上压下来的样子。大阳暗起来了。天空低了、小了。汹涌的波浪一个比一个大，一个比一个高，好像要把他送上天去，又好像要把他埋入地下。这些都不可怕，关键的是左岸还有反动民团。周士第边游边想了一个办法：如果发现反动民团，就钻入水中向前潜泳，过一会，用仰泳露出水面来换一口气，再钻入水中向前游。这样，就可以对付反动民团的射击了。

脑海里一个接着一个的思潮，河流中一个接着一个的波浪，伴随周士第前进。忽然，左岸上好像有人，周士第集中全部精力去搜索。这时，一个大浪向他偷袭过来，又把他打了下去。

这次钻出水面后，周士第感到身上沉重起来了，他想把大衣和雨伞丢掉，但又考虑上岸以后，再也没有办法找到这些东西，便决心不丢。这时周士第觉得体力还能支持，还可以游个十里八里。于是决定等到实在无法支持时，丢掉这些东西，再飘个十里八里。他相信，再游几十里，一定可以找到上岸的地方。

不久，远远地看见右岸有向左转弯的地方，又没有悬崖，他决定从那里爬上去。游到跟前，拼命地抓住岸上的石头，猛一用力，就爬上去了。

上岸以后，把大衣脱掉，秋风吹来，寒冷刺骨，全身酸痛，站立不住，倒在地上。这时，看见有两个人朝他走来，其中一个是拐了脚的。他们看见周士第倒下，都加快步伐跑过来，问周士第：

"同志，怎么啦？"

"跌到河里刚爬上来。"

原来他们也是掉入河中游上岸的红军，他们扶周士第坐起来。一个同志说：

"动嘴三分力，给你点麦子吃就好了。"

周士第伸出一只手去接，他说："两个手，两个手。"周士第知道：各人背的炒麦子，都是各人的口粮。这时粮食很困难，各人的粮食都不够吃，所以他只伸出一只手，是想少要一点。但是，这位同志很慷慨地给了周士第一捧。吃过麦子以后，有劲了，周士第站了起来。那两个同志说：

"我们扶着你，慢慢地走吧！"

"同志，你们先走吧，我们上干队快来了。"周士第说。因为这时他远远地看见上干队来了。他们出乎意料地看见周士第站在路旁，都高兴地蹦了起来，大喊大叫："队长上来了！队长上来了！……"

大家都向周士第拥过来，罗贵波政委气喘喘地说：

"所有东西都拿出来！"

李一氓给了周士第一个褂子，宋时轮给了周士第一条裤子，罗贵波给了他一双草鞋……周士第全身都换上了干衣服。罗贵波政委见周士第还是发冷，又给了他一床毯子披起来。

周士第跌进白龙江，给上干队过栈道增加了一个插曲。休息的时候，大家聚拢在一起摆"龙门阵"，这个插曲成了大家谈笑的中心题目。

徐特立说："你今天跌进白龙江里，大家真想救你，可是有什么办法呢!?只得看着你随波而去。我们心里难过极了，但是爱莫能助！后来看到你爬上了岸，心里都极为高兴。由栈道跌入江中能够生还的，恐怕你还是第一人。"

宋时轮说："你今天参加了一次国际游泳比赛，得了第一。这个第一，是没有人同你争的，再来一次，还是你的第一。今天你还打破了三个世界记录：一个是跳板跳得最高；再一个是人家游泳用两只手，你是用一只手；第三个是人家游泳只穿一条裤衩，你是带着全身'宝贝'。"

宋时轮所说的宝贝是指周士第穿着大衣、衣服、草鞋，还带着雨伞、水壶、干粮袋。大家一听都笑了起来。

十四、升任军团参谋长

1935 年 11 月初，中央红军在陕西甘泉附近地区同早先到达陕北的红十五军团会合。11 月 3 日，中华苏维埃共和国中央政府决定成立中国工农红军西北革命军事委员会，毛泽东为主席，周恩来、彭德怀为副主席。同日，西北革命军事委员会发布第一号命令，宣布恢复红一方面军，彭德怀任司令员，毛泽东任政治委员，参谋长叶剑英、政治部主任王稼祥，辖第一军团和第十五军团。第一军团，军团长林彪，政治委员聂荣臻，参谋长左权，政治部主任朱瑞；第十五军团，军团长徐海东，政治委员程子华，参谋长周士第，政治部主任郭述申。红一方面军共 1 万多人。

中央红军胜利到达陕北，对蒋介石震动很大。他以为中央红军虽然到了陕北，但已溃不成军，于是重新调整对陕甘苏区的"围剿"部署，成立"西北剿总"，蒋介石自兼总司令，张学良为副总司令，指挥陕甘宁青的兵力 30 余万人（与在同一地区的红军是十比一），妄图一举消灭红军。张学良以东北军 5 个师的兵力，对红军进行包围：西线以第五十军董英斌带领第一〇六、第一〇八、第一〇九、第一一一等4个师，由甘肃庆阳、合水出动，经太白镇，沿葫芦河东进；南线以第六十七军王以哲带领第一一七师，由洛川北上富县，策应第五十七军，对红军构成合围态势，随后逐渐向北压缩，企图围歼红军于葫芦河、洛河西北地区。

为了粉碎蒋介石的这一阴谋，给敌人以歼灭性的打击，11月5日，毛泽东在象鼻子湾召开军事会议，决定组织直罗镇战役，并研究了作战部署。

于是，11月6日至7日，红一军团由甘泉以西定边集、下寺湾进至富县西北的老人仓、秋林子地区；红十五军团攻占直罗镇以东的张村驿、东村等据点。并以一部兵力加紧围攻甘泉，以调动敌人东进。然后拟集中兵力歼灭沿葫芦河东进之敌一两个师。而后，视情况各个歼灭敌人，以打破敌人的围攻。

19日，敌先头部队第一〇九师到达了黑水寺、安家川地区。毛泽东和红一方面军领导马上决定，诱敌深入，首先歼灭该敌于直罗镇地区。

直罗镇东距陕西鄜县（今富县）、西离甘肃合水各大约50公里，是甘肃合水通往陕西富县大道上的一个较大的集镇。这里有200多户居民，在葫芦河中段南岸，南北群山连绵对峙，中间是一条狭长的谷地。葫芦河最宽不到200米，窄处只有二三十米，犹如沟通东西交通之锁钥。大部队在此很难展开，只能摆开一字长蛇阵，只要将敌人诱进"口袋"，即可关门打狗。

11月18日，毛泽东组织红一、红十五军团几十名团以上干部，在张村驿会合后，赶到30里外的直罗镇，登上镇西南的山头，鸟瞰全镇地形。然后根据实际观察的地形，大家研究具体作战部署：把敌人诱进直罗镇，然后两面夹击，歼灭它。

回到驻地后，红十五军团徐海东、程子华要周士第参谋长和司令部工作人员，根据在直罗镇附近察看地形的情况绘制草图，然后制定第十五军团配合红一军团的具体作战方案。毛泽东和红一方面军领导对红十五军团的作战方案非常满意。

11月20日下午16时，敌第一〇九师师长牛元峰亲自带领一师人马在6架飞机的掩护下，果然按照毛泽东的"调遣"，开进了直罗镇。红一方面军当夜将他们包围。21日拂晓四五点钟，红一方面军发起攻击，红一军团由北向南，红十五军团由南向北，对立足没稳的敌军展开猛烈攻击。

在战斗中，毛泽东、周恩来、彭德怀等领导都亲临前线，总指挥部就设在直罗镇北面吴家台北端的一个山坡上。

徐海东、周士第率红十五军团从药埠头由南向北拦击敌人,红一军团直插黑水寺,堵住了敌人的退路。上午 11 时,红一军团攻入直罗镇,红十五军团将敌设在直罗镇南山上的阵地攻破。到中午时分,将牛元峰的第一〇九师师直属队及其两个团全部歼灭。

开始战斗比较顺利,激战约半天,红军就攻占了直罗镇,来敌大部被歼灭。只是东山上那座石砌寨墙的小寨子,没有攻下。牛元峰利用这座石砌寨墙的残址,固守待援,接连向军长董英斌发电求救。下午四五点钟,一架敌机在直罗镇上空盘旋,想来援救,但是无能为力,只能遥望一下,然后无可奈何地沿原路飞去。此时,红军想打下飞机入寨子,但是由于没有重武器,压不住敌人的火力,不能接近它;敌人想逃,由于被红军包围得紧紧的,无缝可钻,也逃不脱。渐渐地,太阳已经西下,敌我双方仍然在进行冷枪战。遵照周恩来的指示,因为寨墙坚固,敌人不少,白天攻击必然伤亡大,先围起来,等到晚上再发动进攻。

待到夜幕降临,红十五军团即由周士第带领第七十八师向东山那个寨子攻击。周士第意识到这是中央红军到达陕北的第一仗,必须打胜,所以决心很大。他抱着不惜牺牲、攻敌必胜的信念,指挥第七十八师向敌人冲去。敌人果然支持不住,牛元峰弃寨突围西逃,又被红第七十五师追击,在直罗镇西一座山上,天将拂晓时,敌师长牛元峰被红军击毙。到 24 日,直罗镇地区的敌人被红军全部歼灭。

直罗镇战役共歼敌一个师又一个团,毙敌师长牛元峰以下 1000 多人,俘敌团长高福源以下 5300 多人,缴获长短枪 3500 多支,轻机枪 176 挺,追击炮 8 门,无线电台两架,子弹 22 万发;迫使敌第一〇八、第一一一师退回甘肃,第一一七师退出富县。敌分路增援直罗镇的 3 个师,被红军打援部队歼灭 10 个团之后,也乖乖地撤离了。

然而,周士第在指挥直罗镇东山战斗中,头部中弹负伤。

直罗镇战役,在中共中央的直接领导下,取得了伟大的胜利。红一和红十五军团团结一致,协同作战,打得干脆、利落。直罗镇战役的胜利,打破了蒋介石对陕甘苏区的"围剿",巩固了陕甘苏区。毛泽东高兴地说:直罗镇大捷,"给党中央把全国革命大本营放在西北的任务,举行了一个奠基礼"。

十五、与张剑结婚

周士第自从发妻被人杀死后，一直孑然一身，再也没有谈过恋爱。

1940年经过大半年的对敌斗争，晋西北的人民抗日武装有了很大发展，为了进一步推动晋西北的军事建设，10月26日，中共中央批准成立晋西北军区，并委任贺龙为司令员、关向应为政治委员，续范亭为副司令员、周士第为参谋长、甘泗淇为政治部主任。

1940年12月23日，在贺龙和甘泗淇及其夫人李贞的介绍撮合下，周士第同张剑结婚。

张剑端庄秀丽、温文尔雅、敦厚忠诚。她原来姓石，是河北省深县西石村人。出生于1922年1月，家境贫寒，父是木匠，不幸早亡。她11岁时，又遭巨大的不幸，母亲病死，比她小两岁的弟弟也夭折。她与比她大6岁的姐姐，在奶奶的照料下相依为命。后来，姐姐出嫁，奶奶病逝后，只剩下张剑一个小女孩孤苦伶仃，无依无靠，最后由姑母收养，随姑夫改姓张。姑母没孩子，对她很好，并且送她上学，一直到高小毕业。但是，幼小的她总觉得去外村姑母家不好，不愿去姑家长住。上高小时，在离家12公里地的回龙庙住宿求学。抗日战争爆发

周士第与夫人张剑

后，才十几岁的她参加了革命，在本县前磨头区妇救会工作，从此再未回过姑家。1939年第一二〇师到冀中，她即参军在独立第五支队任宣传员。1940年她跟随第一二〇师到晋西北兴县，一直留在师部甘泗淇的夫人李贞身边。尽管后来她几次要求回第五支队，但是李贞婉言相劝，不让她走。

一天，李贞说师领导想吃饺子，但不会做，要她们几个女孩子去帮助包饺子。结果，贺龙和周士

第等人全来了，张剑同周士第由此相识。

以后，贺老总经常打电话约她去玩，开始时，张剑不好意思，不愿意去。有人说她架子大，师长都请不动，这样她就常去了。她一去，周士第每一次都在场，一来二往，接触中，她感到周士第人挺好，挺文明。经过贺老总、甘主任，主要是李贞的撮合，并经过组织批准，周士第和她结了婚。

战争年月结婚简单，房子是老乡的，家具也是老乡的，把两个人的被子合在一起，宣布一下就结婚了。

婚后第二天，周士第就上前线指挥部队反击日军冬季的大"扫荡"去了，留下张剑一人和贺龙他们在一起。张剑后来回忆说："贺老总对我很关心。现在还记得，周士第去了前线后，敌人飞机来轰炸，贺老总总是叫上我一起躲飞机。开始我不好意思，一天，我跑到老乡家去，用被子蒙上头，认为看不到、听不到飞机，就是防空了，留下了不少笑话。"

十六、甄家庄歼灭战

1942 年秋，自 9 月 1 日起，日本华北方面军第一军第六十九师团第五十九旅团的第八十二、第八十三、第八十五等 3 个大队，共 1500 多人，和独立混成第三旅团及大量伪军，由汾阳、离石、信义、东社、岚县等地，同时出动，对晋西北实施分区域的轮番"扫荡"。兽蹄所至，财物被抢去，村庄被烧毁，无数同胞遭到残害。

在晋西北抗日军民分头伏击、袭击之下，于 16 日，敌第五十九旅团及第八十二、第八十三大队回到了离岚公路线的圪洞、胡堡等据点，只留下第八十五大队，配合独立混成第三旅团，在保德地区继续"扫荡"。

27 日，日军第八十五大队纠集 800 多人，拖着 4 门大炮，带着 300 多民夫和骡马，分两路从白文镇、寨子村出动，企图袭击驻兴县城的晋绥区党政军领导机关。由于领导机关已有察觉，早先转移了，敌人扑了一个空。

结果，敌又转向兴县西北的魏家滩、马家滩地区"扫荡"。10 月 4 日，敌人又向黄河东岸的黑峪口，并炮击盘塘的河防部队。河防炮兵当即予以还击，日伪军仓皇而逃，黄昏前到达赵家川口。

这时，晋绥军区领导机关正在赵家川口南约 10 公里的村庄。周士第在这里召集党、政领导干部开会，研究消灭这股深入根据地腹心的敌人的问题。

周士第说：第八十五大队，虽是日军第五十九旅团的主力，战斗力较强，但在 1942 年 5 月田家会战斗中，曾遭我们歼灭性打击，补充新兵绞多，战斗力已大不如前。此次来犯，在将近 1 个月的时间里，虽未遭到致命打击，但沿途日夜遭晋西北抗日军民不断袭扰、伏击，已伤亡近百人，且部队被拖得疲劳不堪，士气低落。深入晋绥抗日根据地后，地形不熟，补给困难，孤立无援，已陷入草木皆兵的境地，不可能久留，必定会在几日内撤退。我们要做好歼敌的准备。"

这时，第一二〇师在"挤敌人"的胜利鼓舞下，士气高涨，斗志昂扬，且地形熟悉，又有广大人民群众的大力支援，特别是冀中第三纵队来到晋西北的各团，都能随时投入战斗。在这一地区，晋绥军区可以集中 10 倍于敌的优势兵力。

甘泗淇说："只要抓住敌人弱点，发挥我们的有利条件，消灭这股敌人是有把握的。遵照毛主席制定的'基本的是游击战，但不放松有利条件下的运动战的作战方针'，现在正是打运动战的良好时机。"

大家纷纷赞同。周士第根据这些情况，下定决心消灭这股敌人，并将作战设想和部署及时上报。经批准后，他们集中了近 7 个团的优势兵力，动员了兴县、方山、岚县当地民兵、游击队积极配合，采用沿途伏击、袭击、分段围歼的战法，消灭日军第八十五大队。

为了便于指挥作战，晋绥军区特设立了军区前进指挥所，由周士第负责指挥作战。

10 月 5 日 2 时左右，日军第八十五大队一部从赵家川口向康宁镇方向出动了。当日军进到吕家湾之后，又分兵两路，向大小善畔村行进。当天夜里，日军与一二〇师的警戒分队打响。天亮后进入了周士第预设的伏击阵地，在小善畔东北，日军被一二〇师第二十六、第十七、第三十六团、军区警卫营以及游击队、民兵、群众包围。日军发现落入包围圈后，措手不及，被迫就地构筑工事，进行顽抗。下午，5 架敌机来支援，敌人发动 3 次冲击，都没突出重围。6 月 14 时，阵地上飘来一股股腥臭气味，不大一会儿，敌人向小善畔西北猛烈炮击。

据报来的种种现象，周士第判断：阵地上的腥臭气，是敌人在焚烧尸体，日军焚尸是要突围的征兆；他们炮击西北，但是却有小股敌人向西北搜索前进，周士第认为日军是在玩弄声西击东的花招。他估计敌人可能向东南的杨塔村、王家圪塔、曹家坡、刘家庄方向突围，于是命令部队又在那里设伏，组成了两个伏击圈。

晚上 24 时，日军果然向东南方向突围。7 日早，敌人在 5 架飞机掩护下逃窜，进入第一二〇师伏击圈，被第二次包围在刘家庄一带。激战至黄昏，第一二〇师节节阻击，持续到 8 日拂晓，然而，日军不顾死活地拼命突围，企图冲出包围逃窜。第一二〇师第二十一团特务连排长常金娃没等上级命令，就带领全排勇猛追击。追到花子村附近，眼看敌人要进入白文镇了，如果让敌人进到白文镇，要想消灭敌人就困难得多了。正在着急之时，忽然前面响起了密集的枪声。原来是花子村、雷家沟、马家村等村的民兵发现敌人逃窜，立即占领有利地形，进行阻击。民兵的行动，为我追击部队赢得了时间。敌人的去路被刚赶到的第二十一团切断。正在敌我抢占小高地时，第三十六、第十七、第二十六团和特务团及时赶到，把敌人第三次包围起来。战斗至黄昏时分，日军又东逃到兴县东南 20 公里甄家庄，第一二〇师又将敌第四次包围起来。

日军逃一次包围一次，几次反复，已走投无路，只得在甄家庄东南高地上固守起来。

周士第考虑，如何才能以小的代价消灭这股敌人呢？敌人依托甄家庄高地拼命修筑工事，如施以强攻，代价会大。最好的办法是把敌人调出甄家庄阵地，在运动中歼敌。可是，战场选择在哪里呢？甄家庄往东走是敌人控制的离岚公路，距敌据点赤坚岭、王狮较近。要调动的话就要判断敌人可能向哪个方向突围。这时，日军有两方向有利：一是经田家会向普明方向逃窜；一是经郑家岔向赤坚岭方向逃窜。据此，周士第命令，除第十七、第二十一、第二十六团继续包围甄家庄敌人外，命令第三十六团赶去田家会设伏，命令特务团前往郑家岔设伏，防敌东窜，断敌退路，并准备打击离岚公路线上可能前来支援的日军。

为了更好地歼灭被包围了的日军，周士第又命令各军分区部队和游击队、武工队、民兵到处破坏路基、袭击敌人据点，使敌自顾不暇，无力出援甄家庄被包围了的八十五大队。与此同时，负责包围甄家庄敌人的部队，不断向敌人发起攻击，并在甄家庄南、北、西三面大小山头上加修工事，虚张声势，迫使陷入重围的日军向东突围逃跑。

经过 3 天 3 夜的连续围困和攻击，日军的阵地愈来愈小，伤亡愈来愈大，终于陷入了弹尽粮绝、孤立无援的境地。几天来只好凭飞机空投食品，但是却有大部分落入第一二〇师阵地。敌人是杯水碗粮，垂死挣扎。10 日 22 时左右，日军终于顺着山沟向东突围，进入了第一二〇师预设埋伏的道路中。当敌人逃到郑家岔，进入特务团的伏击圈时，立即遭到迎头痛击，地雷、手榴弹、石头到处开花。郑家岔的山沟里，火光闪闪，响声隆隆，敌人死伤遍地。敌人5次冲锋，都被特务团击退。不一会，追击部队、游击队、武工队、民兵等也陆续赶到，同特务团前后夹击、密密层层、四面包围。战斗到11日拂晓，日军大部分被特务团等歼灭，仅有残敌100余人，乘黑夜向山林四散逃窜，又被第一二〇师的搜索部队歼其一部，最后只剩下零星残敌逃回王狮、赤坚岭据点。

甄家庄歼灭战，共歼灭日军700多人，伪军100多人，给予敌人以重大打击。日军原定配合蒋介石反共和向晋西北根据地"反挤"的两个月秋季大"扫荡"计划，以甄家庄歼灭战的胜利宣告结束。

甄家庄歼灭战之后，周士第又病倒了。周士第打起仗来，常常是殚精竭虑、废寝忘食，连续几昼夜不休息。并且，他又常常是亲临战阵，日夜不离第一线指挥岗位。因此，他常常出现这样的情况：战斗紧张当中，精神十足，战斗一结束，敌人被消灭了，他自己也就累垮了，这次病得较重。战斗一结束，他就被用担架送进了医院。医院检查是肺结核病复发，病得很重。领导要他去延安疗养。这时已看到八年抗战胜利曙光即将到来，周士第不愿离开战斗岗位去疗养，继续坚持在晋绥根据地。

10月，周士第升任晋绥军区副司令员。

十七、老病号，两顶一

晋绥军民在贺龙、关向应、周士第等人领导下，在秋季反"扫荡"中，共进行了大小战斗300多次，消灭日伪军1300多人，粉碎了敌人"反挤"和破坏秋收的阴谋。

1943年，他们继续认真贯彻了毛泽东主席"把敌人挤出去"的指示，对敌斗争取得了很大胜利，共挤掉敌占据点138个，收复村庄3108个，解放人口40多万。

20多年的戎马生活，几次负重伤，加上蒋介石监狱迫害，周士第的身体一直不好。贺、关领导去了延安之后，周士第的担子加重了，他常常病中一边服药，一边指挥战斗。有时高烧达39℃，仍不下火线，躺在担架上指挥。但是，频繁的战争，繁重的工作，把周士第彻底累垮了。1944年6月，周士第不得不奉命回延安疗养。

周士第（左）与贺龙（中）、关向应在冀西前线

在延安休养治疗期间，一度病情加重，毛泽东主席曾专门去医院看望周士第。周士第感动地说：我不要紧，至少还可以为党工作 20 年，请主席放心！

毛泽东主席看过周士第之后，对贺龙说："周士第同志具有无产阶级共产主义的坚决性，对养病也很有信心。"

事后，贺龙向周士第传达了毛泽东主席的话，周士第受到极大鼓舞，更加坚定了与病魔斗争的信念。

1945 年 4 月 23 日至 6 月 11 日，周士第作为代表，参加了中国共产党在延安召开的第七次全国代表大会。会后，继续在延安养病。

1946 年 6 月，周士第病体尚未痊愈，在他一再要求下，回到了晋绥边区继任军区副司令员。

然而，他一去晋北，战役就打响了。结果，8 月 15 日晋北战役一结束，周士第的身体又累垮了。随后，在他奉命兼任晋绥军政干部学校副校长（校长由贺龙兼任）、党委书记后，他带病主持了学校的开学工作，又坚持不了了，只好又回军区司令部休养。

1948 年 5 月 9 日，华北军区成立，下辖第一、第二、第三兵团和 5 个纵队、6 个军区。

5 月 17 日，徐向前指挥的冀鲁豫军区部队攻克了山西临汾，全歼城中守敌。当日，晋冀鲁豫军区前方指挥所奉命升编为华北军区第一兵团，华北军区第一副司令员徐向前兼任兵团司令员和政治委员，周士第调任兵团副司令员兼副政治委员，下辖第八、第十三、第十四纵队。

5月底，周士第到达了临汾华北第一兵团司令部。

周士第同徐向前是老相识，都是黄埔一期的青年学生。他很尊重徐司令员。两人一见面，徐司令员笑着对周士第说："我们两位都是老病号，两顶一吧！两个人做一个人使用。"

对此，一位中央领导同志却有另一种说法："老将出马，一个顶俩，姜还是老的辣。"

十八、演空城计

1949年4月21日，中国人民解放军第二野战军、第三野战军的百万雄师，在长达500余公里的战线上强渡长江，直捣国民党政权首府南京。4月23日，红旗插上了国民党的总统府。国民党残兵败将仓皇逃窜。解放大军继续向华东和华南地区乘胜进军。

在西北战场上，第一野战军也向国民党军队发起了猛烈的进攻。

1949年5月，古城西安宣告解放。

为了扩大西北战场的攻势，中共中央军委决定：调周士第任司令员的华北野战军第十八兵团和杨得志任司令员的十九兵团归入第一野战军建制，投入了西北大决战的序列。

两个兵团共6个军，兵强马壮，浩浩荡荡地由晋入陕，大大增强了一野的实力，使一野的总兵力达到40万人，从而彻底地改变了西北战场上敌强我弱的状况。

1949年5月，周士第率十八兵团直属机关、部队进驻西安后，作战室设在原国民党的励志社旧址。此时，马家军已进到兴平、醴泉，胡宗南部已回窜到大雁塔以南的子午镇和西安以东的灞桥附近。西安城内谣言四起，土匪特务趁机出动抢劫财粮事件170多起。

周士第在部署了部队守备、作战任务之后，问身边作战值班参谋杨弘："你注意到门口那位卖凉粉老人的叫卖声了么？"

杨弘说："听到了。"

周司令员说："上午招呼一碗5分钱，中午招呼一碗8分钱，到了下午则招呼一碗1角了。一天三变价，越变价越高。你说这些变化说明了什么？"

1949年6月，周士第（右二）与徐向前（左二）、陈漫远（左一）、王新亭（右一）合影

杨弘一时答不上来。

周司令员接着说："作为一个军人，一个指挥员，时刻要注意周围的事物，研究周围事物的变化，天文地理，日月星辰，风云气象，乡土民情，社会动向，儿歌民谣，都要注意，特别要注意研究其变化情况。街上这个卖冷粉的，一天三变价，越变价越高，反映了这是新解放区，群众对我们的力量尚缺乏信心，只看到胡、马反扑西安的凶焰，没看到我们诱歼胡、马的威力。我们应据此研究对策和办法。"

为了壮大解放军军威，稳定人心，镇压敌特，巩固西安城防，经报请一野同意，于6月11日这一天，第十八兵团在西安城举行了一次声势浩大的入城仪式。

入城仪式气势很大，浩浩荡荡，看起来好像很多部队，其实就两个师。一个师从东门进西门出，一个师从北门进南门出，走一趟换一次装，变换队形，往复穿城而过，演了一出"空城计"，并广泛宣传华北兵团已陆续到达西安地区。

这一空城计立即起到了警告胡、马和安定民心的作用。西安城外人们纷纷说："胡、马血腥压迫人民、横行西北的日子就要结束了。"

十九、剿匪

1949年12月27日，成都解放后，第十八兵团，在贺龙、周士第统率下，驻防成都三台、广汉。第六十军担任成都警备，第六十一军驻防三台、南部地区，第六十二军驻防广汉、郫县地区。

第十八兵团进驻成都后，即宣告成立中国人民解放军成都市军事管制委员会（即军管会），李井泉任主任，周士第任副主任兼成都市市长。

四川是中国大陆最后解放的地区，成都战役之后，国民党军队的主力虽然被消灭了，但反动残余势力还相当大。他们对蒋介石和帝国主义还有幻想，妄想爆发第三次世界大战，东山再起。四川的土匪猖獗历来是有名的。在国民党统治时，四川地区是军队30万、土匪30万、袍哥30万。蒋介石、胡宗南在逃离四川之前，培训、部署了大批特务、土匪、骨干，要与解放军开展"游击战争"。解放军进驻成都后，不断发生拦路、抢劫、暗杀、造谣等事件，逐渐发展到国民党残余分子和土匪在公路上抢劫解放军、经商汽车，袭击解放军过路小分队，杀害解放军工作干部，破坏征粮，有的还在乡镇公开进行骚乱、阻挠解放军各种工作的进行。

为了适应形势发展需要，1950年1月17日，在贺龙司令员主持下，召开了川西北临时军政委员会会议，讨论了第十八兵团地方化的问题。会上，确定了建立川北、川西、西康等军区及其下属的军分区，负责剿匪反霸、发动群众、建立人民政权、进行生产建设等项任务。其中，以第六十军组成川西军区，第六十一军组成川北军区，第六十二军组成西康军区。周士第兼任川西军区司令员，李井泉兼任川西军区政治委员。

2月3日，贺龙、周士第由成都去重庆，参加中共中央西南局第一次会议。

1949年12月，周士第（左二）与贺龙（左一）指挥部队向四川进军途中

在贺龙、周士第参加重庆会议期间，2月5日，成都东北10公里的龙潭寺发生了匪特骚乱。第六十军第一七八师政治部主任朱向篱到成都开会，随带警卫一个班，夜宿龙潭寺村公所时，被名为"川西人民反共救国军"第六兵团的一千多名匪特袭击。除1名随从战士逃出到兵团司令部报信外，朱向篱和其他同志英勇抵抗，全部遇难。当夜，匪众又围攻石板滩，还抢劫了1支运粮队，劫去驮粮牲口40多匹。尔后，又包围了去救援的1个连，杀害军代表等26人。兵团当即派部队前去镇压，一直打了四天才平息匪患。9日，兵团召开川西剿匪会议，并及时将情况报告在重庆开会的贺龙、周士第。

贺龙、周士第待重庆会议一结束，即冒雨乘汽车从重庆赶回成都，处理川西剿匪事宜。二野参谋长李达为了贺龙、周士第等一行的安全，派了1个加强连乘汽车护送。然而，他们在途中还是遇到一股匪特的突然袭击，警卫连在汽车上用机枪向匪特还击，匪徒们才慌乱逃走。

到2月11日，匪特骚乱已蔓延至川西16个县，杀害解放军干部多人，并且许多公粮仓库被抢劫一空，公路、桥梁、电线遭到破坏。匪特还先后围攻新繁、崇宁、灌县、郫县、温江、崇庆、大邑、邛崃、名山、双流、新津、彭山等10多个县城。一名解放军的司务长竟被匪特用蒸笼蒸死，残暴至极，令人发指。成渝、成灌（县）、成眉（山）、成新（繁）等公路交通均被阻断，城乡物资交流受到很大影响。匪特还乘机造谣，歪曲党的政策，使群众对解放军发生怀疑。奸商投机倒把，造成物价暴涨。有的甚至跑入成都市内煽动、胁迫一些无知市民，抢劫小贩、食品店，聚众"请愿"，组织儿童拦阻解放军汽车，白天抢劫，夜晚鸣枪袭扰解放军，甚至公开撕掉军管人员的臂章，烧毁停在军管会门口的汽车。

一天夜晚，数名匪特竟混进兵团司令部驻地北校场，被查出后逃窜。国民党特务还策划暗杀贺龙、周士第的计划，一时之间反动气焰嚣张到了极点。这造成了川西地区社会秩序严重混乱，成都市内商店不敢开门营业，居民不敢上街活动，人心惶惶。

为了增加剿匪力量，周士第司令员派作战参谋杨弘，乘坐刚缴获来的装甲车，去新都随营学校传达命令，动员他们也来参加剿匪。

据不完全统计，此时川西地区百人以上的股匪，已有104股、6万多人，先后杀害解放军人员300多人。地方干部、征粮人员和小部队因受袭击而伤亡的竟达3000多人以上，粮食损失5000多公斤。

2月13日，第十八兵团发出剿匪指示。贺龙对剿匪的部队说："打蛇先打头，擒贼先擒王。进剿大股土匪时，首先要打掉他们的指挥部，把土匪搞得惊慌失措、阵脚大乱，这样我们就能掌握主动权。"

这一天是腊月二十八，十八兵团决定春节不过，先去剿清匪患。认为此番成都附近暴乱的中心点是灌县巨源场。他命令第十八兵团副司令员王新亭坐上装甲车，率领精锐部队直捣土匪的巢穴，一下子就将其指挥部摧毁了。土匪失去指挥，如鸟兽散。解放军乘胜扩大战果，很快打通了成都到灌县的公路。成都附近的匪特见势不妙，纷纷向远处逃窜。这样成都附近的匪患基本解除。

2月26日，第十八兵团剿匪工作基本转入主动，有重点地分别围剿各主要匪区。贺龙和周士第先后集中了第六十二军4个团，成都警备司令部3个团，准备入藏的第十八军一部，第十九师、工兵师各一部，及眉山、温江军分区部队等共计22个团的兵力，于灌县、崇宁、新繁、彭县、郫县、崇庆、温江之间，华阳、双流、新津、崇庆之间，崇庆、双流、大邑、新津、彭山、蒲江之间，邛崃、名山两侧，金堂以东及绵竹以西地区，对较大的股匪分区域展开了清剿。

由于党、政、军、民有力配合，剿匪部队广大指战员发挥了艰苦奋斗不歼不止的勇猛战斗作风，坚决贯彻了中共中央"军事打击、政治瓦解、发动群众"的方针，和严格执行对匪徒"镇压和宽大相结合"的政策，在3个月中获得歼匪2.3万多人的成绩。川西平原之匪，除一部潜伏、一部窜入山区外，大股匪特均为我歼灭，恢复了主要交通，社会秩序趋于稳定。

二十、防空军司令

1950年10月18日黄昏，志愿军跨过鸭绿江，抗美援朝战争开始。

第二天，中共中央军委主席毛泽东任命周士第为中国人民解放军防空部队司令员。23日，毛泽东发布命令：建立军委防空领导机关。

中国人民防空部队，是由炮兵、探照灯兵、雷达兵、通信兵等专业兵种组成，其基本任务是与空军共同消灭敌空袭兵器，保障国家政治中心、经济中心、军事集团和其他重要目标的安全。

解放军过去在红军时期、抗日战争时期和解放战争时期，主要活动在农村，没有建立统一的防空机构。

1934 年 10 月，由于国民党反动派经常派飞机轰炸中共中央所在地瑞金，曾在红军总司令部设立防空科，进行部队防空训练，指导部队防空作战，担负保卫苏区、反击敌机空袭。

后来，随着人民解放战争的节节胜利，革命形势发展壮大，解放军由农村包围城市到夺取大城市的增加，城市要地防空问题日益突出，中共中央军委于 1948 年 8 月 9 日决定设立城市要地的地区性防空机构。在陆军的基础上，逐步建立起防空部队及其领导机关，以抗击国民党空军和美国飞机，到 1950 年 9 月军委防空领导机关成立之前，华北军区平津卫戍区防空司令部、南京防空司令部、上海淞沪警备司令部防空处、华东军区防空司令部、天津防空司令部、上海防空司令部、东北军区防空司令部已相继成立。同时，组建了 2 个高射炮兵师师部、16 个高射炮兵团、1 个探照灯团、2 个雷达营、1 个对空监视哨营，总人数 6.8 万人，担负着城市要地的防空任务。

1950 年 6 月 25 日，朝鲜战争爆发，美国派其第 7 舰队侵占台湾，将其远东作战飞机 500 余架投入侵朝战争，并不断由美国本土增调兵力参战，乘机纠集"联合国军"，扩大侵朝战争，很快在朝鲜的陆地上向北推进，战争眼看就要燃烧到我国的领土、领空。

中央军委为了防止美军对我国进行空中袭击，加强中国国土防空建设，准备参加抗美援朝，于 1950 年 9 月决定成立统一国土防空的领导机关：中国人民解放军防空司令部（以下简称"军委防司"）。

周士第上任后，经过筹备，12 月 16 日，军委防空司令部机构成立，暂设 1 室（办公室）、5 处（作战、情报、通信、军务、管理）、1 科（机要）和干部训练队。共编制 352 人，其中干部 172 人。谭家述被任命为防空副司令员兼任参谋长。军委防空司令部在北京东城区棉花胡同 6 号一处小四合院里开始办公。

1951 年 7 月及其以后，军委防空司令部又增设了炮兵处、军训处、军校处、空军处（后改为驱逐机处、歼击机处）、探照灯处、工兵室、防化学兵室、对空勤务处、财务处、后勤检查处、军械处、装备计划、机要处、气象主任等等。1952 年 9 月 29 日，军委防空领导机关又迁入北京鼓楼东大街北锣鼓巷新址办公。

经中共中央军委及总政治部批准，于 1951 年 1 月 11 日，由周士第、钟赤兵、谭家述三人组成中国共产党人民解放军防空部队临时委员会，周士第任书记，隶属中央军委和军委直属总党委领导。临时党委明确分工：周士第负责防空

1952年7月，周士第（左一）在朝鲜新安州第五一一团阵地上

计划的制定和建设工作，钟赤兵负责党的工作、政治工作和干部工作，谭家述负责教育训练和财经工作。

周士第等报请中央军委批准，1952年11月又成立防空部队干部部，黎映霖为第一副部长，任学耀为第二副部长，下设任免、军衔、奖励、组织统计3个科。1953年6月将科扩编为处，并增设办公室，负责管理全国防空部队的干部工作。

1952年8月，钟赤兵免职。1953年1月，由唐天际接任中国人民解放军防空部队政治委员。

1953年2月，防空部队党委正式成立。由周士第、唐天际、成钧、谭家述、梁军、樊哲祥、黎映霖、高鹏、周彪、刘秉彦、陈华堂、龙福才、张西三、曹传赞、孙超群、李赤然、王智涛、潘寿才等18人组成。周士第任书记，唐天际任第二书记。25日在北京召开了中共防空部党委第一次全体会议，党委书记周士第向全会报告了《防空部队党委1952年工作总结及1953年工作计划》。会议突出地强调了有关防空部队建设的一些重要问题。26日，全会选举周士第、唐天际、成钧、谭家述、梁军、樊哲祥、黎映霖等7人为中共防空部队党委常委。3月16日上报毛泽东主席圈阅同意。

1953年6月13日，防空部队后勤部与政治部又同时成立。

周士第在抓紧防空领导机关组建的同时，还抓紧防空部队的建设。东北、华东防空司令部在原有基础上进行扩建、充实和调整，又先后新组建了中南军区防空司令部、安东防空区司令部（东北、安东、华北、华东、中南为5个一级防空区）、小丰满防空司令部（为三级防空区）、广东军区防空司令部（后改为中南军区防空司令部）、西南军区、浙江和福建三个防空处，南京、天津、武汉 3 个防空指挥所，基本上建立健全了各级领导指挥机关。还组建了高射炮第一○一、第一○二两个师部，高射炮 33 个团又 8 个独立营，探照灯 4 个团，雷达 1 个团又 8 个独立营，对空监视 17 个团，通信 4 个团、1 个指挥营，高射炮兵学校、防空学校、速成中学各 1 所，高级防空学校及防空部队预备学校各 1 所。防空部队总人数由 6.8 万人，发展到 10.4 万人。

1955 年 2 月 8 日，中华人民共和国主席毛泽东命令颁发了《中国人民解放军军官服役条例》，按照该条例规定，中国人民解放军设立七大总部，即：总参谋部、训练总监部、总政治部、总干部部、武装力量监察部、总后方勤务部、财务部。3 月 8 日，中共中央军委第 25 次会议决定，自即日起，防空部队改称防空军。周士第继任防空军司令员。

3 月 28 日，周士第被任命为训练总监部副部长，免去其防空军司令员职务。

5 月，周士第奉命兼任军外训练部部长。

这年 9 月 27 日，周士第参加了在中南海隆重举行的首批授衔授勋仪式。先由周恩来总理授予他上将军衔。随后，他穿上礼服，戴上军衔，由毛泽东主席授予他一级八一勋章、一级独立自由勋章、一级解放勋章。

1956 年 9 月 15 日至 27 日，中国共产党第八次全国代表大会在北京召开。周士第被选为代表，参加了大会。

1956 年 8 月，军外训练部编制调整，撤销办公室和检阅处，增设教材编辑处。11 月 3 日，增调赵凌汉为军外训练部副部长。

1955 年 9 月 27 日，周士第（第三排右一）参加在中南海怀仁堂举行的首批授衔授勋仪式

1957 年 5 月 1 日，中央军委决定，训练总监部的军外训练部并入总参谋部动员部，周士第仍任训练总监部副部长。

1958 年 12 月 18 日，根据中共中央军委关于恢复三总部体制的决定，撤销训练总监部。周士第由于身体一直不好，经常住医院治疗，在训练总监部近 4 年的工作中，只能断断续续地参加一些重大工作的研究、讨论，很难坚持日常工作。因此，在训练总监部撤销之后，再没安排他担任实质性的工作。

周士第曾被选为全国人民代表大会第一届、第四届、第五届常务委员会委员；中国人民政治协商第三届、第四届全国委员会常务委员；还担任过中共中央监察委员会委员，中共中央军委委员，第一、第二、第三届国防委员会委员。1958 年以后，周士第即参加人大、政协等社会政治活动。

1979 年 6 月 30 日 20 时 20 分，一代名将周士第因癌症医治无效，与世长辞。

毛泽东的军事高参：郭化若

郭化若（1904—1995），又名郭俊英，福建省福州市人。1925年入黄埔军校学习，同年加入中国共产党，参加过北伐战争。1927年赴苏联入莫斯科炮兵学校学习。回国后，任中国工农红军第四军二纵队参谋长，红四军参谋处处长，红一军团参谋处处长，红一方面军代参谋长，红军总前敌委员会秘书长，军委二局局长，红军教导师参谋长；参加了长征。抗战时期，任军委一局局长、编译处处长，中国人民抗日军政大学第三分校校长兼中央军委四局局长，延安中央党校军事教育处处长，延安炮兵学校校长。解放战争时期，任鲁南军区副司令员，华东野战军第六纵队副司令员，第四纵队政治委员，第三野战军九兵团政治委员。新中国成立后，任淞沪警备司令部、上海防空司令部司令员兼政治委员并兼华东军区公安部队司令和第八兵团政治委员，南京军区副司令员，军事科学院副院长；1955年被授予中将军衔。郭化若被誉为"毛泽东的军事高参"。

一、曾被蒋介石点名去当秘书

郭化若，原名郭可彬，又名郭俊英，1904 年 8 月出生在福州的一个贫民家中。郭化若自小就天资聪颖，勤奋好学，但是家境贫寒，供养不起他读书，他只读完高小就辍学了。以后，他凭着惊人的毅力和刻苦求学的精神，先后自学完了数学、物理、化学。

随着年岁的增长，他读的书也就更多更广。中国共产党诞生后，他开始阅读《共产主义浅说》、《新宇宙观》、《新青年》等进步书刊，渐渐地认识到，国家要改变贫穷落后的面貌，就必须向黑暗的旧社会宣战，推翻旧的势力统治，彻底扭转整个社会制度。为此，他四处寻找共产党，希望加入党组织，可一直没能如愿。

1925 年秋，他考入黄埔军校第四期，不久，参加了第二次东征战役攻占惠州的战斗。这是他第一次出征。部队取得胜利后，他怀着年轻战士无比激动与喜悦的心情，即兴挥毫写下了一首《攻占惠州》：

> 袭取杨刘又出征，前锋匆报破坚城。
> 连年征战抛枯骨，鬼火随风散复生。

这是郭化若保存至今的最早的一首诗作。

随后，他与留守部队驻扎在惠州 3 个月。在这里，他结交了一些共产党人，阅读了一批马列主义理论书籍，进一步认识到共产党是劳苦大众的救星。

这一年冬，他在缪芸人、廖翰平介绍下，加入了中国共产党。

在黄埔军校近两年的学习、训练，郭化若各科成绩皆优，出类拔萃。毕业之时，在教官的推荐下，校长蒋介石点名要郭化若去当秘书。郭化若在黄埔军校的这些时间里，耳闻目睹身为校长的蒋介石的所作所为。知道他表面上赞同革命，实质上是个反苏反共的反革命两面派，是个大野心家。1926 年 3 月，蒋介石为夺取在国民党内的最高权力，一手制造了"中山舰事件"后，郭化若更清楚地看透蒋介石的本来面目，更加坚信共产党，并毅然退出国民党，成为光明磊落的共产党员。随后，蒋介石对共产党在军校的活动采取了一系列提防、限制措施，但是并不知道郭化若已经加入了共产党，当蒋介石以校长的身份，下令调他去当秘书时，郭化若以"军人应当战死在疆场"来回绝。

1926年春，他任炮兵大队第二队代理队长，参加了轰轰烈烈的北伐战争。

在这期间，郭化若又读到毛泽东发表的《中国社会各阶级的分析》、《湖南农民运动考察报告》等文章，更加领略到了毛泽东的远见卓识。

1927年轰轰烈烈的大革命失败后，蒋介石对革命者采取斩尽杀绝的屠杀政策，郭化若退出北伐军回到了福建老家。不久，中国共产党高举起革命的旗帜，进行武装抵抗。毛泽东领导秋收起义后，率领工农革命军到达井冈山的消息传来时，郭化若喜不可言。他愈加敬仰毛泽东，确信毛泽东点燃革命的星星之火，一定能在中国大地上熊熊燃烧起来，于是急切地希望去井冈山。

但是，郭化若三番五次找地下交通向党中央请示，要求上井冈山，都没有允准，最后组织上安排他去了苏联。

二、禁闭，也要追寻

郭化若来到苏联后，在莫斯科炮兵学校学习。

但是，一年之后，他变得心事重重的了。原来，国内严峻的革命斗争形势，吸引他回国去参加那火热的斗争。

他想起蒋介石和汪精卫分共杀共屠杀工农武装的一幕幕、一件件揪心之事，心中充满无比凄凉与悲愤。堂堂七尺男儿，黄埔军校四期的毕业生，面对如此恶劣情形，身在异国他乡，心情一直无法平静。

此时此刻，他认为自己重要的并不是在莫斯科炮兵学校学习，而是回国奔赴战场，同国内勇敢战斗的战友们肩并肩，与国民党反动派进行坚决斗争，用血肉之躯挽救中国革命。

为争取早日回国，他在莫斯科炮校不惜付出了被关禁闭的代价。他找炮校校长商量，校长一听他的请求，顿时火冒三丈，暴跳如雷。

"我还从未听说过，有不愿在这里学习的学生，绝对不允许。"校长丢下这句冷冰冰的话走开了。

他不甘心。他决定故意不上课，犯点行政上的小错误来达到目的。

于是，他利用星期日，找到同来苏联学习、并作为负责人的刘伯承，正巧，叶剑英也在场。他把这个想法告诉了刘伯承，请刘伯承替他作决断。刘伯承一听此法甚觉不妥，惊讶地望着他说："我的老弟，这样做可不行呀！"

"可是，除此之外，能有什么好计策呢？"

"再想想其他办法嘛。"叶剑英劝说道。

"实无万全之策，这是逼上梁山啊！在这里，中山大学一帮拥戴王明的学生，自认为有王明这个后台老板，趾高气扬，有恃无恐，常来找我的麻烦。他们良莠不分，散发传单，胡说什么中国共产党理论水平低，连什么是革命高潮、低潮都搞不明白，还奢谈革命，真是滑天下之大稽。中国革命只有靠他们那些人去当中央领导，方能成功。王明他们得到了米夫等人的赏识与重用，目前正春风得意，目空一切。他们这帮人闹宗派，搞派别。我不愿与他们同流合污，他们就攻击我，这样还不如早日解脱，回国参加革命战争。再说，国内革命形势紧迫，正是需要用人的时候。我决定回国后，到井冈山革命根据地，寻找毛泽东，参加朱毛领导的红军。可是，我找过校长，要求回国，校长根本不理睬我。我是绞尽脑汁，冥思苦想了三天三夜才下此决心。"郭化若一口气把憋在心里许久的话，如竹筒倒豆子———一个不留，全吐了出来。

"既然这样，回国跟着朱德、毛泽东干革命也好。"刘伯承听后，走到他的跟前，拍拍他的肩膀，点头表示赞同。

翌日，校长见他没有去上课，气势汹汹地跑来，用手指着他说：

"你再不去上课，我就关你的禁闭。"

郭化若铁了心要回国，见校长一副盛气凌人的样子，不悦地说：

"关禁闭就关禁闭，只要让我回国就行。"

校长本想吓唬他一下，出乎意料的是他竟然对处罚学生最严厉的关禁闭都不屑一顾。校长气不打一处来，转身回到办公室，拿起笔"沙沙沙"地开了一张条子，"唰"地撕下甩给他，叫他到禁闭室去报到。

他坐了7天的禁闭，校长终于"开恩"，让他离开了莫斯科。

为此事，王明等人写信到国内，告郭化若的状，把他自愿去坐禁闭，说成是他在莫斯科闹"罢课"，搞"游行示威"，顶撞苏联老师等等。

但是，无论如何，1929年的初春，郭化若终于回到了上海。

三、23天：从参谋到参谋长

1929年1月初，蒋介石计划以6个旅约3万人的兵力，由永新、莲花等地，分五路向井冈山进攻，并对井冈山根据地实行经济封锁。为打破敌人的"会剿"，毛泽东与朱德率领部队及时离开井冈山，挥戈南下，转战于赣南闽西之间开辟根据地。

8月2日，郭化若终于走到了龙岩，找到伍中豪率领的红四军第三纵队。

然后，在伍中豪的带领下，来到前委，见到了红四军军长朱德。

朱德说："第二纵队组建时间不长，那里很缺干部，纵队几次来请求，要前委给他们派得力的参谋去，始终找不到合适的，今天你来了，这真是可遇不可求，你就先去二纵队当参谋吧！"

第二日上午，郭化若怀着忐忑不安的心情，经一夜半日的急行军，来到第二纵队。

下午，郭化若走马上任，随部队向白沙进军。

掌灯时分，二纵队来到白沙，与三纵队会合后，又黑灯瞎火地向宁洋开进，打算到闽中，过闽江后，去赣浙皖打游击。

这时，红军部队缺粮少药，行踪不定，整天转来转去，战士疲乏不堪。且德化一带的土匪窝多，炮楼到处可见，部队行动不便。时值酷暑，红军队伍中的病号日益增多，有的战士病得连拿枪械的力气都没有，以致火炮丢了，有的连步枪也丢了。

闽中一行，两个纵队损失300多人，丢掉100多支枪，两个纵队几乎到了山穷水尽的地步，于是只好放弃原先计划，无功返回闽西苏区。

8月下旬，红四军第二、三两纵队克服困难，由德化向西，一路风尘到达了溪南。

29日，部队对占领溪南之敌，发起进攻，消灭敌一个团，缴获一些物资。

随后，朱德命令二、三纵队稍作休息，准备再攻打漳平。

红四军曾经攻打过一次漳平，歼敌一部，并在那休整了8天，因此对漳平一带的地形大致了解。但是，部队撤离后，现在对敌人的兵力、装备、工事一无所知，为做好充分准备，部队派谭根生、蔡连苗两名侦察员，先前往漳平进行侦察。

溪南至漳平40余华里，谭根生、蔡连苗两人用了不到5个小时，就摸清漳平只有敌军一个连的兵力把守。

朱德认为这是歼敌的好机会，于是，就把这项任务交给二纵队。

二纵队的队长叫刘安恭，他受领任务后，召开支队以上干部会议，进行研究部署。刘安恭有些飘飘然地说："诸位，漳平只有区区敌军一个连的兵力，不经一打呀，这正是我们纵队立功表现的时候啊！"

"消灭一个连的敌人，没什么大不了。"四支队长耿恺应和地说。

"好，那就由你去取了它。"刘安恭轻松地说，"我决定打漳平由耿恺率第四支队去完成，其他各支队做好援助准备。"

会一开完，耿恺就率队出发了。然而，他们走后，一天都没有消息回来，到太阳下山了，他才得知是跑错了方向，战士们劳累一天，无功而返。

到了晚上，刘安恭把郭化若叫来，商量下一步行动。

刘安恭说："这个耿恺真是糊涂，连个漳平都找不到，虽然朱军长没有指责我，可是，这是在给我二纵队丢脸啊！"停了一会儿，又说，"我考虑了一下，攻打漳平得由你郭参谋指挥才行。"

郭化若一听，就知刘安恭有意看看自己这个参谋的水平如何，于是很爽快地说："好吧。"

"有没有困难？"刘安恭问。

"我请求给我一门迫击炮。"

"没问题。"

8月31日晨，天空呈浅灰色，西北角上还挂着稀少的几颗失去光泽的星。郭化若带领四支队的战士们出发了。时至中午，部队就悄悄地赶到了漳平城郊的和平镇。

郭化若与耿恺站在一座小山头上，观察地形后，两人做了简单商量，准备趁敌人还未察觉前，以北门为突破口，打敌人一个措手不及。战斗发起后，敌人的火力凶猛异常，根本不像出发前侦察员所获知的只有一个连兵力的阵势。

善于观察的郭化若认为敌情有变，立即派人抓来俘虏审问，才得知原先谭根生、蔡连苗侦察的情况根本不准确。漳平守敌实际上是暂编第一旅的一个团带一个营，另加一个迫击炮连。按集中兵力的战术要求，应该组织有一个团的兵力攻城，取胜才有把握。

敌我兵力相差悬殊，是进还是撤？

在进退维谷之时，耿恺突然对郭化若说："郭参谋，我们是否请示纵队把部队撤下来。"

"不！战斗已经打响，同志们都冲上去一半了，现在敌人的火力很猛，在这种情况下，若是我们撤下来，就会牺牲更多的同志，情况也会糟糕。你尽快把这里的情况向纵队汇报，我去组织部队战斗。"郭化若果断地说完后，一转身继续指挥部队作战。

在敌强我弱的关键时刻，郭化若沉着冷静，忙而不乱。他意识到，要对付敌人的猛烈火力，只有发挥炮火的威力，以火力制火力。但炮弹有限，因此，必须打准目标。

郭化若把手枪往腰里一插，命令战士们把迫击炮拉到他身旁的制高点，他亲自瞄准敌城内的目标，随着一声"开炮"声响，"轰"的一声，一发炮弹不偏不倚，正好落在敌指挥所的门口，敌团长当场被炸死。敌人失去指挥，顿时成了一盘散沙。

郭化若马上指挥部队乘势杀入城内，结果，全歼守敌，缴获武器装备600余件，其中有4挺重机枪、6门迫击炮及一大批弹药。

朱德知道胜利的消息后，非常高兴，夸奖了郭化若一番。郭化若的名声也随之在部队中传开。

当晚，红四军前委决定，任命才到部队23天的郭化若为第二纵队参谋长。

漳平之战，以少胜多，也算是我军早期以少取胜的一个战例。特别是这一仗，是郭化若参加红四军后带队打的第一仗，更有其特殊的意义。

四、请毛泽东回四军

早在郭化若到达红四军之前，红四军发生过一次内部之争。

9月下旬，朱德在上杭太忠庙主持召开红四军党的"八大"会议，准备讨论建军原则及解决部队中存在的一些问题。

红四军自失去毛泽东的领导，部队中五花八门的思潮很多。由于这时前委实行的是"自下而上的民主讨论",各纵队领导都站在自己的立场,各自为政,争论不休,会议开了3天,没有讨论出什么结果。

此前,前委还专门开了一次会议,对请毛泽东回来的问题进行讨论。有的主张请毛泽东回来,有的则反对。对毛泽东怀恨在心的刘安恭,在会上更是嚣张,大肆攻击毛泽东。朱德批评他,刘安恭还强词夺理。

如此争来争去,何时能解决问题。

郭化若心里焦急。他直了直腰,抬起头环视一下,与会人员的脸色都很压抑。这时郭化若还不认识林彪,就问坐在身旁的纵队长朱云卿:"哪位是林彪?"

朱云卿低着头,听见郭化若问林彪,头也没抬答了一句:"你问林彪?"

说罢,朱云卿摇了摇头,侧身对郭化若轻轻地说:"这样的会,林彪是从来不会参加的。"

郭化若见会议这样下去不是办法,就建议用折中的办法,由他和彭祜联名写信请毛泽东回来主持工作,大家听了他的意见后,一致表示赞同。

随后,彭祜先起草,尔后与郭化若等一起修改,两人写了一封请毛泽东回红四军的信,信的内容大意是:

> 我们代表中国工农红军第四军的基层干部战士,谨向你致以诚挚的问候。今年1月初,你和朱军长率领部队进攻赣南,相继开创了赣南和闽西革命根据地,出现了朝气蓬勃的局面。"七大"后,你离开红四军的官兵,我们广大的基层干部战士无时无刻不在思念你。红四军的工作离不开你的建军思想与一套做法。我们热忱地盼望你早日回来主持红四军的工作,率领我们继续革命,取得最后胜利。

信写好后,郭化若特意派了机智灵活的通信员谢捷胜,连夜把信送往蛟洋。

郭化若送走谢捷胜,他的心也早已飞到蛟洋。

这晚,已是子夜时分。皎洁的月光,如银似水般地泼撒在大地上,一片寂静。

郭化若在室外来回踱步,他的心胸坦荡极了。秋风挟着一些寒凉,从山那边阵阵吹来,可他感觉不到寒意,反而觉得颇为凉爽。这封信情真意切,满腔热忱,代表了红四军中绝大多数人的心声。此时郭化若虽然还没见过毛泽东,但是,早就闻知他的大名,并且对他崇拜不已了。现在,他想毛泽东看到后,一定会对回红四军之事有所考虑。

他期待着毛泽东能早日回到红四军。

9月间,广西军俞作柏、李明瑞挑起"两广战争"。中共中央和中共福建省委在不详细了解和分析的情况下,就断定为两广军阀混战,广东势必空虚,是出击东江的大好机会。于是,10月13日,中共中央和福建省委草率作出红四军"全部即到东江游击,向潮、梅发展"的指示。

其实,根据这时的实际情况,这是一个很不慎重的决定。

军令如山倒。14日,红四军前委开会决定:第四纵队继留闽西苏区,军部率其他三个纵队转战广东东江地区。红四军三个纵队的具体行动方案是:一纵队由武平县象洞向南,攻占梅县的松源;二纵队攻占粤东边境大埔县的虎市;三纵队由武平向岩前攻击前进。

15日,第二纵队由上杭出发,沿汀江向西南,直取永定县的峰市。尔后,继续向前。

19日晨,二纵队攻占虎市镇。

20日,一、三纵队按计划进占预定地点,前委也由上杭进抵武平县象洞。

随后,前委拟集中三个纵队,攻占松口。

谁知这时敌方抢先一步,陈维远率一个团于23日占领了松口。

朱德得知消息后,率部由松源出发,第二天到达焦岭。

此时,陈毅由上海乘船,途经香港、汕头、东江找到红四军。

25日,朱德、陈毅率三个纵队占领梅县。

26日下午,正当前委与梅县县委召开会议,商讨成立东江革命委员会时,蒋光鼐率三个团由三河坝、松口向梅县反扑。战火突起,全城惊乱。一部分敌人冲入城内。朱德和陈毅沉着指挥,避敌锋芒,巧妙安全地转移到梅县东南的南坑、马图山区隐蔽待机。

5天后,红四军侦知梅县只有郭思演部一个教导团守城后,朱德和陈毅商量,杀他一个回马枪。于是马上部署由三纵队任主攻,一纵队迂回助攻,二纵队作为预备队,于31日拂晓开始进攻。战斗发起后,由于道路不熟,一纵队没有按计划完成迂回任务,致使三纵队孤军奋战,敌方凭借工事顽强据守,激战7小时,部队还是攻城不下,进展不大,而部队伤亡却不小,最后被迫撤出战斗。

二战梅县失利,前委判定敌方将向东江地区增兵,此时前委又获悉"两广战争"已结束,这样红军就不宜在东江地区作战了,朱德和陈毅决定撤回赣南苏区。

11月上旬,红军到达赣南的寻乌、安远地区,后撤至新泉、古田一带地区休整训练。

这一次，红四军主力转战东江，减员三分之一。不仅如此，而且使闽西苏区也遭到不同程度的损失。

陈毅返回红四军后，带来中央新的精神。原来，在上海期间，陈毅毫不隐瞒地向中央汇报了红四军党内的矛盾情况，当时主持中央军委工作的周恩来在听取陈毅的汇报后，认为毛泽东的意见是正确的，红四军"七大"对毛泽东的批评是错误的，应该让毛泽东回红四军前委主持工作。于是，9月28日，以中央的名义写了《给红军第四军前委的指示信》，即著名的中共中央"九月来信"，交陈毅带回。

朱德看信后，表示拥护中央的精神，现在红军离开毛泽东的指挥，损兵折将，他再一次认识到部队不加强党的建设和政治工作不行，于是希望毛泽东回红四军越快越好。朱德思量："自给毛泽东发过邀请信后，毛泽东明确表示不能随便回来。现在毛泽东还在病中，并已到上杭苏家坡，由谁去请毛泽东呢？"

陈毅认为目前只有他写信请毛泽东才是办法，并十分严肃地对朱德说：

"当初我们让人家走，现在又要人家回来，当然不是一件容易之事。陈毅主义影响部队建设，我要和同志们一起打倒陈毅主义。毛泽东那头，由我负责写信给他，向他传达中央指示，请他回来主持工作。"

朱德凝视着陈毅没有说话，用赞许的目光向陈毅点点头。

陈毅首先向毛泽东报告了赴上海的情况，然后检讨了自己当初的错误，为了大局，为了革命，他代表红四军前委恳请毛泽东回来主持工作。

1929年11月26日，风和日丽。在朱德、陈毅的再一次邀请下，毛泽东从上杭苏家坡回到汀州，重新担任红四军前委书记。

毛泽东回来后，当天晚上问朱德说："有个叫郭化若的现在在何处？"

"郭化若目前在二纵，任参谋长。他的工作不错。"朱德表扬地说。

第二天，按照中央九月来信的指示，毛泽东、朱德、陈毅在一起进行了调查研究，筹备召开红四军第九次党代表会议。

11月28日，前委在汀州召开扩大会议，正式决定召开红四军第九次党代表会议，研究解决红军的建军原则问题。

郭化若接到开会的通知后，提前来到会场。

"哈哈，郭化若你来了。"朱德忙拉住郭化若的手，给毛泽东介绍说：

"这就是郭化若，黄埔毕业的，从苏联回来就急着要找你。"

毛泽东走过来，伸出双手紧紧握着郭化若的手说："你就是给我写信的郭化若？好嘛，信写得不错啊，我们红四军又多了一位秀才呵。"

说完，毛泽东又接着说，"以往人们说，秀才遇到兵，有理说不清。你在二纵队干得很出色嘛，我看这两句话放在你郭化若身上讲，应该改成郭秀才带兵，又说清理、又打胜仗啊。"

古田会议虽只开两天，但一致通过《中国共产党红军第四军第九次代表大会决议案》（即《古田会议决议》），这个决议从理论上圆满地解决了建军的大政方针；会议选举毛泽东为前委书记，朱德、陈毅、李任予、黄益善、罗荣桓、林彪、伍中豪、谭震林、宋裕和、田桂祥为前委委员，杨岳彬、熊寿祺、李长寿为候补委员。

"九大"后不久，前委开会研究人事安排及下一步的行动计划。

这时，红四军军部正好缺一个参谋处长，对这个人选问题，前委首长都十分重视。红军时期的指挥机关简单，人员精干，军长、政委、参谋长、政治部主任便是一个指挥班子。所以，选拔机关人员的要求必须要高，特别是参谋处长一职，不仅是司令部作战指挥的具体负责人，一些重要作战文书也要由参谋长拟制，而且他在首长身边工作，掌握着大量的核心机密，位置十分重要。根据毛泽东的提议，大家讨论一致同意，由郭化若出任红四军军部参谋处处长。

从此，郭化若跟随在毛泽东身边，开始为毛泽东等出谋划策。

五、组建工兵队

郭化若是一名文武兼备、智勇双全的高参，同时，他对人民军队早期专业兵种建设，倾注了大量心血，作出了卓著贡献。

1930年9月，红一方面军撤出长沙后，向东转移到达萍乡市安源一带活动。有一次，毛泽东与朱德、朱云卿、郭化若等对第二次攻打长沙久攻不克的原因进行分析，毛泽东说："长沙守敌较多，工事坚固，我军虽两度发起攻击，但均无奏效，主要原因是由于敌之工事欧式的重层配备，铁丝网、壕沟等计八九层，而红军只有肉搏，没有重炮破坏敌之工事。"

朱德也很有感触地说："是啊！如果在南昌起义中，我军最早的工兵、国民革命军第十一军第二十四师和第二十军所属的工兵营，参加起义后能够成建制保留下来该有多好。只是由于起义后战斗频繁，队伍损失严重，工兵营也随之散失了，真是可惜。"

毛泽东的精辟分析和朱德的惋惜，深深地烙在郭化若的心坎上，他暗自下定决心：我们红军应该拥有自己的工兵与炮兵。

从此，他开始琢磨怎样进行这项工作。

1930年9月24日，郭化若遵照毛泽东的指示，带一些机关同志到安源煤矿去做筹款及扩大队伍的工作。在开展工作中，当得知许多矿工不仅懂爆破技术，还可以搞到很多炸药时，他兴奋不已。随后，他深入矿区进一步作调查，把情况一一整理好，连同如何组建工兵队的想法，向毛泽东、朱德作了汇报，同时建议成立一个工兵队。毛泽东听后，眼睛一亮，说："打长沙要是有爆破组开路，情况就不一样了。我们应当组织一些矿工入伍，组建一个工兵队。"

朱德也非常赞同毛泽东的意见，高兴地说："要得，要得。"

旋即，朱德和毛泽东指示郭化若着手进行组建工兵部队。

第二天，郭化若找到安源煤矿工会，与工会的同志一起，将矿上懂爆破技术的工人挑选出来，共挑了140多人，成立工兵队。

在挑选这些矿工时，其中有一个叫周万根的工人，本来回家准备结婚的，走到半路，他的弟弟周万全追上他，上气不接下气地对他说："红军来找咱懂技术的入伍，你赶快返回矿里报名，要不就来不及了。"

周万根一心想参加红军，只是一直没有机会，一听弟弟的话，惊奇地说："真的吗？太好了，我去参加红军。"说完，又犹豫不决起来，吞吞吐吐地说，"万全，再过两天就是我结婚的日子，家里爹妈等不到我，可要着急。过了结婚的日子，按家乡的风俗我再成婚可就不吉利了啊！"

上了几年学、读了点进步书刊的周万全思想较解放，一本正经地说："什么吉利不吉利，财主老爷不让我们过好日子，就不吉利，跟着共产党、红军闹革命，消灭了剥削与压迫，过上好日子就吉利，大不了不娶老婆呗！"

周万根一听弟弟的话有些道理，用手摸摸自己的脑袋说："好吧，大不了就不娶老婆。你想想办法，捎个信回家。"

郭化若知道这个情况后，当场表扬兄弟俩，后来他俩都成了爆破骨干。

10月7日，红一军团指挥部在吉安下达《关于部队编制问题》的通令。当天，即将这140余人连同携带的炸药、雷管及锹镐等编为红一军团工兵队，任命矿上的锅炉工、大高个子李桂生为代理队长，后由交通队代队长杨戴奎为队长兼党代表。朱德和毛泽东亲自参加在吉安后河草坪举行的成立工兵队仪式，并作了重要指示。

工兵队成立后，迫在眉睫的任务是军事训练。为了使这些平时自由散漫惯了的矿工尽快转变为合格的红军战士，郭化若把这140余人集中在一个操场上，对他们首先进行参加红军的意义和建立工兵队的重要性的教育。讲话时间虽短，但言简意赅，针对性强，切入实际，同志们个个爱听，深受启发。然后，他按照每班10人，三班一排的编制，自愿组合，编组班、排，并由大家推荐班、排、队长。接着，郭化若就带领新兵们进行队列训练，从立正、稍息、向左向右看齐等基本动作练起，逐步转至行军动作，最后进行射击、爆破等技术战术等难度高一点的训练。这些工人训练热情特别高，接受能力非常强，在较短时间内学到了军事知识和杀敌本领，掌握了许多技术。与此同时，周万根兄弟俩和其他工人还搞到了100担炸药。

工兵队离开安源后，在参加进攻吉安城时，英勇顽强，顶着敌人的炮火，架设云梯，炸毁敌人碉堡，国民党士兵连连惊呼红军一夜间有了新式武器。

六、组建无线电队

1930年8月，红军以强袭战术包围文家市，全歼守敌，并缴获一部无线电台。当战士冲进敌人发报室时，电台还在"吱、吱"工作着，战士们不知道是什么玩艺儿，觉得很稀奇，抱起来左瞧瞧，右看看，还不停地敲敲拍拍，最后看不出名堂来，便举起来砸了个粉碎。

郭化若接触过通讯器材，知道后十分惋惜。

为此，他遵照毛泽东的指示，在下发作战命令时，特别注明各部队要注意收集无线电台及其通讯人员。

12月底，在龙冈战役中，红军战士又缴获一部无线电台，并俘虏10名无线电人员。郭化若得知后，立即吩咐送至总部参谋处。

这些被俘的无线电人员被荷枪实弹的红军战士押送着不知要到什么地方，接受何种处罚。当他们见到郭化若时，一个个脸色苍白，双腿发抖，很是害怕。郭化若在对他们进行登记时，有的吓得竟然连自己的姓名都忘记了，有的则不敢报出自己的真实姓名。郭化若一个一个找他们谈心、拉家常，宣传党和红军优待俘虏的政策，打消他们的重重顾虑。生活上，郭化若按照毛泽东和朱德的指示，关照后勤的同志尽可能安排他们住条件稍好一些的房子，伙食标准高一点。红军战士每天只有3个铜板伙食费，而对他们每人每月最多有50个银洋的津贴费。同时，郭化若还经常在深夜到他们住的房子查铺，为他们拉好蹬掉的被子，掖掖肩，防止他们夜里受凉。

感人至深莫过情。郭化若的举动，被这些长期受惯国民党长官欺压的人员看到后，感动得直流眼泪。一个叫梁江明的淌着泪水对郭化若说："长官，我是一名孤儿，活了18年不知道什么叫温暖，被国民党抓壮丁来到蒋介石的队伍，只知道受苦受欺负，来到这里才几天，就耳闻目睹红军官兵对我们问寒问暖，关怀备至，世上只有红军好，我要参加红军。"

梁江明说话时，这些人都已醒了，并坐在铺上静静地听着，等他说完，一个个红着眼睛齐声说："长官，我们要求加入红军。"

郭化若笑着说："好啊，我们不但欢迎你们加入红军，而且还要你们发挥自己的专业特长，为红军建立无线电作贡献哩。"

停了一会儿，郭化若看看表继续说："不过，我要对大家说一句，我不是什么长官。在红军队伍里是没有这个称呼的，红军只有职务上的高低，没有贵贱之分。你们参加红军后，大家在政治上都是平等的。噢，天色已很晚，这些往后再慢慢谈，我回去一定把你们的要求向组织报告，你们躺下好好休息吧。"

1931年1月3日下午，毛泽东和朱德在郭化若的陪同下，专门看望这些无线电人员，这使他们十分感动，打心眼里觉得红军可敬可亲。

为了更好地统一管理与使用这些人和电台，郭化若经过一番深思熟虑，认为成立一支无线电队较为合适。于是他把想法向毛泽东、朱德作了汇报，郭化若的建议被采纳了。

1月中旬，经毛泽东和朱德批准，红一方面军无线电队正式组建，王诤为队长，冯文彬为政委，下辖无线电台、监护排、运输排、炊事班，共100余人。这是人民解放军历史上第一支无线电队。

无线电队建立后，郭化若把业务培训摆在首要位置，开办培训班。1月底，第一批训练队开学。12名学员经过这些教员近4个月的系统辅导学习，基本上掌握了无线电知识和操作技能。

5月底，郭化若随总部到达建宁后，提出建议将无线电队扩编为大队，前委开会获得通过，并指定由参谋处落实组建。不久，无线电大队正式建成，下辖5个分队，分别配属红三军、红四军、红十二军团和后方。6月，又建立了无线电侦察台。

红军有了电台，如虎添翼。在第二次反"围剿"作战中，利用电台进行技术侦察，破译大量国民党军的密码，对敌方作战意图、兵力部署、武器配备等情况了如指掌，搞得国民党军内部相互猜疑，互不信任。过了很长时间后，他们才如梦初醒，急急忙忙采取亡羊补牢措施，侦译红军无线电情报。

为加强电台保密，郭化若遵照毛泽东的指示，制定许多具体纪律，规定不许两个电台之间随意通话，利用电台密语代替电台名，在电报密码本上再加密码表，密码表经常更换，重要的军事机密一报一密等。为防止部队行动泄密，毛泽东还采纳郭化若的意见，命令电台用的电键交给警卫员携带。这些措施效果显著，使红军的军事秘密做到万无一失，畅通无阻。

七、代理参谋长

1931年初，蒋介石对井冈山红色根据地发动了第二次"围剿"。毛泽东制定了"诱敌深入"的战略战术，然后集中力量伏击敌人的方针。4月23日，红军主力先后到达战役集中地，总司令部驻在东固圩上。

红军三四万人汇集在一起，西、北、南三面受敌，与敌方最近处只有20公里。但是，毛泽东以惊人的胆略与气魄，决定在此与前来围剿的敌王金钰部进行决战。

东固方圆20里，地形复杂，四壁高山峻岭，宛如一个盆地。除东边方向有一片农田外，群山环抱，几条羊肠小道进出，是个易守难攻的好地方。

红军主力藏在东固的群山之间，等待王金钰的第五路军来进攻。

郭化若每天蹲在总部，与无线电队的官兵一起，昼夜不间断地侦听敌人的信号。可是，一连等了20多天，既没有收听到敌人出动的消息，也不见敌人的影子。

原来，王金钰的第五路军接受了张辉瓒断头的教训，心有余悸，生怕步张辉瓒的后尘，停在富田、固坡圩迟迟按兵不动。气得蒋介石连连发电责骂何应钦，督促王金钰部加快"进剿"步伐。

王金钰不敢不执行命令，可是当他决定行动时，前面的道路和桥被大雨冲垮，他的"进剿"速度想快也快不起来。

5月13日，王净侦听到敌人准备出发的情况，高兴得跳起来，一溜小跑，向郭化若报告说："郭处长，王金钰这个老乌龟终于爬出来了。"

"好，继续监听。"郭化若兴奋地说。

5月14日下午，王净喜出望外地对守在电台旁的郭化若报告说，王金钰、公秉藩两师将于15日晨开始行动，两个师的行动路线是：王金钰的第四十七师沿观音崖、九寸岭向东固进攻，公秉藩的第二十八师由中洞向东固进发。

毛泽东和朱德得到消息后，连夜与同志们研究作战部署。晚上8时，郭化若拟制好了作战命令，为保密起见，毛泽东交代郭化若分别送至红四军、红三军和红三军团的军政首长，就是军参谋长也不知道命令的内容。

第二天一大早，郭化若根据毛泽东的指示，又对命令作些补充，整个作战部署是：

红三军团（附第三十五师）为左路军，担任迂回包抄；红三军、红四军并第六十四师为中路，担任主攻和追击；红十二军为右路军，牵制援敌，同时担任方面军的总预备队。

郭化若修改完命令，刚走出门外，见辛参谋满头大汗跑来，气喘吁吁地说："郭处长大事不好，朱参谋长他……"

"辛参谋不用着急，慢慢说，朱参谋长他怎么了？"

"昨晚他病情加重，现在脸色苍白，情况非常糟，医生看过后，叫人急送后方医院。"

"啊！"郭化若十分惊讶地喊了声，拔腿就向朱云卿住的地方跑去。

自青塘会议王明左倾路线在红一方面军推行以来，朱云卿为了革命，一直忧愁不安，以致吃不下饭，睡不着觉，常常通宵达旦地拼命工作，身体被累坏了，患病至今。

郭化若赶到时，见朱云卿面无血色，身体虚弱，躺在担架上，看到郭化若，硬撑着伸出右手，十分吃力地睁开眼睛对他说："化若，你快去忙吧，还有很多事要你去做。"停了停，又低声说，"我走后，你的担子更重了，要多请示、报告毛总政委、朱总司令。"

郭化若鼻子酸酸的，紧握着朱云卿的手，点着头说："参谋长，你放心养病吧，我会按照你的指示去做的。"

朱云卿眨了一下眼，微笑着说："我比你小3岁，可职务比你高，但在近一年的朝夕相处的战斗和生活中，你处处照顾我，支持我，说实在的，司令部的大多数工作都是你去组织的，辛苦你了，我感谢你。"

"参谋长，在毛总政委、朱总司令的指挥下，司令部的工作在你直接领导下，很出色，使我学到许多新东西，我要好好感谢你才是。你安心治病，等你病痊愈了，我去迎接你。"

他望着抬着朱云卿远去的担架，心情十分沉重。在艰苦、恶劣的战争年代，他俩在一个战壕里，风雨同舟，建立了真诚的革命情谊。

朱云卿走后不久，就传来他去世的噩耗。

郭化若听到这个不吉之音，简直不敢相信自己的耳朵，朱云卿才24岁呀！怎么可能这么早就去世了呢？他痛心，他为失去一位知心而真挚的好领导、好战友而悲恸。

对于朱云卿的死因，郭化若一直存有疑虑。事后，才了解到他是被王明的肃反分子当作反革命谋杀的。

1931年5月，总前委任命郭化若为红一方面军代理参谋长，左权为参谋处长。

5月15日，红一方面军按照计划部署，全部进入预定位置。

夜，无数金色的星星在天空闪烁。在屋内一直思考问题的毛泽东对部署仍觉不放心。半夜里，他又派人叫来红十二军军长罗炳辉，再三嘱咐交代任务。尔后他带着郭化若来到了红三军，拉着黄公略一起观察作战路线，他们仔细察看每一个环节，郭化若在后面还一边画着草图。突然，他们在东固通中洞大路的南侧，发现了一条小路。这条路对于包抄敌人的右翼，是绝对的有利地形。事不宜迟，毛泽东立即命令红三军改由这条路前进。

一切布置妥当，毛泽东叫郭化若派人给朱德送信，通知朱德带总部到白云山，然后自己与郭化若先上山。

且说蒋介石与何应钦纷纷叫嚣3个月内消灭江西红军。可是，蒋介石从1月布置作战任务到4月，前方还是一点动静都不见。他火冒三丈指责何应钦，命令星夜进剿，一定要在半个月内活捉毛泽东。

何应钦有苦难言。

原来，这四路军各有各的想法，根本就不买他的账，进攻速度比老牛拉车还要慢。尤其是秉性傲慢、盛气凌人的王金钰，他官瘾十足，这次从北方远道而来，起先不愿意，但何应钦允诺他，只要把红军赶出江西，江西省主席的位置就让给他，他才带兵上路。然而，一到江西前线，他听说红军厉害无比，这位气比象大、胆不如鼠的家伙就吓得浑身发抖。于是拖拖拉拉玩起缓兵计来，结果，他越不想打，何应钦越是像催命似的，一天三封电报，催促他加快速度前进。进退两难的王金钰在走投无路时，用了一个苦肉计，从小山坡跳下来，把左腿摔成骨折，然后把军务交给参谋长齐向辰，自己"名正言顺"回南京养病去了。

齐向辰知道王金钰玩的是金蝉脱壳之计，因此，他也向何应钦要滑头，发报说东固情况不明，不便行动。何应钦立即派飞机对东固侦察，结果什么情况也没发现，何应钦连骂带训，责令他必须于5月15日占领东固，否则军法从事。

齐向辰哑巴吃黄连，只好命令公秉藩的第二十八师从富田出发，向东固进攻。

红军早在敌人必经之路埋下伏兵。

郭化若把无线电收报机架设在半山腰，对敌人的前进位置了解得一清二楚。

第二日，骄阳烈烈。公秉藩师的一个旅一路张牙舞爪向东固攻来。公秉藩还不时用报话机向齐向辰报告：部队行动迅速，离东固10里、5里，已进至中洞、九寸岭之间。

公秉藩刚说完部队到达九寸岭时，只听四处响起"啪、啪、啪"的激烈枪声，埋伏在此的红军霎时间从草丛中杀出，激战半天，将该师大部歼灭。残余敌人向富田拼命逃窜，在这里等候多时的红十二军立即予以打击，此时，红四军又从后面追上来，前后夹击，居高临下，打得敌人鬼哭狼嚎。

郭化若在电台旁清晰地听到公秉藩不断发出明码（SOS）的求救声，不一会儿，"救命"的呼声就听不到了，郭化若估计敌人已溃败，急忙报告毛泽东。

富田战斗结束后，毛泽东和朱德随即命令红军乘胜前进，向东横扫，5月19日，又将郭华若的第四十三师和第四十七师一个旅包围在白沙。何应钦急令郝梦龄的第五十四师增援，郝梦龄不愿撤离防御工事，在何应钦的再三督促下，才同意增援。但红军英勇迅猛，很快将第四十三师大部和第四十七师一个旅消灭。

郝梦龄风闻后，把何应钦的命令抛到九霄云外，带着部队跑得比兔子还快，红军遂将他后面的高树勋的第二十七师的一个旅歼灭，缴获3000余支枪械。随后红军向广昌围攻，27日占领广昌，歼敌第五师一部，师长胡祖玉被击毙。

为统一领导军事行动和地方参战等工作，毛泽东和朱德在广昌召开各军领导会议，决定组织临时总前委。郭化若被任命为总前委秘书长。会议同时决定向东打建宁孤立无援的刘和鼎师。

5月30日，除红四军留广昌开展群众工作，红三军团的红五、红八、红十六军和红一军团的红十二军，于当日夜兵临建宁城下。31日拂晓，战斗开始。刘和鼎被突如其来的红军吓得晕头转向，在副官的提醒下，才脱掉军装逃走。至此，第二次反"围剿"胜利结束。

八、判断失误

1931年6月，蒋介石发动了第三次围剿。8月红军三战三捷，缴枪万余枝，把在南京的蒋介石气得暴跳如雷，并急飞南昌，命令各师向黄陂合击。

郭化若带钟永宁参谋随进攻部队进入黄陂，直冲毛炳文的师指挥所。他与同志们在敌师部搜查时，钟永宁突然喊了一声说，发现一份紧急电报。郭化若跑过来看，原来这帮残兵败将为了逃命，什么也不顾，两小时前卫立煌发给毛炳文的机密电也丢下了。电报说：第六师、第十师已到柴冈。

"这么说敌人向黄陂攻来了。"

"是的，"郭化若随即打开地图一查，柴冈离黄陂约20里，中间隔座山，翻过山即到。他看看钟永宁说："这个情况很重要，另外听说蒋介石已飞至南昌，调集重兵，向这里扑来。情况紧急，我们火速赶回，向毛总政委和朱总司令汇报。"

毛泽东得知消息后，对郭化若说："立即命令部队停止前进，打扫战场，撤出黄陂，除留小部人员在此侦察外，部队迅速转入君埠以东地区隐蔽休整。"

第二日，敌军像密密麻麻的蚂蚁一样，从四面八方向黄陂爬来。西北方向有陈诚、罗卓英的两个师2万余人；西南有蒋光鼐、蔡廷锴、韩德勤部的4万余人；东南有孙连仲的二十六路军2万余人；朱绍良的左路军万余人也在路上。近10余万人包围红军主力，情况万分危急。

毛泽东一向镇定自若，泰然处之，打则必胜，不打则隐蔽转移，让敌人找不到，也摸不着，力争战场主动权。他提出"示形于东"的策略，令刚返回的罗炳辉率部再次假装红军主力向东北佯攻，迷惑敌人。

8月13日上午9时，太阳已开始叫劲了。罗炳辉遵照指示，率领红十二军，不顾炎热，如同一支离弦的箭，飞也似的向东北射去。

为营造声势，制造假象，他令部队拉开距离，扛着旗子，吹着号子，一路大张旗鼓地前进着。

红十二军出发后，毛泽东率红军主力向西突围。

敌军赶到扑了个空，一个个满头大汗，喘着粗气，直骂蒋介石指挥无能，把人搞得精疲力尽。

此时，敌军的侦察飞机到处飞来飞去，总算找到了以为是红军主力的罗炳辉部。红军战士们仰望着盘旋的敌机，故意把间隔距离拉得更大一点，旗帜举得更高。没有旗的战士，把花色包袱顶起来，见到有尘土多的地方，万余双脚有意把尘土踩起来，搅得漫天尘土飞扬，形成一条滚滚的尘埃。太阳爬得愈高，尘埃就飞得愈高。敌机从高空不用费劲就可看到，地上一条长长的土龙在飞舞。再仔细一辨，一路上全是红旗飘飘，浩浩荡荡，气势很大的一支有数万人的队伍，这支队伍非红军主力莫属了。敌机绕了数圈后，满意地飞走向蒋介石请功邀赏去了。

蒋介石得到假情报后，以为红军主力要围攻南昌，急令各路部队回援南昌。红军主力则乘机从缝隙中静悄悄地穿插过去，来到兴国的白石、枫边山沟隐蔽待机。

红军主力休整半个月后，毛泽东吩咐郭化若命罗炳辉部可以回师。罗炳辉令部队化整为零，一夜之间钻入崇山峻岭，跑得无影无踪。

蒋介石的部队又一次发现自己上当时，已被红军拖得有气无力，沮丧万分。

正在这时，蒋介石的后院再次起火。胡汉民、汪精卫联络两广军阀，公然叫嚷出兵湖南，争夺地盘。蒋介石知道消息后，气得大骂"娘希匹"！不得已，只好撤兵。

为扩大战果，红军把握时机，挥师追击。

可是，偏偏在这时，参谋部判断情况失误，红军打了个消耗仗。

当时，参谋部的人员得到的情况是：敌蒋光鼐、蔡廷锴、韩德勤部共28个团都在兴国一带，并陆续撤退。随后，不断传来消息，说敌人已离开兴国。

郭化若为证实情况，带了两名同志，找到从兴国城退出来的干部调查核实，他们都说敌人快撤光了。实际上，只是蒋光鼐、蔡廷锴、韩德勤部的先头部队撤退了，其他大部队还在原地。并且，这时他们也没对敌人的撤退序列、速度及先头部队的位置，进行详细侦察。在没有完全弄清楚敌人的情况下，总部根据参谋部的报告，决定攻打高兴圩行进之敌。

9月7日凌晨，战斗发起，可是一交战，郭化若马上感到不对劲。

怎么办？毛泽东叫郭化若立即令红三军开过来，可电话线不够，无法与红三军联系上，派人送，路途远，一时也送不到。

红军十几个团要对付国民党军 28 个团，战斗异常激烈。方面军总部指挥所设在高兴圩最高的一座山上，郭化若站在毛泽东身边，清楚地看到红军战士勇往直前的英勇壮举。狡猾的敌人凭借一条河，用强大火力守住桥头，战士们一次次冲锋都没成功。毛泽东看着焦急地说："可以砍树、伐竹，找门板搭木筏、竹排强渡嘛！"

郭化若与无线电兵拼命摇电话，可始终打不通，毛泽东的指示传达不到。战至天黑，毛泽东命令部队撤至永丰圩。

在这次战斗中，敌我双方各伤亡 3000 余人。红军最优秀的师长之一曾士峨牺牲。

在老营盘的红三军，同样得到了敌人走光的报告。但当他们赶到老营盘后，敌先头部队、蒋光鼐的第九师一个旅向这里开来。黄公略指挥部队运用前后夹击的战法，一举把来敌包了饺子。这一仗打出了红军的威风，震动了国民党军队。

战斗结束，方面军司令部发了通报。毛泽东看过后说："此役吃了兵力不集中的亏，这种胜利简直是败仗。"

高兴圩一仗，打了个平手，毛泽东没有责怪郭化若，但使郭化若感到非常惭愧。从此，他对自己的工作要求更加严谨、刻苦、周到、仔细。

九、连贬三级，被打入地狱

古人说："食言而肥"。而蒋介石却"食言而瘦"。他发誓亲自坐镇指挥的第三次"围剿"，不仅没有能"杀猪拔毛"，相反以损失 17 个团 3 万余人、枪支 1.4 万余支、迫击炮 50 门的代价，宣告了他指挥的无能。

朱、毛红军三次粉碎蒋介石的"围剿"，其威望在全国民众中日益猛增，朱、毛红军也如同神话般被人们所传颂。

但是，为排斥毛泽东的领导，王明以中央名义写了一封指示信，指使"三人团"要百分之百地执行他的指示，大事小事没有他的同意，任何人不准擅自作主。"三人团"接受王明的指示后，认为只有撤销毛泽东的职务，才能执行王明的路线。

1931 年 11 月 1 日，中央苏区第一次党代会在瑞金叶坪召开。上午 8 时整，由项英主持，宣布大会开幕。王明的支持者们在会上对毛泽东进行肆无忌惮的批评。

他们指出毛泽东有三大严重错误：一是制定的土地分配政策是"富农路线"。二是战略战术是狭隘经验论、游击主义。三是实行以党治国治政。

会议的最后一天，"三人团"提出取消红一方面军番号和撤销毛泽东的苏区中央局代理书记、总前委书记和总政委三个职务。

"党代会怎么开成了好人受气的会？我不同意撤销毛泽东的职务！"在古田会议前，朱德对毛泽东的军事指挥尚且没有疑问，此后多年的经验和教训更使他坚信了毛泽东的正确。朱德早已对会议有意见，忍不住站起来打破沉寂。

"我赞成总司令的意见！"朱德的话音一落，郭化若也大声说。

"朱、毛只能合，不可分！"朱德还气呼呼地补上一句。

朱德和郭化若俩人的建议立即遭到"三人团"反对。

其中有一人指着郭化若的鼻子警告他说："不准你发言，当心你的思想不要极右了。"

朱德可不管这些人，他继续反驳说："这是党代会，每个代表都有发言的权利。毛泽东赤胆忠心为革命，浴血奋战多年，功绩显著，有目共睹。就拿这次蒋介石发动的'围剿'来说吧，30 万国民党军进攻 3 万红军，如果按照王明的指示，去与敌硬拼，不要说取得胜利，说不好一天时间，红军就会被消灭，还会有你们在这里指手画脚，乱说一通吗？"

"朱总司令，你的路线很成问题！"有人责问他。

会议一直僵持到下午，但最终还是胳膊拧不过大腿。毛泽东被撤销苏区中央局代理书记职务，被安排任苏维埃共和国主席职务。这个职务有名无实，是个空架子。

党代会后，毛泽东不得不离开红军，到后方从事政府工作。郭化若也因为反对毛泽东撤职被调离参谋长之职，到军委二局任局长。

他在军委二局工作了半年多时间，上面又突然通知他到毛泽东身边当秘书。

他接到命令时，不由一愣，这是怎么回事？

原来，1932 年 6 月下旬，红一方面军总部恢复，朱德为总司令，但不设总政委，毛泽东在军内仍然无职，郭化若被调至毛泽东身边，说是当秘书，实际上是"三人团"对他又一次降级。此时，毛泽东几乎无事可做，郭化若做了毛泽东的秘书更是无事可做。

一个月后，郭化若正在看书，王稼祥找他谈话，告诉他已被安排去瑞金红军军事学校任教员，并要他尽快去学校报到。至此，郭化若已被抹掉一切领导职务。

7月底的一天，他来到红军军事学校不久，学校通知他开会。

下午2时，主持人宣布开会，有一人宣读开除一批人的党籍，第一个名字就是郭化若。

原来，王明等人利用苏联在党内开展清洗托派的运动，在中国进行"残酷斗争，无情打击"，搞肃反扩大化。他们捕风捉影，无中生有，说郭化若是托派，其原因：一是三军团的李匪才师长与郭化若有较好的交情，他们把李匪才定为托派杀掉后，从他身上查出了一封郭化若写给他的信。但信的内容纯粹是郭化若和李匪才个人问候与一般交流，与政治问题毫不沾边；二是在红军学校审理"托派"时，有人诬陷郭化若说他也是"托派"。

郭化若才来红军学校几天时间，就在肃反扩大化的运动中，被开除了党籍，并且还定为反革命。毛泽东闻讯找到有关部门，说："郭化若到红军3年，一直掌握核心机密，硬是一点问题没出，我看他对党很忠诚，不像反革命。"因毛泽东这一句话，郭化若才没有被杀掉，侥幸存了一条性命。

但是，郭化若仍是军校的"重点照顾"对象，王明的代理人还指使红军学校俱乐部主任危拱之监视他的一言一行。

危拱之是个女同志，是一个有正义感的巾帼英雄。她早在莫斯科就与郭化若认识，她了解郭化若，更相信郭化若是负屈受冤。结果，她不但没有向"组织"报告郭化若的"情况"，相反，把王明的代理人迫害"托派"的内幕详细告诉他。王明的代理人知道后，随即对她进行迫害，开除她的党籍。后来，她恢复了党籍，可新中国成立后，她就一病不起，在病床上度过27个春秋，于1972年逝世。

郭化若被开除党籍后，思想一度斗争得很厉害，许多人不愿接触他，可是，红军学校的校长何长工，却是爱才如命。他发现郭化若不仅有实战经验，更有军事理论的素养与文化底子，便顶着许多非议，把他当成教学骨干使用，发挥他的特长。

当初郭化若在23天内由参谋升为参谋长，被传为美谈，现在在8个月内连降三级，连党籍都被取消，这不能不说是个大起大落的悲剧。

十、"长征我只能全靠一颗心"

郭化若被开除党籍后，在红军中的地位一落千丈。

1934 年 10 月初，国民党军推进到中央苏区腹地，红军反"围剿"失败，被迫转移和退却，进行长征。

红军大学和其他几所学校进行整编，组成干部团，团长为陈赓、政委为宋任穷。红军大学在划长征名单时，有人想把郭化若丢在苏区。刚从日本回来的红大训练部部长钟伟剑看到名单时，发现没有郭化若的名字，在会上说：

"红大教学力量薄弱，教员短缺，尤其是缺少军事理论方面的人才，而郭化若具备这方面的特长，我们不应把这样的同志留在苏区，而红大需要他们。"

"我同意。"宋任穷表示赞成。

陈赓接过宋任穷的话说："化若同志对战役、战术很有研究，让他跟随大部队行动，更能发挥他的聪明才智，我看可以把他编在团部，担任参谋工作。"

这样郭化若又到了干部团，在团部做参谋工作。

对钟伟剑、陈赓、宋任穷等同志的信任，郭化若在心底充满感激之情。因为在那时，干部团的许多人，都是泥菩萨过河——自身难保，能敢于站出来为一个开除党籍的人说公道话，很是难能可贵。特别是陈赓同志，还时常关心他，与他交心、谈心。

一天夜晚，陈赓与他交谈时，看他脚上穿的是麻草鞋，麻草边上还沾了一片血渍，奇怪地问："你的脚是怎么一回事？你发的布鞋呢？"

"我的脚后跟正患溃疡，流血水。他们发服装时把我给忘了，我请人做了一双麻草鞋。"

陈赓听后，一双浓眉锁得紧紧的，不满地说："这些人真是太不像话，我去找他们给你补上。"

可是，服装早已发完，陈赓去找了个遍也没找到，最后，他愧疚地对郭化若说："真是对不住你啊！"

这时，郭化若早已受尽了冷落，对陈赓心存感激，但是他不想再麻烦他了，赶紧说："团长，我能顶得住！"

部队在征途中，快要到黎平时，敌人在一个小山头的制高点，凭借火力，阻止红军行进。

在上有敌机轰炸，下有国民党重兵追击的情况下，停下来是没有出路的。为尽快消除前面的障碍，陈赓派团部参谋胡平带1个营，前去突击，可是没有成功。干部团领导焦急得火烧眉毛。

陈赓站在高坡上与宋任穷商量说："形势紧迫，再派一个最可信的人去。"

"派谁呢？"宋任穷面露难色。

此时，郭化若是最合适的人选，可他却是"不可靠"的人。陈赓见没有人应声，大声地说："谁愿意去？"

一阵沉默。

"我去行不行？"半晌，郭化若突然问道。

"完全可以！"陈赓、宋任穷不约而同地说。

转眼间，郭化若带着胡平及1个营，向小山头冲去。

胡平是个新参谋，实战经验不多，敌方机关枪响后，郭化若叫他赶紧卧倒，可他继续前进，一梭子弹射来，他的腿被打了个大洞，只好由人背下山。结果，部队只好由郭化若指挥了。

郭化若观察了一下敌情，然后指挥大家利用地形隐蔽自己，实行迂回战术，他把营分成两个战斗小组，第一组绕道小山头背面，给敌以出其不意的打击，然后第二组从正面夹击。

果然，第一组从敌背后发起攻击后，敌军吓得不知所措，慌忙逃跑。障碍扫除，目的达到，郭化若随即率队撤回。

这一仗郭化若立了功，原来监视他的跟踪哨从此消失。

部队到达遵义休整时，同志们在总结会上说："长征全靠两条腿。"可是，郭化若在长征出发的第一天，脚就生病，化脓流血水，加上当时淫雨连绵，道路泥泞，他的腿靠不了。他迈着钻心痛的脚，一跛一拐，凭着惊人的毅力，咬紧牙关一跛一拐地前行，直到在遵义休整，陈赓好不容易搞点药才给他治好。

全国解放后，郭化若回首往事，深有感触地说："长征我只能全靠一颗心。"

4年后，郭化若到延安向毛泽东汇报这件事时，毛泽东在一次干部会议上还谈起了这件事，意味深长地说："郭化若那时悲惨呀！"

从瑞金到遵义8000里征途，郭化若凭着一根拐杖，一颗对党的赤胆忠心，挺了过来。

十一、毛泽东要郭化若做他的"顾问"

到达陕北后，郭化若仍还背着"托派"的历史包袱，但是，他以忠诚和勤奋工作赢得了人们的信任。

1936年11月29日，红二、红四方面军的两所随营学校与抗日大学第三科合并，成立抗日红军大学第二校。周昆任校长，袁国平任政委，郭化若被任命为了教育长。

1937年5月30日上午，郭化若在给学员上战术课做示范时，突然浑身冒汗，两眼发黑，晕倒在地，把学员们都吓坏了，一名略懂一点急救知识的学员赶紧跑过来，用大拇指压住他的人中穴，并与另一位学员把郭化若抬至树荫下，然后，边按摩边叫人向校长、政委汇报。

不一会儿，周昆和袁国平赶到，见郭化若脸色憔悴，身体很虚弱，十分难过地说："都是累的。"

原来，郭化若担任教育长，一个阶段以来，学校大量艰苦紧张的教学工作，都由他负责。他常常是深夜才睡，五更又起，有时通宵达旦，以致累倒了。

6月1日，两个年轻战士遵照周昆的指示，乔装打扮成山农，去寻找药品，为郭化若治病。

事后，虽然药品没找到，但郭化若知道后，对周昆和袁国平的关心很感激。由于缺医缺药，郭化若的病依旧如故，失眠、头晕、食欲不振，整个人像散了架似的。此时此刻，他想得最多的是毛泽东。他给毛泽东写了一封思想汇报信，并请求回延安治病。

数天后，毛泽东给他发来电报，内容是：

> 你的工作要求与身体情形已经知道了。你在长期苏维埃战争中，为革命奋斗到底的忠诚与劳绩，我们都是完全承认与一致赞扬的。你的身体情形如此，除同意你下期来延安外，正在替你买药，不久当可买来寄你。学习、工作应在不损伤身体的原则下，减少到适当程度。

郭化若在抗日战争时期（左一为郭化若）

郭化若读着这份情真意切、字字饱含深情的电报，不禁潸然泪下，感慨万分。这封情真意切的电报，无论是在残酷的战争年代，还是在后来的和平建设时期，郭化若始终把它珍藏在身边。

7月7日，抗日战争爆发，遵照军委指示，庆阳步校撤销。郭化若负责善后工作，期间他又给中央党校的负责人张闻天写信反映自己的身体状况，暂不能回部队工作，想改行，进党校学习后，重新分配工作。几天后，他收到张闻天的来信，信上说：已向主席报告过，同意你入校学习，但不同意你改行，主席说红军还是需要你的。

7月8日，他又收到毛泽东的电报："步校结束后可来延安。"

7月底，郭化若完成步校撤销工作后，随即动身回延安，到中央党校学习。

8月，郭化若回到延安向组织报到的当天晚上，就开始秉烛夜战，原来去年他到学校任训练处长时，毛主席曾嘱咐他要注意总结军事教育经验。

他反复琢磨思索后，决定从这几年来自己在军事教育实践中经常思考的一些问题着手，全面、系统地进行分析、归纳和总结，力争向毛主席交一份合格的答卷。一连数天，郭化若把自己关在闷热的窑洞内，大汗淋漓，边思考边撰写，困了就在布凳上打个盹，累了站起来活动一下继续干。写的时间长了，手臂酸疼时，他就抓起放在笔记本旁边的一块石头，使劲地紧握几下，活络手指，使手得到松弛。几天后，材料写好了，他的眼眶充满血丝，人也瘦了一圈。然后，他以书信的方式呈送毛主席。

毛泽东看后，对他的信很重视，连连对身边的同志说："这是万言意见书，化若同志写得好，有见地，很有价值！"

9月5日，毛泽东给郭化若来信说：

> 你暂一星期内勿去党校，帮助把红大教育工作改进一番。尔后你虽去党校学习，仍请你对军事教育作我的"顾问"，因为你懂得这项，而我是不懂得的。你暂去党校学习，不是解除军事，那天我已对你说了，军事需要你的地方是很多的。……

最后，毛泽东在信中还说："你的意见书，已批给抗日军政大学负责人罗瑞卿、周子昆、莫文骅、刘亚楼、杨至诚等同志阅看，阅后讨论请你参加。"

从毛泽东给郭化若的信中，可以充分说明一点，毛主席在军事教育方面对他是很赏识的。这大概也就是毛泽东当初不同意他改行的原因。因此，郭化若只好暂时终止了改行的想法。

十二、研究毛泽东军事辩证法的第一人

1937年9月初，郭化若调到中央党校学习，同时，在毛泽东身边担任军事秘书。

在党校，他读到了总政印发的毛主席在抗大讲课的哲学记录稿。他如饥似渴地学完后向毛泽东谈体会，毛泽东高兴地说："大家都跟你这样学习、理解，我就不折本了。"

这时，郭化若在毛泽东身边，边学理论边做宣传抗日战争的工作，他得到毛主席的很多教育。

早在土地革命战争时期，郭化若就是一个小有名气的珍惜时间学习的人，达到了"上马杀敌，下马草檄"的程度。他利用作战间隙，阅读了许多哲学著作和政治、军事理论著作，打下了厚实的理论基础。这一次进入中央党校系统学习马列著作，使他的理论水平得到进一步提高。

学得愈多，想得愈深，看得更远。他到毛主席身边从事军事理论研究后，并不自满于所学的东西，不断刻苦学习，虚心向毛主席请教。

1938 年隆冬的一天，一阵阵西北风在"呜呜"直叫，天上不断飘着鹅毛大雪，但杨家岭的窑洞内，却是温暖如春，暖意融融。郭化若去向毛泽东请教哲学上的问题。

"主席，我又有几个哲学问题搞不清楚。"

"化若，天气寒冷，仍不放松学习啊。来，过来坐下烤烤火。"

"主席，我越学习哲学越觉得自己的知识不够。"

"那是你钻进去了。好啊，学习就应该这样，天底下最愚蠢的问题就是不善于问的问题。只有勤思考、勤分析，把问题搞透彻，才能掌握它的精神实质。在哲学方面，艾思奇同志是个专家，你多去问问他。"说完，毛主席转身从书桌上取过一本书，对郭化若说，"这是我请李达同志寄来的《社会学大纲》，你拿回去认真读两遍。"

"感谢主席的关心。"

"化若，我想找几个人开个哲学座谈会，你算一个，蔡元培也算一个。另外，你再替我去找几个，利用每周三的晚上在我这里，进行交流。"

"采用这个形式学习哲学好。"郭化若兴高采烈地拍手赞成，尔后跑出去找人了。

毛泽东用这种方式来组织大家学习哲学，旨在传播马列主义唯物辩证法，掀起了学习哲学的热潮。

郭化若在毛泽东的亲自指导下，不仅初步掌握了马克思主义哲学基本原理，对辩证法开始进行研究，而且逐步运用马列主义的基本原理来说明中国革命战争的一些实际问题。抗战初期，他发表了《抗日游击战争战术的基本方针》、《日本的速胜论为什么必将失败》等文章。1940 年 8 月，他在延安新哲学会第一届年会上发表了热情洋溢的"军事辩证法"讲演，这是继毛泽东之后，对军事辩证法理论作的进一步阐述。郭化若在这篇讲演稿中，对战争的本质、战争与经济的关系、战争与政治的关系、战争发展的规律，对战略战术之差别性与同一性、战略的全局性与战术的局部性，战略战术之斗争形式与军队之物质内容的关系，战斗力中的多样矛盾及其利用，时间与空间，攻防之相互作用、相互渗透与相互推移，以及由战略防御到战略反攻是战略量变到战略质变的斗争过程，在判断情况中辩证方法的应用等问题作了探索。之后，他又继续对这次讲演进行修改、加工和整理，1941 年以《军事辩证法之一斑》为题，发表在《八路军军政杂志》上。

8年后，他又以《军事辩证法》为书名在上海新群出版社出版。这部论著是自毛主席提出军事辩证法的概念之后，最早的一部军事辩证法理论专著。它的出版对于人民军队的军事理论建设具有重要作用。毛泽东看到这部论著后，赞扬他说："用唯物辩证法来说明军事问题，大有文章可做。"

郭化若的军事辩证法的研究，在理论上充实了军事辩证法的内容，使之更具有系统性。他运用马克思、恩格斯、列宁、毛泽东等人的理论和对比了资产阶级学者、专家的观点，对战争的本质、战争与经济的关系、战争与政治的关系以及战略战术的辩证法等问题，作了详细的分析与论述。

在延安的同志读了郭化若这本具有很高学术价值的书后，说："郭化若是军队里第一个研究毛泽东军事辩证法的人。"

十三、婚姻因为历史问题一再受挫

岁月悠悠，往事匆匆。转眼间，到了1938年，郭化若已过了34岁。

俗话说：男大当婚，女大当嫁。与他同期的战友，大多成家立业。按理说，郭化若到这个年龄也该成个家，有人照顾生活，这于事业和个人都是相得益彰的事。可是谈了几次，非吹即崩，他仍然是孑然一身。

郭化若成婚难是为什么呢？是姑娘嫌他年龄大，长得丑，还是嫌他没文化？这都不是！

论年龄，他才三十过四，正是血气方刚，风华正茂，青春壮年；论长相，他身材颀长，眉清目秀，风度翩翩，潇洒倜傥，一表人才；论水平，他是毛主席的军事秘书。无论是他的学识才华，还是他的相貌，都是高水准的。为此，他也赢得过许多姑娘的芳心。

1937年底，时值寒冬腊月，西北风呼呼乱叫，让人心颤。为赶写一份材料，有一天，郭化若换上便服，带着干粮，早早赶到延安图书馆查找资料。可一连数天的寒风刮得图书馆冷冷清清，门可罗雀。因此，当他顶着刺骨的寒风来到图书馆时，见馆门是铁将军把门。他一直等了两个小时才见到姗姗来迟的朱春丽服务员。

小朱见到他时，面带歉意，不好意思地说："同志，让你久等了。"

"没关系。"

"天冷，我们不大开门，今天馆长特意叫我来看看，你还来巧了。"

"谢谢你们。"

"大冷的天来这里，是要找什么紧要资料吧！"

"是呀，找个紧要资料。"

"噢，不过，我们这里简陋，连个烤暖条件都不具备，馆里冷，你还要查吗?"

"这点冷算不了什么！"

"听口气你是位八路军吧。"

"是的。"

小朱仔细打量着眼前这位英俊的青年军人后，对他产生了好感。

接连数天，他早来晚走，蹲在馆内，翻阅、查找陈旧、发霉、气味难闻的书籍与报刊，冷得实在受不了，就在里面原地跑步、蹦跳，饿了就啃几口干粮。郭化若拼命工作的精神，深深地打动了漂亮而秀丽的朱春丽的心。于是，朱春丽还特地为他烧开水，送水，让他暖暖手，并托馆长为自己做红娘。

郭化若知道了甚是高兴。可是，他一想起自己身上还背着个历史包袱，并且自己也不符合"三五八团"规定，即男女双方必须有一方是八路军的团职干部；双方男女必须是党员，且有 3 年党龄；双方年龄之和为 50 岁。符合这些条件组织上才批准双方结婚。郭化若只好婉言谢绝了小朱姑娘的一片爱意。

1938 年初夏的一天早晨，当他跑完步返回时，见对面迎来一个人，老远就冲着他"老郭、老郭"地喊着。他走近一看，是以前的好友钱勇。

原来，钱勇一周前刚调到延安工作。钱勇比他小两岁，长得人高马大，作战英勇顽强，是个有名的射击能手，说话嗓门特大，为人热情豪爽。两人是江西中央根据地时的战友。

一别四载，非常亲热，两人说着、谈着、聊着，自然谈到了家庭。当钱勇知道他仍是单身生活时，便半开玩笑地说："化若兄，你咋当起苦行僧来了？共产主义者既要革命，也要爱情嘛。你看我都结婚两年了，去年咱还生了个儿子。"

"恭喜你呀。"郭化若向钱勇贺喜后，苦涩地说："你说得不错，可是，我的情况与你不同啊！我……"

"怎么？……"钱勇看他欲言又止的样子，猜定有难言之隐，便不再往下问，暗自思忖着为他找个对象。

大约过了一星期，钱勇兴冲冲地跑来，进门便对他说："化若兄，有喜了。"

"老弟，喜从何来呀，看把你乐成这个样子。"

"嗨，不是我乐，是为你高兴。"

"哦，这我倒要洗耳恭听。"

"暂时保密。明天是星期日，你请个假，跟我去见个人。"

"什么人？"

"一切都不要问，到时自然见分晓。"

翌日，他提前赶到约定地点，不一会，出现了钱勇的身影，身后还带了个女青年。

三人相见，钱勇当起了主角。他对郭化若滔滔不绝地说："这位是我们的文化干事，叫李梅。四川人，女子师范毕业的女秀才，写得一手好字，做得一手好文章，而且长得十分俏丽。她来时间虽不长，可她的知名度却不小，我们的军官们见到她后，眼睛的视力都变成了一条水平线，拽都拽不回来哩。"

钱勇诙谐地说到这，故意停住，看看他，又转头瞧瞧李梅，笑笑说："我没说错吧，你瞧，化若兄的眼睛早不听使唤罗。"

"去你的吧。"郭化若瞪了钱勇一眼。

随后，钱勇又在李梅面前夸了郭化若一番。

李梅听了钱勇的夸奖后，脸上泛起了阵阵红晕，低下了头，不好意思起来。钱勇见此，走到郭化若跟前，对他咬耳朵说："事先没有和你商量，今天我为你当一回红娘，下面的节目就由你表演了。"

郭化若只好与李梅姑娘边走边谈。但是，当她得知郭化若不是党员时，她不相信，当郭化若把真相告诉她后，她不知为何，借故先走开了。两人前后才谈了一个多小时就崩了。这，郭化若早就料到了，因此，他并没责怪李梅，只可惜钱勇的一片苦心。

后来，钱勇见到他问他说："怎么搞的嘛。一个多小时就谈崩啦。"

"这不能怨人家。"

"不要灰心，我们继续努力。"

"没有用的，我至今连个党员都不是，有什么条件谈情说爱呢？"

"怎么？你的问题还没解决啊！"

两人相对无语。当年莫须有的"托派"问题，不仅害得郭化若在仕途上一落千丈，而且害得他连个老婆都找不着，郭化若有苦难言。

对于郭化若的婚姻，直至他身上的"包袱"甩掉后，在组织的关心下，他才与夏邦华相识。

夏邦华是武汉市人。抗日战争爆发后，她与中学同学一起，投笔从戎，奔赴延安。经过一段时间的了解，他俩于翌年的春节前夕，结为伴侣。婚后，她为郭化若生育一男一女。

十四、书法受到毛泽东和朱德的赞赏

郭化若不仅在军事理论、军事教育方面才华出众，而且他还写得一手好书法与好诗。对此，毛泽东和朱德都十分赏识他，毛泽东曾赞誉他为"军内一枝笔"呢。

郭化若之所以能获得毛主席、朱总司令等中央首长给予他的一个又一个的殊荣，与他孜孜不倦，酷爱学习和勤奋努力分不开。

他天资聪慧，勤奋用功，且尤其酷爱读书和书法。幼小时，郭化若家境贫困，没钱买纸和笔，他就用竹子代笔，以水代墨，在地上一笔一划地练；因此，从小就练得一手好书法，家乡的人们都称赞他为"神童"。上小学时，郭化若常常为交不起学费而整日愁眉苦脸，喜爱读书的他，就利用寒、暑假期间，在街头为附近的老百姓写春联或为他人代书，换一点微薄的收入用来交学费，买学习用品。

参加革命来到部队后，他一如既往，从空隙中挤出时间，刻苦读书，勤于思考；同时，他挥毫泼墨，笔耕不止，写下大量的书法作品和诗篇，书法艺术和作诗水平也随之提高，日臻完美。

在毛泽东和朱德身边工作时，郭化若起草过大量作战文书，只可惜保存下来的不多。至今仍保存在中国人民革命军事博物馆内的一份《红军第一方面军命令》手抄件，就是由他于1930年8月起草、总司令朱德、政治委员毛泽东签署的，这份命令既是难得的墨宝，又是珍贵的文物。

1938年3月12日，延安各界举行纪念孙中山逝世13周年和追悼抗日阵亡将士大会时，毛主席亲自拟定的3副对联，都是由郭化若书写的。1939年，日本飞机轰炸延安后，党中央搬至杨家岭，在延安南门外建一个新市场，在它的入口处设有一拱门，上边写着"延安新市场"五个醒目大字，两旁还有一副碑刻长联：

坚持抗战坚持团结坚持进步边区是民主的抗日根据地；

反对投降反对分裂反对倒退人民有充分的救国自由权。

这些字也是郭化若按照毛主席指示书写的。

郭化若还擅长诗文，在诗坛上享有盛誉。

无论是在硝烟弥漫的战场，还是在风尘仆仆的征程，他常常触景生情，诗兴勃发，吟诗赋词，以抒发他的雄心壮志，并用这种独特的方式，来讴歌革命战争、讴歌革命先烈为中国人民解放事业前仆后继、英勇作战的可歌可泣的感人事迹。

1987 年出版的《郭化若诗词墨迹选》，荟萃他从 1925 年以来的 26 篇佳作；1993 年出版的《郭化若诗词选》，精选他创作的 300 首诗词。这是他留给书法、诗词爱好者的难得的佳作。

十五、七年冤一朝雪

丘比特的神箭朝郭化若频频射出，转而又与他匆匆擦肩飞过。爱情的挫折，使他感到沮丧、苦闷。他百思不得其解：自己究竟犯下什么滔天大罪，要被剥夺党员资格。而且这一剥夺就是 6 年。为此，他向毛泽东反映，要求对自己的历史问题进行调查。

毛泽东在日理万机、千头万绪之时，亲自给时任中央组织部长的陈云写信，指示陈云具体负责调查郭化若的历史问题，要从国内查到国外，搞个水落石出，清清楚楚。

1938 年 5 月 3 日，毛泽东又亲自给郭化若写信说：你的问题我同陈云说过，他也非常赞成应有一个明确的解决。

7 月 12 日，在毛泽东的关怀下，党中央组织部正式决定恢复他的党籍。陈云还专门写信告诉他说：

化若同志：

我代表中央组织部正式通知你，中央组织部于 7 月 12 日正式通过恢复你的党籍。认为1932年在江西红校时，托派分子供你为托派是没有根据的，供词（是）不可靠的。

    此致

敬礼！

陈云

7月17日

    事隔5天，23日上午，他又收到中央军委总政治部组织部的来信：

郭化若同志：

    关于你请求恢复党籍的问题，经过中央组织部决定1938年7月12日恢复你的党籍，就是过去被开除时间的那一段仍给你党籍。党认为你6年来是坚持了为党的路线奋斗，并且证明当时有人供你为托派中委的供词是不可靠的。请持这一恢复你党籍之决定转告总支委及本支部，并写在党员登记表上，以作根据为盼。

    此致

敬礼！

总政治部组织部

7月23日

    他身上捆绑6年之久的枷锁终于被砸开了。他为之高兴，几乎到了欣喜若狂、不能自禁的地步，幸福的泪水不断地流。郭化若意味深长地吟了一首随想曲：

        脱去漫长的寒衣，春风和煦吹拂而至；
        劈开精神枷锁，唤醒沉睡大地；
        鸟儿纵情歌唱，万物勃勃生机；
        七年冤一朝昭雪，大展鸿图从此始。

    历史问题一弄清，郭化若也迎来了政治上的又一个春天。不久，军委一局局长郭天民调晋察冀军区任副参谋长兼参谋处长，军委研究决定，由郭化若担任军委一局即作战局局长。

十六、第一个保存毛泽东的电稿

在军委工作中，凡是毛泽东起草的文电稿都必须有文件稿，不仅有指示、命令，还有决定、批示等等。在工作中，郭化若是个有心人，他从毛泽东起草的文电稿中汲取了大量营养，获取了许多新知识。同时，他又在抓参谋业务工作中，利用毛泽东起草的文电稿来作范文，组织大家深刻领会毛主席的战略思想和学习毛泽东的写作文风，使参谋人员的办公文书水平与业务工作能力得到了很大提高。

在学习中尝到甜头的郭化若突然想：战争年代能够收集到诸如毛泽东起草的高质量的文电稿资料是少而又少，如此宝贵的资料为何不把它装订成册，用来宣传和教学，同时将它完好保存下来，将来也是不可多得的珍贵历史文献与资料。

于是，他把自己的想法向毛泽东作了汇报，并且对如何保存，他又拟制了一个详细的计划。他的这一想法得到了毛泽东的支持。

第二天，他径直来到机要科。大家见郭局长风尘仆仆地赶来，估计又带来毛主席的重要指示要译发。

"王参谋，准备发报！"谢科长大声对王诚说完，转过头来对郭化若说：

"局长，王参谋已……"

"慢，今天我没有带毛主席的电报来，不是来叫你们发报的。"郭化若打断谢科长的话说。

"怎么？"谢科长奇怪地问。

少顷，郭化若接过魏参谋递过来的杯子，笑吟吟地说："我来不是为发报，但与毛主席起草的电报稿有关，而且这件事还很重要。你们先看一下我考虑的一个计划设想，然后大家再研究。"

他边说，边从包里拿出昨晚拟制好的保存电报稿的方案。

大家听他这么一说："呼啦"一下全围了过来，谢科长接过郭化若手中的计划，忙说不要挤，叫王诚读给大家听。同志们听完后，方知是保存毛主席起草的电报稿的事。

"毛主席的电报稿我们大都烧毁了啊！"魏参谋大声说了一句。

王诚接过话也不无遗憾地说："这么说来，我们以前把毛主席的电报稿处理掉，不是一大损失吗？"

"是啊！但是我知道，每月底清点，集中销毁是一贯的做法，不能怪大家。只要从今往后，我们加以好好珍惜，还来得及弥补。"郭化若说，"毛主席的电报稿不仅语言精确，内容深刻，文法正确，而且主席的书法遒劲，气魄宏伟，豪爽洒脱飘逸，如此珍贵的东西不保留下来，是我们做机要工作人员的失职，因此我们要改改过去的习惯，把毛主席起草的有关政策、策略方面的电稿永久保存下来。"

说罢，他咕噜一下把杯中的水喝光，深有感触地说："同志们不知道呵，你们是身在'资料'中不知'资料'的贵。这两年来，我们为完成毛主席交给的写作任务，风里来，雨里去，跑遍了整个延安城，可是能用的资料寥若晨星，俗话说得好'巧妇难为无米之炊'，那个急不是一般的急哩，为了能找到一点材料有时要不惜自己的一切。去年，日本飞机轰炸延安，虽说我有所准备，但还是忙中出错。我不知道怎么搞的把一份材料丢在了窑洞，那是好不容易从朋友处借来的，可不能让日本飞机炸毁了。我不顾一切，冒着敌机的轰炸，拼命向窑洞奔跑，到窑洞一看，洞门被堵了一大半，就用手把洞扒开，总算把资料找到。回来后，毛主席见我手上流着血，关切地问我怎么回事，当主席知道后，连连说：难得，难得。当然保存文件要吃苦，责任心要强，是一件光荣而又艰苦的工作。"

"请局长放心，我们一定用自己的生命来保存好毛主席起草的电报稿。"大家听完郭化若的讲述，谢科长代表同志们表了决心。

郭化若高兴地笑着说："我完全相信大家能够做到。"

以后，他无论调到什么岗位，时时不忘保存毛泽东的文稿之事。

十七、研究《孙子兵法》最有威望的专家

抗日战争初期，国民党军第二战区在忻口地区抗击日军的战役失败之后，郭化若改任中央军委参谋部第二局局长。有一次，他给毛泽东送电报，毛泽东边看电报边说：

"国民党中的顽固派，花岗岩脑袋，能不打败仗吗？化若同志，你能不能写点古代兵法的文章，宣传点运动战思想。对国民党军的长官，搬古代兵法，他们

懂，听得进，讲马列、讲唯物辩证法，他们听不进。"

为了落实毛泽东的指示，郭化若相继写出了《赤壁之战及其对民族抗战的启示》和《齐燕即墨之战的初步研究》两篇重要论文，宣传团结抗战、转败为胜、争取抗战胜利的思想。这两篇论文发表在《八路军军政杂志》上。结果，许多国民党军将领阅后无不深有感触。有的将领给杂志编辑部写信说，《赤壁之战》、《即墨之战》等论文读后"令吾深省"，文章可谓"切中时弊矣"。

在此之后，郭化若开始细心研究《孙子》并准备撰写论文。毛泽东很高兴地说："要思考《孙子》中卓越的战略思想，批判地接受其对战争指导的法则，以新的内容去充实。"

根据毛泽东这一指示，郭化若写了《孙子兵法之初步研究》一文并分三期分别刊载于《八路军军政杂志》上。有一次，周恩来从重庆回到延安，在毛泽东所住的窑洞，对郭化若说："你写的孙子的文章蛮好的嘛，有些国民党军官向我打听郭化若是何许人，和郭沫若是不是兄弟？我说郭化若是我们共产党的秀才，是专家学者。"

从此以后，尽管事务繁忙，郭化若始终没有停止过对《孙子兵法》的研究与钻研，而且时常有新作问世。并且，他还对孔明兵法中一些重要的战略思想进行了研究，写出一文发表在《八路军军政杂志》上，再次在部队中引起反响。连国民党军中有些中下层军官都来信索要。最后，连他自己保留的一本也不知何时被人拿走了。毛泽东对此说："好呀，写文章就是要有人看才算好啊！"

为了让更多的人了解与读懂《孙子兵法》，郭化若从40年代中期开始，着手把它译成白话文。经过近二十年的孜孜不倦的努力与辛勤奋斗，终于把《孙子兵法》全部译完，并将13篇内容重新编排，全国解放后，1957年由人民出版社以《新编今译孙子兵法》为书名正式出版。

郭化若在研究《孙子兵法》上所取得的卓著成就，赢得了海内外学术界的普遍赞扬和高度评价，他被一致认为是当代最有威望的《孙子兵法》研究专家。

十八、开展立功运动

1947年7月，郭化若被任命为鲁南军区副司令员兼人民武装部部长，具体负责作战、后勤、扩民兵等方面的工作。

8月初，他带领两名参谋人员，日夜兼程，到鲁南北部山区和南部的平原丘陵地区发动群众、组织群众，建立民兵组织。

8月29日，军区得到情报，国民党军整编第五十一师进犯台儿庄，军区立即组织民兵在敌人经过的要道，埋下了大量地雷。当敌人走进雷区时，只听"轰、轰、轰"的爆炸声不绝于耳，响彻天空，炸得敌人魂飞魄散。但敌人毕竟武器占优势，军区部队也有伤亡。战斗结束后，郭化若看到一个抬担架的民兵用小刀在杠子上画上许多道杠，他觉得奇怪，便走过去问这位民兵："你叫什么名字？"

"李继东。"

"哪个村庄人？"

"李葛庄的。"

"你参战支前很光荣啊。"

小李低头不语。

"你在担架上画上杠有什么用啊？"

小李脸上泛红，仍不吭声。

"说出来不会责怪你。"

"是……是用来做记号用的。"

"做啥记号？"

"我抬一个伤员，画一道，抬二个画二道。"

郭化若在解放战争时期（右二）

"呵，不错，不错。"

在返回的路上，郭化若边走边想：赏罚分明为历代统帅们一贯做法，谁立了功，就给谁在功劳簿上记一笔，我们何不仿照古人的经验，在民兵中开展"功劳运动"，以提高民兵支前参战的积极性？

他把想法向军区领导作了汇报，当即得到一致赞同。

9月上旬，鲁南军区召开民兵会议。郭化若在会上郑重向全体民兵倡议开展"立功运动"。号召"每一个民兵立一件功劳"，每个立功人员发一份"立功证"。同时，他又强调提出民兵在开展游击战中，要把地雷作为主要武器使用。各县积极响应，举办爆炸集训班，成立爆炸队。会后，郭化若按照军区的指示，起草了"立功奖励条例"，对立功的原则、标准、评功条件、方法、批准权限、奖励办法等方面一一作了规定。

解放区立功运动的开展，大大地发挥了广大民兵的参战热情，那个叫李继东的民兵立功后，拿着"立功证"得意地说："俺一辈子都光荣了呵。"

山东军区和山东省政府的领导得知他们的这一做法后，给予高度重视，并联合颁发《关于民兵自卫队开展立功运动的暂行办法》和《关于开展立功运动的指示》两个文件，指示在广大民兵中广泛开展立功运动。

11月11日，延安《解放日报》发表《广泛开展立功运动》的短评，称赞立功运动"是人民自卫战争中的一个创举"。

十九、《渡江侦察记》的原型

1949年3月底，中国人民解放军百万大军兵临长江，准备渡江直捣南京。这时，大地回春，气象万千，生机盎然。中旬的一天下午，第九兵团政委郭化若和司令员宋时轮来到无为县临江坝第二十七军指挥所，检查渡江准备工作。

晚上开饭时，炊事班长洪建军端来三菜一汤：一盘韭菜炒鸡蛋，一盘炒青菜，一盘竹笋炒肉丝，一大碗咸菜豆腐汤。

二十七军军长聂凤智看到桌上的时鲜蔬菜，一脸的惊讶，他忙走到前面，拉拉小洪的衣角，用眼示意，叫他出来。聂凤智问他："小洪，你的本事好大啊，这些蔬菜你是从哪里搞来的？这可是江南才有的啊！"

小洪没有答话，站在一旁的王团长笑着插话说："军长，我们与江南不就是一江之遥吗？但是，江南和江北却大不一样了，这些新鲜蔬菜都是前几日晚上，我们的侦察员过江侦察敌情时，顺手牵羊搞来的，敌人没有遇见一个，敌情没有侦察到，却搞来这些副产品。首长们有口福，所以让首长们……"

"不像话！你们破坏了群众纪律，过江侦察怎么能够拔群众种的菜呢？难道首长们……真是乱弹琴！"谁知王团长话还没说完，就被聂凤智批评了一顿。

就在宋时轮和郭化若等见聂凤智外出疑惑不解时，从门外传来了聂军长说话的响亮声音，他俩走出来时，王团长红着脸，低着头说："我教育不够，今后一定加强对部队的纪律教育，保证不再重犯。"

"好嘛，知错能改方君子。"郭化若笑着说。

"这就对了，今天算是聂军长请客。以后过江，有机会找到主人，照价赔偿。"宋时轮拍着聂凤智的肩膀半开玩笑地说。

随后，大家进屋围坐吃饭。郭化若望着韭菜，边吃边思索，他对聂凤智说："通过这件事，倒给了我两点启示：一是说明长江并不可怕，渡船工具齐备，完全可以渡过长江；二是南岸边的敌人并非铁板一样，只要侦察好地形，选择好登陆点，做好充分的准备工作，我们的部队是可以登陆的。"

"政委说的是。"聂凤智说完，又朝宋时轮看看后说："司令员、政委，当务之急是我们要派一个营去侦察，了解沿江纵深敌情、地形、水情、民情，选择突破点。"

"我认为老聂所说极是。"宋时轮用赞许的口气说。

"对，我们要在一碟韭菜上做文章。从某种意义上来说，聂军长招待的这顿饭可是很丰盛啊。"郭化若接过宋时轮的话说："聂军长的建议很重要，我认为派一支侦察分队携带电台插入江南，与江南的地下党组织取得联系，及时不间断地报告当面敌情，战役发起后再配合江南游击队接应主力渡江，正是一举多得，完全可以。我建议把这一设想立即上报总前委。"

这一建议上报后，很快得到上级首长的批准。

聂凤智在返回军部的路上，便与作战处长刘岩进行商量，谈了几点设想，一到军部又迅速与政委刘浩天研究，最后决定从军侦察一、二连和七十九、八十、八十一师抽调3个侦察班，共300人，成立一支渡江先遣大队，任命二四二团参谋长章尘（亚冰）为大队长兼党委书记，军侦察科长慕思荣为副大队长，先遣渡江执行侦察任务。并从先遣渡江的实践中打破"木船不能渡江"的神话，消除官兵们的心理压力，提高部队渡江的信心与决心。

在侦察大队渡江的前一天晚上，聂凤智和刘浩天对章尘和慕思荣进行了交代。

4月6日晚10时，天空一片漆黑，聂凤智和刘浩天来到江边，为渡江先遣大队送行。章尘和慕思荣带着全体人员告别了军首长，登上木船，向对岸驶去。大家齐心协力，团结一致，以迅雷不及掩耳之势，用了约1个小时左右便登上了对岸。

他们过江后，通过电台把成功登陆的喜讯报告聂、刘两位首长，并又很快报告了兵团首长。广大官兵听到这一振奋人心的消息后，无不欢欣鼓舞，渡江的热情一下沸腾了起来。

章尘他们在戴公山找到了中共地下党员罗玉英，在她的带领下，他们一口气急行200里，在原新四军军部云岭镇，与苏浙皖游击队及沿江支队汇合。解放军先遣大队到来的消息，像春雷一声震天响，皖南山区的老百姓听说自己的队伍来了，纷纷奔走相告。他们像当年欢迎亲人新四军一样欢迎亲人解放军，腾铺让房、烧水做饭、送蛋送菜送粮食，家家户户似过年，到处是欢声笑语。先遣大队在游击队和群众们的协助下，建立了20多个工作站，对狮子山、舒家店、泾界等沿江一带的敌军番号、火力配备、兵力部署等情况，了解得一清二楚。然后，他们将侦察到的敌情用电台源源不断地发回军部。军部又及时上报上级。

他们的侦察工作得到了上级首长的夸奖。

4月20日晚，当二十七军展开渡江时，先遣大队配合大队人马渡江，在敌占区以放火为记号，为炮兵指示射击目标。并突然从敌人背后先敌开火，搞得敌人莫名其妙，措手不及。他们夺阵地、占山头、割电线、捣毁敌指挥部，左冲右突，打得敌人心惊胆颤，惊慌失措。

50年代，有一部引起全国轰动的电影《渡江侦察记》，就是依据第九兵团第二十七军先遣大队的原型编写的。郭化若吃一顿韭菜竟引发出一部优秀的电影来。

二十、上海警备司令员

1949年5月27日上海解放。上午，上海市军事管制委员会宣告成立，陈毅任主任，粟裕任副主任。翌日，又成立了上海市政府，陈毅任市长。

　　28 日，三野指挥部决定由第九兵团领导机关兼淞沪警备区领导机关，宋时轮兼任司令员，郭化若兼任政委、党委书记。上海市区和郊区划分为 5 个警备分区，分别由第二十、第二十六、第二十七、第三十、第三十三军各警备 1 个分区。

　　1949 年 7 月底，三野首长命令，第九兵团不再担任警备任务，由宋时轮率领兵团第二十、第二十六、第二十七军进至市郊进行整训，准备执行解放台湾的任务。后由于情况变化，又执行其他新的作战任务。上海警备任务由第三十三军和第三十四军第一〇〇师、上海市警察总队、华东警卫团等部担任。同时，由第九兵团留下的一部分干部和第三十三军军部重组淞沪警备部队领导机构。9 月 10 日，中央军委任命郭化若为淞沪警备部队司令员兼政委，林维先为副司令员，韩念龙为副政治委员，张克侠为参谋长，欧阳平为政治部主任。郭化若上任后，领导和指挥警备部队开始了上海的反特斗争。

　　1950 年 2 月，天色阴沉，铅灰的天空，迷迷茫茫，混混沌沌。国民党"总裁办公厅"第七组所属的一个特务组织，利用天气变化在崇明岛海虹港抢劫一条驳船后，继续窜至上海作案，烧毁两座汽油库，并企图再劫走登陆艇。打入内线的我方侦察员在侦得情报后，里应外合，一举捕获敌正副大队长、副官、特务组长等 67 人。

　　5 月，蒋经国派遣的一个特务组织在沪东齐齐哈尔路的一个秘密据点召开会议。军法处一科的内线侦察员陈亮，立即将情报报告军法处，瞿处长一边指示陈亮不要打草惊蛇，一边报告郭化若。

解放初期郭化若在上海

郭化若得报后，立即命令第九十九师侦缉队消灭特务。侦缉队火速赶到特务据点，特务头头冷有钧还在张牙舞爪地进行反动宣传，突然间，"缴枪不杀"的喊声从天而降，40余名特务还没有明白怎么一回事，便都成了俘虏。

9月22日晚，夜色如漆。

上海开往崇明岛客轮"鸿生号"，像往常一样慢慢驶出。当客轮行至吴淞口附近时，已是深夜12时。此时，混杂在乘客中的20名武装敌特，一哄而起，抢夺解放军跟随客船的7名干部、战士的枪支、弹药，当场打死4名官兵，并将另3名战士捆绑。随后对乘客大肆进行洗劫。25日夜，当客轮驶至南通时，又极其残忍地将3名战士活活勒死。沿途还散发反动传单，并杀害当地4名小学教师、复员军人等，其行为嚣张，手段凶狠，令人发指。

陈毅知道这件事后，十分震怒，指示郭化若要尽快消灭这帮敌特。

郭化若与警备部队常委研究后，决定成立由韩念龙为组长、军法处瞿处长为副组长的指挥小组，率领军法处的同志会同南通专区办案人员，共同歼灭反革命特务组织。他们按照临行前制定的侦破方案，周密侦察，跟踪追捕，终于将号称"反共救国军长江纵队"的黄志英、洪建军等20名罪犯一网打尽。

10月25日，当黄志英、洪建军等罪犯被押赴刑场处决时，郭化若指示将他们绑在汽车上游街示众，揭露特务们的滔天罪行，为牺牲的烈士和被害的老师等报仇雪恨。沿途的老百姓对狠毒的特务无不义愤填膺，大声高呼："杀得好！杀得好！"

陈毅对警备部队在短时间内侦破此案，非常满意，专门给郭化若写信表扬军法处的工作。陈毅在信中说："反特工作成绩显著，特别是此案的侦破，起到了大大震慑敌人、教育人民的良好作用。"

从1949年5月至1950年6月，淞沪警备部队军法处系统共破获50多种特务组织，侦破敌特案件和各类刑事案件3626起，抓获各种罪犯1.4万余人，各种枪支弹药2.3万余发（枚），电台14部，汽车15辆以及大批物资与器材，为稳定社会秩序，巩固新生政权作出了贡献。时任中央公安部部长、军委公安部队司令员兼政委的罗瑞卿对淞沪警备部队的肃特工作给予了大力赞扬。

二十一、在海防线上与残敌较量

华东沿海海岸线长达 9990 余公里，为全国海岸线总长的 67%。沿海有大小岛屿 3300 多个，大小港口 900 余处。华东军区、第三野战军于 1949 年 10 月解放了华东全部大陆，1950 年 7 月前先后解放了长山列岛、平潭、厦门、东山岛、舟山群岛和嵊泗列岛。但是，国民党军以福建的金门、马祖、白犬列岛和浙江的上下大陈、渔山、披山、洞头等 20 余个岛屿为主要据点，利用海军舰艇配合土匪特务武装，采取"以大吃小、捞一把就走"的手段，进行海盗式袭击，并派遣特务潜入大陆，搞破坏和刺探情报等活动。

在敌情复杂、担负边防部队人员不足、武器装备较差的情况下，郭化若发出了"加强海防战备，巩固领海治安，相继进剿闽浙沿海残敌，并随时准备对付国防作战"的命令，公安部队开始进入打击残敌和袭扰窜犯敌人的斗争。

1952 年 10 月已是残秋，5 日傍晚，太阳渐渐黯淡了，一片雾蒙蒙的。这时，国民党"反共游击总队第二大队"近 800 余人，企图冲破解放军的防备，冒险从南镇登陆。解放军守备第七十九团一个排发现敌人后，立即以火力猛烈打击敌人，敌人尚未上岛便丢下 29 具尸体，溃逃而去。

12 月 13 日，国民党"南海三中队、突击部队"500 余人，企图从福建六鳌登陆，高度警惕的公安第八十团第九连一个排全体官兵，不畏强敌，利用岛上有利地形，与敌人展开了激烈的战斗，消灭敌人 70 多人，坚守住了阵地。

两次战斗歼灭敌人近百人，以少胜多，鼓舞人心，广大指战员兴高采烈，守卫热情高涨。但同时又产生了盲目乐观，麻痹轻敌的思想。

一次，部队在进剿鸡冠山、洋屿上的国民党残敌时，第十七师第五十团的两个连，由于事先没有侦察敌情，思想上也未作充分准备，加之连队之间协作不佳，通讯中断，在进剿展开后，处于十分被动的境地，结果造成 180 余人伤亡，教训深刻。

郭化若得知失利消息后，心情非常难过，他在召开的各师领导会议上说：

"进剿鸡冠山、洋屿失利，给我们留下了许多沉痛的教训，虽然是大家在战斗中轻敌、麻痹，可是，由于我们领导教育不力，没有及时给大家提个醒，说明我们领导的工作还很不够啊。这个责任，首先在我，我向大家……"

"我是政治委员，这个责任应该由我承担。"许建国打断郭化若的话说。

第十七师的两位领导听司令员、政委这么一说，脸上火辣辣的，马上站起来向两位首长说："司令员、政委，是我们工作没有做好，我们向党委作检讨……"

"大家不要争了。我希望的是要大家吸取教训，时刻保持高度警惕，加强岛屿防御，增强部队的作战能力。"

吃一堑，长一智。1953年2月，郭化若与政治部秦化龙副主任带领工作组和文工团，到福建边防部队进行检查和慰问。

郭化若在东山岛检查时，发现该岛处于福建和广东两省交界地带，又是两省海上的交通要道，离国民党军占据的金门岛很近，容易遭敌人的突然袭击。熟知兵法的郭化若，对布防要点进行分析和部署，要求驻守该岛的部队加强防务，福建省军区的领导听了他的分析后，都深感加强该防御的必要性与迫切性。

为此，负责守备的公安第十三师领导，按照郭化若的指示，及时调整部署，增加兵力，由1个营增至1个团，储备粮弹饮水，周密制定多种作战方案，并经常开展战备教育，做好随时粉碎国民党军进攻的准备。

在历时1个多月的检查和慰问过程中，郭化若走一路，看一路，除慰问广大守岛官兵外，他还要求同志们在积极防御国民党军的窜犯时，"以岛为家"，发扬艰苦创业的作风建设岛屿。

7月15日晚上9时，国民党军打着"以大吃小，速战速决"的如意算盘，出动第十九军四十五师及第十八师五十三团，第七十五师一个无后座力炮连，突击第一、第二大队，海军陆战队与南海纵队各一部，伞兵1个支队，舰艇13艘，由第十九军军长陆静澄指挥，企图以优势兵力，在海、空军及空降兵的配合下，"围歼"东山岛我守备部队。

敌人于16日拂晓抵近东山岛海面，从湖尾和亲营至白埕及东山岛北部三路登陆。来势凶猛的敌人的一举一动，早已被守岛部队观察得清清楚楚。

第八十团两个步兵营，一个八二迫击炮连，一个水兵连和一个盐警中队共约1200人，在团长的指挥下，立即采取战前制定的"遇敌万人进犯时，由前沿小部队节节阻击，予敌杀伤，打乱敌部署后，坚守阵地，在增援部队配合下一举歼灭敌人"的作战方案，各前沿分队先敌3小时行动，占据指定地点，做好一切准备。当敌人气势汹汹、耀武扬威地在岛上上窜下跳接近以火力予以杀伤的范围时，各分队向敌人突然开火，一时吓得国民党军慌了手脚。国民党军企图凭借优势兵力，歼灭守备部队。守军顽强阻击和节节抵抗，手榴弹打完了，就以 60 迫击炮代之，坚决抗击来犯之敌。

就这样，守备部队在岛上反复地击退了敌人连续猛烈的攻击，守住了阵地，争取了时间，在快速赶到的增援部队的支援下，对敌发起了全线反击，到 17 日 18 时 30 分胜利结束战斗。东山岛一战，毙伤国民党军 2477 人，俘 842 人，击沉小型登陆艇 3 艘，击落飞机 2 架，缴获一批武器和弹药，残敌登舰狼狈溃逃。

国民党进犯东山岛是其反攻大陆计划的一部分，公安部队取得反击战的胜利后，中央军委和毛泽东主席给予了赞扬和嘉奖。

郭化若对东山岛一战的胜利，兴奋之情难以言表，当即写了一首七绝《东山岛战斗》以表庆贺：

硝烟密锁凤凰山，尸满阵前敌胆寒。
倘使豺狼重豕突，不教片甲得生还。

晚年郭化若

在这一年多时间里，公安部队歼灭国民党军"国防部反共救国军"、"自由军十纵队"等武装70多个，彻底粉碎了国民党军妄想利用沿海地段"保存实力，待机再起"的阴谋，海防安全进一步得到巩固。

1955年2月，中共中央、中央军委根据新的军事战略，决定将全国战略区进行重新划分。4月1日，根据国务院、中央军委的决定，华东军区改编为南京军区，郭化若被任命为副司令员，离开了他工作了6年的上海。

1973年12月，中央军委任命他为军事科学院副院长。1982年，他从领导岗位上退下来后，仍对军事科研痴心不改，继续发挥自己的余热，写了一批军史文章。

1995年11月26日4时14分，一代儒将郭化若走完了他为革命奋斗一生的光辉历程，享年91岁。

李达：做参谋长42年

　　李达生于1905年，陕西省眉县人，原名李德三。1926年考入冯玉祥在甘肃平凉创办的西北军第二军官学校，毕业后任排长、连长。1931年12月，参加了宁都起义。1932年9月加入中国共产党。先后任中国工农红军第五军团连长、湘赣苏区独立第一师参谋长、第十七师参谋长兼团长、第六军团参谋长。参加了湘赣苏区第四、五次反"围剿"，1934年参加长征后任红二军团和红二方面军参谋长，1937年初，任援西军参谋长，抗战爆发后，任八路军一二九师参谋长，后兼太行军区司令员。解放战争时期，先后任晋冀鲁豫军区参谋长、中原军区参谋长、第二野战军参谋长兼特种兵纵队司令员和政治委员。新中国成立后，任西南军区副司令员兼参谋长，后兼云南军区司令员。1953年参加抗美援朝，任中国人民志愿军参谋长。1954年，历任国防部副部长兼中国人民解放军训练总监部副部长。1958年，调任国家体委副主任兼国防体育协会主任。1972年任中国人民解放军副总参谋长，1980年任中央军委顾问。1955年被授予上将军衔和一级八一勋章、一级独立自由勋章、一级解放勋章。1988年7月被授予中国人民解放军一级红星功勋荣誉章。曾当选为中共第十、第十一届中央委员，第二、四届全国人大代表，第三届全国人大常委。

　　1993年7月13日逝世，终年88岁。

一、写状子，被赶出乡

1905 年 3 月 15 日（农历），李达出生于陕西省眉县横渠区崖下村一个贫苦农民家庭。他原名叫李德三，有三兄一弟。全家耕种三十余亩薄田，尚不能糊口，父亲在农闲时贩卖油盐，以补家用。

李达 5 岁时，父亲饥病交加，卧床不起。他有一次拣到一个杏子，拿到家里，给病危的父亲吃。父亲一手握着杏子，一手紧紧握着他的小手，热泪盈眶。

父亲病逝后，李达自 5 岁开始，就帮助母亲和哥哥们干活：拾粪，剜野菜……不到 10 岁，便给地主打短工。他常常饿着肚子，抱着沉重的大锄头锄地，饿得实在受不住了，就拣大雁的粪便，从中挑谷粒吃。有一天，他两顿没吃饭，饿昏在田里。在地头监工的地主走过来，一脚把他踢出老远，还狠狠地骂了一句不堪入耳的脏话。从此，在李达的心灵上打下了深深的烙印，留下了"富人心狠"的印象。

李达聪明、懂事，很受家人的疼爱。大哥为了培养一个识文断字的顶门人，四出借债，供他读私塾。李达从 11 岁读至 16 岁，读完了《四书》、《五经》，学会了写作诗文词赋。他爱好丹青和篆刻，有时还登台唱几段眉户戏。他写得一手好字，每逢年节，乡亲们便三五成群地求他写对联。

大哥看他有出息，又借了一笔债，供他上了省城西安基督教会办的私立东道中学。但刚刚读了一个学期，哥哥就供不起了。李达求学心切，又考进了公费的单级（初级）师范学校。在学校里，他开始受到进步思想的影响，在"五卅"运动中，和同学们积极参加了反对北洋军阀政府的游行示威活动。

两年后，他毕业返乡，当了小学教员。不久，他被横渠区保卫团调去当了帮办。

这时，在家人和乡亲们的眼中，李达开始出人头地了。他也踌躇满志，想替老百姓做些好事。为此，他常常下乡查访，听到不少区保人员欺压百姓的事。于是，他便为民请命，上书区长，痛陈区保人员的劣迹，请求法办。然而，李达并不知道，由于他从不为有钱人写帖子，早就得罪了他们。结果，李达不但没有告倒区保人员，自己反而接二连三地遭到陷害，最后被乡吏们扣押起来。李达的叔父去说情领人。乡吏说："放李达可以，但从今以后不要再回乡！"

这时，李达醒悟了，知道区乡小吏是勾结在一起的。他对之深恶痛绝，下决心离开家乡，到外面闯荡。

1924 年 10 月，冯玉祥发动北京政变，将清朝废帝溥仪驱逐出故宫，之后，他又组建了国民军，并通电吁请孙中山北上。此举，在西北地区也产生了很大影响。1925 年，冯玉祥就任西北边防督办，在甘肃平凉创办了第二军官学校。

李达在西安读书时，就听说过冯玉祥将军的名字，于是，便于 1925 年冬奔赴平凉，考入第二军官学校，学习炮兵专业，接受了正规、严格的训练。在军校，他第一次见到了仰慕已久的冯玉祥将军。

1926 年春夏，冯玉祥到苏联考察，宣布国民军全体加入中国国民党。9 月，冯归国后，与于右任、邓宝珊等人组成国民联军，于 17 日举行了著名的“五原誓师”。冯玉祥就任联军总司令，发表了“遵奉中山先生的遗嘱，进行国民革命，实行三民主义”的宣言，在中国西北部打出了配合北伐、讨伐反动军阀的旗帜。

李达作为军校的一名学员，参加了这一重大事件。为配合北伐，第二军校随同部队先后开赴陕西和河南。李达自军校毕业后被分配到第八十二旅，先后担任军需和炮兵连排长。1928 年夏，他又被调到旅部当参谋官。

在旅部由于李达在军校成绩优秀，到部队后带兵严谨，为人老实诚恳，工作细致扎实，很快就被提升为少校参谋官。但李达不愿长期在司令部工作，很想带兵打仗，经过多次“坚请”，终被批准。但部队中相当于少校的职位已满，只有第七十四旅的一个连缺副连长。李达自愿下连，当了一名少校副连长。七十四旅开赴山东济宁时，李达被提升为学兵连连长，为该旅培训新兵。

二、起义后被遣散，讲情才留下

1931 年初夏，在上海的中央军委派出中共党员王超、袁汉澄、李肃到二十六路军开展兵运工作。他们和地下党七十三旅上尉参谋刘振亚接上关系后，发展李青云秘密入党。之后，李青云又发展了学兵连的学兵王际坦。从 1931 年 7 月到 11 月，王际坦又在学兵连发展了 7 名中共党员，二十六路军总参谋长赵博生也秘密加入了中共。李青云担任学兵连连长后，就在学兵连建立了中共支部。这时，二十六路军中的中共秘密党员已经发展到二十多人，将党组织扩展为中共特别支部，书记为刘振亚，委员是袁汉澄和王铭五。中共特别支部不但掌握了学兵连等几个连的武装，而且已经实际上控制了总指挥部。

李达曾经担任过十四师学兵连的连长，整编后被调到七十四旅旅部当副官。

这时，李达还不知道在学兵连里已有了这么多的共产党员，但是他在这些秘密党员的眼中，威信还是比较高的。因为他身为学兵连连长，不但思想进步，军事技术好，而且老成持重，工作踏实，处处以身作则，没有一点旧军人的恶习。李达同他们也曾是好友，经常交换对时局的看法，表达过自己盼望早日北上抗日的迫切心情。

由于中共秘密党员的工作，二十六路军中不少官兵在私下议论，要去投奔红军。官兵之间个别串联，也在秘密地进行着。七十四旅二团一营的一个建制班，由班长带领，集体携械投奔了红军。

二十六路军向何处去？高级将领和基层官兵都在思考这个问题。在这一关键时刻，发生了一个意外事件。1931年10月，中共秘密党员王超奉调离二十六路军，途经南昌时被捕。敌人从他那里获得了二十六路军中共地下党组织的材料。12月初，蒋介石派飞机给二十六路军送来了一纸密令，云：

据捕获共犯王超等二名，供称系二十六路军。除将该犯所供共犯分别查拿外，仰即该路严密防范为要。此令。

二十六路军指挥孙连仲离队前指定李松昆代理总指挥，但来往信件仍由参谋长赵博生代拆代行。蒋介石指示二十六路军抓共产党员的命令，恰好落在共产党员手里。赵博生看过密令后，随手装进了秘密文件袋内，立刻召集李青云和董振堂开了个紧急秘密会议，讨论应变办法。

董振堂说："情况十分紧急，必须在一两日内举行暴动。"

李青云也赞同此议，并说："要尽量争取七十四旅旅长、冯玉祥的女婿季振同同时举事，即便他不同意，七十三旅也要单独暴动。"

然而这时，季振同说："如要北上抗日，目前只有联合红军一条路可走。"

于是，当晚大家同意共同暴动，并且商定由季、董和中共特别支部各派一名代表，到中央苏区接头。

会后，季振同说服了七十四旅主力团——第一团团长黄中岳一起起义。

找谁接头呢？于是，董振堂、季振同和黄中岳想到了他们所熟识和信赖的共产党人刘伯坚。他们选派七十三旅的参谋郭如岳，携带他们的亲笔信，秘密潜入瑞金叶坪，当面交给了刘伯坚。

中共中革军委根据二十六路军地下党的报告和赵、董、季、黄的信，同意二十六路军立即举行武装暴动。12 月 7 日，刘伯坚代表中革军委给他们写了回信，表示热情地期待他们到苏区来"共同携手为革命奋斗"，并建议他们互推起义领袖。

根据刘伯坚的意见，赵、董、季、黄又一次召开秘密会议，推举季振同为起义领袖，并委派七十四旅营长卢寿椿到苏区进一步洽商起义具体事宜。

刘伯坚同卢寿椿面谈后，给季、董、赵写了回信，转达了中革军委的决定和意见：

一、任命季振同为工农红军第五军团总指挥，董振堂为工农红军第十三军军长，赵博生为工农红军第十四军军长，黄中岳为工农红军第十五军军长。

二、暴动过程中必须坚决解决军官中的反动分子。红军将在胡岭嘴、东山坝和会同、安福一线配置强固兵力予以接应。

三、暴动时间必须在 13 日拂晓。

季振同等接到刘伯坚的信后，马上制定了暴动的具体方案。当研究暴动的日期时，赵博生说：

"前几天，南昌那边通知，咱们二十六路军 11 月份的薪饷和冬装已经启运了。"

董振堂问："几号能运到宁都？"

赵博生说："按路程算，11 号或 12 号能到广昌。到宁都，最快也得 13 号。"

黄中岳说："如果我们的薪饷和冬装不能按时运到，我们这一万多人就是到了苏区，也会给红军增加很大的负担哪！"

董振堂又说："如果我们拿不到，就会让朱绍良得了便宜。"

赵博生说："我们的队伍穿上新冬装，吃一顿饱饭，拉队伍的时候情绪就更高了。"

季振同思忖良久，果断地说："我看，有必要把起义日期推迟一天，把现成的薪饷和冬装拿到手再去苏区。你们看怎么样？"

董、赵、黄三人都同意推迟一天起义。

董振堂说："要派人到广昌去押运，务必保证 13 号运到宁都才行。"

赵博生说："押运的人，一定要选绝对可靠的，不能出任何问题。"

季振同说："赵总参谋长，苏区那边，你派人通知一下。押运的任务，交给李副官去办。"

赵博生考虑了一阵儿，说："我看可以。李达这个人可靠，而且还不知道暴动的事，不会走漏消息的。"

董振堂点点头: "对,让旅部副官去押运,身份也合适。"

黄中岳说: "李副官当过参谋官和学兵连的连长,人很踏实、稳重。"

季振同说: "我跟他交代一下。"

就这样,季振同把押运任务交给了李达,并叮嘱他务必在13日之前运到宁都。

李达领命之后,连夜赶到了广昌。他不负众望,尽心尽责,日夜兼程,如期、安全地把薪饷和冬装运回宁都。

13日,领到了冬装和薪饷的二十六路军的官兵们兴高采烈,纷纷上街购买日用品。这天,宁都的大街小巷、茶楼酒肆,都挤满了人,如同节日一般。

而发动起义的领导人们此时却正在紧张地布置暴动前的各项任务。起义的骨干部队七十四旅一团,日夜戒备。七十三旅的学兵连这天也是兵不离班,枪不离手,集合在一起,静待了一天。晚上,和衣而卧,枕戈待旦。

1931年12月14日下午2时,季振同、董振堂、赵博生和黄中岳指挥起义部队按预定计划分别开始行动。

季振同召集七十四旅一团、二团的营长以上军官开会,激动地说: "现在日本帝国主义侵略东北,窥视华北,我们祖国的命运处于风雨飘摇之中。国家兴亡,匹夫有责。何况我们都是正规军人! 我们要求抗日,打回北方去。蒋介石却热衷于打内战,置国家、民族利益于不顾。我们再不能这样下去了,我们坚决要求北上抗日。如果蒋介石不准许,我们就绕道广东回北方去。"

接着,他下达了任务,第一、第二两团于当天下午准备就绪。

晚上6时,赵博生以总参谋长身份宴请全军团以上的主官,争取一个不漏地把他们都捉起来。因为李达押运骡马大队到了宁都,这些主官们又听说还从上海运来了"白兰地"酒、"炮台"牌香烟和美国水果,来得特别踊跃。而二十五师师长、代理总指挥李松昆则没有被邀请。

一团的柴副官化装成传令兵,带着团部特务排,跟着季振同和黄中岳,提前来到设在天主堂的二十六路军总指挥部。

前来赴宴的军官们一到,赵博生就打招呼,请他们上楼就座。柴副官等就在楼下招待他们的随员和护兵。入座时,柴副官和特务排的官兵们有意插花而坐,把那些护兵夹在中间。

当大家碰了杯,饮下第一口酒,拿起筷子刚刚夹菜时,柴副官就掏出手绢擦嘴——这就是动手的暗号。特务排的官兵一见他发出暗号,便掏出随身携带的手枪,顶住各自身旁的护兵,高声喝道: "不许动!"这些护兵还没反应过来,就被缴了械。

在柴副官掏手绢的同时,焦连长带着第九连的二十多人,迅速冲上楼去,捉那些军官。但是,有个战士精神过分紧张,手中的冲锋枪走了火。正在楼上喝酒的军官听到枪声,立即大乱,惊呼道:"哪里打枪?"

二十七师的李锦亭团长和另一个团长王天顺反应最快,转身便跳下了楼,却被院内警戒的部队捉住。

正当九连的官兵们在楼上捆绑那些军官的同时,董振堂也在七十三旅诱捕了几个政治上靠不住的营长。

一营营长卢寿椿率领一路,到设在苏家祠的二十五师师部去捉拿李松昆。可能是听到了天主堂方向传来的枪声,二十五师师部大门口布置了双岗。卢寿椿让几个人跑到门口,把这两个哨兵抱住。其他人正要往里冲时,门里的哨兵突然开枪,冲在前头的 5 个人,两死三伤。师部的两扇黑漆大门随即紧闭。

卢寿椿他们便在门外喊话:"开门!再不开门,我们就要放火烧,用炸药炸!"

"把枪交出来,把李松昆交出来,其他人统统没事!"

经过住在西隔壁的一位姓赵的少将副官长两次内外传话协商,里面还是不缴枪,但派人送出一百多根撞针来。卢寿椿带人进院搜捕李松昆,找遍整个院子,也没有踪影。原来,他听到枪声,早就跳墙逃跑了。

这时,二十六路军共有八部电台。其中,只有总指挥部、二十五师师部和国民党派来的一部,共三部开机。总指挥部执法队的刘向三带着特务营一个排,解决了国民党的这部特务电台。二十五师的电台则由七十三旅的学兵连所控制。

李达作为副官,紧随季振同左右,负责保卫起义总指挥的安全。

12 月 15 日凌晨,二十六路军的暴动已经成功!除驻在宁都城北的一个团外,二十六路军的两个师,辖七十三、七十四、七十五、七十九、八十、八十一旅,共 6 个旅直、11 个整团、17000 余人携带着两万多件武器,基本上全部参加了起义。

李锦亭在季振同和黄中岳向他说明情况并道歉之后,欣然参加暴动,不但把他的团拉了出来,而且还把他们师的另一个团也带了出来。

当旭日高照宁都古城之际,董振堂率领七十三旅,作为起义军的先锋队,其他各旅跟进,七十四旅殿后,浩浩荡荡,直奔中央革命根据地。

至于那些被扣的旅、团长们,在部队全部拉出宁都之后,给他们每人发了 3 元的路费,让他们各奔前程了。

当最后离开的七十四旅一团刚刚走出城东门时,奉命在城外配合暴动的红军第十二师，在陈光师长的率领下，由水洞门开进城来。

刘伯坚、左权等代表中共中央和中革军委，在固厚村迎接二十六路军的到来。刘伯坚见到赵博生、董振堂、季振同、黄中岳、苏进等起义将领时，分外激动，说："昨晚，我一夜没有睡觉，以为你们几个一定是牺牲了。不然，为什么没有按时来到苏区呢？谁晓得你们搞了这么大的规模！列宁讲过，暴动时机成熟了，是一分钟也不能迟延的。我真替你们担心啊！后来，我才知道你们把暴动时间推迟了一天。"

李达这时才明白，二十六路军搞暴动，原来是为了参加红军！他悄悄地对季振同说："季旅长，您怎么不早一点告诉我呢？我也可以帮您多办一些事嘛。"

季振同笑着说："现在说也不晚哪。你也为这次暴动立了一功啊！"

李达莫名其妙地问道："暴动的事，我事先一点消息也不知道，哪里有什么功劳呢？"

"如果不是你连夜把军饷和棉衣催运回来，我们这17000人到了苏区，要增加多少负担哪！"

李达憨厚地说："那也是骡马大队的功劳啊。"

宁都起义，是中国共产党所策动的规模较大的一次起义。

经过几天的行军之后，红五军团在瑞金县附近的秋溪、任田市、九堡、西江市一带驻扎下来。中革军委很快给他们派来了大批政工干部：军团政治委员肖劲光、政治部主任刘伯坚、十三军政治委员何长工、十四军政治委员黄火青和十五军政治委员左权，以及各师、团的政治委员和各连的政治指导员。

部队整编开始了。由红军派来担任五军团主要领导的同志主持召开了军官会议，对大家说：愿意留下当红军的举手，不愿意留下的，发给路费，自谋生路。

很多军官都举了手，其中就包括李达和黄镇。

然而，由于担任五军团主要领导的同志受到王明"左"倾路线的影响，认为原二十六路军连以上的军官都是军阀，并提出了"要兵不要官"的口号。所以，尽管许多军官都举了手，仍然面临被"资遣返乡"的命运。出身贫苦、对起义有功的李达，还有原七十四旅政训处干事黄镇等人也不例外。

季振同虽为红五军团总指挥，也不能左右这一局面。他把李达叫到跟前，无奈地说："上级决定让你回乡。我也留不住你，实在对不住。你有文化，又年轻，自谋生路去吧！"说罢，递给他一些钱，凄然道："这点钱，权当川资吧。"

李达被这个突如其来的决定惊呆了。他怔了许久，才默默地接过钱，复又置于案上，说："总指挥，您知道我是个苦出身，在家里生活不下去，才出来参加国民军的。如今，我总算找到了一条救国救民的正确道路，我怎么能半途而废呢？前年陕西大旱，我的三位兄嫂和侄子都饿死了，全家总共饿死了八九口人。我就是回去，也没有出路。我不走，我要留下革命！"

然后，李达又找到红五军团政治部主任刘伯坚，向他讲述了自己的家庭情况，倾诉了要参加红军的决心。

刘伯坚听后表示愿意为他作政治上的担保人。季振同也向红五军团主要领导人为李达"讲情"。经过刘伯坚和季振同"讲情"和"担保"，李达终于被留在红五军团。同时被留下的还有黄镇等人。黄镇后来又和李达在太行山并肩抗日，成为亲密战友。

李达留在红五军团后，被任命为连长。

不久，湘赣军区第八军代政委兼独立一师政委王震，到红五军团来选调干部。条件是受过正规训练、能搞军事训练的营连级干部。在五军团干部名单里，王震发现李达毕业于平凉军官学校，又当过学兵连连长，是比较理想的人选。于是，李达和另外几名青年军官便被选调到湘赣军区。李达被任命为独立一师第二团第四连连长。

李达到湘赣军区工作后，为人谦虚，平易近人，不论是对战友还是部下，都像亲兄弟一般，一点也没有旧军队军官的架子。他思想进步，作战勇敢，打仗都是冲在最前头。因此，他深得红军指战员的信赖。但是，由于李达愿意在前线带兵打仗，不想在机关工作，所以，他对自己在冯玉祥的部队当过参谋官的经历，"藏而不露"，从未提及。但是，细心的王震政委还是看出来了。因为他发现李达对通信、识图、标图等司令部的业务很在行，就问李达："你过去是不是当过参谋？"

李达见"藏"不住，只好老老实实地"招认"了。

当时，红军中有师范文化程度的干部是极少的，在军校受过正规训练，又做过参谋工作的，则更是屈指可数了。于是，他很快就被任命为独立一师参谋长兼第三团团长。

1932年9月，由王震和湘赣军区政委甘泗淇介绍，李达光荣地加入了中国共产党。由于李达作战勇敢，又熟悉参谋业务，又于当年11月被提升为红八军参谋长。

1933年春，在反击国民党军对中央革命根据地发动的第四次"围剿"中，李达因作战有功，被授予二等红星奖章。

入夏，红八军缩编为红十七师。肖克任师长，王震为政治委员，李达任参谋长，袁任远为政治部主任。

国民党在第四次"围剿"红军失败后，又组织了第五次"围剿"。同时，以其西路军的6个师约5万人"围剿"湘赣根据地。红十七师经过一番奋战之后，和红十八师合编为红军第六军团。任弼时担任军政委员会主席，肖克、王震分任军团长和政治委员，李达担任参谋长。

三、救了"肃反"狂夏曦的一命

1934年10月，红三军和六军团会师后，经报请中共中央批准，红三军恢复红二军团番号，军团长由贺龙担任，任弼时为政治委员，关向应任副政治委员；二军团军团部兼总指挥部，统一指挥二、六两军团。

由于夏曦在二军团大肆进行错误的"肃反"，杀了一大批根本就不存在的所谓"改组派"，团以上干部被杀了两三茬，所以，二军团迫切需要一批有经验的干部。贺龙对任弼时和肖克、王震说："二军团现在很缺团以上干部。我想请你们从六军团选一批到二军团来，给我们传授井冈山的经验啊！"

李达

任、肖、王欣然同意，从六军团挑选了张子意、甘泗淇、张平化、余秋里等一批干部到二军团工作，张子意和甘泗淇先后担任二军团政治部主任，张平化担任宣传部长。

贺龙听说李达是"科班"出身，不但能领兵打仗，搞参谋工作也很有一套，于是，又同任、肖、王"谈判"，把他"要"了过来，任命为二军团参谋长。

10月底，二、六军团从黔东出发，向湘西的永顺、保靖、龙山、桑植地区发动攻势。李达作为二军团参谋长，在龙泉寨、梧溪河等战斗中负责侦察敌情，协助贺、任、关等军团首长制定作战方案，默默地做了许多具体工作。

1934年11月26日，中共湘鄂川黔省委员会正式成立。

任弼时任书记，贺龙、关向应、夏曦、王震、肖克、张子意等任委员。同时，成立了湘鄂川黔革命委员会，贺龙任主席。省军区亦于同日建立。

红二、六军团会师后，在任弼时领导下，开展了批判夏曦错误路线的斗争。当时，人人痛恨夏曦，纷纷要求把他扣押审查，还有许多同志强烈要求，让夏曦为被错杀的同志偿命。

在这个关键时刻，李达向任弼时谈了自己的看法。他说，夏曦的错误的确是很严重的，但仍属于犯路线错误的性质，还不属于敌我矛盾，处理他的问题，还是应当实事求是。现在，群众中有过激情绪、报仇心理。鉴于这种情况，我建议党组织是不是稍停一段时间再处理为好。我们不能像李立三路线那样，一抹到底，罚他做苦力，挑担子，更不能扣押审查。

任弼时觉得李达的分析不无道理，便征求他的意见："你看目前怎么处理夏曦同志的问题更妥当?"

李达说："是不是先把他调出二军团，到六军团工作?"

任弼时采纳了李达的建议。他撤销了夏曦在党内的一切职务，让他作深刻的检查，向群众悔罪，求得群众的谅解。之后，调他到省委帮助工作，后又根据他的表现，调他到红六军团当政治部主任。

夏曦到六军团工作后，表现还是不错的，以后在黑水关战斗中牺牲。

四、"我这里已经没有马了"

至今，在红二方面军的老同志中，还流传着许多李达关心指战员的动人故事。其中，长征路上三送马的故事，最为动人。

1936年5月，红二、六军团渡过金沙江，进入中甸地区。当时，工兵连一排排长颜振清的右腿负了重伤。

当天下午，连长廖如秀打电话把他的伤情向李达参谋长作了详细汇报。他听完汇报后，生气地说："为什么不早告诉我? 快派个人到我这里牵匹马，再带一条面袋子来，给他带点炒面。无论如何要把颜排长驮走，路上要派人照顾好，不要叫他从牲口上摔下来。"

于是，廖连长派了两名战士，从李达那里牵来一匹壮实的枣红马。颜振清听了连长转述李参谋长的话，看着枣红马，两行热泪滚滚而下。

行军的第二天，枣红马驮着颜振清翻过几座大山，累得实在支撑不住，倒在山坡上，蹬了几下腿就死了。二班长和几名战士只得轮流把颜振清背到了宿营地。

廖连长向李参谋长汇报了马被累死的经过。李达听后，又派警卫员把一匹大白马送来了，并叮嘱说："要派专人把马喂好，不要再把马累死了；我这里已经没有马了。"

部队又踏上北上的征程，进入了西康省。这一带是巍峨连绵的雪岭冰峰，气候变化无常。大白马又冻又累又死了。跟随颜振清的两名战士面面相觑，不知如何是好。颜振清更是急得直冒冷汗。

到宿营地后，姜指导员特意召开了支委会，研究如何帮颜振清行军的问题。大家都说，李参谋长已经两次送马，不好再麻烦首长。但又考虑到长途行军，部队要翻雪山过草地，战士们空手走路都困难，哪能再抬着担架行军呢？大家想来想去，也没有什么好主意，最后还是决定给李参谋长写信报告情况。

李达看完报告后，对送报告的通信员说："回去告诉你们连长，我这里没有马了，把你们连驮器材的马腾出一匹来，给你们一排长骑。就说是我说的，照这样解决。"

连里接到李参谋长的指示后，立即腾出一匹骡子给颜振清骑。他就是靠这匹骡子，在同志们的帮助下，走出了雪山草地。

颜振清后来说："每念及此，我就五内发热。在艰苦岁月里，我军这种上下级之间和同志之间患难与共的革命友谊，我将永远珍视。"

当二、六军团长征到达甘孜时，1936 年 7 月 5 日，遵照中央军委命令，组成红二方面军，贺龙任总指挥，任弼时任政委，肖克为副总指挥，关向应为副政委，李达任参谋长。

这时，李达年仅 31 岁。

五、智斗乔茂才

1937 年 9 月 16 日，一二九师誓师之后，奉命进驻陕西省富平县的庄里镇地区，准备向晋东南进发。一一五师向晋北进发，一二〇师开往晋西北。这样，八路军的三个主力师就可以建立以太行山为依托，进可攻、退可守，又能互相联系、互相支援的抗日根据地。这是中共中央经过慎重研究而作出的战略部署。

一二九师到达庄里镇后，立即投入了紧张的筹备工作。正当一二九师准备按八路军总部的预定计划，东渡黄河北上的时候，国民党驻西安的战区司令长官蒋鼎文派了一个叫乔茂才的高级参议，来到一二九师。

这是位不速之客。一二九师既没有请他，师部事先也没有接到国民党方面的通知。值班参谋向李达报告："李处长，乔茂才来到师部，自称认识刘师长，要求见一见。"

刘伯承早年毕业于重庆将校学堂，曾在熊克武将军的部队任过团长。他是川军中被誉为"刘伯温"的有名的常胜将军，知道他的人很多。

这个乔茂才可能在四川时跟刘师长共过事，也许他仅仅见过刘师长的面，或者只不过闻名而已，到底见不见他呢？李达立即向刘伯承报告了此事。

刘伯承说："乔茂才我认识，可是已经多年没有来往了。他来干什么呢？先弄清来意再说。我暂时不好出面，你先招待一下，跟他谈谈，就说我到前边部队去了，有什么事等我回来再说。"

李达领会了刘师长的意图，便来到师部那间简陋的会客室。他打量了一下这位不速之客：年纪约有四十多，头戴礼帽，身穿便服。他见李达来了，立刻起身相迎，伸过手来，自我介绍说："乔茂才。我过去在四川时，认识刘师长。此次来到贵师，是想拜望一下。"

"我叫李达，参谋处长。"李达跟他握了握手，说："唉呀，实在不巧，刘师长到外面视察部队，到现在还没回来。"

乔茂才露出着急的样子，问："那几时才能回来呢？"

"很抱歉，刘师长行前没有说回来的日期。"

接着，就是一阵沉默。

李达想：你是"无事不登三宝殿"，反正你总得讲话。

果然，乔茂才干坐了一会儿，终于沉不住气了，说："李处长，我此次来贵师，一是来拜访，二是有公事相商。不知您可否转告刘师长？"

"这几天，刘师长正忙着到部队交代准备出征的事，行踪不定，一时很难找到他。乔参议如有公事，等刘师长回来，我一定转告。"

乔茂才打开随身带的公文包，取出一封信，递给李达，说："请李处长先过目。"

李达接过来，打开一看，原来是蒋介石亲笔签署的命令。大意是，要一二九师经陇海路转平汉路北上，加入石家庄方向作战。李达边看，乔茂才边说："你们爬雪山，过草地，吃了不少苦。这回贵师到了陇海路上，可以先休息一段了。"

李达看过后，觉得这个命令大有文章，就问乔茂才："蒋委员长的命令，朱德总指挥看过没有？怎么我们没有接到八路军总部的指示呢？"

"没，没有。"乔茂才尴尬地说。

李达想，这个命令我不能接，就把它还给了乔茂才，说："乔参议，这个命令还是等刘师长回来当面交给他为好。我先给你找间房子，休息一下。我这就去找找刘师长，请他尽快回来，您看怎样？"

乔茂才不得不表示同意，连说："好，好，我在这里等一等。"

李达趁机辞了出来，把情况向刘伯承作了汇报。

刘伯承沉吟片刻，说："'来者不善，善者不来'。他不是找我叙旧，而是要向蒋介石邀功请赏。"

他边说边走到地图前边，指着地图对李达说："一一五师已经到了灵邱、广灵、涞源、阜平、曲阳和行唐之间；一二〇师正在神池、宁武、朔县一带活动。日本鬼子呢？9月13日占了大同，以20万兵力沿着平绥、同蒲、平汉、津浦几个方向推进。照国民党这种打法，用不了几天，日本鬼子就会攻下石家庄和太原。我们师如果按照蒋介石的命令，加入石家庄方向作战，我们同一一五师、一二〇师的联系，就很容易被日军切断。"

李达说："这么一来，我们就要被迫孤军作战，不得不担任正面防御。而按我们实际情况，恰恰应该尽量避开正面防御。"

"这是个大阴谋，是蒋介石要借日本人的刀杀我们。老子不上这个当啊！我要马上报告朱总司令。"

"这个乔茂才怎么打发呢？"

"你就说找不到我。过去我们是共过事，现在他是为蒋介石出谋划策，充当引我们上钩的钓饵。我还见他做什么！国共谈判的时候，已经定了的，对八路军的指挥，一定要通过八路军总部，谁也无权越级下命令。蒋介石这么干，不符合这个协议嘛！我们不理睬他，让他等着，等得不耐烦了，他就回去了。"

就这样，第一天，李达陪他吃饭，散散步。第二天、第三天仍是如此，彼此再没有什么话好说。

过了几天，乔茂才看看刘伯承就是不见他，心里也就明白了八九成。再等下去，更是自讨没趣。他为了下台阶，就对李达说："我还有事回去要办，等刘师长视察回来后，我再来拜访。"

李达说："既然乔参议有要事在身，我就不好留您了。"

这位不速之客，就这样被送走了。他本想来一二九师显显身手，没想到碰了刘伯承和李达的软钉子，无功而返，不得不灰溜溜地回去"述职"了。以后，再也没敢来。蒋介石原以为乔茂才与刘伯承有旧，可以利用这个关系，做一做一二九师的文章，企图假日本人之手消灭之，结果是错打了算盘。

蒋介石的这个阴谋被粉碎后，一二九师仍然按照原计划，东渡黄河，沿同蒲线北上。

六、击溃石友三

抗战时期，国民革命军第三十九集团军司令石友三，所辖部队有孙良诚、高树勋、孟昭进、张东臣、赵云祥、丁树本、夏维礼、邵鸿基等部约两万余人。石友三是个有名的流氓军阀，他与日军暗中来往，互相交换关于八路军的情报。他还从天津请来一个叫吉田的日军少佐，担任他的顾问。石友三反共非常积极，手段也非常毒辣。他对部下公开说："过去我们在山东与共产党合作，是为利用共产党发展自己。现在，是利用日本发展自己。"仅据1940年头两个月的统计，石友三就杀害八路军指战员、中共党员及抗日干部和群众两百多人。中共在威县、广宗等地建立的抗日民主政权和抗日救亡团体，有半数被石友三破坏。

李达根据各方面情报的证实，石友三所辖各部均与日军相勾结，并达成秘密协议，以共同消灭八路军为目的，搞"防务交换"，并已经做好了围攻一二九师部队的准备。

李达把这一重要情况报告了刘邓，又根据他们的指示，报告了八路军总部。

1940年1月，刘伯承为了做到仁至义尽，亲自和国民党九十七军军长朱怀冰、河北省主席鹿钟麟谈判，希望他们以抗日大局为重，不要向一二九师发动进攻。

但是，朱怀冰哪里把"土八路"放在眼里？他听了刘伯承的一席话之后，也并不为之所动，仍然一意孤行。

1940年4月，八路军一二九师师长刘伯承（右三）、政治委员邓小平（左三）、参谋长李达（左）、政治部主任蔡树藩（右等在山西省辽县与晋察冀军区司令员聂荣臻（左二）合影

朱德和彭德怀研究了在太行山地区的几股国民党顽固派军队的情况后，于1940年1月底指示一二九师：现在朱怀冰已经南移，高树勋尚在卫河以东，均离石友三较远，正是消灭石友三的好时机，不可放过。

刘邓遵照这一指示，让李达组织师司令部的参谋人员拟制打石友三的作战方案。

李达建议把此次打击石友三的行动，定名为"冀南反顽战役"，拟定各参战部队的任务是：

一、由徐深吉、吴富善率领东进纵队第一团、青年纵队第三团和特务营，于6日前到达邱、威间地区，并指挥三八六旅的补充大队、第三军分区的地方武装、先遣纵队第一团、牛连文团，由南向北，打击石军；同时，请冀中军区的吕正操、程子华速派三个团以上的兵力，进至枣强以南地区。

二、战术是，尽量使用坚强的小游击队，分途不断袭扰，把石友三的部队引出碉堡，在运动中将其消灭。但不可一口吞下，咬一口算一口。

这"不可一口吞下，咬一口算一口"的战术，是李达按照刘师长的指示，写在作战命令上的。这个原则，至关重要，它就是积小胜为大胜的道理。

冀南反顽战役原定于2月11日开始。但是，石友三非常狡猾，早就闻到了风声，9日即秘密率部南窜。

李达接到情报后，请示刘邓怎么办？他们说，提前行动吧。于是李达电令各参战部队立即追击与堵截。经过三天的激战，到13日，石友三部的孙良诚带了三千多人突围，逃过卫河后，到南乐地区向丁树本部靠拢。石友三部主力经一二九师部队的沉重打击之后，伤亡较重，于15日夜突围，向西逃走。

正当一二九师部队追击石友三部之时，日军为了掩护他们，从广平、邱县、曲周、永年、肥乡、威县等几个据点出动日、伪军一千多人，阻击一二九师。这几股日伪军，也被一二九师部队击溃。于是，日军又从威、邱两县调出千余人，与原先被击溃的千余人汇合在一起，约三千余人，猛攻一二九师追击部队的后尾，并大肆施放毒气。

李达请示刘邓如何对付？刘伯承和邓小平研究之后，对他说："为了减少部队的伤亡，命令暂时停止追击。"

就这样，石友三由于得到日伪军的掩护，才得以率残部从大名、临漳之间渡过漳河，逃到清丰东南地区。

冀南反顽战役，击溃石友三部七千余人。战斗结束后，刘伯承对李达说："这次是由于虎狼夹击，我们才没有全歼石友三的部队。但是，我们也达到了'咬一口算一口'的目的。石友三的嚣张气焰，恐怕也被我们打掉了。"

自从石友三部被一二九师狠狠地教训了一下，暂时不敢轻举妄动了。其他各路顽军，也有所收敛。

七、记忆力惊人

1942年3月12日，李达参谋长来到了太行军区二分区司令部。

李达从独立营回到二分区司令部后，和曾绍山、赖际发等领导同志分析了全分区的形势，研究了反"扫荡"作战的改进措施。

这时，恰恰赶上日军再次发动对分区机关的大"扫荡"。这是日军在1942年春季大"扫荡"中出动兵力最多的一次。于是，李达在各路扫荡日军出发前，每天晚上都和曾绍山、赖际发以及司令部的参谋们一起分析情报，把各路敌人的出动时间、兵力和行军路线，摸得一清二楚。然后，选择适当时机，从敌兵力较少、接合部空隙较大的两路敌人中间突围，准备跳出日军的包围圈后，再从外线打击敌人。

突围之前，分区作战参谋张生华报告说："李参谋长，附近老乡听说敌人要'扫荡'，都转移了。我们找不到向导，怎么办？"

李达说："不用到处找向导了，我给你们当向导吧。"

张生华心想，李参谋长远道而来，对分区的路也不熟悉，我们分区的参谋怎么能让师首长带路呢？便说："我带路吧。"

夜幕刚刚垂下，李达和曾绍山、赖际发就率领部队出发了。部队在黑暗中悄悄地行进着。为了不让敌人发现，部队既不能点火把，也不能打手电。开始行军很顺利，但行至一个十字路口时，先头部队忽然停下了。李达立即纵马，赶到前边查问原因。

张生华说："李参谋长，前面有个十字路口，我判断不了应该走哪条路？"

李达说："我到路口去看看。"说罢，便策马在三个路口来回走了一趟，对张生华说："走这边。"

大家将信将疑，但谁也无法证明这条路不对，便抱着和敌人打遭遇战的念头，继续行军。天亮之后，部队到达的地点，正是昨晚预定的村庄。这是二分区部队最近第一次在转移中顺利甩掉数路"围剿"之敌。从曾绍山、赖际发，到司令部的每一名参谋人员，无不为李参谋长惊人的判断力所折服，便向他请教是如何判断的。

李达说："这几天晚上研究敌情和地形时，我已经把你们二分区的作战地图背了一遍。"他取过张生华手中的地图，指着十字路口的一个标记，说："你们看，这个符号，是一棵独立树，这就是我们要走的那条路。昨晚我骑马在三个路口转了一圈，找到了这棵独立树，所以判定走这条路是正确的。"

由于李达有着惊人的记忆力，而且还像背书一样地背熟了地图，所以，他不看地图，便能说出地图上晋冀鲁豫边区的山川、河流、城镇、村庄、铁路、公路，直至羊肠小道的位置；友军、日军和伪军、土杂武装的分布；主要据点和封锁沟、墙的位置，等等。

大家这才恍然大悟，从此对地图在作战中的重要作用，有了切身的体会。

八、营救美国飞虎队员

第二次世界大战时期，曾经是美国飞虎队，即陈纳德将军率领的美国空军援华志愿队成员的杰克·萨姆森在其所著的《陈纳德》一书中，讲了这样一段故事：

1944 年某月，陈纳德按照美国空军的指示，派飞机执行轰炸日军军事设施的任务。29 日，"一架 B—29 在返航时，一批敌机扑来，8 名机上人员跳伞。一个月后，他们才被中国游击队送回成都。"

这里所说的"中国游击队"，就是指八路军第一二九师的太行军区部队。那是 1944 年立秋之后的一天，李达司令员接到第四军分区的报告：有一架巨型飞机在山西省平顺县境内山区坠毁，飞行员跳伞，其中两名落到一个村子里，是高个、大鼻子、蓝眼睛，看样子是美国人。

李达放下电话，把太行军区司令部通信队队长何雨农找到办公室，交代说："有一架美国盟军飞机在平顺县坠毁了，飞行员跳了伞。你带上骑兵排，再带上几名医务人员，到平顺石城西边的椰树园，把飞行员接到军区司令部来。记住，一定要快，要赶在日军出动之前把他们全部营救出来，一定不要让日军把他们抢去！现在来不及找翻译了，你把英汉对照的会话本带上。"

何雨农率骑兵排连夜赶路，于拂晓赶到了椰树园，在第四军分区负责同志的陪同下，在老乡家里见到了两名美军飞行员：一名上尉和一名中尉。

两名飞行员见到何雨农带了骑兵，有些疑惧。何雨农主动上前和他们握手。他们看到友好的表示，便迎上来用英语讲话，见何雨农听不懂，便取出随身携带的汉英对照的会话本。何雨农恰好带了地图。于是，他们就用会话本和地图"对话"。飞行员终于明白他们是降落在八路军太行军区的地域内。

因为这里是敌后根据地，所以附近的黎城、平顺、潞城等几个县城都驻有日军，而且在一日内均可到达。何雨农又告诉他们，他是太行军区司令员李达将军派来的，接他们到司令部去，以确保他们的安全。飞行员说，他们机组一共有 9 个人，现在还有 7 人下落不明，希望协助营救，然后一同去见李达将军。

何雨农和骑兵排的同志们顾不上打个盹儿，就请民兵们带路，钻进了山谷，于当天上午找到了包括少校机长在内的 5 名飞行员。至傍晚，又找到两名。其中一名的降落伞挂在树上，人被悬吊在半空中。民兵们攀上悬崖，用吊绳把他系了下来。9 名飞行员中，只有两名被树枝擦成轻伤。

这时，李达又给四军分区打来电话，告诉他们：潞城、微子镇的日军已经向平顺方向行动，军分区速派部队阻击日军，确保飞行员的安全，并立即护送他们向北转移，尽快赶到太行军区司令部驻地赤岸村；同时要把飞机残骸运到司令部，不能让日军抢去。

何雨农翻开地图，用英汉会话本向少校机长说明了李达的指示。机长点点头，表示同意。骑兵排的战友们挑选出几匹壮马，让飞行员们骑，自己走路。经过一天半的行军，安全地到达了太行军区司令部——涉县赤岸村。

李达司令员和太行军区政委李雪峰、副政委黄镇等，热情地接待了9名飞行员，由太行军区生产部长张克威担任翻译。经他和飞行员们交谈，才知道他们在空中遇险的经过。他们驾驶B—29型轰炸机，从中国西南地区起飞，参加轰炸日本在鞍山的钢铁厂和一些军事设施。他们完成作战任务返航时，被数架日军零式战斗机截击，B—29不幸被击中一个引擎。他们驾驶这架受伤的飞机航行到太行山上空，其他机件也发生故障，无法飞行，也无法迫降，机长不得不决定弃机跳伞。

李达司令员代表太行山军民，对他们表示衷心的感谢和慰问。之后，李达用电话向八路军总部报告了营救美国飞行员的经过。

不久，李达接到八路军总部的通知：邓小平和总部首长邀请美军飞行员到麻田做客。于是，李达将军派张克威带队，为飞行员每人配备一匹马，踏上了去麻田的山路。

飞行员们回赤岸村后，向李达提出了修建机场的具体方案。李达派了两名工兵参谋和他们进一步研究施工计划。之后，他又将修建计划报告了八路军参谋长滕代远，并请他一道前往长宁考察。他们带着工兵参谋，专程赶到长宁，交代黎城县县长和区委书记动员当地农民，协助七六九团修建机场。经过半个月左右的时间，终于修成了一条长约两华里、宽约四丈的飞机跑道和停机坪。

机场刚刚竣工，太行军区就收到八路军总部的电报，通知美军观察组的飞机将从延安起飞，来接飞行员。李达将军接到电报后，连夜指示在长宁的军区情报联络处负责人李棣华和黄宇田，马上组织人检查机场。

但是，由于没有经验，也无法检测跑道的硬度，第一架飞机飞临太行山机场，降落在跑道上滑行时，有一只轮子陷入泥土中。大家又分头到村子里找来所有的井绳，才把轮子吊了出来。

飞虎队员临行前，李达设宴迎接在太行山着陆的第一架飞机的机组人员，并为B—29机组成员饯行，还赠送飞行员们每人一件纪念品——日军指挥刀。这是太行部队从日本侵略者手中缴获的战利品，它象征着中、美两国人民在反法西斯战争中结下的战斗友谊。飞行员们郑重地接过战刀，喜出望外。

太行军区画家兼摄影家高帆，为李达司令员和飞行员们摄下了极为珍贵的历史镜头。

九、亲越火线去敌营

1945 年 10 月 10 日，"双十协定"签订后，蒋介石不但丝毫没有执行"协定"的诚意，反而更加速了对解放区的进攻，以 14 个军分三路沿平汉、同蒲、津浦三条铁路向华北解放区鱼贯进攻。

10 月 14 日，敌第一战区副司令长官马法五、高树勋（兼新八军军长），指挥第一梯队，从新乡出发，沿铁路线及其东侧向石家庄方向前进。

在发起总攻的 10 月 28 日清晨，到高树勋长官部联络的王定南回来向刘邓汇报说：高很愿意谈判，但还有些顾虑。

邓小平政委直接领导地下党的同志，做争取高树勋起义的工作，早在上党战役进行的时候，就已经开始了。刘邓多次听取高树勋的"座上客"王定南的汇报，并派申伯纯、晋冀鲁豫中央局联络部副部长靖任秋等同他一道进行争取工作。随后，又派人到新乡附近建立联络站，同高树勋联系。

经多次联系，终于促使高树勋下定脱离国民党的决心。但由于几项重大问题尚未解决，高树勋希望刘邓派代表同他面洽。

刘邓为表示诚意，准备提高会谈的级别，在发起总攻之前，派李达越过火线和高树勋会晤，最后商定起义事宜。

在两军交战之际，派参谋长亲越火线去谈判，是要冒很大风险的。但也正由于此，方能说明刘伯承和邓小平对高树勋的诚意。这是刘邓大胆的一着。

邓政委看了看李达，说："李参谋长，你和高树勋过去都是西北军的，我看请你亲自出马去一趟，代表刘司令员和我去看望他。一方面鼓励他坚定已下的决心，一方面看他还有什么问题，好做最后的商榷。"

刘伯承当即写了一封信，递给李达，说："这封信，当面交给高树勋将军。你对他说，我还要去拜访他的。"

这时，在新八军中还有不少蒋介石的特务，随时可能发生意外。10 月 29 日，李达同靖任秋一起，携带刘伯承的亲笔信，化了装，由一名负责往返联络的侦察员带路。当他们三人步行到马头镇，准备通过火线时，新八军的哨兵突然朝他们开了枪，子弹从李达和靖任秋的身边呼啸而过。他俩立即躲进高粱秆后面，派侦察员先到镇内联系。

不一会儿,在高部担任团长的中共秘密党员田树青,在侦察员的陪同下,赶来接应李达和靖任秋,并解释说:"误会了,误会了。不知道是李参谋长和靖副部长。因为原来联系是靖副部长一个人过火线。哨兵见是三个人,就开了枪。实在对不起!"

一场虚惊过后,田树青陪同他们来到新八军司令部驻地马头镇内,会见了高树勋。

早在宁都起义时,高树勋任第二十六路军第二十七师师长,但因事在外,未参加起义。因此,李达先从二十六路军谈起:"当年,冯玉祥先生曾在五原誓师;董振堂、赵博生和季振同将军发动宁都起义,在全国影响是很大的。当前,中国面临内战与和平、民主与独裁这两种前途的大搏斗,在这个历史关头,如果您能高举和平民主的义旗,将产生比五原誓师和宁都暴动更大的影响。"

靖任秋是中共秘密党员,在孙殿英部当过副师长,和高树勋有过交往,比较熟悉。他开诚布公地说:"蒋介石想打通平汉线,是把你们当作枪头,叫你试探一下。成功了,得好处的是蒋介石。失败了,被消灭的是你们杂牌部队。八路军和人民群众在抗战中用鲜血换来的解放区,岂能让他人抢占?前不久进行的上党战役,就是一个例证。"

李达坦率地说:"我们现在已经完成了包围。对其他北犯之军,已经发起攻击。希望您早下决心,不失时机。有什么具体问题,我可以向刘邓首长转告。"

高树勋说:"脱离蒋介石,同共产党、八路军再次合作,民主建国,这个决心,我是早已下定了的。但目前有一个实际困难,就是我们新八军被夹在中间,一边是四十军的李振清师,一边是马法五的四十军和三十军。如果我们有举动,就会受到夹击。"紧接着,他还提出了起义后的部队番号和部下的安置等实际问题,要求和刘邓面谈一次。

李达表示:"如果能约定起义时间,我们可以同时加强对两翼敌人的攻击,让他们自顾不及,无力夹击新八军。刘邓首长一定会安排时间会晤高将军的。"

高树勋当即决定,10月30日率新八军及河北民军等部约万余人起义。于是,靖任秋留下同高将军商谈起义的具体事宜,李达返回司令部。

刘邓大军已于10月28日9时向敌军发起总攻击。由于敌军得不到高树勋部的配合,越打越被动。刘邓大军则越战越勇,至30日,已将四十军的一○六师大部歼灭。三十军亦严重受挫,只得收缩阵地,不能他顾。

正在此时，高树勋将军通电全国，宣布率所部一万余人起义。此举，在敌军内部引起极大的慌乱，使平汉战役发生了重大转折。

平汉战役全歼敌两个军，争取一个军起义；俘敌第十一战区副司令长官兼四十军军长马法五、第十一战区参谋长宋肯堂、第四十军三十九师师长司马恺、第一〇六师师长李振清、第三十军三十师师长王震、第六十七师师长李学正等高级长官以下官兵1.7万余人。

平汉战役是继上党战役后给予国民党军的又一次沉重打击，对阻止国民党军沿平汉路北进，起到了很大作用。

中共中央对高树勋率部起义非常重视，认为不仅有现实意义，而且有深远的战略意义。11月2日，毛主席、朱总司令给高树勋将军发来热诚的贺电：

建侯（高树勋字）将军吾兄勋鉴：

闻吾兄率部起义，反对内战，主张和平，凡属血气之士，莫不同声拥护。特电驰贺，即颂

绥安！

中共中央任命高树勋将军为民主建国军总司令，下辖三个军。11月10日，高树勋将军在武安县邑城镇举行大会，宣布成立"民主建国军"。

李达亲越火线去敌宫，坚定高树勋的起义决心，功莫大焉。

十、刘邓走错路，李达接人

1947年8月间，当刘邓大军越过黄泛区时，李达主动担任部队的先导。他率领精干的参谋人员和一个班的兵力，负责侦察敌情、了解情况和先行设营的任务。

一天，李达来到预定的新营地，早已把刘邓的房子分配好了，但等了许久，仍不见他们跟上来。李达立刻意识到是带队的同志走错了路。他取出地图，指着几个地名，对几名参谋说："带队的同志带错了路。我估计他们可能到这几个地方。你们沿着这几条路，分头去接应刘司令员和邓政委。先接到的，发个信号。没接到的，见到信号，马上赶回来。"

不出李达所料，参谋们按照李达指定的几条路，果然把刘邓首长接到了新营地。

李达（右三）向刘伯承（右四）、邓小平（左二）等第二野战军将领们讲解某战役作战预案

刘伯承一见李达，就说："李达，你真行，硬是把我们给迎回来了。领队的同志是'头戴沙锅——乱撞一气'！"

在大别山的反"围剿"作战时，有一次夜间转移，警卫团的前卫连续三次带着刘邓走错了路，幸而都被李达纠正过来，才没有出危险。

邓小平称赞说："李达就是一幅活地图，他这一手真了不起！"

十一、小小的厕所有大学问

作为参谋长，李达对厕所学十分有研究。李达常常带着军政处处长杨国宇到部队检查群众纪律，连厕所挖得对不对，掩埋得好不好，都要过问。他心细如缕，而且对医疗知识也很在行。如他通过检查某一部队的厕所，就可以知道这个部队有没有闹痢疾的，有没有消化不良的……陪同他的部队领导很纳闷，禁不住问："李参谋长，我们部队有闹痢疾的，我不知道，我应该检讨。你是怎么知道的呢？"

李达指着厕所里的一堆大便，说："你看，这大便里有脓和血，就是患了痢疾的战士留下的。"

他又走到另一个厕所，指着几堆大便，说："你们看，这些大便里有不少整颗的胡豆和豌豆，说明北方籍的战士们吃了，不适应，消化不良。你们组织一些战士，把胡豆、豌豆用磨推一推嘛。"

陪同李达的部队领导同志听了，钦佩不已。

　　还是在部队进入大别山之前，为了让部队适应南方的气候、环境、确保指战员的身体健康，巩固部队的战斗力，李达曾专门组织医务人员拟定了《关于进入新区作战的卫生工作指示》，由他审改，于 1947 年 6 月 13 日签发。《指示》中对预防肠胃传染、感冒、中暑、疟疾、过度疲劳、烦渴、烂脚等疾病，都提出了具体措施。只是有些部队领导同志没有引起充分注意而已。

　　李达对他们说："人民的子弟兵每到一地，要给群众带来好风尚。挖厕所、盖厕所，决不是一件小事。如果一支军队随地拉屎撒尿，会给人民群众留下什么印象？不但会引起当地人民群众的反感，还会传播疾病！别看小小的厕所，其中有很大的学问：它关系到移风易俗，关系到群众的健康和民族的文明；它能树军威，也能败军威。所以，检查厕所不单纯是为了环境卫生，而是既可以查出部队的作风，又可以了解部队的生活、健康状况。"

十二、李达是好参谋长

　　1948 年 5 月 9 日，中共中央为加强对中原的领导，任命邓小平为中共中央中原局第一书记，陈毅为第二书记，邓子恢为第三书记；并决定再建立中原军区，任命刘伯承为司令员，邓小平为政治委员，陈毅为第一副司令员并仍兼华东野战军司令员和政委，李先念为第二副司令员，邓子恢为副政治委员，张际春为副政治委员兼政治部主任，李达任参谋长，曾希圣为副参谋长。

　　中原军区下辖鄂豫、皖西、豫皖苏、豫西、桐柏江汉、陕南等七个军区。

　　李达安于职守，忠于职守，精于职守。他干练的参谋业务，分析情报的全面、准确，起草作战预案的迅速、缜密，贯彻首长意图的及时、周到，以及他的远见卓识，赢得了陈毅的赞赏，称他为"我们的好诸葛"。

　　刘邓的工作方法，是在大政方针确定之后，具体执行和检查落实情况，就大都交给李达参谋长去办了。刘邓则集中精力考虑战略问题，有时则到前线了解情况。而李达则大部分时间是留在司令部值班，处理部队日常的文电。战事紧张时，他就随时守在电话机旁，常常是彻夜不眠。陈毅多次幽默地说"李达是抱着电话机睡觉的"。他非常羡慕刘邓有这样一位得力的参谋长。于是，他给中共中央和军委拍发了一份电报，介绍李达的事迹，标题即是《李达是个好参谋长》。

　　他在该电中说，李达"甚称职"，"是我军良好的参谋长"，"前途甚远大"。

十三、组建交通司令部

1948 年 11 月 16 日，淮海战役总前委成立后，总前委很重视统筹领导后勤保障和支前工作。

这时，中野部队经过在大别山的斗争，武器装备和人员都受到很大损失，特别是山炮等重武器都埋在山中或炸毁。部队弹药亟待补充。拿野炮来说，只四纵有两门；山炮总共 42 门，炮弹两百余发；步兵炮 4 门，炮弹十余发；迫击炮 207 门，平均每门只有一发多炮弹；至于步马枪、轻重机枪的弹药，则不足一个基数。这种状况如不改变，是很难投入大规模作战的。此外，还有参战民工约 130 万人。所以，能否尽快解决近 200 万参战军民的粮食、牲口草料、武器弹药和数十万伤员的护送、治疗问题，是淮海战役能否取得最后胜利的一个关键。

刘、邓、陈等认为，淮海战役的支前工作是至关重要的，并提出了"一切为了战争，一切为了前线，一切为了胜利"的口号。因此，必须委派最得力的人选，协同地方党组织共同完成这一艰巨的任务。经过反复考虑，他们下决心由李达参谋长去挑这副重担。

西南军区副司令员兼参谋长李达

李达欣然领命，率领中原军区的一批干部，和兼任中原军区副政委的中原局第三书记邓子恢等地方党政干部一起，立即投入了紧张的工作。

郑州解放之前，华北的弹药运到中野部队，须几经辗转：先从豫北运抵洛阳，再通过洛河水运至黑石关，最后还要靠汽车和人力才能送到部队。秋冬之季，多阴雨天气，

运输更无保证。郑州解放，陇海、平汉两大铁路干线的枢纽为中野掌握。李达指挥部队，迅速修复了从郑州到商丘的铁路、公路，建立了由魏岗分别到

达桃园集、临涣集、龙山集的三条运输干线，并组建了郑州警备司令部和郑州铁路管理局。此外，还组建了各级支前司令部和指挥部。

1948 年 11 月 19 日，李达呈请总前委并报中央军委，提出组建交通司令部，以专司铁道、汽车、船舶、车马和人力运输诸事宜。交通司令部直辖：兵站；辎重第一、二两团（以缴获的 200 辆汽车装备组成）和第三团（以胶轮大车 200 至 300 辆组成）；交通警备团（由豫皖苏和豫西两军区抽调 1500 人组成）；技术修理部门。调文建武任交通司令部司令员兼政治委员（文到职前暂由李达兼任），杨国宇任副政治委员。

11 月 30 日，军委和总前委批复同意，并增调李静宜为交通司令部副司令员；同时指示在郑州设立军区办事处，以刘岱峰为主任，赵增益为副主任。

华北地区支前的装备和中原的粮草供应，均由火车直运前方，不仅及时解决了中野参战的一个至关重要的问题，而且对支援华野作战，也起了一定作用。如 1948 年 12 月 12 日，邓子恢和李达曾电告粟裕、陈士榘、张震：

> 我们从郑州送中钞 2 亿到商丘，请华野派人接收使用。亥齐（12 月 8 日）知华野可在砀山车站接收粮食，即令刘岱峰于亥灰（12 月 10 日）从郑、汴搜集现粮 65 万斤，车运砀山；又令豫西第一、四、五分区起运小米 700 万斤、小麦 300 万斤，共 1000 万斤，送郑、洛、巩（县）等处上火车东运，小米直运砀山，小麦则在郑州磨成面粉再送。

这仅是支援华野的一例。

以粮食为例，仅豫皖苏一区的人民即支援了 2.1 亿斤，还有柴草 5.3 亿斤，担架 12.5 万副。可见当时组织征集、运输工作量的艰巨程度。

李达在地方党组织的协助下，领导交通司令部和各级支前司令部、指挥部，组织群众用人抬、肩挑、小车、大车、船只与汽车、火车相结合的运输方法，把作战所急需的数量巨大的弹药、粮草等，及时运到前方，把伤员护送下火线。从而，保障了淮海战役的需要。

建立交通司令部，也是一个创举。它为以后解放军总部设立军事交通部，提供了宝贵的经验。

十四、文革被关了 5 年

1966 年"文化大革命"开始后，国家体委一些别有用心的人把李达打成了"三反分子"，并要开大会批斗他。摩托运动员们听说造反派们要批斗李达，就开着汽车，设法躲过某派组织设下的层层卡子，偷偷地把李达接到北京西郊的老山摩托训练基地，藏在运动员的宿舍里，把他严密保护起来。

李达是个襟怀坦白的人，以为自己不是"三反分子"，没有做过什么对不起党、对不起人民的事，无时不想到群众中"解答问题"，多次向摩托运动员们提出，把他送回体委机关工作和"回答问题"。摩托运动员们被他的赤诚打动了，又把他送回体委。

李达坦然地走进了办公室。正当他准备继续工作时，却被早已"恭候多时"的造反派"揪"了出来，遭到了无情的批斗。

贺龙元帅为保护李达，曾对体委的主要负责同志说："李达打不倒。他是参加宁都起义的，参加过长征、抗日战争和解放战争，有战功。说他是反革命，没人相信。"

贺龙的话保护了李达。

谁知没过多久，贺龙这位功勋卓著的开国元勋，也被林彪一伙诬蔑为"大土匪"、"大军阀"，于 1967 年初被囚禁在西山。这样一来，造反派便肆无忌惮地批斗李达，直至把他非法关押起来。

1967 年 9 月，张乃一向周恩来总理办公室报告了李达被造反派扣押、批斗的情况。周总理对体委负责人说："群众组织没有权力抓人嘛！李达同志有病，可以送到 301 医院治疗。"这样，周总理又把李达保护了几个月的时间。

当贺龙于 1967 年秋被"正式立案审查"后，李达的"罪状"也随之升级，被诬陷为贺龙安插在体委的"黑干将"。1968 年 5 月，由康生下令，把李达关进监狱达 5 年之久。

李达被关押在秦城监狱，因为是"重犯"，被关进独室，终日不见阳光。看守怕他自杀，把他的裤带也给收走了。这样，李达每天走动都要提着裤子。李达"放风"的地方，也是终日不见阳光的。然而，李达以他那坚定的信念，自己编了一套体操，每日操练。他还用每天洗冷水澡的办法锻炼体魄，一年四季，坚持不辍。

"九一三事件"后，监狱对李达的"监护"也放松了一些。经李达夫人张乃一多次申请，"专案组"终于允许家属到狱中探望李达。张乃一见到李达后，很想把这时的政治形势告诉他，但有看守在一旁监视，又不能说。于是，她就想了一个办法，再来探监时，带了一个血压计，要求看守允许给李达量一量血压，看守不得不答应。

张乃一让李达躺在探视室的大桌子上，她坐在他的头边，背对着看守，边量血压，边在耳旁悄声告诉他林彪乘飞机叛逃摔死在温都尔汗的消息。又问他："你知道这是哪里吗？"

因为李达被抓走时，眼睛被蒙上了黑布，张乃一以为他还不知道这几年被关在哪里。

不料，李达却说："是秦城监狱。"

张乃一惊奇地问："你是怎么知道的？"

李达说："我虽然被蒙上了眼睛，但是根据囚车拐弯的次数和方向、行车时间，就可以断定了。"

原来，李达自从进了北京城，就按照北京市的地图，利用乘车外出的机会，熟记了每一条街道的宽度、长度和走向，也熟记了到每一个重要地点的路线以及行车时间，以备一旦发生战争和其他意外情况，就可以用最短的时间到达目标。这就是他当了多年参谋长所养成的职业习惯！

经过周恩来、刘伯承、叶剑英的一再过问和催促，李达终于1972年4月被"解放"了。

十五、"今收到妈妈一个"

文革中，李达的夫人、当时任北京市女一中党委书记的张乃一，也被造反派无端绑架到体委去批斗、毒打多次，右耳被打伤致残。造反派见她被打伤，怕负责任，赶忙把她送回家，还逼着她的小儿子迪民打收条。

迪民不知道怎么写，造反派说："你就写'今收到妈妈一个'。"

十六、写字不发抖

1972 年夏，组织上安排刚刚出院不久的李达到北戴河疗养。一天，北戴河李达住处的电话铃响了起来，里边传来了北京的声音："请问您是哪一位？"

接电话的迪民答道："我是他的儿子李迪民。请问您是哪里？"

"我是北京，叶副主席办公室。请你父亲接电话，叶副主席要和他通话。"

迪民赶忙请爸爸过来接电话。

听孩子说是叶剑英来电话，李达喜出望外。他和叶帅很熟悉，在战争年代，由于战事频繁，见面机会不多，但电报来往却不少。特别是叶帅曾经专电让他介绍太行军区司令部的编制和工作经验，晓得他是一位出色的参谋长。在训练总监部时，他又是叶帅的副手，在他的直接领导下工作。而且两人都在"反'教条主义'"时，受到了错误的批判。在"文化大革命"中，也都不同程度地受到了冲击。可以说，叶帅和李达是患难与共的老战友。

李达说："我是李达。叶副主席，您好！"

"我是叶剑英。你出院以后身体恢复得还好吧？"

"我恢复得不错，谢谢您的关心。"

李达副总长在观看通信兵专业技术竞赛

"你现在写字，手发不发抖？"

"一点也不抖。"

"不抖就好。我今天打电话，是征求一下你的意见，愿不愿意回部队工作？"

"我，我离开部队十几年了，当然愿意回部队工作！只是担心对部队情况不熟悉了。我听从组织上的安排。"

"你好好休息吧。工作有得干。一有消息，我就通知你。"

李达接完电话，激动不已。党是了解自己的，军委领导同志也是了解自己的。作为一名参加过土地革命战争、抗日战争、解放战争和朝鲜战争的老战士，他何尝不想回到部队工作呢！

写字手不发抖，对于老年人来说，是身体健康的表现。叶剑英认为，李达是能胜任新任务的，把他放在参谋长的岗位上，更能发挥他的才干。他征求了一些部队老同志的意见后，提议李达担任副总参谋长。经毛泽东批准，1972 年 10 月 21 日，中央军委任命李达为中国人民解放军副总参谋长。